BENEDICTUS DE SPINOZA
ETHICA

ORDINE GEOMETRICO DEMONSTRATA

ET

IN QUINQUE PARTES DISTINCTA, IN QUIBUS AGITUR,

I. DE DEO
II. DE NATURA ET ORIGINE MENTIS
III. DE ORIGINE ET NATURA AFFECTUUM
IV. DE SERVITUTE HUMANA SEU DE AFFECTUUM VIRIBUS
V. DE POTENTIA INTELLECTUS SEU DE LIBERTATE HUMANA

MMVII

EDIÇÃO BILÍNGUE LATIM-PORTUGUÊS
TRADUÇÃO TOMAZ TADEU

autêntica

Tradução Tomaz Tadeu

ÉTICA
Spinoza

Edição Bilíngue | Latim - Português
3ª edição - 4ª reimpressão

autêntica

Copyright da tradução © 2007 Tomaz Tadeu
Copyright © 2007 Autêntica Editora

Título original: *Ethica*

Todos os direitos reservados pela Autêntica Editora. Nenhuma parte desta publicação poderá ser reproduzida, seja por meios mecânicos, eletrônicos, seja via cópia xerográfica, sem a autorização prévia da Editora.

EDITORA RESPONSÁVEL
Rejane Dias

CAPA E PROJETO GRÁFICO
Patrícia De Michelis

EDITORA ASSISTENTE
Cecília Martins

DIAGRAMAÇÃO
Conrado Esteves

REVISÃO
Sandra Mara Corazza

**Dados internacionais de Catalogação na Publicação (CIP)
(Câmara Brasileira do Livro, SP, Brasil)**

Spinoza, Benedictus de, 1632-1677.
 Ética / Spinoza ; [tradução e notas de Tomaz Tadeu]. – 3. ed., 4. reimp. – Belo Horizonte : Autêntica Editora , 2025.

 Título original: Ethica
 Edição bilíngue: latim/português
 ISBN: 978-85-7526-249-8

 1. Ética. I.Título.

07-3313   CDD-170

Índices para catálogo sistemático:
1. Ética : Filosofia   170

Belo Horizonte
Rua Carlos Turner, 420
Silveira . 31140-520
Belo Horizonte . MG
Tel.: (55 31) 3465 4500

São Paulo
Av. Paulista, 2.073, Conjunto Nacional
Horsa I . Salas 404-406 . Bela Vista
01311-940 . São Paulo . SP
Tel.: (55 11) 3034 4468

www.grupoautentica.com.br
SAC: atendimentoleitor@grupoautentica.com.br

Esta Edição

A publicação da *Ética*, do filósofo holandês Benedictus de Spinoza, constitui um marco para a Autêntica Editora. Esta nova tradução consolida o nosso projeto de publicar traduções de obras, antigas ou modernas, consideradas clássicas, iniciativa que teve início com *O Panóptico*, de Jeremy Bentham. A importância que concedemos à presente tradução é assinalada não apenas pela decisão de publicá-la em edição bilíngue, mas também pela especial preocupação com seus aspectos gráficos. Dada a constante remissão de Spinoza a passagens anteriores do texto (proposições, definições, axiomas, etc.), buscou-se dar-lhe um formato que facilitasse o movimento de ir e vir da leitura.

É, entretanto, o cuidadoso trabalho de tradução que deve, acima de tudo, ser ressaltado. O tradutor concentrou-se no propósito de produzir um texto que, sem deixar de ser fiel à expressão de Spinoza, estivesse mais de acordo com a língua presentemente utilizada no Brasil. Toda tradução, como se sabe, implica escolhas, que dependem, em certa medida, das preferências e do entendimento do tradutor. Se foram as melhores ou não é algo que apenas os leitores e a crítica poderão nos dizer. O que é certo é que se trata de uma tradução consciente e meticulosa, que se beneficiou amplamente da confrontação com outras traduções, da consulta a comentaristas de variadas orientações filosóficas, e dos indispensáveis recursos fornecidos pela informática.

É, pois, com a publicação deste texto clássico do pensamento ocidental, notável por sua atualidade, que a Autêntica Editora reafirma seu projeto de tornar acessível, a um maior número de leitores, obras de referência obrigatória em nossa cultura.

Rejane Dias
Editora

Sumário

11   Pars Prima – De Deo
Primeira Parte – Deus

77   Pars Secunda – De natura et origine mentis
Segunda Parte – A natureza e a origem da mente

159   Pars Tertia – De origine et natura affectuum
Terceira Parte – A origem e a natureza dos afetos

261   Pars Quarta – De servitute humana seu de affectuum viribus
Quarta Parte – A servidão humana ou a força dos afetos

363   Pars Quinta – De potentia intellectus seu de libertate humana
Quinta Parte – A potência do intelecto ou a liberdade humana

413   A tradução

Ethica

Ordine geometrico demonstrata
et in quinque partes distincta,
in quibus agitur,

I. De Deo
II. De natura et origine mentis
III. De origine et natura affectuum
IV. De servitute humana seu de affectuum viribus
V. De potentia intellectus seu de libertate humana

Ética

Demonstrada segundo a ordem geométrica,
e dividida em cinco partes,
nas quais são tratados

I. Deus
II. A natureza e a origem da mente
III. A origem e a natureza dos afetos
IV. A servidão humana ou a força dos afetos
V. A potência do intelecto ou a liberdade humana

PARS PRIMA
DE DEO

PRIMEIRA PARTE
DEUS

DEFINITIONES

I. Per causam sui intelligo id, cuius essentia involvit existentiam, sive id, cuius natura non potest concipi nisi existens.

II. Ea res dicitur in suo genere finita, quae alia eiusdem naturae terminari potest. Ex. gr. corpus dicitur finitum, quia aliud semper maius concipimus. Sic cogitatio alia cogitatione terminatur. At corpus non terminatur cogitatione, nec cogitatio corpore.

III. Per substantiam intelligo id quod in se est et per se concipitur; hoc est id cuius conceptus non indiget conceptu alterius rei, a quo formari debeat.

IV. Per attributum intelligo id quod intellectus de substantia percipit tamquam eiusdem essentiam constituens.

V. Per modum intelligo substantiae affectiones, sive id quod in alio est, per quod etiam concipitur.

VI. Per Deum intelligo ens absolute infinitum, hoc est, substantiam constantem infinitis attributis, quorum unumquodque aeternam et infinitam essentiam exprimit.

> *Explicatio.* Dico absolute infinitum, non autem in suo genere. Quicquid enim in suo genere tantum infinitum est, infinita de eo attributa negare possumus; quod autem absolute infinitum est, ad eius essentiam pertinet, quicquid essentiam exprimit et negationem nullam involvit.

VII. Ea res libera dicetur, quae ex sola suae naturae necessitate existit et a se sola ad agendum determinatur: necessaria autem, vel potius coacta, quae ab alio determinatur ad existendum et operandum certa ac determinata ratione.

VIII. Per aeternitatem intelligo ipsam existentiam, quatenus ex sola rei aeternae definitione necessario sequi concipitur.

DEFINIÇÕES

1. Por causa de si compreendo aquilo cuja essência envolve a existência, ou seja, aquilo cuja natureza não pode ser concebida senão como existente.

2. Diz-se finita em seu gênero aquela coisa que pode ser limitada por outra da mesma natureza. Por exemplo, diz-se que um corpo é finito porque sempre concebemos um outro maior. Da mesma maneira, um pensamento é limitado por outro pensamento. Mas um corpo não é limitado por um pensamento, nem um pensamento por um corpo.

3. Por substância compreendo aquilo que existe em si mesmo e que por si mesmo é concebido, isto é, aquilo cujo conceito não exige o conceito de outra coisa do qual deva ser formado.

4. Por atributo compreendo aquilo que, de uma substância, o intelecto percebe como constituindo a sua essência.

5. Por modo compreendo as afecções de uma substância, ou seja, aquilo que existe em outra coisa, por meio da qual é também concebido.

6. Por Deus compreendo um ente absolutamente infinito, isto é, uma substância que consiste de infinitos atributos, cada um dos quais exprime uma essência eterna e infinita.

   Explicação. Digo *absolutamente infinito* e não *infinito em seu gênero*, pois podemos negar infinitos atributos àquilo que é infinito apenas em seu gênero, mas pertence à essência do que é absolutamente infinito tudo aquilo que exprime uma essência e não envolve qualquer negação.

7. Diz-se livre a coisa que existe exclusivamente pela necessidade de sua natureza e que por si só é determinada a agir. E diz-se necessária, ou melhor, coagida, aquela coisa que é determinada por outra a existir e a operar de maneira definida e determinada.

8. Por eternidade compreendo a própria existência, enquanto concebida como se seguindo, necessariamente, apenas da definição de uma coisa eterna.

Explicatio. Talis enim existentia, ut aeterna veritas, sicut rei essentia, concipitur, proptereaque per durationem aut tempus explicari non potest, tametsi duratio principio et fine carere concipiatur.

AXIOMATA

I. Omnia quae sunt vel in se vel in alio sunt.

II. Id quod per aliud non potest concipi, per se concipi debet.

III. Ex data causa determinata necessario sequitur effectus, et contra si nulla detur determinata causa, impossibile est ut effectus sequatur.

IV. Effectus cognitio a cognitione causae dependet et eandem involvit.

V. Quae nihil commune cum se invicem habent, etiam per se invicem intelligi non possunt, sive conceptus unius alterius conceptum non involvit.

VI. Idea vera debet cum suo ideato convenire.

VII. Quicquid ut non existens potest concipi, eius essentia non involvit existentiam.

PROPOSITIONES

Propositio I. **Substantia prior est natura suis affectionibus.**
Demonstratio. Patet ex defin. 3 et 5.

Propositio Ii. **Duae substantiae diversa attributa habentes nihil inter se commune habent.**
Demonstratio. Patet etiam ex defin. 3. Unaquaeque enim in se debet esse et per se debet concipi, sive conceptus unius conceptum alterius non involvit.

Propositio III. **Quae res nihil commune inter se habent, earum una alterius causa esse non potest.**

Explicação. Com efeito, uma tal existência é, assim como a essência da coisa, concebida como uma verdade eterna e não pode, por isso, ser explicada pela duração ou pelo tempo, mesmo que se conceba uma duração sem princípio nem fim.

AXIOMAS

1. Tudo o que existe, existe ou em si mesmo ou em outra coisa.
2. Aquilo que não pode ser concebido por meio de outra coisa deve ser concebido por si mesmo.
3. De uma causa dada e determinada segue-se necessariamente um efeito; e, inversamente, se não existe nenhuma causa determinada, é impossível que se siga um efeito.
4. O conhecimento do efeito depende do conhecimento da causa e envolve este último.
5. Não se pode compreender, uma por meio da outra, coisas que nada têm de comum entre si; ou seja, o conceito de uma não envolve o conceito da outra.
6. Uma ideia verdadeira deve concordar com o seu ideado.
7. Se uma coisa pode ser concebida como inexistente, sua essência não envolve a existência.

PROPOSIÇÕES

Proposição 1. **Uma substância é, por natureza, primeira, relativamente às suas afecções.**

Demonstração. É evidente, pelas def. 3 e 5.

Proposição 2. **Duas substâncias que têm atributos diferentes nada têm de comum entre si.**

Demonstração. É, pela def. 3, igualmente evidente. Com efeito, cada uma das substâncias deve existir em si mesma e por si mesma deve ser concebida, ou seja, o conceito de uma não envolve o conceito da outra.

Proposição 3. **No caso de coisas que nada têm de comum entre si, uma não pode ser causa de outra.**

Demonstratio. Si nihil commune cum se invicem habent, ergo (per axiom. 5) nec per se invicem possunt intelligi, adeoque (per axiom. 4) una alterius causa esse non potest. Q. E. D.

***Propositio IV.* Duae aut plures res distinctae vel inter se distinguuntur ex diversitate attributorum substantiarum, vel ex diversitate earundem affectionum.**

Demonstratio. Omnia, quae sunt, vel in se, vel in alio sunt (per axiom. 1), hoc est (per defin. 3 et 5) extra intellectum nihil datur praeter substantias earumque affectiones. Nihil ergo extra intellectum datur, per quod plures res distingui inter se possunt praeter substantias, sive quod idem est (per defin. 4) earum attributa earumque affectiones. Q. E. D.

***Propositio V.* In rerum natura non possunt dari duae aut plures substantiae eiusdem naturae sive attributi.**

Demonstratio. Si darentur plures distinctae, deberent inter se distingui vel ex diversitate attributorum, vel ex diversitate affectionum (per prop. praeced.). Si tantum ex diversitate attributorum, concedetur ergo, non dari nisi unam eiusdem attributi. At si ex diversitate affectionum, cum substantia sit prior natura suis affectionibus (per prop. 1), depositis ergo affectionibus et in se considerata, hoc est (per defin. 3 et axiom. 6) vere considerata, non poterit concipi ab alia distingui, hoc est (per prop. praeced.) non poterunt dari plures, sed tantum una. Q. E. D.

***Propositio VI.* Una substantia non potest produci ab alia substantia.**

Demonstratio. In rerum natura non possunt dari duae substantiae eiusdem attributi (per prop. praeced.), hoc est (per prop. 2), quae aliquid inter se commune habent; adeoque (per prop. 3) una alterius causa esse nequit, sive una ab alia non potest produci. Q. E. D.

Corollarium. Hinc sequitur substantiam ab alio produci non posse. Nam in rerum natura nihil datur praeter substantias, earumque affectiones, ut patet ex axiom. 1 et defin. 3 et 5. Atqui a substantia produci non potest (per prop. praeced.). Ergo substantia absolute ab alio produci non potest. Q. E. D.

Aliter. Demonstratur hoc etiam facilius ex absurdo contradictorio. Nam si substantia ab alio posset produci, eius cognitio a cognitione

Demonstração. Se não têm nada de comum entre si, então (pelo ax. 5), uma não pode ser compreendida por meio de outra e, portanto (pelo ax. 4), uma não pode ser causa de outra. C. Q. D.

Proposição 4. **Duas ou mais coisas distintas distinguem-se entre si ou pela diferença dos atributos das substâncias ou pela diferença das afecções dessas substâncias.**

Demonstração. Tudo o que existe ou existe em si mesmo ou em outra coisa (pelo ax. 1), isto é (pelas def. 3 e 5), não existe nada, fora do intelecto, além das substâncias e suas afecções. Não existe nada, pois, fora do intelecto, pelo qual se possam distinguir várias coisas entre si, a não ser as substâncias ou, o que é o mesmo (pela def. 4), seus atributos e suas afecções. C. Q. D.

Proposição 5. **Não podem existir, na natureza das coisas, duas ou mais substâncias de mesma natureza ou de mesmo atributo.**

Demonstração. Se existissem duas ou mais substâncias distintas, elas deveriam distinguir-se entre si ou pela diferença dos atributos ou pela diferença das afecções (pela prop. prec.). Se elas se distinguissem apenas pela diferença dos atributos, é de se admitir, então, que não existe senão uma única substância de mesmo atributo. Se elas se distinguissem, entretanto, pela diferença das afecções, como uma substância é, por natureza, primeira, relativamente às suas afecções (pela prop. 1), se essas forem deixadas de lado e ela for considerada em si mesma, isto é (pela def. 3 e pelo ax. 6), verdadeiramente, então não se poderá concebê-la como sendo distinta de outra, isto é (pela prop. prec.), não podem existir várias substâncias, mas tão somente uma única substância. C. Q. D.

Proposição 6. **Uma substância não pode ser produzida por outra substância.**

Demonstração. Não podem existir, na natureza das coisas, duas substâncias de mesmo atributo (pela prop. prec.), isto é (pela prop. 2), que tenham algo de comum entre si. Portanto (pela prop. 3), uma não pode ser causa da outra, ou seja, uma substância não pode ser produzida pela outra. C. Q. D.

Corolário. Disso se segue que uma substância não pode ser produzida por outra coisa. Com efeito, nada existe, na natureza das coisas, além das substâncias e suas afecções, como é evidente pelo ax. 1 e pelas def. 3 e 5. Ora, uma substância não pode ser produzida por outra substância (pela prop. prec.). Logo, uma substância não pode, de maneira alguma, ser produzida por outra coisa. C. Q. D.

Demonstração alternativa. Isto pode ser demonstrado ainda mais facilmente pelo absurdo da negativa. Com efeito, se uma substância pudesse ser pro-

suae causae deberet pendere (per axiom. 4); adeoque (per defin. 3) non esset substantia.

Propositio VII. Ad naturam substantiae pertinet existere.

Demonstratio. Substantia non potest produci ab alio (per coroll. prop. praeced.); erit itaque causa sui, id est (per defin. 1) ipsius essentia involvit necessario existentiam, sive ad eius naturam pertinet existere. Q. E. D.

Propositio VIII. Omnis substantia est necessario infinita.

Demonstratio. Substantia unius attributi non nisi unica existit (per prop. 5) et ad ipsius naturam pertinet existere (per prop. 7). Erit ergo de ipsius natura vel finita vel infinita existere. At non finita. Nam (per defin. 2) deberet terminari ab alia eiusdem naturae, quae etiam necessario deberet existere (per prop. 7); adeoque darentur duae substantiae eiusdem attributi, quod est absurdum (per prop. 5). Existit ergo infinita. Q. E. D.

Scholium I. Cum finitum esse revera sit ex parte negatio, et infinitum absoluta affirmatio existentiae alicuius naturae, sequitur ergo ex sola prop. 7 omnem substantiam debere esse infinitam.

Scholium II. Non dubito, quin omnibus, qui de rebus confuse iudicant, nec res per primas suas causas noscere consueverunt, difficile sit, demonstrationem prop. 7 concipere; nimirum quia non distinguunt inter modificationes substantiarum et ipsas substantias, neque sciunt, quomodo res producuntur. Unde fit, ut principium, quod res naturales habere vident, substantiis affingant. Qui enim veras rerum causas ignorant, omnia confundunt et sine ulla mentis repugnantia tam arbores, quam homines, loquentes fingunt et homines tam ex lapidibus quam ex semine formari et quascumque formas in alias quascumque mutari imaginantur. Sic etiam, qui naturam divinam cum humana confundunt, facile Deo affectus humanos tribuunt, praesertim quamdiu etiam ignorant, quomodo affectus in mente producuntur. Si autem homines ad naturam substantiae attenderent, minime de veritate prop. 7 dubitarent; imo haec prop. omnibus axioma esset et inter notiones communes numeraretur. Nam per substantiam intelligerent id quod in se est et per se concipitur, hoc est, id cuius cognitio non indiget cognitione alterius rei. Per modificationes autem id quod in alio est et quarum conceptus a conceptu rei, in qua sunt, formatur. Quocirca modificationum

duzida por outra coisa, o conhecimento dela dependeria do conhecimento de sua própria causa (pelo ax. 4). Não seria, então (pela def. 3), uma substância.

Proposição 7. À natureza de uma substância pertence o existir.

Demonstração. Uma substância não pode ser produzida por outra coisa (pelo corol. da prop. prec.). Ela será, portanto, causa de si mesma, isto é (pela def. 1), a sua essência necessariamente envolve a existência, ou seja, à sua natureza pertence o existir. C. Q. D.

Proposição 8. Toda substância é necessariamente infinita.

Demonstração. Não existe senão uma única substância de mesmo atributo (pela prop. 5), e à sua natureza pertence o existir (pela prop. 7). À sua natureza, portanto, pertencerá o existir, ou como finita ou como infinita. Ora, não poderá ser como finita, pois (pela def. 2), neste caso, ela deveria ser limitada por outra da mesma natureza, a qual também deveria necessariamente existir (pela prop. 7). Existiriam, então, duas substâncias de mesmo atributo, o que é absurdo (pela prop. 5). Logo, ela existe como infinita. C. Q. D.

Escólio 1. Como, na verdade, ser finito é, parcialmente, uma negação e ser infinito, uma afirmação absoluta da existência de uma natureza, segue-se, portanto, simplesmente pela prop. 7, que toda substância deve ser infinita.

Escólio 2. Não tenho dúvida de que todos os que julgam as coisas confusamente e não se habituaram a conhecê-las por suas causas primeiras terão dificuldade em compreender a demonstração da prop. 7, o que ocorre por não fazerem qualquer distinção entre as modificações das substâncias e as próprias substâncias e por não saberem como as coisas são produzidas. Atribuem, assim, às substâncias a mesma origem que observam nas coisas naturais. Aqueles, pois, que ignoram as verdadeiras causas das coisas, confundem tudo e, sem qualquer escrúpulo, inventam que as árvores, tal como os homens, também falam; que os homens provêm também das pedras e não apenas do sêmen; e que qualquer forma pode se transformar em qualquer outra. Igualmente, aqueles que confundem a natureza divina com a humana, facilmente atribuem a Deus afetos humanos, sobretudo à medida que também ignoram de que maneira os afetos são produzidos na mente. Se, entretanto, prestassem atenção à natureza da substância, não teriam a mínima dúvida sobre a verdade da prop. 7. Pelo contrário, essa proposição seria para todos um axioma e seria enumerada entre as noções comuns. Pois, por substância, compreenderiam aquilo que existe em si mesmo e por si mesmo é concebido, isto é, aquilo cujo conhecimento não tem necessidade do conhecimento de outra coisa. Por modificações, em troca, compreenderiam aquilo que existe em outra coisa e cujo conceito é formado por

non existentium veras ideas possumus habere; quandoquidem, quamvis non existant actu extra intellectum, earum tamen essentia ita in alio comprehenditur, ut per idem concipi possint. Verum substantiarum veritas extra intellectum non est, nisi in se ipsis, quia per se con- cipiuntur. Si quis ergo diceret, se claram et distinctam, hoc est, veram ideam substantiae habere et nihilominus dubitare, num talis substantia existat, idem hercle esset, ac si diceret, se veram habere ideam et nihilominus dubitare, num falsa sit (ut satis attendenti fit manifestum); vel, si quis statuat, substantiam creari, simul statuit, ideam falsam factam esse veram, quo sane nihil absurdius concipi potest. Adeoque fatendum necessario est, substantiae existentiam, sicut eius essentiam, aeternam esse veritatem. Atque hinc alio modo concludere possumus, non dari nisi unicam eiusdem naturae; quod hic ostendere, operae pretium esse duxi. Ut autem hoc ordine faciam, notandum est, 1. veram uniuscuiusque rei definitionem nihil involvere, neque exprimere praeter rei definitae naturam. Ex quo sequitur hoc 2. nempe nullam definitionem certum aliquem numerum individuorum involvere, neque exprimere, quandoquidem nihil aliud exprimit, quam naturam rei definitae. Ex. gr. definitio trianguli nihil aliud exprimit, quam simplicem naturam trianguli; at non certum aliquem triangulorum numerum. 3. Notandum, dari necessario uniuscuiusque rei existentis certam aliquam causam, propter quam existit. 4. Denique notandum, hanc causam, propter quam aliqua res existit, vel debere contineri in ipsa natura et definitione rei existentis (nimirum quod ad ipsius naturam pertinet existere), vel debere extra ipsam dari. His positis sequitur, quod, si in natura certus aliquis numerus individuorum existat, debeat necessario dari causa, cur illa individua et cur non plura nec pauciora existunt. Si ex. gr. in rerum natura viginti homines existant (quos maioris perspicuitatis causa suppono simul existere, nec alios antea in natura exstitisse), non satis erit (ut scilicet rationem reddamus, cur viginti homines existant) causam naturae humanae in genere ostendere; sed insuper necesse erit, causam ostendere, cur non plures, nec pauciores, quam viginti existant; quandoquidem (per notam 3) uniuscuiusque debet necessario dari causa, cur existat. At haec causa (per notam 2 et 3) non potest in ipsa natura humana contineri, quandoquidem vera hominis definitio numerum vicenarium non involvit. Adeoque (per notam. 4) causa, cur hi viginti homines existunt et consequenter cur unusquisque existit, debet necessario extra unumquemque dari et propterea absolute concludendum, omne id, cuius naturae plura

meio do conceito da coisa na qual existe. É por isso que podemos ter ideias verdadeiras de modificações não existentes, pois, embora não existam em ato, fora do intelecto, sua essência está, entretanto, compreendida em outra coisa, por meio da qual podem ser concebidas, enquanto a verdade das substâncias, fora do intelecto, não está senão nelas próprias, pois elas são concebidas por si mesmas. Se, portanto, alguém dissesse que tem uma ideia clara e distinta, isto é, verdadeira, de uma substância, mas que tem alguma dúvida de que tal substância exista, seria como se dissesse (como é evidente a quem prestar suficiente atenção) que tem uma ideia verdadeira, mas que tem alguma suspeita de que ela possa ser falsa. Ou se alguém afirma que uma substância é criada está afirmando, ao mesmo tempo, que uma ideia falsa se tornou verdadeira, o que, certamente, não pode ser mais absurdo. É necessário, pois, reconhecer que a existência de uma substância, assim como a sua essência, é uma verdade eterna. Disso podemos concluir, dizendo de outra maneira, que não existe senão uma única substância de mesma natureza, afirmação que julguei valer a pena demonstrar aqui. Mas para proceder com ordem, é preciso observar que: 1. A definição verdadeira de uma coisa não envolve nem exprime nada além da natureza da coisa definida. Disso se segue que: 2. Nenhuma definição envolve ou exprime um número preciso de indivíduos, pois ela não exprime nada mais do que a natureza da coisa definida. A definição do triângulo, por exemplo, não exprime nada além da simples natureza do triângulo: ela não exprime um número preciso de triângulos. 3. Deve-se observar que, para cada coisa existente, há necessariamente alguma causa precisa pela qual ela existe. 4. Enfim, deve-se observar que essa causa, pela qual uma coisa existe, ou deve estar contida na própria natureza e definição da coisa existente (pois, como sabemos, à sua natureza pertence o existir) ou deve existir fora dela. Isso posto, segue-se que, se existe, na natureza, um número preciso de indivíduos, deve necessariamente haver uma causa pela qual existe tal número de indivíduos: nem mais nem menos. Se, por exemplo, existem, na natureza das coisas, vinte homens (que, por razões de clareza, suponho existirem simultaneamente, e que não tenham, anteriormente, existido outros), não será suficiente (para dar conta da existência desses vinte homens) mostrar a causa da natureza humana em geral; será necessário, além disso, mostrar a causa pela qual não existem nem mais nem menos do que vinte; pois (pelo item 3) deve necessariamente haver uma causa pela qual cada um deles existe. Mas essa causa (pelos itens 2 e 3) não pode estar contida na própria natureza humana, uma vez que a definição verdadeira de homem não envolve o número vinte. Por isso (pelo item 4), a causa pela qual existem esses vinte homens e, consequentemente, pela qual cada um deles existe, deve necessariamente existir fora de cada um deles. Portanto, deve-se concluir, de maneira geral, que tudo aquilo cuja natureza é tal

individua existere possunt, debere necessario, ut existant, causam externam habere. Iam quoniam ad naturam substantiae (per iam ostensa in hoc schol.) pertinet existere, debet eius definitio necessariam existentiam involvere et consequenter ex sola eius definitione debet ipsius existentia concludi. At ex ipsius definitione (ut iam ex nota 2 et 3 ostendimus) non potest sequi plurium substantiarum existentia. Sequitur ergo ex ea necessario, unicam tantum eiusdem naturae existere, ut proponebatur.

Propositio IX. **Quo plus realitatis aut esse unaquaeque res habet, eo plura attributa ipsi competunt.**

Demonstratio. Patet ex defin. 4.

Propositio X. **Unumquodque unius substantiae attributum per se concipi debet.**

Demonstratio. Attributum enim est id quod intellectus de substantia percipit tamquam eius essentiam constituens (per defin. 4); adeoque (per defin. 3) per se concipi debet. Q. E. D.

Scholium. Ex his apparet, quod, quamvis duo attributa realiter distincta concipiantur, hoc est, unum sine ope alterius, non possumus tamen inde concludere, ipsa duo entia, sive duas diversas substantias constituere. Id enim est de natura substantiae, ut unumquodque eius attributorum per se concipiatur; quandoquidem omnia quae habet attributa simul in ipsa semper fuerunt, nec unum ab alio produci potuit; sed unumquodque realitatem sive esse substantiae exprimit. Longe ergo abest, ut absurdum sit, uni substantiae plura attributa tribuere; quin nihil in natura clarius, quam quod unumquodque ens sub aliquo attributo debeat concipi, et quo plus realitatis aut esse habeat, eo plura attributa, quae et necessitatem sive aeternitatem et infinitatem exprimunt, habeat; et consequenter nihil etiam clarius, quam quod ens absolute infinitum necessario sit definiendum (ut defin. 6 tradidimus) ens, quod constat infinitis attributis, quorum unumquodque aeternam et infinitam certam essentiam exprimit. Si quis autem iam quaerit, ex quo ergo signo diversitatem substantiarum poterimus dignoscere, legat sequentes propositiones, quae ostendunt in rerum natura non nisi unicam substantiam existere, eamque absolute infinitam esse, quapropter id signum frustra quaereretur.

que possa existir em vários indivíduos deve, necessariamente, para que eles existam, ter uma causa exterior. Mas, como (conforme já se mostrou neste esc.) à natureza de uma substância pertence o existir, sua definição deve envolver sua existência necessária e, como consequência, sua existência deve ser concluída exclusivamente de sua própria definição. Mas, de sua definição (como mostramos nos itens 2 e 3), não pode se seguir a existência de várias substâncias. Dessa definição segue-se necessariamente, portanto, que, tal como queríamos demonstrar, existe apenas uma única substância de mesma natureza.

Proposição 9. **Quanto mais realidade ou ser uma coisa tem, tanto mais atributos lhe competem.**

Demonstração. Isso é evidente pela def. 4.

Proposição 10. **Cada atributo de uma substância deve ser concebido por si mesmo.**

Demonstração. Com efeito, o atributo é aquilo que, da substância, o intelecto percebe como constituindo a sua essência (pela def. 4). Portanto (pela def. 3), o atributo deve ser concebido por si mesmo. C. Q. D.

Escólio. Fica claro, assim, que, ainda que dois atributos sejam concebidos como realmente distintos, isto é, um sem a mediação do outro, disso não podemos, entretanto, concluir que eles constituam dois entes diferentes, ou seja, duas substâncias diferentes. Pois é da natureza da substância que cada um de seus atributos seja concebido por si mesmo, já que todos os atributos que ela tem sempre existiram, simultaneamente, nela, e nenhum pôde ter sido produzido por outro, mas cada um deles exprime a realidade, ou seja, o ser da substância. Está, portanto, longe de ser absurdo atribuir vários atributos a uma substância. Nada, na natureza, pode, na verdade, ser mais claro do que isto: que cada ente deve ser concebido sob algum atributo e que, quanto mais realidade ou ser ele tiver, tanto mais atributos, que exprimem a necessidade, ou seja, a eternidade e a infinitude, ele terá. Como consequência, nada é igualmente mais claro do que o fato de que um ente absolutamente infinito deve necessariamente ser definido (como fizemos na def. 6) como consistindo de infinitos atributos, cada um dos quais exprime uma essência precisa – eterna e infinita. Se agora, entretanto, alguém perguntar por qual indício poderemos distinguir as diferentes substâncias, pede-se que leia as proposições seguintes, que mostram que não existe, na natureza das coisas, senão uma única substância, e que ela é absolutamente infinita, motivo pelo qual será vão buscar tal indício.

Propositio XI. **Deus, sive substantia constans infinitis attributis, quorum unumquodque aeternam et infinitam essentiam exprimit, necessario existit.**

Demonstratio. Si negas, concipe, si fieri potest, Deum non existere. Ergo (per axiom. 7) eius essentia non involvit existentiam. Atqui hoc (per prop. 7) est absurdum. Ergo Deus necessario existit. Q. E. D.

Aliter. Cuiuscumque rei assignari debet causa seu ratio, tam cur existit, quam cur non existit. Ex. gr. si triangulus existit, ratio seu causa dari debet, cur existit; si autem non existit, ratio etiam seu causa dari debet, quae impedit quominus existat, sive quae eius existentiam tollat. Haec vero ratio seu causa vel in natura rei contineri debet, vel extra ipsam. Ex. gr. rationem, cur circulus quadratus non existat, ipsa eius natura indicat; nimirum, quia contradictionem involvit. Cur autem contra substantia existat, ex sola etiam eius natura sequitur, quia scilicet existentiam involvit (vide prop. 7). At ratio, cur circulus vel triangulus existit, vel cur non existit, ex eorum natura non sequitur, sed ex ordine universae naturae corporeae. Ex eo enim sequi debet, vel iam triangulum necessario existere, vel impossibile esse ut iam existat. Atque haec per se manifesta sunt. Ex quibus sequitur, id necessario existere, cuius nulla ratio nec causa datur, quae impedit quominus existat. Si itaque nulla ratio nec causa dari possit, quae impedit quominus Deus existat, vel quae eius existentiam tollat, omnino concludendum est, eundem necessario existere. At si talis ratio seu causa daretur, ea vel in ipsa Dei natura, vel extra ipsam dari deberet, hoc est, in alia substantia alterius naturae. Nam si eiusdem naturae esset, eo ipso concederetur dari Deum. At substantia, quae alterius esset naturae, nihil cum Deo commune habere (per prop. 2), adeoque neque eius existentiam ponere neque tollere posset. Cum igitur ratio seu causa, quae divinam existentiam tollat, extra divinam naturam dari non possit, debebit necessario dari, siquidem non existit, in ipsa eius natura, quae propterea contradictionem involveret. Atqui hoc de ente absolute infinito et summe perfecto affirmare, absurdum est; ergo nec in Deo, nec extra Deum ulla causa seu ratio datur, quae eius existentiam tollat, ac proinde Deus necessario existit. Q. E. D.

Aliter. Posse non existere impotentia est et contra posse existere potentia est (ut per se notum). Si itaque id, quod iam necessario existit, non nisi entia finita sunt, sunt ergo entia finita potentiora ente

Proposição 11. **Deus, ou seja, uma substância que consta de infinitos atributos, cada um dos quais exprime uma essência eterna e infinita, existe necessariamente.**

Demonstração. Se negas isso, concebe, se for possível, que Deus não existe. Neste caso (pelo ax. 7), a sua essência não envolve a existência. Ora, isso (pela prop. 7) é absurdo. Logo, Deus existe necessariamente. C. Q. D.

Demonstração alternativa. Para cada coisa, deve-se indicar a causa ou a razão pela qual ela existe ou não existe. Por exemplo, se um triângulo existe, deve-se dar a causa ou a razão pela qual ele existe; se, por outro lado, ele não existe, deve-se também dar a razão ou a causa que impede que ele exista, ou seja, que suprima a sua existência. Ora, essa razão ou causa deve estar contida na natureza da coisa ou, então, fora dela. Por exemplo, a própria natureza do círculo indica a razão pela qual não existe um círculo quadrado, pois, evidentemente, admiti-lo envolve uma contradição. Por sua vez, o que faz com que uma substância exista também se segue exclusivamente de sua própria natureza, porque esta última envolve, é óbvio, a existência (veja-se a prop. 7). Mas a razão pela qual um círculo – ou um triângulo – existe ou não existe não se segue de sua própria natureza, mas da ordem da natureza corpórea como um todo. Pois é dessa ordem que deve se seguir que, neste momento, esse triângulo ou exista necessariamente ou seja impossível que ele exista. Tudo isso é evidente por si mesmo. Disso se segue que uma coisa existe necessariamente se não houver nenhuma razão ou causa que a impeça de existir. Se, pois, não pode haver nenhuma razão ou causa que impeça que Deus exista ou que suprima a sua existência, deve-se, sem dúvida, concluir que ele existe necessariamente. Mas se houvesse tal razão ou causa, ela deveria estar ou na própria natureza de Deus ou fora dela, em uma outra substância, de natureza diferente. Pois se fosse da mesma natureza, deveríamos, por isso mesmo, admitir que Deus existe. Mas uma substância que fosse de natureza diferente não teria nada em comum com Deus (pela prop. 2) e não poderia, portanto, pôr a sua existência nem, tampouco, retirá-la. Se, pois, a razão ou a causa que suprime a existência de Deus não pode estar fora da natureza divina, ela deve necessariamente estar, embora supostamente Deus não exista, na própria natureza divina, a qual, por isso, envolveria uma contradição. Mas é absurdo afirmar isso de um ente absolutamente infinito e sumamente perfeito. Logo, não há, nem em Deus, nem fora dele, qualquer causa ou razão que suprima sua existência e, portanto, Deus existe necessariamente. C. Q. D.

Demonstração alternativa. Poder não existir é impotência e, inversamente, poder existir é potência (como é, por si mesmo, sabido). Se, pois, o que agora existe necessariamente não consiste senão de entes finitos, então

absolute infinito: atque hoc (ut per se notum) absurdum est. Ergo vel nihil existit, vel ens absolute infinitum necessario etiam existit. Atqui nos, vel in nobis, vel in alio, quod necessario existit, existimus (vid. axiom. 1 et prop. 7). Ergo ens absolute infinitum, hoc est (per defin. 6), Deus necessario existit. Q. E. D.

Scholium. In hac ultima demonstratione Dei existentiam a posteriori ostendere volui, ut demonstratio facilius perciperetur; non autem propterea, quod ex hoc eodem fundamento Dei existentia a priori non sequatur. Nam cum posse existere potentia sit, sequitur, quo plus realitatis alicuius rei naturae competit, eo plus virium a se habere, ut existat; adeoque ens absolute infinitum, sive Deum infinitam absolute potentiam existendi a se habere, qui propterea absolute existit. Multi tamen forsan non facile huius demonstrationis evidentiam videre poterunt, quia assueti sunt, eas solummodo res contemplari, quae a causis externis fluunt; et ex his, quae cito fiunt, hoc est, quae facile existunt, eas etiam facile perire vident et contra eas res factu difficiliores iudicant, hoc est, ad existendum non adeo faciles, ad quas plura pertinere concipiunt. Verum ut ab his praeiudiciis liberentur, non opus habeo hic ostendere, qua ratione hoc enunciatum: quod cito fit, cito perit, verum sit, nec etiam, an respectu totius naturae omnia aeque facilia sint, an secus. Sed hoc tantum notare sufficit, me hic non loqui de rebus, quae a causis externis fiunt, sed de solis substantiis, quae (per prop. 6) a nulla causa externa produci possunt. Res enim, quae a causis externis fiunt, sive eae multis partibus constent sive paucis, quicquid perfectionis sive realitatis habent, id omne virtuti causae externae debetur, adeoque earum existentia ex sola perfectione causae externae, non autem suae oritur. Contra, quicquid substantia perfectionis habet, nulli causae externae debetur; quare eius etiam existentia ex sola eius natura sequi debet, quae proinde nihil aliud est, quam eius essentia. Perfectio igitur rei existentiam non tollit, sed contra ponit; imperfectio autem contra eandem tollit, adeoque de nullius rei existentia certiores esse possumus, quam de existentia entis absolute infiniti seu perfecti, hoc est, Dei. Nam quandoquidem eius essentia omnem imperfectionem secludit absolutamque perfectionem involvit, eo ipso omnem causam dubitandi de ipsius existentia tollit, summamque de eadem certitudinem dat, quod mediocriter attendenti perspicuum fore credo.

estes entes são mais potentes do que um ente absolutamente infinito. Mas isso (como é, por si mesmo, sabido) é absurdo. Logo, ou não existe nada ou um ente absolutamente infinito também existe necessariamente. Ora, nós existimos, ou em nós mesmos ou em outra coisa que existe necessariamente (vejam-se o ax. 1 e a prop. 7). Logo, um ente absolutamente infinito, isto é (pela def. 6), Deus, existe necessariamente. C. Q. D.

Escólio. Quis, nessa última demonstração, para que fosse mais facilmente compreendida, provar a existência de Deus *a posteriori*; mas não que sua existência não se siga *a priori* desse mesmo fundamento. Pois, se poder existir é potência, segue-se que, quanto mais realidade a natureza de uma coisa possuir, tanto mais ela terá forças para existir por si mesma. Portanto, um ente absolutamente infinito, ou seja, Deus, tem, por si mesmo, uma potência absolutamente infinita de existir e, por isso, existe de forma absoluta. Muitos, entretanto, poderão talvez não ver facilmente a evidência dessa demonstração, porque estão acostumados a considerar somente aquelas coisas que decorrem de causas exteriores. E, dentre essas coisas, eles veem que aquelas que são rapidamente produzidas, isto é, que facilmente passam a existir, também facilmente perecem e, inversamente, julgam que aquelas coisas que eles concebem como tendo um número maior de propriedades são mais difíceis de serem produzidas, isto é, que não é tão fácil fazer com que passem a existir. Entretanto, para livrá-los desse preconceito, não preciso considerar, aqui, em que sentido é verdadeira a frase *o que é rapidamente produzido, rapidamente perece*, nem, tampouco, se com respeito à totalidade da natureza, todas as coisas são igualmente fáceis ou não. É suficiente apenas observar que não falo aqui das coisas que são produzidas por causas exteriores, mas apenas das substâncias, as quais (pela prop. 6) não podem ser produzidas por nenhuma causa exterior. Com efeito, as coisas que são produzidas por causas exteriores, consistam elas de muitas ou de poucas partes, devem tudo o que têm de perfeição (ou seja, de realidade) à virtude da causa exterior e, assim, sua existência tem origem unicamente na perfeição da causa exterior e não na sua própria causa. Em oposição, nada do que uma substância tem de perfeição é devido a qualquer causa exterior e, assim, também a sua existência deve decorrer unicamente de sua própria natureza, existência que nada mais é, portanto, do que sua própria essência. Logo, a perfeição de uma coisa não retira sua existência, mas, em vez disso, a põe; a imperfeição, ao contrário, a retira e, por isso, não há nenhuma existência sobre a qual possamos estar mais certos do que a do ente absolutamente infinito ou perfeito, isto é, de Deus. Com efeito, uma vez que sua essência exclui qualquer imperfeição e envolve a perfeição absoluta, fica afastada, por isso mesmo, qualquer razão de dúvida sobre a sua existência, podendo-se, ao contrário, ter disso a maior certeza. Creio que isso fica claro para quem preste um mínimo de atenção.

***Propositio XII.* Nullum substantiae attributum potest vere concipi, ex quo sequatur, substantiam posse dividi.**

Demonstratio. Partes enim, in quas substantia sic concepta divideretur, vel naturam substantiae retinebunt, vel non. Si primum, tum (per prop. 8) unaquaeque pars debebit esse infinita et (per prop. 6) causa sui et (per prop. 5) constare debebit ex diverso attributo, adeoque ex una substantia plures constitui poterunt, quod (per prop. 6) est absurdum. Adde, quod partes (per prop. 2) nihil commune cum suo toto haberent, et totum (per defin. 4 et prop. 10) absque suis partibus et esse et concipi posset, quod absurdum esse, nemo dubitare poterit. Si autem secundum ponatur, quod scilicet partes naturam substantiae non retinebunt; ergo, cum tota substantia in aequales partes esset divisa, naturam substantiae amitteret et esse desineret, quod (per prop. 7) est absurdum.

***Propositio XIII.* Substantia absolute infinita est indivisibilis.**

Demonstratio. Si enim divisibilis esset, partes, in quas divideretur, vel naturam substantiae absolute infinitae retinebunt, vel non. Si primum, dabuntur ergo plures substantiae eiusdem naturae, quod (per prop. 5) est absurdum. Si secundum ponatur, ergo (ut supra) poterit substantia absolute infinita desinere esse, quod (per prop. 11) est etiam absurdum.

Corollarium. Ex his sequitur, nullam substantiam et consequenter nullam substantiam corpoream, quatenus substantia est, esse divisibilem.

Scholium. Quod substantia sit indivisibilis, simplicius ex hoc solo intelligitur, quod natura substantiae non potest concipi nisi infinita et quod per partem substantiae nihil aliud intelligi potest, quam substantia finita, quod (per prop. 8) manifestam contradictionem implicat.

***Propositio XIV.* Praeter Deum nulla dari neque concipi potest substantia.**

Demonstratio. Cum Deus sit ens absolute infinitum, de quo nullum attributum, quod essentiam substantiae exprimit, negari potest (per defin. 6), isque necessario existat (per prop. 11), si aliqua substantia praeter Deum daretur, ea explicari deberet per aliquod attributum Dei, sicque duae substantiae eiusdem attributi existerent, quod (per prop. 5) est absurdum; adeoque nulla substantia extra Deum dari potest et

Proposição 12. **Não se pode verdadeiramente conceber nenhum atributo de uma substância do qual se siga que tal substância pode ser dividida.**

Demonstração. Com efeito, as partes nas quais uma substância assim concebida se dividisse ou conservariam a sua natureza ou não a conservariam. Se consideramos a primeira hipótese, então (pela prop. 8), cada uma das partes deveria ser infinita e (pela prop. 6) causa de si, e (pela prop. 5) deveria consistir de um atributo diferente. Portanto, a partir de uma única substância se poderiam constituir várias substâncias, o que (pela prop. 6) é absurdo. Além disso, as partes (pela prop. 2) nada teriam de comum com o respectivo todo, e o todo (pela def. 4 e pela prop. 10) poderia existir e ser concebido sem as respectivas partes, conclusão de cujo absurdo ninguém poderá duvidar. Se consideramos a segunda hipótese, a de que as partes não conservariam a natureza da substância, então, quando a substância inteira fosse dividida em partes iguais, ela perderia a natureza de substância e deixaria de existir, o que (pela prop. 7) é absurdo.

Proposição 13. **Uma substância absolutamente infinita é indivisível.**

Demonstração. Com efeito, se fosse divisível, as partes nas quais se dividiria ou conservariam a natureza de uma substância absolutamente infinita ou não a conservariam. Se consideramos a primeira hipótese, existiriam, então, várias substâncias de mesma natureza, o que (pela prop. 5) é absurdo. Se consideramos a segunda hipótese, então (tal como acima), uma substância absolutamente infinita poderia deixar de existir, o que (pela prop. 11) também é absurdo.

Corolário. Disso se segue que nenhuma substância e, consequentemente, nenhuma substância corpórea, enquanto substância, é divisível.

Escólio. Compreende-se, de maneira mais simples, que a substância é indivisível apenas pela consideração de que a sua natureza não pode ser concebida a não ser como infinita, e que por parte de uma substância não se pode compreender outra coisa que não substância finita, o que (pela prop. 8) implica evidente contradição.

Proposição 14. **Além de Deus, não pode existir nem ser concebida nenhuma substância.**

Demonstração. Como Deus é um ente absolutamente infinito, do qual nenhum atributo que exprima a essência de uma substância pode ser negado (pela def. 6), e como ele existe necessariamente (pela prop. 11), se existisse alguma substância além de Deus, ela deveria ser explicada por algum atributo de Deus e existiriam, assim, duas substâncias de mesmo atributo, o que (pela prop. 5) é absurdo. Portanto, não pode existir e, consequentemente,

consequenter non etiam concipi. Nam si posset concipi, deberet necessario concipi, ut existens; atqui hoc (per primam partem huius demonst.) est absurdum. Ergo extra Deum nulla dari, neque concipi potest substantia. Q. E. D.

Corollarium I. Hinc clarissime sequitur 1. Deum esse unicum, hoc est (per defin. 6) in rerum natura non nisi unam substantiam dari, eamque absolute infinitam esse, ut in scholio prop. 10 iam innuimus.

Corollarium II. Sequitur 2. rem extensam et rem cogitantem, vel Dei attributa esse, vel (per axiom. 1) affectiones attributorum Dei.

Propositio XV. **Quicquid est in Deo est, et nihil sine Deo esse neque concipi potest.**

Demonstratio. Praeter Deum nulla datur neque concipi potest substantia (per prop. 14), hoc est (per defin. 3) res, quae in se est et per se concipitur. Modi autem (per defin. 5) sine substantia nec esse, nec concipi possunt; quare hi in sola divina natura esse et per ipsam solam concipi possunt. Atqui praeter substantias et modos nil datur (per axiom. 1). Ergo nihil sine Deo esse, neque concipi potest. Q. E. D.

Scholium. Sunt qui Deum instar hominis corpore et mente constantem atque passionibus obnoxium fingunt. Sed quam longe hi a vera Dei cognitione aberrent, satis ex iam demonstratis constat. Sed hos mitto. Nam omnes, qui naturam divinam aliquo modo contemplati sunt, Deum esse corporeum, negant. Quod etiam optime probant ex eo, quod per corpus intelligimus quamcumque quantitatem, longam, latam et profundam, certa aliqua figura terminatam, quo nihil absurdius de Deo, ente scilicet absolute infinito, dici potest. Attamen interim aliis rationibus, quibus hoc idem demonstrare conantur, clare ostendunt, se substantiam ipsam corpoream sive extensam a natura divina omnino removere, atque ipsam a Deo creatam statuunt. Ex qua autem divina potentia creari potuerit, prorsus ignorant; quod clare ostendit, illos id quod ipsimet dicunt, non intelligere. Ego saltem satis clare, meo quidem iudicio, demonstravi (vide coroll. prop. 6 et schol. 2 prop. 8) nullam substantiam ab alio posse produci vel creari. Porro prop. 14 ostendimus, praeter Deum nullam dari neque concipi posse substantiam. Atque hinc conclusimus, substantiam extensam unum ex infinitis Dei attributis esse. Verum, ad pleniorem explicationem adversariorum

tampouco pode ser concebida nenhuma substância além de Deus. Pois, se pudesse ser concebida, ela deveria necessariamente ser concebida como existente. Mas isso (pela primeira parte desta dem.) é absurdo. Logo, além de Deus, não pode existir nem ser concebida nenhuma substância. C. Q. D.

Corolário 1. Disso se segue, muito claramente, em primeiro lugar, que Deus é único, isto é (pela def. 6), que não existe, na natureza das coisas, senão uma única substância, e que ela é absolutamente infinita, como já havíamos sugerido no esc. da prop. 10.

Corolário 2. Segue-se, em segundo lugar, que a coisa extensa e a coisa pensante ou são atributos de Deus ou (pelo ax. 1) são afecções dos atributos de Deus.

Proposição 15. Tudo o que existe, existe em Deus, e sem Deus, nada pode existir nem ser concebido.

Demonstração. Além de Deus, não pode existir nem ser concebida nenhuma substância (pela prop. 14), isto é (pela def. 3), uma coisa que existe em si mesma e que por si mesma é concebida. Os modos, entretanto (pela def. 5), não podem existir nem ser concebidos sem uma substância. Portanto, só podem existir na natureza divina e só por meio dela podem ser concebidos. Mas, além das substâncias e dos modos, não existe nada (pelo ax. 1). Logo, sem Deus, nada pode existir nem ser concebido. C. Q. D.

Escólio. Há aqueles que inventam que Deus, à semelhança do homem, é constituído de corpo e mente, e que está sujeito a paixões. Mas fica bastante evidente, pelo que já foi demonstrado, o quanto se desviam do verdadeiro conhecimento de Deus. Desconsidero-os, entretanto. Pois todos os que, de alguma maneira, refletiram sobre a natureza divina negam que Deus seja corpóreo, proposição para a qual, além disso, apresentam excelente prova. Pois, se por corpo compreendemos toda quantidade que tenha comprimento, largura e profundidade, e que seja delimitada por alguma figura definida, nada poderia ser mais absurdo do que dizer isso a respeito de Deus, ou seja, de um ente absolutamente infinito. Entretanto, ao mesmo tempo, no esforço por fazer essa demonstração, aduzem outras razões, as quais revelam claramente que excluem por completo a substância corpórea, isto é, extensa, da natureza divina, afirmando que ela foi criada por Deus. Por qual potência divina ela poderia, entretanto, ter sido criada é coisa que ignoram por completo, o que mostra claramente que não compreendem o que eles mesmos dizem. Pelo menos no que me diz respeito, demonstrei (vejam-se o corol. da prop. 6 e o esc. 2 da prop. 8) bastante claramente, ao que me parece, que nenhuma substância pode ser produzida ou criada por outra coisa. Além disso, demonstramos, na prop. 14, que, além de Deus, não pode existir nem ser concebida nenhuma substância. Disso concluímos que a substância extensa é um dos infinitos atributos de Deus. Mas, para dar uma explicação mais completa,

argumenta refutabo, quae omnia huc redeunt. Primo, quod substantia corporea, quatenus substantia, constat, ut putant, partibus; et ideo eandem infinitam posse esse, et consequenter ad Deum pertinere posse negant. Atque hoc multis exemplis explicant, ex quibus unum, aut alterum afferam. Si substantia corporea, aiunt, est infinita, concipiatur in duas partes dividi; erit unaquaeque pars, vel finita, vel infinita. Si illud, componitur ergo infinitum ex duabus partibus finitis, quod est absurdum. Si hoc, datur ergo infinitum duplo maius alio infinito, quod etiam est absurdum. Porro, si quantitas infinita mensuratur partibus pedes aequantibus, infinitis talibus partibus constare debebit, ut et si partibus mensuretur digitos aequantibus; ac propterea unus numerus infinitus erit duodecies maior alio infinito. Denique, si ex uno puncto infinitae cuiusdam quantitatis concipiatur, duas lineas, ut AB, AC, certa ac determinata in initio distantia in infinitum protendi; certum est, distantiam inter B et C continuo augeri et tandem ex determinata indeterminabilem fore.

Cum igitur haec absurda sequantur, ut putant, ex eo, quod quantitas infinita supponitur: inde concludunt, substantiam corpoream debere esse finitam, et consequenter ad Dei essentiam non pertinere. Secundum argumentum petitur etiam a summa Dei perfectione. Deus enim, inquiunt, cum sit ens summe perfectum, pati non potest; atqui substantia corporea, quandoquidem divisibilis est, pati potest; sequitur ergo, ipsam ad Dei essentiam non pertinere. Haec sunt, quae apud scriptores invenio argumenta, quibus ostendere conantur, substantiam corpoream divina natura indignam esse, nec ad eandem posse pertinere. Verumenimvero si quis recte attendat, me ad haec iam respondisse comperiet; quandoquidem haec argumenta in eo tantum fundantur, quod substantiam corpoream ex partibus componi supponunt, quod iam (prop. 12 cum coroll. prop. 13) absurdum esse ostendi. Deinde si quis rem recte perpendere velit, videbit, omnia illa absurda (siquidem omnia absurda sunt, de quo iam non disputo), ex quibus concludere volunt, substantiam extensam finitam esse, minime ex eo sequi, quod quantitas infinita supponatur, sed quod quantitatem infinitam mensurabilem

refutarei os argumentos dos adversários, que se reduzem, todos, ao que se segue. Em primeiro lugar, uma vez que a substância corpórea, enquanto substância, é constituída, como julgam, de partes, eles negam que ela possa ser infinita e, consequentemente, que possa pertencer a Deus. Explicam isso por meio de muitos exemplos, dos quais mencionarei apenas um ou dois. Se a substância corpórea, dizem, é infinita, suponha-se que ela seja dividida em duas partes. Cada uma das partes será ou finita ou infinita. Caso se considere a primeira hipótese, um infinito seria composto de duas partes finitas, o que é absurdo. Caso se considere a segunda hipótese, haveria, então, um infinito duas vezes maior que outro infinito, o que é igualmente absurdo. Além disso, se uma quantidade infinita for medida em partes com comprimento de um pé cada uma, ela deverá consistir, então, de infinitas partes de um pé, tal como ocorrerá se for medida em partes de uma polegada cada uma. Mas teríamos, então, [como um pé é igual a doze polegadas,] um número infinito doze vezes maior que outro número infinito. Finalmente, suponha-se que, a partir de um ponto de uma quantidade infinita, duas linhas, AB e AC, inicialmente separadas por uma distância definida e determinada, prolongam-se até o infinito.

É certo que a distância entre B e C aumentará continuamente e, de determinada que era, passará a ser, finalmente, indeterminável. Como, na opinião deles, esses absurdos se seguem do pressuposto de uma quantidade infinita, concluem, por isso, que a substância corpórea deve ser finita e que, consequentemente, não pertence à essência de Deus. Busca-se, ainda, um segundo argumento na suma perfeição de Deus. Deus, com efeito, dizem eles, por ser um ente sumamente perfeito, não pode padecer, enquanto a substância corpórea, por ser divisível, pode. Logo, segue-se que ela não pertence à essência de Deus. Esses são os argumentos que encontro nos autores, que os utilizam para tentar mostrar que a substância corpórea é indigna da natureza divina e não pode pertencer-lhe. Mas, na verdade, quem prestar a devida atenção verá que eu já os refutei, pois esses argumentos se baseiam exclusivamente na suposição de que a substância corpórea é composta de partes, o que já mostrei (prop. 12, juntamente com o corol. da prop. 13) ser absurdo. Além disso, quem estiver disposto a examinar cuidadosamente a questão verá que todos aqueles absurdos (se é que são mesmo absurdos, o que não questionarei agora), em virtude dos quais se quer concluir que a substância extensa é finita, não se seguem, de maneira alguma,

et ex partibus finits conflari supponunt; quare ex absurdis, quae inde sequuntur, nihil aliud concludere possunt, quam quod quantitas infinita non sit mensurabilis et quod ex partibus finitis conflari non possit. Atque hoc idem est, quod nos supra (prop. 12 etc.) iam demonstravimus. Quare telum, quod in nos intendunt, in se ipsos revera coniiciunt. Si igitur ipsi ex suo hoc absurdo concludere tamen volunt, substantiam extensam debere esse finitam, nihil aliud hercle faciunt, quam si quis ex eo, quod finxit, circulum quadrati proprietates habere, concludit, circulum non habere centrum, ex quo omnes ad circumferentiam ductae lineae sunt aequales. Nam substantiam corpoream, quae non nisi infinita, non nisi unica et non nisi indivisibilis potest concipi (vid. prop. 8, 5 et 12), eam ipsi ad concludendum, eandem esse finitam, ex partibus finitis conflari et multiplicem esse et divisibilem, concipiunt. Sic etiam alii, postquam fingunt, lineam ex punctis componi, multa sciunt invenire argumenta, quibus ostendant, lineam non posse in infinitum dividi. Et profecto non minus absurdum est ponere, quod substantia corporea ex corporibus sive partibus componatur, quam quod corpus ex superficiebus, superficies ex lineis, lineae denique ex punctis componantur. Atque hoc omnes, qui claram rationem infallibilem esse sciunt, fateri debent, et imprimis ii, qui negant, dari vacuum. Nam si substantia corporea ita posset dividi, ut eius partes realiter distinctae essent, cur ergo una pars non posset annihilari manentibus reliquis, ut ante, inter se connexis? et cur omnes ita aptari debent, ne detur vacuum? Sane rerum, quae realiter ab invicem distinctae sunt, una sine alia esse et in suo statu manere potest. Cum igitur vacuum in natura non detur (de quo alias), sed omnes partes ita concurrere debent, ne detur vacuum, sequitur hinc etiam, easdem non posse realiter distingui, hoc est, substantiam corpoream, quatenus substantia est, non posse dividi. Si quis tamen iam quaerat, cur nos ex natura ita propensi simus ad dividendam quantitatem? ei respondeo, quod quantitas duobus modis a nobis concipitur, abstracte scilicet sive superficialiter, prout nempe ipsam imaginamur, vel ut substantia, quod a solo intellectu fit. Si itaque ad quantitatem attendimus, prout in imaginatione est, quod saepe et facilius a nobis fit, reperietur finita, divisibilis et ex partibus conflata; si autem ad ipsam, prout in intellectu est, attendimus et eam, quatenus substantia est, concipimus, quod difficillime fit, tum, ut iam satis demonstravimus, infinita, unica et indivisibilis reperietur. Quod omnibus, qui inter imaginationem et intellectum distinguere

da suposição de uma quantidade infinita, mas da suposição de uma quantidade infinita mensurável e composta de partes finitas. Por isso, dos absurdos que daí se seguem, a única coisa que podem concluir é que uma quantidade infinita não é mensurável e não pode ser composta de partes finitas. Mas foi exatamente isso que já havíamos, anteriormente (prop. 12, etc.), demonstrado. Assim, o dardo que nos dirigem acaba, na verdade, voltando-se contra eles próprios. Se, portanto, desejam concluir, por meio desse absurdo, que a substância extensa deve ser finita, eles não agem, em nada, diferentemente de quem, por ter inventado que o círculo tem as propriedades do quadrado, concluísse que o círculo não tem um centro, desde o qual todas as retas traçadas até a circunferência são iguais. Pois, para poderem concluir que a substância corpórea – que só pode ser concebida como infinita, única e indivisível (vejam-se as prop. 8, 5 e 12) – é finita, eles a concebem como composta de partes finitas e como múltipla e divisível. Do mesmo modo, outros autores, ainda, tendo inventado que a linha é composta de pontos, são capazes de encontrar muitos argumentos para mostrar que a linha não pode ser dividida ao infinito. E não é, certamente, menos absurdo afirmar que a substância corpórea é composta de corpos, ou seja, de partes, do que afirmar que o corpo se compõe de superfícies, a superfície, de linhas e a linha, enfim, de pontos. E isso deve ser admitido por todos aqueles que sabem que uma razão clara é infalível, sobretudo os que negam a existência do vácuo. Pois, se a substância corpórea pudesse ser dividida de maneira tal que as suas partes fossem realmente distintas, por que, então, uma dessas partes não poderia ser aniquilada, com as outras permanecendo, como antes, ligadas entre si? E por que devem todas acomodar-se de forma a não haver vácuo? É verdade que, falando-se de coisas que realmente são distintas entre si, uma pode existir sem a outra e manter sua situação. Como, entretanto, na natureza, não há vácuo (questão tratada em outro local), todas as partes devendo juntar-se, ao contrário, para que não haja vácuo, segue-se, igualmente, que essas partes não podem realmente se distinguir, isto é, que a substância corpórea, enquanto substância, não pode ser dividida. Se alguém, entretanto, perguntar, agora, por que estamos assim tão naturalmente inclinados a dividir a quantidade, respondo que ela é por nós concebida de duas maneiras: abstratamente, ou seja, superficialmente, apenas como a imaginamos; ou, então, como substância, o que só se faz pelo intelecto. Assim, se consideramos a quantidade tal como existe na imaginação, o que fazemos com mais facilidade e frequência, ela nos parecerá finita, divisível e composta de partes. Se a consideramos, entretanto, tal como ela existe no intelecto e a concebemos enquanto substância, o que fazemos com mais dificuldade, então, como já demonstramos suficientemente, ela nos parecerá infinita, única e indivisível. Isso será bastante evidente para todos os que souberem distinguir a imaginação do intelecto,

sciverint, satis manifestum erit; praecipue si ad hoc etiam attendatur, quod materia ubique eadem est, nec partes in eadem distinguuntur, nisi quatenus materiam diversimode affectam esse concipimus, unde eius partes modaliter tantum distinguuntur, non autem realiter. Ex. gr. aquam, quatenus aqua est, dividi concipimus eiusque partes ab invicem separari; at non, quatenus substantia est corporea; eatenus enim neque separatur neque dividitur. Porro aqua, quatenus aqua, generatur et corrumpitur; at, quatenus substantia, nec generatur, nec corrumpitur. Atque his me ad secundum argumentum etiam respondisse puto; quandoquidem id in eo etiam fundatur, quod materia, quatenus substantia, divisibilis sit et ex partibus confletur. Et quamvis hoc non esset, nescio, cur divina natura indigna esset, quandoquidem (per prop. 14) extra Deum nulla substantia dari potest, a qua ipsa pateretur. Omnia, inquam, in Deo sunt et omnia, quae fiunt, per solas leges infinitae Dei naturae fiunt et ex necessitate eius essentiae (ut mox ostendam) sequuntur. Quare nulla ratione dici potest, Deum ab alio pati, aut substantiam extensam divina natura indignam esse; tametsi divisibilis supponatur, dummodo aeterna et infinita concedatur. Sed de his impraesentiarum satis.

***Propositio XVI.* Ex necessitate divinae naturae infinita infinitis modis (hoc est, omnia, quae sub intellectum infinitum cadere possunt) sequi debent.**

Demonstratio. Haec propositio unicuique manifesta esse debet, si modo ad hoc attendat, quod ex data cuiuscumque rei definitione plures proprietates intellectus concludit, quae revera ex eadem (hoc est, ipsa rei essentia) necessario sequuntur et eo plures, quo plus realitatis rei definitio exprimit, hoc est, quo plus realitatis rei definitae essentia involvit. Cum autem natura divina infinita absolute attributa habeat (per defin. 6), quorum etiam unumquodque infinitam essentiam in suo genere exprimit, ex eiusdem ergo necessitate infinita infinitis modis (hoc est, omnia, quae sub intellectum infinitum cadere possunt) necessario sequi debent. Q. E. D.

Corollarium I. Hinc sequitur, Deum omnium rerum, quae sub intellectum infinitum cadere possunt, esse causam efficientem.

Corollarium II. Sequitur 2. Deum causam esse per se, non vero per accidens.

Corollarium III. Sequitur 3. Deum esse absolute causam primam.

sobretudo se considerarem também o fato de que a matéria é, em todo lugar, a mesma, e que nela não se distinguem partes, a não ser enquanto a concebemos como matéria afetada de diferentes maneiras, motivo pelo qual suas partes se distinguem apenas modalmente e não realmente. Por exemplo, concebemos que a água, enquanto água, se divida, e que suas partes se separem umas das outras, mas não enquanto substância corpórea, pois, enquanto tal, ela não se separa nem se divide. Além disso, a água, enquanto água, é gerada e se corrompe, mas enquanto substância não é gerada nem se corrompe. Com isso, creio ter respondido, igualmente, ao segundo argumento, pois também este se baseia no pressuposto de que a matéria, enquanto substância, é divisível e composta de partes. Mesmo que assim não fosse, não vejo por que a matéria seria indigna da natureza divina, pois (pela prop. 14), além de Deus, não pode existir nenhuma substância da qual ela possa padecer. Tudo, afirmo, existe em Deus, e é exclusivamente pelas leis de sua natureza infinita que ocorre tudo o que ocorre, seguindo-se tudo (como logo mostrarei) da necessidade de sua essência. É por isso que não se pode, por razão alguma, dizer que Deus padece de uma outra coisa ou que a substância extensa – mesmo que se a suponha divisível, mas desde que se admita que ela é eterna e infinita – é indigna da natureza divina. Mas isso é, por ora, suficiente.

Proposição 16. **Da necessidade da natureza divina devem se seguir infinitas coisas, de infinitas maneiras (isto é, tudo o que pode ser abrangido sob um intelecto divino).**

Demonstração. Esta proposição deve ser evidente para qualquer um, desde que se considere que, da definição dada de uma coisa qualquer, o intelecto conclui um grande número de propriedades, as quais, efetivamente, se seguem necessariamente dessa definição (isto é, da própria essência da coisa), número que é tanto maior quanto mais realidade a definição da coisa exprime, isto é, quanto mais realidade a essência da coisa definida envolve. Como, entretanto, a natureza divina tem, absolutamente, infinitos atributos (pela def. 6), cada um dos quais também exprime uma essência infinita em seu gênero, de sua necessidade devem se seguir necessariamente, portanto, infinitas coisas, de infinitas maneiras (isto é, tudo o que pode ser abrangido sob um intelecto infinito). C. Q. D.

Corolário 1. Segue-se disso, em primeiro lugar, que Deus é causa eficiente de todas as coisas que podem ser abrangidas sob um intelecto divino.

Corolário 2. Segue-se, em segundo lugar, que Deus é causa por si mesmo e não por acidente.

Corolário 3. Segue-se, em terceiro lugar, que Deus é, absolutamente, causa primeira.

Propositio XVII. **Deus ex solis suae naturae legibus et a nemine coactus agit.**

Demonstratio. Ex sola divinae naturae necessitate, vel (quod idem est) ex solis eiusdem naturae legibus, infinita absolute sequi, modo prop. 16 ostendimus; et prop. 15 demonstravimus, nihil sine Deo esse nec concipi posse, sed omnia in Deo esse. Quare nihil extra ipsum esse potest, a quo ad agendum determinetur vel cogatur; atque adeo Deus ex solis suae naturae legibus et a nemine coactus agit. Q. E. D.

Corollarium I. Hinc sequitur 1. nullam dari causam, quae Deum extrinsece vel intrinsece praeter ipsius naturae perfectionem incitet ad agendum.

Corollarium II. Sequitur 2. solum Deum esse causam liberam. Deus enim solus ex sola suae naturae necessitate existit (per prop. 11 et coroll. 1 prop. 14), et ex sola suae naturae necessitate agit (per prop. praeced.). Adeoque (per defin. 7) solus est causa libera. Q. E. D.

Scholium. Alii putant, Deum esse causam liberam, propterea quod potest, ut putant, efficere, ut ea, quae ex eius natura sequi diximus, hoc est, quae in eius potestate sunt, non fiant, sive ut ab ipso non producantur. Sed hoc idem est, ac si dicerent, quod Deus potest efficere, ut ex natura trianguli non sequatur, eius tres angulos aequales esse duobus rectis; sive ut ex data causa non sequatur effectus, quod est absurdum. Porro infra absque ope huius propositionis ostendam, ad Dei naturam neque intellectum, neque voluntatem pertinere. Scio equidem plures esse qui putant, se posse demonstrare, ad Dei naturam summum intellectum et liberam voluntatem pertinere; nihil enim perfectius cognoscere sese aiunt, quod Deo tribuere possunt, quam id quod in nobis summa est perfectio. Porro, tametsi Deum actu summe intelligentem concipiant, non tamen credunt, eum posse omnia, quae actu intelligit, efficere ut existant; nam se eo modo Dei potentiam destruere putant. Si omnia, inquiunt, quae in eius intellectu sunt, creavisset, nihil tum amplius creare potuisset, quod credunt Dei omnipotentiae repugnare; ideoque maluerunt Deum ad omnia indifferentem statuere, nec aliud creantem praeter id quod absoluta quadam voluntate decrevit creare. Verum ego me satis clare ostendisse puto (vid. prop. 16), a summa Dei potentia, sive infinita natura infinita infinitis modis, hoc est, omnia necessario effluxisse, vel semper eadem necessitate sequi; eodem modo, ac ex natura trianguli ab aeterno et in aeternum sequitur, eius tres angulos aequari duobus rectis. Quare Dei

Proposição 17. **Deus age exclusivamente pelas leis de sua natureza e sem ser coagido por ninguém.**

Demonstração. Acabamos de demonstrar, na prop. 16, que infinitas coisas se seguem exclusivamente, de maneira absoluta, da necessidade da natureza divina, ou, o que é o mesmo, exclusivamente das leis de sua natureza. Demonstramos, além disso, na prop. 15, que nada pode existir nem ser concebido sem Deus, mas que tudo existe em Deus. Não pode existir, pois, fora dele, nenhuma coisa pela qual ele seja determinado ou coagido a agir. Logo, Deus age exclusivamente pelas leis de sua natureza e sem ser coagido por ninguém. C. Q. D.

Corolário 1. Segue-se disso, em primeiro lugar, que, além da perfeição de sua própria natureza, não existe nenhuma causa que, extrínseca ou intrinsecamente, leve Deus a agir.

Corolário 2. Segue-se, em segundo lugar, que só Deus é causa livre. Pois só Deus existe exclusivamente pela necessidade de sua natureza (pela prop. 11 e pelo corol. 1 da prop. 14) e age exclusivamente pela necessidade de sua natureza (pela prop. prec.). Logo (pela def. 7), só ele é causa livre.

Escólio. Outros julgam que Deus é causa livre porque pode, conforme pensam, fazer com que as coisas – que, como dissemos, se seguem de sua natureza, isto é, que estão em seu poder – não se realizem, isto é, não sejam produzidas por ele. Mas isso é como se dissessem que Deus pode fazer com que da natureza do triângulo não se siga que a soma de seus três ângulos é igual a dois ângulos retos, ou seja, que de uma dada causa não se siga um efeito, o que é absurdo. Além disso, mostrarei abaixo, sem o auxílio dessa proposição, que à natureza de Deus não pertencem nem o intelecto, nem a vontade. Sei, evidentemente, que há muitos que julgam poder demonstrar que à natureza de Deus pertencem o intelecto supremo e a vontade livre, pois dizem não conhecer nada de mais perfeito que possa ser atribuído a Deus do que aquilo que é, em nós, a suprema perfeição. Além disso, ainda que eles concebam Deus como sendo, em ato, sumamente inteligente, não creem, mesmo assim, que Deus possa fazer com que tudo aquilo que ele compreende em ato se torne existente, pois julgam que assim se destruiria o seu poder. Se, dizem, Deus tivesse criado tudo o que está no seu intelecto, então não poderia criar nada mais, o que, acreditam eles, é incompatível com a sua onipotência. Preferiram, assim, instituir um Deus indiferente a tudo e que só cria aquilo que decidiu, por alguma vontade absoluta, criar. Mas penso ter demonstrado, de forma bastante clara (veja-se a prop. 16), que, da mesma maneira que da natureza do triângulo se segue, desde a eternidade e por toda a eternidade, que a soma de seus três ângulos é igual a dois ângulos retos, da suprema potência de Deus, ou seja, de sua natureza infinita, necessariamente se seguiram – ou melhor, se seguem,

omnipotentia actu ab aeterno fuit et in aeternum in eadem actualitate manebit. Et hoc modo Dei omnipotentia longe, meo quidem iudicio, perfectior statuitur. Imo adversarii Dei omnipotentiam (liceat aperte loqui) negare videntur. Coguntur enim fateri, Deum infinita creabilia intelligere, quae tamen nunquam creare poterit. Nam alias, si scilicet omnia quae intelligit crearet, suam iuxta ipsos exhauriret omnipotentiam et se imperfectum redderet. Ut igitur Deum perfectum statuant, eo rediguntur, ut simul statuere debeant, ipsum non posse omnia efficere, ad quae eius potentia se extendit; quo absurdius aut Dei omnipotentiae magis repugnans non video, quid fingi possit. Porro (ut de intellectu et voluntate, quos Deo communiter tribuimus, hic etiam aliquid dicam) si ad aeternam Dei essentiam intellectus scilicet et voluntas pertinent, aliud sane per utrumque hoc attributum intelligendum est, quam quod vulgo solent homines. Nam intellectus et voluntas, qui Dei essentiam constituerent, a nostro intellectu et voluntate toto coelo differre deberent, nec in ulla re, praeterquam in nomine, convenire possent; non aliter scilicet, quam inter se conveniunt canis signum coeleste, et canis animal latrans. Quod sic demonstrabo. Si intellectus ad divinam naturam pertinet, non poterit, uti noster intellectus, posterior (ut plerisque placet), vel simul natura esse cum rebus intellectis, quandoquidem Deus omnibus rebus prior est causalitate (per coroll. 1 prop. 16); sed contra veritas et formalis rerum essentia ideo talis est, quia talis in Dei intellectu existit obiective. Quare Dei intellectus, quatenus Dei essentiam constituere concipitur, est revera causa rerum tam earum essentiae, quam earum existentiae; quod ab iis videtur etiam fuisse animadversum, qui Dei intellectum, voluntatem et potentiam unum et idem esse asseruerunt. Cum itaque Dei intellectus sit unica rerum causa, videlicet (ut ostendimus) tam earum essentiae, quam earum existentiae, debet ipse necessario ab iisdem differre tam ratione essentiae, quam ratione existentiae. Nam causatum differt a sua causa praecise in eo, quod a causa habet. Ex. gr. homo est causa existentiae, non vero essentiae alterius hominis (est enim haec aeterna veritas); et ideo secundum essentiam prorsus convenire possunt, in existendo autem differre debent; et propterea, si unius existentia pereat, non ideo alterius peribit; sed, si unius essentia destrui posset et fieri falsa, destrueretur etiam alterius essentia. Quapropter res, quae et essentiae et existentiae alicuius effectus est causa, a tali effectu differre debet tam ratione essentiae, quam ratione existentiae. Atqui Dei intellectus est et essentiae et existentiae nostri intellectus causa;

sempre com a mesma necessidade – infinitas coisas, de infinitas maneiras, isto é, tudo. Portanto, a onipotência de Deus tem existido em ato, desde a eternidade, e assim permanecerá eternamente. Dessa maneira, estabelece-se muito mais perfeitamente, pelo menos em minha opinião, a onipotência de Deus. Que me seja permitido falar abertamente: são, antes, os adversários que parecem negar a onipotência de Deus. Com efeito, eles se veem obrigados a reconhecer que Deus concebe infinitas coisas que poderiam ser criadas, mas que, ele, contudo, nunca poderá criar. Com efeito, segundo eles, se assim não fosse, quer dizer, se Deus criasse tudo o que concebe, ele esgotaria a sua onipotência e se tornaria imperfeito. Para instituírem, pois, um Deus perfeito, veem-se obrigados, ao mesmo tempo, a sustentar que ele não pode fazer tudo aquilo ao qual se estende sua potência: não vejo como se possa inventar algo mais absurdo ou mais contrário à onipotência de Deus. Além disso, direi aqui também alguma coisa sobre o intelecto e a vontade que comumente atribuímos a Deus. Se o intelecto e a vontade pertencem à essência eterna de Deus, é certamente preciso entender por esses atributos algo diferente daquilo pelo qual costumam ser vulgarmente entendidos. Com efeito, o intelecto e a vontade, que constituiriam a essência de Deus, deveriam diferir, incomensuravelmente, de nosso intelecto e de nossa vontade, e, tal como na relação que há entre o cão, constelação celeste, e o cão, animal que ladra, em nada concordariam além do nome. Demonstrarei isso da maneira que se segue. Se o intelecto pertence à natureza divina, ele não poderá ser, por natureza, tal como o nosso intelecto, posterior (como quer a maioria) às coisas que ele compreende, nem tampouco simultâneo, pois Deus é, em termos de causalidade, anterior a tudo (pelo corol. 1 da prop. 16). Pelo contrário: a verdade e a essência formal das coisas são o que são porque elas assim existem, objetivamente, no intelecto de Deus. E por isso, o intelecto, enquanto concebido como constituindo a essência de Deus, é, realmente, a causa das coisas, tanto de sua essência como de sua existência, o que parece ter sido percebido também por aqueles que afirmaram que o intelecto, a vontade e a potência de Deus são uma única e mesma coisa. Portanto, como o intelecto de Deus é a única causa das coisas, isto é (como mostramos), tanto de sua essência como de sua existência, ele deve necessariamente delas diferir, seja no que toca à essência, seja no que toca à existência. Com efeito, o que é causado difere da respectiva causa precisamente naquilo que ele recebe dela. Por exemplo, um homem é causa da existência de um outro homem, mas não de sua essência, pois esta última é uma verdade eterna. Os dois podem, por isso, concordar inteiramente quanto à essência, mas devem diferir, entretanto, no existir. E, portanto, se a existência de um se extinguir, a do outro não se extinguirá por isso; mas se a essência de um pudesse ser destruída e tornar-se falsa, a essência do outro também seria destruída. Por isso, aquilo que é causa, tanto da essência quanto da existência de

ergo Dei intellectus, quatenus divinam essentiam constituere concipitur, a nostro intellectu tam ratione essentiae, quam ratione existentiae differt, nec in ulla re, praeterquam in nomine, cum eo convenire potest, ut volebamus. Circa voluntatem eodem modo proceditur, ut facile unusquisque videre potest.

Propositio XVIII. Deus est omnium rerum causa immanens, non vero transiens.

Demonstratio. Omnia quae sunt in Deo sunt et per Deum concipi debent (per prop. 15), adeoque (per coroll. 1 prop. 16) Deus rerum, quae in ipso sunt, est causa; quod est primum. Deinde extra Deum nulla potest dari substantia (per prop. 14), hoc est (per defin. 3) res, quae extra Deum in se sit; quod erat secundum. Deus ergo est omnium rerum causa immanens, non vero transiens. Q. E. D.

Propositio XIX. Deus sive omnia Dei attributa sunt aeterna.

Demonstratio. Deus enim (per defin. 6) est substantia, quae (per prop. 11) necessario existit, hoc est (per prop. 7) ad cuius naturam pertinet existere, sive (quod idem est) ex cuius definitione sequitur ipsum existere, adeoque (per defin. 8) est aeternus. Deinde per Dei attributa intelligendum est id quod (per defin. 4) divinae substantiae essentiam exprimit, hoc est, id quod ad substantiam pertinet; id ipsum, inquam, ipsa attributa involvere debent. Atqui ad naturam substantiae (ut iam ex prop. 7 demonstravi) pertinet aeternitas; ergo unumquodque attributorum aeternitatem involvere debet, adeoque omnia sunt aeterna. Q. E. D.

Scholium. Haec propositio quam clarissime etiam patet ex modo, quo (prop. 11) Dei existentiam demonstravi. Ex ea, inquam, demonstratione constat, Dei existentiam, sicut eius essentiam, aeternam esse veritatem. Deinde *Princip. Philos. Cartesii* P. 1 prop. 19 alio etiam modo Dei aeternitatem demonstravi, nec opus est eum hic repetere.

Propositio XX. Dei existentia eiusque essentia unum et idem sunt.

Demonstratio. Deus (per anteced. prop.) eiusque omnia attributa sunt aeterna, hoc est (per defin. 8) unumquodque eius attributorum existentiam exprimit. Eadem ergo Dei attributa, quae (per defin. 4) Dei aeternam essentiam explicant, eius simul aeternam existentiam explicant, hoc est, illud ipsum, quod essentiam Dei constituit, constituit

algum efeito, deve diferir desse efeito tanto no que toca à essência quanto no que toca à existência. Ora, o intelecto de Deus é causa, tanto da essência, quanto da existência de nosso intelecto. Logo, o intelecto de Deus, enquanto concebido como constituindo a essência divina, difere de nosso intelecto, tanto no que toca à essência quanto no que toca à existência, e não pode em nada concordar com o nosso, a não ser no nome, que é o que queríamos demonstrar. Quanto à vontade, procede-se da mesma maneira, como qualquer um pode facilmente ver.

Proposição 18. **Deus é causa imanente, e não transitiva, de todas as coisas.**

Demonstração. Tudo o que existe, existe em Deus, e por meio de Deus deve ser concebido (pela prop. 15); portanto (pelo corol. 1 da prop. 16), Deus é causa das coisas que nele existem, que era o primeiro ponto. Ademais, além de Deus, não pode existir nenhuma substância (pela prop. 14), isto é (pela def. 3), nenhuma coisa, além de Deus, existe em si mesma, que era o segundo ponto. Logo, Deus é causa imanente, e não transitiva, de todas as coisas. C. Q. D.

Proposição 19. **Deus, ou dito de outra maneira, todos os atributos de Deus são eternos.**

Demonstração. Deus, com efeito (pela def. 6), é uma substância que (pela prop. 11) existe necessariamente, isto é (pela prop. 7), a cuja natureza pertence o existir, ou, o que dá no mesmo, de cuja definição se segue que ele existe e, por isso (pela def. 8), é eterno. Além disso, por atributos de Deus deve-se compreender aquilo que (pela def. 4) exprime a essência da substância divina, isto é, aquilo que pertence à substância, que é precisamente, afirmo, o que esses atributos devem envolver. Ora, à natureza da substância (como já demonstrei na prop. 7) pertence a eternidade. Logo, cada um dos atributos deve envolver a eternidade e, portanto, são, todos, eternos. C. Q. D.

Escólio. Esta prop. é também demonstrável, tão claramente quanto possível, da maneira pela qual demonstrei a existência de Deus (prop. 11). Por essa demonstração, constata-se que a existência de Deus, tal como sua essência, é uma verdade eterna. Além disso, demonstrei, de outra maneira ainda (prop. 19 dos *Princípios de Descartes*), a eternidade de Deus. Não é preciso repeti-la aqui.

Proposição 20. **A existência de Deus e sua essência são uma única e mesma coisa.**

Demonstração. Deus (pela prop. prec.) e todos os seus atributos são eternos, isto é (pela def. 8), cada um de seus atributos exprime a existência. Portanto, os mesmos atributos de Deus que (pela def. 4) explicam a sua essência eterna, explicam, ao mesmo tempo, sua existência eterna, isto é, aquilo que constitui a essência de Deus constitui, ao mesmo tempo, sua

simul ipsius existentiam; adeoque haec et ipsius essentia unum et idem sunt. Q. E. D.

Corollarium I. Hinc sequitur 1. Dei existentiam, sicut eius essentiam, aeternam esse veritatem.

Corollarium II. Sequitur 2. Deum, sive omnia Dei attributa esse immutabilia. Nam, si ratione existentiae mutarentur, deberent etiam (per prop. praeced.) ratione essentiae mutari, hoc est (ut per se notum) ex veris falsa fieri; quod est absurdum.

Propositio XXI. **Omnia, quae ex absoluta natura alicuius attributi Dei sequuntur, semper et infinita existere debuerunt, sive per idem attributum aeterna et infinita sunt.**

Demonstratio. Concipe, si fieri potest (siquidem neges), aliquid in aliquo Dei attributo ex ipsius absoluta natura sequi, quod finitum sit et determinatam habeat existentiam sive durationem, ex. gr. ideam Dei in cogitatione. At cogitatio, quandoquidem Dei attributum supponitur, est necessario (per prop. 11) sua natura infinita. Verum quatenus ipsa ideam Dei habet, finita supponitur. At (per defin. 2) finita concipi non potest, nisi per ipsam cogitationem determinetur; sed non per ipsam cogitationem, quatenus ideam Dei constituit (eatenus enim finita sup-ponitur esse); ergo per cogitationem, quatenus ideam Dei non constituit, quae tamen (per prop. 11) necessario existere debet. Datur igitur cogitatio non constituens ideam Dei, ac propterea ex eius natura, quatenus est absoluta cogitatio, non sequitur necessario idea Dei (concipitur enim ideam Dei constituens et non constituens); quod est contra hypothesin. Quare si idea Dei in cogitatione, aut aliquid (perinde est, quicquid sumatur, quandoquidem demonstratio universalis est) in aliquo Dei attributo ex necessitate absolutae naturae ipsius attributi sequatur, id debet necessario esse infinitum; quod erat primum.

Deinde id, quod ex necessitate naturae alicuius attributi ita sequitur, non potest determinatam habere existentiam sive durationem. Nam si neges, supponatur res, quae ex necessitate naturae alicuius attributi sequitur, dari in aliquo Dei attributo, ex. gr. idea Dei in cogitatione, eaque supponatur aliquando non exstitisse, vel non exstitura. Cum autem cogitatio Dei attributum supponatur, debet et necessario et immutabilis existere (per prop. 11 et coroll. 2 prop. 20). Quare ultra limites durationis ideae Dei (supponitur enim aliquando non exstitisse, aut non exstitura) cogitatio sine idea Dei existere debebit; atqui hoc

existência. Logo, sua existência e sua essência são uma única e mesma coisa. C. Q. D.

Corolário 1. Segue-se disso, em primeiro lugar, que a existência de Deus, tal como sua essência, é uma verdade eterna.

Corolário 2. Segue-se, em segundo lugar, que Deus, ou dito de outra maneira, todos os atributos de Deus são imutáveis. Com efeito, se eles mudassem quanto à existência, deveriam também (pela prop. prec.) mudar quanto à essência, isto é (como é, por si mesmo, sabido), de verdadeiros os atributos de Deus se converteriam em falsos, o que é absurdo.

Proposição 21. Tudo o que se segue da natureza absoluta de um atributo de Deus deve ter sempre existido e ser infinito, ou seja, é, por via desse atributo, eterno e infinito.

Demonstração. Se negas isso, concebe, se for possível, em um atributo de Deus, algo que se siga de sua natureza absoluta e que seja finito e tenha existência ou duração determinada como, por exemplo, a ideia de Deus no pensamento. Ora, o pensamento, uma vez que se supõe ser um atributo de Deus, é necessariamente (pela prop. 11) infinito por natureza. Entretanto, enquanto tem a ideia de Deus, supõe-se que ele é finito. Ora (pela def. 2), não se pode concebê-lo como finito, a não ser que seja limitado pelo próprio pensamento. Mas não pode ser limitado pelo próprio pensamento, enquanto este constitui a ideia de Deus, pois, enquanto tal, supõe-se que ele seja finito. Portanto, ele é limitado pelo pensamento, enquanto este não constitui a ideia de Deus; pensamento que, entretanto (pela prop. 11), deve existir necessariamente. Há, assim, um pensamento que não constitui a ideia de Deus e de cuja natureza, como consequência, enquanto pensamento absoluto, não se segue necessariamente a ideia de Deus. (Ele é concebido, pois, como um pensamento que constitui e que não constitui a ideia de Deus). Mas isto é contrário à hipótese. Por isso, se a ideia de Deus, no pensamento, ou alguma outra coisa (não importa o exemplo, pois a demonstração é universal), em algum atributo de Deus, se segue da necessidade da natureza absoluta desse atributo, isso deve ser necessariamente infinito. Este era o primeiro ponto.

Em segundo lugar, aquilo que assim se segue da necessidade da natureza de um atributo não pode ter uma existência ou duração determinada. Se negas isso, supõe, então, que uma coisa que se segue da necessidade da natureza de um atributo exista em algum atributo de Deus, como, por exemplo, a ideia de Deus no pensamento, e supõe que, em um determinado momento, ela não tenha existido ou que venha a não existir. Como, entretanto, supõe-se que o pensamento é um atributo de Deus, ele deve existir necessariamente e ser imutável (pela prop. 11 e pelo corol. 2 da prop. 20). Por isso, para além dos limites da duração da ideia de Deus (pois se pressupõe

est contra hypothesin; supponitur enim, ex data cogitatione necessario sequi ideam Dei. Ergo idea Dei in cogitatione, aut aliquid quod necessario ex absoluta natura alicuius attributi Dei sequitur, non potest determinatam habere durationem, sed per idem attributum aeternum est; quod erat secundum. Nota, hoc idem esse affirmandum de quacumque re, quae in aliquo Dei attributo ex Dei absoluta natura necessario sequitur.

Propositio XXII. **Quicquid ex aliquo Dei attributo, quatenus modificatum est tali modificatione, quae et necessario et infinita per idem existit, sequitur, debet quoque et necessario et infinitum existere.**

Demonstratio. Huius propositionis demonstratio procedit eodem modo, ac demonstratio praecedentis.

Propositio XXIII. **Omnis modus, qui et necessario et infinitus existit, necessario sequi debuit vel ex absoluta natura alicuius attributi Dei, vel ex aliquo attributo modificato modificatione, quae et necessario et infinita existit.**

Demonstratio. Modus enim in alio est, per quod concipi debet (per defin. 5), hoc est (per prop. 15) in solo Deo est et per solum Deum concipi potest. Si ergo modus concipitur necessario existere et infinitus esse, utrumque hoc debet necessario concludi sive percipi per aliquod Dei attributum, quatenus idem concipitur infinitatem et necessitatem existentiae, sive (quod per defin. 8 idem est) aeternitatem exprimere, hoc est (per defin. 6 et prop. 19) quatenus absolute consideratur. Modus ergo, qui et necessario et infinitus existit, ex absoluta natura alicuius Dei attributi sequi debuit; hocque vel immediate (de quo prop. 21) vel mediante aliqua modificatione, quae ex eius absoluta natura sequitur, hoc est (per prop. praeced.) quae et necessario et infinita existit. Q. E. D.

Propositio XXIV. **Rerum a Deo productarum essentia non involvit existentiam.**

Demonstratio. Patet ex defin. 1. Id enim, cuius natura (in se scilicet considerata) involvit existentiam, causa est sui et ex sola suae naturae necessitate existit.

Corollarium. Hinc sequitur, Deum non tantum esse causam, ut res incipiant existere; sed etiam, ut in existendo perseverent, sive (ut termino

que, em um determinado momento, ela não tenha existido ou venha a não existir), o pensamento deverá existir sem a ideia de Deus. Mas isso é contrário à hipótese, pois se pressupõe que, dado o pensamento, segue-se necessariamente a ideia de Deus. Portanto, a ideia de Deus, no pensamento, ou qualquer outra coisa que se siga necessariamente da natureza absoluta de um atributo de Deus, não pode ter uma duração determinada: é, em vez disso, por via desse atributo, eterna. Era o segundo ponto. Observe-se que se deve afirmar o mesmo de qualquer coisa que se siga necessariamente, em um atributo de Deus, da natureza absoluta de Deus.

Proposição 22. **Tudo o que se segue de algum atributo de Deus, enquanto este atributo é modificado por uma modificação tal que, por meio desse atributo, existe necessariamente e é infinita, deve também existir necessariamente e ser infinito.**

Demonstração. A demonstração desta prop. se faz como na precedente.

Proposição 23. **Todo modo que existe necessariamente e é infinito deve ter necessariamente se seguido ou da natureza absoluta de um atributo de Deus ou de algum atributo modificado por uma modificação que existe necessariamente e é infinita.**

Demonstração. Com efeito, um modo existe em outra coisa, pela qual ele deve ser concebido (pela def. 5), isto é (pela prop. 15), ele só existe em Deus e só por meio de Deus pode ser concebido. Se, portanto, concebe-se que um modo existe necessariamente e é infinito, cada uma dessas duas características deve necessariamente ser deduzida, ou seja, percebida, por meio de algum atributo de Deus, enquanto esse atributo é concebido como exprimindo a infinitude e a necessidade da existência, ou, o que é o mesmo (pela def. 8), a eternidade, isto é (pela def. 6 e pela prop. 19), enquanto esse atributo é considerado absolutamente. Portanto, um modo que existe necessariamente e é infinito deve ter se seguido da natureza absoluta de um atributo de Deus, ou imediatamente (como na prop. 21), ou por meio de uma modificação que se segue da natureza absoluta desse atributo, isto é (pela prop. prec.), que existe necessariamente e é infinita. C. Q. D.

Proposição 24. **A essência das coisas produzidas por Deus não envolve a existência.**

Demonstração. É evidente pela def. 1. Com efeito, aquilo cuja natureza (considerada em si mesma, obviamente) envolve a existência é causa de si mesmo e existe exclusivamente pela necessidade de sua natureza.

Corolário. Segue-se disso que Deus é não apenas a causa pela qual as coisas começam a existir, mas também pela qual perseveram em seu existir,

scholastico utar) Deum esse causam essendi rerum. Nam sive res existant, sive non existant, quotiescumque ad earum essentiam attendimus, eandem nec existentiam nec durationem involvere comperimus; adeoque earum essentia neque suae existentiae, neque suae durationis potest esse causa, sed tantum Deus, ad cuius solam naturam pertinet existere (per coroll. 1 prop. 14).

Propositio XXV. **Deus non tantum est causa efficiens rerum existentiae, sed etiam essentiae.**

Demonstratio. Si negas, ergo rerum essentiae Deus non est causa; adeoque (per axiom. 4) potest rerum essentia sine Deo concipi. Atqui hoc (per prop. 15) est absurdum. Ergo rerum etiam essentiae Deus est causa. Q.. E. D.

Scholium. Haec propositio clarius sequitur ex prop. 16. Ex ea enim sequitur, quod ex data natura divina tam rerum essentia quam existentia debeat necessario concludi; et, ut verbo dicam, eo sensu, quo Deus dicitur causa sui, etiam omnium rerum causa dicendus est, quod adhuc clarius ex sequenti corollario constabit.

Corollarium. Res particulares nihil sunt nisi Dei attributorum affectiones, sive modi, quibus Dei attributa certo et determinato modo exprimuntur. Demonstratio patet ex prop. 15 et defin. 5.

Propositio XXVI. **Res, quae ad aliquid operandum determinata est, a Deo necessario sic fuit determinata; et quae a Deo non est determinata, non potest se ipsam ad operandum determinare.**

Demonstratio. Id, per quod res determinatae ad aliquid operandum dicuntur, necessario quid positivum est (ut per se notum). Adeoque, tam eius essentiae, quam existentiae, Deus ex necessitate suae naturae est causa efficiens (per prop. 25 et 16); quod erat primum. Ex quo etiam, quod secundo proponitur, clarissime sequitur. Nam si res, quae a Deo determinata non est, se ipsam determinare posset, prima pars huius falsa esset, quod est absurdum, ut ostendimus.

Propositio XXVII. **Res, quae a Deo ad aliquid operandum determinata est, se ipsam indeterminatam reddere non potest.**

Demonstratio. Haec propositio patet ex axiom. 3.

ou seja (para usar um termo escolástico), Deus é causa de ser das coisas. Pois, quer as coisas existam, quer não, toda vez que consideramos sua essência, descobrimos que ela não envolve nem a existência nem a duração. E por isso, não é sua essência que pode ser a causa de sua existência, nem de sua duração, mas apenas Deus, cuja natureza é a única à qual pertence o existir (pelo corol. 1 da prop. 14).

Proposição 25. **Deus é causa eficiente não apenas da existência das coisas, mas também de sua essência.**

Demonstração. Se negas isso, então Deus não é causa da essência das coisas e, portanto (pelo ax. 4), essa essência pode ser concebida sem Deus. Mas isso (pela prop. 15) é absurdo. Logo, Deus é causa também da essência das coisas. C. Q. D.

Escólio. Esta prop. segue-se mais claramente da prop. 16. Com efeito, segue-se, desta prop., que, dada a natureza divina, dela se deve necessariamente deduzir tanto a essência quanto a existência das coisas. E, para dizê-lo em uma palavra, no mesmo sentido em que se diz que Deus é causa de si mesmo, também se deve dizer que é causa de todas as coisas, o que será formulado ainda mais claramente no corol. que se segue.

Corolário. As coisas particulares nada mais são que afecções dos atributos de Deus, ou seja, modos pelos quais os atributos de Deus exprimem-se de uma maneira definida e determinada. A demonstração disso é evidente pela prop. 15 e pela def. 5.

Proposição 26. **Uma coisa que é determinada a operar de alguma maneira foi necessariamente assim determinada por Deus; e a que não foi determinada por Deus não pode determinar a si própria a operar.**

Demonstração. Aquilo pelo qual se diz que as coisas são determinadas a operar de alguma maneira é necessariamente uma coisa positiva (como é, por si mesmo, sabido). Portanto, Deus, pela necessidade de sua natureza, é causa eficiente, tanto da essência, quanto da existência dessa coisa (pelas prop. 25 e 16). Este era o primeiro ponto. Daí também se segue, muito claramente, a segunda parte. Com efeito, se uma coisa que não é determinada por Deus pudesse determinar-se por si mesma, a primeira parte desta prop. seria falsa, o que, como demonstramos, é absurdo.

Proposição 27. **Uma coisa que é determinada por Deus a operar de alguma maneira não pode converter a si própria em indeterminada.**

Demonstração. Esta prop. é evidente pelo ax. 3.

Propositio XXVIII. **Quodcumque singulare, sive quaevis res quae finita est et determinatam habet existentiam, non potest existere nec ad operandum determinari, nisi ad existendum et operandum determinetur ab alia causa, quae etiam finita est et determinatam habet existentiam; et rursus haec causa non potest etiam existere neque ad operandum determinari, nisi ab alia, quae etiam finita est et determinatam habet existentiam, determinetur ad existendum et operandum, et sic in infinitum.**

Demonstratio. Quicquid determinatum est ad existendum et operandum, a Deo sic determinatum est (per prop. 26 et coroll. prop. 24). At id, quod finitum est et determinatam habet existentiam, ab absoluta natura alicuius Dei attributi produci non potuit; quicquid enim ex absoluta natura alicuius Dei attributi sequitur, id infinitum et aeternum est (per prop. 21). Debuit ergo ex Deo, vel aliquo eius attributo sequi, quatenus aliquo modo affectum consideratur; praeter enim substantiam et modos nil datur (per axiom. 1 et defin. 3 et 5) et modi (per coroll. prop. 25) nihil sunt, nisi Dei attributorum affectiones. At ex Deo vel aliquo eius attributo, quatenus affectum est modificatione, quae aeterna et infinita est, sequi etiam non potuit (per prop. 22). Debuit ergo sequi, vel ad existendum et operandum determinari a Deo, vel aliquo eius attributo, quatenus modificatum est modificatione, quae finita est et determinatam habet existentiam. Quod erat primum. Deinde haec rursus causa, sive hic modus (per eandem rationem, qua primam partem huius iam iam demonstravimus) debuit etiam determinari ab alia, quae etiam finita est et determinatam habet existentiam et rursus haec ultima (per eandem rationem) ab alia, et sic semper (per eandem rationem) in infinitum. Q. E. D.

Scholium. Cum quaedam a Deo immediate produci debuerunt, videlicet ea quae ex absoluta eius natura necessario sequuntur, et alia mediantibus his primis, quae tamen sine Deo nec esse, nec concipi possunt; hinc sequitur 1. quod Deus sit rerum immediate ab ipso productarum causa absolute proxima; non vero in suo genere, ut aiunt. Nam Dei effectus sine sua causa nec esse nec concipi possunt (per prop. 15 et coroll. prop. 24). Sequitur 2. quod Deus non potest proprie dici causa esse remota rerum singularium, nisi forte ea de causa, ut scilicet has ab iis, quas immediate produxit, vel potius, quae ex absoluta eius natura sequuntur, distinguamus. Nam per causam remotam talem intelligimus, quae cum effectu nullo modo coniuncta est. At omnia quae sunt in Deo sunt et a Deo ita dependent, ut sine ipso nec esse, nec concipi possint.

Proposição 28. **Nenhuma coisa singular, ou seja, nenhuma coisa que é finita e tem uma existência determinada, pode existir nem ser determinada a operar, a não ser que seja determinada a existir e a operar por outra causa que também é finita e tem uma existência determinada; por sua vez, essa última causa tampouco pode existir nem ser determinada a operar a não ser por outra, a qual também é finita e tem uma existência determinada, e assim por diante, até o infinito.**

Demonstração. Tudo que é determinado a existir e a operar é assim determinado por Deus (pela prop. 26 e pelo corol. da prop. 24). Ora, o que é finito e tem existência determinada não pode ter sido produzido pela natureza absoluta de um atributo de Deus, pois tudo o que se segue da natureza absoluta de um atributo de Deus é infinito e eterno (pela prop. 21); e deve ter se seguido, portanto, de Deus ou de um atributo seu, enquanto considerado como afetado de uma certa maneira. Pois além da substância e dos modos nada existe (pelo ax. 1 e pelas def. 3 e 5), e os modos (pelo corol. da prop. 25) nada mais são do que afecções dos atributos de Deus. Ora, tampouco pode ter se seguido de Deus ou de um atributo seu, enquanto afetado de uma modificação que é eterna e infinita (pela prop. 22). Deve, portanto, ter se seguido ou de Deus ou de um atributo seu, isto é, deve ter sido determinado a existir e a operar ou por Deus ou por um atributo seu, enquanto modificado por uma modificação que é finita e tem uma existência determinada. Este era o primeiro ponto. Em segundo lugar, por sua vez, essa causa – ou seja, este modo (pela mesma razão pela qual acabamos de demonstrar a primeira parte desta prop.) – deve igualmente ter sido determinada por outra, a qual é igualmente finita e tem uma existência determinada, e essa última (pela mesma razão), por sua vez, por outra, e assim por diante (pela mesma razão) até o infinito. C. Q. D.

Escólio. Como certas coisas devem ter sido produzidas por Deus imediatamente, a saber, aquelas que se seguem necessariamente de sua natureza absoluta e, pela mediação dessas primeiras, outras que, entretanto, não podem existir nem ser concebidas sem Deus, segue-se que: 1. Das coisas produzidas imediatamente por ele, Deus é, absolutamente, causa próxima, e não apenas em seu gênero, como dizem. Pois os efeitos de Deus não podem existir nem ser concebidos sem sua causa (pela prop. 15 e pelo corol. da prop. 24). 2. Não se pode propriamente dizer que Deus é causa remota das coisas singulares, a não ser, talvez, para as distinguir daquelas coisas que ele produziu imediatamente, ou melhor, das que se seguem de sua natureza absoluta. Pois por causa remota compreendemos aquela causa que não está, de nenhuma maneira, coligada a seu efeito. Mas tudo o que existe, existe em Deus e dele depende, de maneira tal que sem ele não pode existir nem ser concebido.

Propositio XXIX. In rerum natura nullum datur contingens, sed omnia ex necessitate divinae naturae determinata sunt ad certo modo existendum et operandum.

Demonstratio. Quicquid est, in Deo est (per prop. 15). Deus autem non potest dici res contingens. Nam (per prop. 11) necessario, non vero contingenter existit. Modi deinde divinae naturae ex eadem etiam necessario, non vero contingenter secuti sunt (per prop. 16); idque vel quatenus divina natura absolute (per prop. 21), vel quatenus certo modo ad agendum determinata consideratur (per prop. 27). Porro horum modorum Deus non tantum est causa, quatenus simpliciter existunt (per coroll. prop. 24), sed etiam (per prop. 26), quatenus ad aliquid operandum determinati considerantur. Quod si a Deo (per eand. prop.) determinati non sint, impossibile, non vero contingens est, ut se ipsos determinent; et contra (per prop. 27) si a Deo determinati sint, impossibile, non vero contingens est, ut se ipsos indeterminatos reddant. Quare omnia ex necessitate divinae naturae determinata sunt, non tantum ad existendum, sed etiam ad certo modo existendum et operandum, nullumque datur contingens. Q. E. D.

Scholium. Antequam ulterius pergam, hic quid nobis per naturam naturantem et quid per naturam naturatam intelligendum sit, explicare volo, vel potius monere. Nam ex antecedentibus iam constare existimo, nempe, quod per naturam naturantem nobis intelligendum est id quod in se est et per se concipitur, sive talia substantiae attributa, quae aeternam et infinitam essentiam exprimunt, hoc est (per coroll. 1 prop. 14 et coroll. 2 prop. 17) Deus, quatenus ut causa libera consideratur. Per naturatam autem intelligo id omne quod ex necessitate Dei naturae sive uniuscuiusque Dei attributorum sequitur, hoc est, omnes Dei attributorum modos, quatenus considerantur ut res, quae in Deo sunt et quae sine Deo nec esse nec concipi possunt.

Propositio XXX. Intellectus actu finitus aut actu infinitus Dei attributa Deique affectiones comprehendere debet et nihil aliud.

Demonstratio. Idea vera debet convenire cum suo ideato (per axiom. 6), hoc est (ut per se notum) id, quod in intellectu obiective continetur, debet necessario in natura dari. Atqui in natura (per coroll. 1 prop. 14) non nisi una substantia datur, nempe Deus, nec ullae aliae affectiones (per prop. 15) quam quae in Deo sunt et quae (per eandem

Primeira parte Deus

Proposição 29. Nada existe, na natureza das coisas, que seja contingente; em vez disso, tudo é determinado, pela necessidade da natureza divina, a existir e a operar de uma maneira definida.

Demonstração. Tudo que existe, existe em Deus (pela prop. 15). Não se pode, por outro lado, dizer que Deus é uma coisa contingente. Pois (pela prop. 11), ele existe necessariamente e não contingentemente. Além disso, é também necessariamente, e não contingentemente, que os modos da natureza divina dela se seguem (pela prop. 16), quer se considere a natureza divina absolutamente (pela prop. 21), quer se a considere como determinada a operar de uma maneira definida (pela prop. 27). Ademais, Deus é causa desses modos não apenas enquanto eles simplesmente existem (pelo corol. da prop. 24), mas também (pela prop. 26) enquanto se os considera como determinados a operar de alguma maneira. Pois, se não são determinados por Deus (pela mesma prop.), é por impossibilidade, e não por contingência, que não determinam a si próprios; se, contrariamente (pela prop. 27), são determinados por Deus, é por impossibilidade, e não por contingência, que não convertem a si próprios em indeterminados. Portanto, tudo é determinado, pela necessidade da natureza divina, não apenas a existir, mas também a existir e a operar de uma maneira definida, nada existindo que seja contingente. C. Q. D.

Escólio. Antes de prosseguir, quero aqui explicar, ou melhor, lembrar, o que se deve compreender por natureza naturante e por natureza naturada. Pois penso ter ficado evidente, pelo anteriormente exposto, que por natureza naturante devemos compreender o que existe em si mesmo e por si mesmo é concebido, ou seja, aqueles atributos da substância que exprimem uma essência eterna e infinita, isto é (pelo corol. 1 da prop. 14 e pelo corol. 2 da prop. 17), Deus, enquanto é considerado como causa livre. Por natureza naturada, por sua vez, compreendo tudo o que se segue da necessidade da natureza de Deus, ou seja, de cada um dos atributos de Deus, isto é, todos os modos dos atributos de Deus, enquanto considerados como coisas que existem em Deus, e que, sem Deus, não podem existir nem ser concebidas.

Proposição 30. Um intelecto, seja ele finito ou infinito em ato, deve abranger os atributos de Deus e as afecções de Deus, e nada mais.

Demonstração. Uma ideia verdadeira deve concordar com o seu ideado (pelo ax. 6), isto é (como é, por si mesmo, sabido), aquilo que está contido objetivamente no intelecto deve existir necessariamente na natureza. Ora, na natureza (pelo corol. 1 da prop. 14), não há senão uma única substância, a saber, Deus, e não há outras afecções (pela prop. 15) senão aquelas que

prop.) sine Deo nec esse, nec concipi possunt. Ergo intellectus actu finitus aut actu infinitus Dei attributa Deique affectiones comprehendere debet et nihil aliud. Q. E. D.

Propositio XXXI. **Intellectus actu, sive is finitus sit sive infinitus, ut et voluntas, cupiditas, amor etc. ad naturam naturatam, non vero ad naturantem referri debent.**

Demonstratio. Per intellectum enim (ut per se notum) non intelligimus absolutam cogitationem, sed certum tantum modum cogitandi, qui modus ab aliis, scilicet cupiditate, amore etc. differt, adeoque (per defin. 5) per absolutam cogitationem concipi debet; nempe (per prop. 15 et defin. 6) per aliquod Dei attributum, quod aeternam et infinitam cogitationis essentiam exprimit, ita concipi debet, ut sine ipso nec esse nec concipi possit. Ac propterea (per schol. prop. 29) ad naturam naturatam, non vero naturantem referri debet, ut etiam reliqui modi cogitandi. Q. E. D.

Scholium. Ratio, cur hic loquar de intellectu actu, non est, quia concedo, ullum dari intellectum potentia; sed quia omnem confusionem vitare cupio, nolui loqui nisi de re nobis quam clarissime percepta, de ipsa scilicet intellectione, qua nihil nobis clarius percipitur. Nihil enim intelligere possumus, quod ad perfectiorem intellectionis cognitionem non conducat.

Propositio XXXII. **Voluntas non potest vocari causa libera, sed tantum necessaria.**

Demonstratio. Voluntas certus tantum cogitandi modus est, sicuti intellectus; adeoque (per prop. 28) unaquaeque volitio non potest existere, neque ad operandum determinari, nisi ab alia causa determinetur, et haec rursus ab alia, et sic porro in infinitum. Quod si voluntas infinita supponatur, debet etiam ad existendum et operandum determinari a Deo, non quatenus substantia absolute infinita est, sed quatenus attributum habet, quod infinitam et aeternam cogitationis essentiam exprimit (per prop. 23). Quocumque igitur modo sive finita sive infinita concipiatur, causam requirit, a qua ad existendum et operandum determinetur; adeoque (per defin. 7) non potest dici causa libera, sed tantum necessaria vel coacta. Q. E. D.

Corollarium I. Hinc sequitur 1. Deum non operari ex libertate voluntatis.

existem em Deus e que (pela mesma prop.) não podem existir nem ser concebidas sem Deus. Logo, um intelecto, seja ele finito ou infinito em ato, deve abranger os atributos de Deus e as afecções de Deus, e nada mais. C. Q. D.

Proposição 31. **Um intelecto em ato, quer seja finito, quer seja infinito, tal como a vontade, o desejo, o amor, etc., deve estar referido à natureza naturada e não à natureza naturante.**

Demonstração. Por intelecto, com efeito (como é, por si mesmo, sabido), não compreendemos o pensamento absoluto, mas apenas um modo definido do pensar, o qual difere de outros, tal como o desejo, o amor, etc. Portanto (pela def. 5), ele deve ser concebido por meio do pensamento absoluto, isto é (pela prop. 15 e pela def. 6), por um atributo de Deus que exprima a essência eterna e infinita do pensamento, de maneira tal que sem esse último ele não pode existir nem ser concebido. Por isso (pelo esc. da prop. 29), ele deve estar referido à natureza naturada e não à natureza naturante, o mesmo ocorrendo com os demais modos do pensar. C. Q. D.

Escólio. A razão pela qual falo aqui de intelecto em ato não é porque eu admita que um intelecto exista em potência, mas porque, desejando evitar qualquer confusão, não quis falar senão daquilo que percebemos tão claramente quanto possível, isto é, da própria intelecção, uma vez que não há nada que percebamos mais claramente que isso. Não há nada, com efeito, que possamos compreender que não leve a um conhecimento mais perfeito da intelecção.

Proposição 32. **A vontade não pode ser chamada causa livre, mas unicamente necessária.**

Demonstração. A vontade, tal como o intelecto, é apenas um modo definido do pensar. Por isso (pela prop. 28), nenhuma volição pode existir nem ser determinada a operar a não ser por outra causa e, essa, por sua vez, por outra, e assim por diante, até o infinito. Caso se suponha que a vontade é infinita, ela também deve ser determinada a existir e a operar por Deus, não enquanto substância absolutamente infinita, mas enquanto possui um atributo que exprime (pela prop. 23) a essência infinita e eterna do pensamento. Assim, seja qual for a maneira pela qual a vontade é concebida, seja como finita, seja como infinita, ela requer uma causa pela qual seja determinada a existir e a operar. Portanto (pela def. 7), ela não pode ser chamada causa livre, mas unicamente necessária ou coagida. C. Q. D.

Corolário 1. Segue-se disso, em primeiro lugar, que Deus não opera pela liberdade da vontade.

Corollarium II. Sequitur 2. voluntatem et intellectum ad Dei naturam ita sese habere, ut motus et quies, et absolute, ut omnia naturalia, quae (per prop. 29) a Deo ad existendum et operandum certo modo determinari debent. Nam voluntas, ut reliqua omnia, causa indiget, a qua ad existendum et operandum certo modo determinetur. Et quamvis ex data voluntate sive intellectu infinita sequantur, non tamen propterea Deus magis dici potest ex libertate voluntatis agere, quam propter ea, quae ex motu et quiete sequuntur (infinita enim ex his etiam sequuntur), dici potest ex libertate motus et quietis agere. Quare voluntas ad Dei naturam non magis pertinet, quam reliqua naturalia, sed ad ipsam eodem modo sese habet, ut motus et quies et omnia reliqua, quae ostendimus ex necessitate divinae naturae sequi, et ab eadem ad existendum et operandum certo modo determinari.

Propositio XXXIII. **Res nullo alio modo, neque alio ordine a Deo produci potuerunt, quam productae sunt.**

Demonstratio. Res enim omnes ex data Dei natura necessario secutae sunt (per prop. 16), et ex necessitate naturae Dei determinatae sunt ad certo modo existendum et operandum (per prop. 29). Si itaque res alterius naturae potuissent esse, vel alio modo ad operandum determinari, ut naturae ordo alius esset, ergo Dei etiam natura alia posset esse, quam iam est; ac proinde (per prop. 11) illa etiam deberet existere et consequenter duo, vel plures possent dari dii; quod (per coroll. 1 prop. 14) est absurdum. Quapropter res nullo alio modo, neque alio ordine etc. Q. E. D.

Scholium I. Quoniam his luce meridiana clarius ostendi, nihil absolute in rebus dari, propter quod contingentes dicantur, explicare iam paucis volo, quid nobis per contingens erit intelligendum; sed prius, quid per necessarium et impossibile. Res aliqua necessaria dicitur vel ratione suae essentiae vel ratione causae. Rei enim alicuius existentia vel ex ipsius essentia et definitione, vel ex data causa efficiente necessario sequitur. Deinde his etiam de causis res aliqua impossibilis dicitur; nimirum quia vel ipsius essentia seu definitio contradictionem involvit, vel quia nulla causa externa datur ad talem rem producendam determinata. At res aliqua nulla alia de causa contingens dicitur, nisi respectu defectus nostrae cognitionis. Res enim, cuius

Corolário 2. Segue-se, em segundo lugar, que a vontade e o intelecto têm, com a natureza de Deus, a mesma relação que o movimento e o repouso e, mais geralmente, que todas as coisas naturais, as quais (pela prop. 29) devem ser determinadas por Deus a existir e a operar de uma maneira definida. Pois a vontade, como tudo o mais, precisa de uma causa pela qual seja determinada a existir e a operar de uma maneira definida. E embora de uma vontade dada ou de um intelecto dado se sigam infinitas coisas, nem por isso se pode dizer que Deus age pela liberdade da vontade, da mesma maneira que não se pode dizer, em virtude do que se segue do movimento e do repouso (com efeito, deles também se seguem infinitas coisas), que Deus age pela liberdade do movimento e do repouso. É por isso que a vontade, assim como as outras coisas naturais, não pertence à natureza de Deus, mas tem, com esta natureza, a mesma relação que têm o movimento e o repouso e todas as outras coisas que se seguem, como mostramos, da necessidade da natureza divina, e que são por ela determinadas a existir e a operar de uma maneira definida.

Proposição 33. As coisas não poderiam ter sido produzidas por Deus de nenhuma outra maneira nem em qualquer outra ordem que não naquelas em que foram produzidas.

Demonstração. Com efeito, todas as coisas se seguiram, necessariamente (pela prop. 16), da natureza existente de Deus e pela necessidade desta natureza estão determinadas a existir e a operar de uma maneira definida (pela prop. 29). Se, portanto, as coisas tivessem podido ser de uma outra natureza, ou se tivessem podido ser determinadas a operar de uma outra maneira, de tal sorte que a ordem da natureza fosse outra, então a natureza de Deus também teria podido ser diferente da que é agora e, por isso (pela prop. 11), essa outra natureza também deveria existir e, consequentemente, poderiam existir dois ou mais deuses, o que é absurdo (pelo corol. 1 da prop. 14). Por isso, as coisas não poderiam ter sido produzidas por Deus de nenhuma outra maneira nem em qualquer outra ordem, etc. C. Q. D.

Escólio 1. Tendo demonstrado, com uma clareza mais do que meridiana, que não há absolutamente nada nas coisas que faça com que possam ser ditas contingentes, quero agora explicar brevemente o que se deverá compreender por contingente. Antes, explicarei, entretanto, o que se deverá compreender por necessário e por impossível. Uma coisa é dita necessária em razão de sua essência ou em razão de sua causa. Com efeito, a existência de uma coisa segue-se necessariamente de sua própria essência e definição ou da existência de uma causa eficiente. Além disso, é por uma dessas razões que se diz que uma coisa é impossível: ou porque sua essência ou definição envolve contradição ou porque não existe qualquer causa exterior que seja determinada a produzir tal coisa. Não há, porém, nenhuma outra razão para se dizer que uma coisa é contingente, a não ser a deficiência de nosso conhecimento. Com efeito, uma coisa sobre a qual não

essentiam contradictionem involvere ignoramus, vel de qua probe scimus, eandem nullam contradictionem involvere, et tamen de ipsius existentia nihil certo affirmare possumus, propterea quod ordo causarum nos latet, ea nunquam nec ut necessaria nec ut impossibilis videri nobis potest; ideoque eandem vel contingentem vel possibilem vocamus.

Scholium II. Ex praecedentibus clare sequitur, res summa perfectione a Deo fuisse productas, quandoquidem ex data perfectissima natura necessario secutae sunt. Neque hoc Deum ullius arguit imperfectionis; ipsius enim perfectio hoc nos affirmare coegit. Imo ex huius contrario clare sequeretur (ut modo ostendi), Deum non esse summe perfectum; nimirum quia, si res alio modo fuissent productae, Deo alia natura esset tribuenda diversa ab ea, quam ex consideratione entis perfectissimi coacti sumus ei tribuere. Verum non dubito, quin multi hanc sententiam ut absurdam explodant, nec animum ad eandem perpendendam instituere velint; idque nulla alia de causa, quam quia Deo aliam libertatem assueti sunt tribuere, longe diversam ab illa, quae a nobis (defin. 7) tradita est, videlicet absolutam voluntatem. Verum neque etiam dubito, si rem meditari vellent, nostrarumque demonstrationum seriem recte secum perpendere, quin tandem talem libertatem, qualem iam Deo tribuunt, non tantum ut nugatoriam, sed ut magnum scientiae obstaculum plane reiiciant. Nec opus est ut ea, quae in schol. prop. 17 dicta sunt, hic repetam. Attamen in eorum gratiam adhuc ostendam, quod, quamvis concedatur, voluntatem ad Dei essentiam pertinere, ex eius perfectione nihilominus sequatur, res nullo alio potuisse modo neque ordine a Deo creari; quod facile erit ostendere, si prius consideremus id quod ipsimet concedunt, videlicet ex solo Dei decreto et voluntate pendere, ut unaquaeque res id quod est sit; nam alias Deus omnium rerum causa non esset. Deinde quod omnia Dei decreta ab aeterno ab ipso Deo sancita fuerunt. Nam alias imperfectionis et inconstantiae argueretur. At cum in aeterno non detur quando, ante, nec post, hinc, ex sola scilicet Dei perfectione, sequitur, Deum aliud decernere nunquam posse nec unquam potuisse; sive Deum ante sua decreta non fuisse, nec sine ipsis esse posse. At dicent, quod, quamvis supponeretur, quod Deus aliam rerum naturam fecisset, vel quod ab aeterno aliud de natura eiusque ordine decrevisset, nulla inde in Deo sequeretur imperfectio. Verum si hoc dicant, concedent simul, Deum posse sua mutare decreta. Nam si Deus de natura eiusque ordine aliud, quam decrevit, decrevisset, hoc est, ut aliud de natura

sabemos que a sua essência envolve contradição ou, então, sobre a qual sabemos muito bem que a sua essência não envolve nenhuma contradição, mas sobre cuja existência, entretanto, por nos escapar a ordem das causas, nada de certo podemos afirmar, essa coisa, repito, não pode nos parecer nem necessária nem impossível, e por isso dizemos que é ou contingente ou possível.

Escólio 2. Segue-se claramente do que precede que as coisas foram produzidas por Deus com suma perfeição, pois se seguiram necessariamente da natureza mais perfeita que existe. E isso não confere a Deus qualquer imperfeição, pois é precisamente a sua perfeição que nos leva a fazer tal afirmação. Na verdade, é da afirmação contrária (como acabo de mostrar) que claramente se seguiria que Deus não é sumamente perfeito, pois, sem nenhuma dúvida, se as coisas tivessem sido produzidas de outra maneira, seria preciso atribuir a Deus uma outra natureza, diferente daquela que somos levados a atribuir-lhe pela consideração de que ele é o ente mais perfeito que existe. Não tenho dúvidas, entretanto, de que muitos condenam essa posição, por considerá-la absurda, e não querem nem mesmo se deter a ponderá-la, pela única razão de que estão habituados a atribuir a Deus uma liberdade muito diferente daquela que propomos (def. 7), ou seja, uma vontade absoluta. Mas tampouco duvido de que se quisessem refletir sobre a questão e ponderar devidamente a série de nossas demonstrações, acabariam por rejeitar inteiramente a liberdade que agora atribuem a Deus, não apenas por ser frívola, mas também por ser um grande obstáculo à ciência. Não é necessário repetir aqui o que foi dito no escólio da prop. 17. Entretanto, para proveito deles, vou mostrar que, mesmo que se admita que a vontade pertence à essência de Deus, nem por isso se segue de sua perfeição que as coisas pudessem ter sido criadas por Deus de outra maneira e em outra ordem, o que será fácil de demonstrar se, primeiramente, considerarmos o que eles mesmos admitem, a saber, que depende exclusivamente do decreto e da vontade de Deus que cada coisa seja o que é, pois, do contrário, Deus não seria causa de todas as coisas. Consideremos, além disso, que todos os decretos de Deus foram instaurados desde toda a eternidade pelo próprio Deus, pois do contrário estaríamos conferindo-lhe imperfeição e inconstância. Mas, como na eternidade não há quando, nem antes, nem depois, segue-se exclusivamente da perfeição de Deus que ele nunca pode, nem alguma vez pôde, decidir diferentemente, ou seja, que Deus não existiu anteriormente aos seus decretos nem pode existir sem eles. Dirão, porém, que mesmo supondo que Deus tivesse feito a natureza das coisas diferentemente, ou que tivesse, desde toda a eternidade, decretado diferentemente quanto à natureza e à sua ordem, nem por isso se seguiria que houvesse qualquer imperfeição em Deus. Ao dizer isso, entretanto, admitem, ao mesmo tempo, que Deus pode mudar seus decretos. Pois, se Deus tivesse decretado, quanto à natureza e à sua ordem, diferentemente

voluisset et concepisset, alium necessario quam iam habet intellectum, et aliam quam iam habet voluntatem habuisset. Et si Deo alium intellectum aliamque voluntatem tribuere licet absque ulla eius essentiae eiusque perfectionis mutatione; quid causae est, cur iam non possit sua de rebus creatis decreta mutare et nihilominus aeque perfectus manere? Eius enim intellectus et voluntas circa res creatas et earum ordinem in respectu suae essentiae et perfectionis perinde est quomodocumque concipiatur. Deinde omnes quos vidi philosophi concedunt, nullum in Deo dari intellectum potentia, sed tantum actu. Cum autem et eius intellectus et eiu voluntas ab eiusdem essentia non distinguantur, ut etiam omnes concedunt; sequitur ergo hinc etiam, quod, si Deus alium intellectum actu habuisset et aliam voluntatem, eius etiam essentia alia necessario esset; ac proinde (ut a principio conclusi) si aliter res, quam iam sunt, a Deo productae essent, Dei intellectus eiusque voluntas, hoc est (ut conceditur) eius essentia alia esse deberet; quod est absurdum.

Cum itaque res nullo alio modo nec ordine a Deo produci potuerit, et hoc verum esse ex summa Dei perfectione sequatur; nulla profecto sana ratio persuadere nobis potest, ut credamus, quod Deus noluerit omnia, quae in suo intellectu sunt, eadem illa perfectione, qua ipsa intelligit, creare. At dicent, in rebus nullam esse perfectionem neque imperfectionem, sed id quod in ipsis est, propter quod perfectae sunt aut imperfectae, et bonae aut malae dicuntur, a Dei tantum voluntate pendere; atque adeo si Deus voluisset, potuisset efficere, ut id quod iam perfectio est, summa esset imperfectio, et contra. Verum quid hoc aliud esset, quam aperte affirmare, quod Deus, qui id quod vult necessario intelligit, sua voluntate efficere potest, ut res alio modo, quam intelligit, intelligat? Quod (ut modo ostendi) magnum est absurdum. Quare argumentum in ipsos retorquere possum, hoc modo. Omnia a Dei potestate pendent. Ut res itaque aliter se habere possint, necessario Dei voluntas aliter se habere etiam deberet; atqui Dei voluntas aliter se habere nequit (ut modo ex Dei perfectione evidentissime ostendimus); ergo neque res aliter se habere possunt. Fateor, hanc opinionem, quae omnia indifferenti cuidam Dei voluntati subiicit et ab ipsius beneplacito omnia pendere statuit, minus a vero aberrare, quam illorum, qui statuunt, Deum omnia sub ratione boni agere. Nam hi aliquid extra Deum videntur ponere, quod a Deo non dependet, ad quod Deus tamquam ad exemplar in operando attendit, vel ad quod tamquam ad certum scopum

do que decretou, isto é, se tivesse, sobre a natureza, querido e concebido diferentemente, ele teria tido necessariamente um intelecto e uma vontade diferentes dos que agora tem. E se é lícito atribuir a Deus outro intelecto e outra vontade, sem nenhuma modificação de sua essência e de sua perfeição, por qual razão não poderia ele agora mudar seus decretos sobre as coisas criadas, mantendo-se, entretanto, igualmente perfeito? Com efeito, no que respeita à sua essência e à sua perfeição, de qualquer maneira que elas sejam concebidas, o intelecto e a vontade de Deus, relativamente às coisas criadas e à sua ordem, continuam iguais. Além disso, todos os filósofos que conheço admitem que não há em Deus nenhum intelecto em potência, mas apenas em ato. Como, entretanto, o seu intelecto e a sua vontade não se distinguem de sua essência, o que também é por todos admitido, disso também se segue, portanto, que se Deus tivesse tido outro intelecto em ato e outra vontade, sua essência também seria necessariamente outra. Portanto (como concluí desde o início), se as coisas tivessem sido produzidas por Deus diferentemente do que elas agora são, o intelecto e a vontade de Deus, isto é (como se admite), sua essência, deveriam ser outros, o que é absurdo.

Como, pois, as coisas não poderiam ter sido produzidas por Deus, de nenhuma outra maneira, nem em qualquer outra ordem, e como a verdade disso se segue da sua suprema perfeição, não há certamente qualquer razão sólida que possa nos persuadir a crer que Deus não tenha querido criar todas as coisas que existem em seu intelecto e com a mesma perfeição com que as compreende. Dirão, entretanto, que não há, nas coisas, qualquer perfeição ou imperfeição, mas que aquilo que há, nelas, que as torna perfeitas ou imperfeitas, levando a que se diga que são boas ou más, depende apenas da vontade de Deus. E, portanto, se Deus tivesse querido, poderia ter feito com que aquilo que agora é perfeição se tornasse a suprema imperfeição e vice-versa. Mas o que significa isso senão afirmar abertamente que Deus, que compreende necessariamente o que quer, poderia fazer, por sua própria vontade, com que compreendesse as coisas de uma maneira diferente daquela pela qual ele agora as compreende? Fazer esta afirmação é, como acabo de mostrar, um grande absurdo. É por isso que posso fazer o argumento voltar-se contra eles da maneira que se segue. Tudo depende do poder de Deus. Assim, para que as coisas pudessem ser diferentes do que são, a vontade de Deus necessariamente também deveria ser diferente. Mas a vontade de Deus não pode ser diferente (como acabamos de mostrar, da forma mais evidente, em virtude da sua perfeição). Logo, as coisas também não podem ser diferentes. Reconheço que a opinião que submete tudo a uma certa vontade indiferente de Deus e sustenta que tudo depende de seu beneplácito desvia-se menos da verdade do que a opinião daqueles que sustentam que Deus em tudo age tendo em

collimat. Quod profecto nihil aliud est, quam Deum fato subiicere, quo nihil de Deo absurdius statui potest, quem ostendimus tam omnium rerum essentiae, quam earum existentiae primam et unicam liberam causam esse. Quare non est, ut in hoc absurdo refutando tempus consumam.

Propositio XXXIV. **Dei potentia est ipsa ipsius essentia.**

Demonstratio. Ex sola enim necessitate Dei essentiae sequitur, Deum esse causam sui (per prop. 11) et (per prop. 16 eiusque coroll. 1) omnium rerum. Ergo potentia Dei, qua ipse et omnia sunt et agunt, est ipsa ipsius essentia. Q. E. D.

Propositio XXXV. **Quicquid concipimus in Dei potestate esse, id necessario est.**

Demonstratio. Quicquid enim in Dei potestate est, id (per prop. praeced.) in eius essentia ita debet comprehendi, ut ex ea necessario sequatur, adeoque necessario est. Q. E. D.

Propositio XXXVI. **Nihil existit, ex cuius natura aliquis effectus non sequatur.**

Demonstratio. Quicquid existit, Dei naturam sive essentiam certo et determinato modo exprimit (per coroll. prop. 25), hoc est (per prop. 34) quicquid existit, Dei potentiam, quae omnium rerum causa est, certo et determinato modo exprimit, adeoque (per prop. 16) ex eo aliquis effectus sequi debet. Q. E. D.

APPENDIX

His Dei naturam, eiusque proprietates explicui, ut quod necessario existat; quod sit unicus; quod ex sola suae naturae necessitate sit et agat; quod sit omnium rerum causa libera et quomodo; quod omnia in Deo sint et ab ipso ita pendeant, ut sine ipso nec esse nec concipi possint; et denique quod omnia a Deo fuerint praedeterminata, non quidem ex libertate voluntatis, sive absoluto beneplacito, sed ex absoluta Dei natura, sive infinita potentia. Porro ubicumque data fuit occasio, praeiudicia, quae impedire poterant, quominus meae demonstrationes perciperentur, amovere curavi. Sed quia non pauca adhuc restant praeiudicia, quae etiam, imo maxime impedire poterant et

vista o bem. Pois esses últimos parecem supor a existência, fora de Deus, de alguma coisa que não depende dele, uma coisa que, ao operar, ele toma como modelo, ou uma coisa a que ele visa como se fosse um alvo preciso. Mas isso não significa senão submeter Deus ao destino: não se poderia sustentar nada de mais absurdo a respeito de Deus, que é, como mostramos, a causa primeira e única causa livre, tanto da essência quanto da existência de todas as coisas. Por isso não perderei tempo refutando tal absurdo.

Proposição 34. **A potência de Deus é a sua própria essência.**

Demonstração. Segue-se, com efeito, exclusivamente da necessidade da essência de Deus que Deus é causa de si mesmo (pela prop. 11) e (pela prop. 16 e seu corol. 1) causa de todas as coisas. Logo, a potência de Deus, pela qual ele próprio e todas as coisas existem e agem, é a sua própria essência. C. Q. D.

Proposição 35. **Tudo aquilo que concebemos como estando no poder de Deus existe necessariamente.**

Demonstração. Com efeito, tudo aquilo que está no poder de Deus (pela prop. prec.) deve estar compreendido em sua essência de tal maneira que dela se siga necessariamente e, portanto, existe necessariamente. C. Q. D.

Proposição 36. **Não existe nada de cuja natureza não se siga algum efeito.**

Demonstração. Tudo o que existe exprime a natureza de Deus, ou seja, exprime a sua essência de uma maneira definida e determinada (pelo corol. da prop. 25), isto é (pela prop. 34), tudo o que existe exprime, de maneira definida e determinada, a potência de Deus, a qual é causa de todas as coisas e, portanto (pela prop. 16), de tudo o que existe deve seguir-se algum efeito. C. Q. D.

APÊNDICE

Com isso, expliquei a natureza de Deus e suas propriedades: que existe necessariamente; que é único; que existe e age exclusivamente pela necessidade de sua natureza; que (e de que modo) é causa livre de todas as coisas; que todas as coisas existem em Deus e dele dependem de tal maneira que não podem existir nem ser concebidas sem ele; que, enfim, todas as coisas foram predeterminadas por Deus, não certamente pela liberdade de sua vontade, ou seja, por seu absoluto beneplácito, mas por sua natureza absoluta, ou seja, por sua infinita potência. Além disso, sempre que tive oportunidade, preocupei-me em afastar os preconceitos que poderiam impedir que minhas demonstrações fossem compreendidas. Mas

possunt, quominus homines rerum concatenationem eo quo ipsam explicui modo amplecti possint, eadem hic ad examen rationis vocare operae pretium duxi. Et quoniam omnia, quae hic indicare suscipio, praeiudicia pendent ab hoc uno, quod scilicet communiter supponant homines, omnes res naturales ut ipsos propter finem agere; imo ipsum Deum omnia ad certum aliquem finem dirigere, pro certo statuant (dicunt enim, Deum omnia propter hominem fecisse, hominem autem, ut ipsum coleret): hoc igitur unum prius considerabo, quaerendo scilicet, primo causam, cur plerique hoc in praeiudicio acquiescant et omnes natura adeo propensi sint ad idem amplectendum, deinde eiusdem falsitatem ostendam et tandem, quomodo ex hoc orta sint praeiudicia de bono et malo, merito et peccato, laude et vituperio, ordine et confusione, pulchritudine et deformitate et de aliis huius generis. Verum, haec ab humanae mentis natura deducere, non est huius loci. Satis hic erit, si pro fundamento id capiam, quod apud omnes debet esse in confesso; nempe hoc, quod omnes homines rerum causarum ignari nascuntur, et quod omnes appetitum habent suum utile quaerendi, cuius rei sunt conscii. Ex his enim sequitur primo, quod homines se liberos esse opinentur, quandoquidem suarum volitionum suique appetitus sunt conscii, et de causis, a quibus disponuntur ad appetendum et volendum, quia earum sunt ignari, nec per somnium cogitant. Sequitur secundo, homines omnia propter finem agere, videlicet propter utile, quod appetunt. Unde fit, ut semper rerum peractarum causas finales tantum scire expetant, et ubi ipsas audiverint, quiescant; nimirum, quia nullam habent causam ulterius dubitandi. Sin autem easdem ex alio audire nequeant, nihil iis restat, nisi ut ad semet se convertant, et ad fines, a quibus ipsi ad similia determinari solent, reflectant; et sic ex suo ingenio ingenium alterius necessario iudicant. Porro cum in se et extra se non pauca reperiant media, quae ad suum utile assequendum non parum conducant, ut ex. gr. oculos ad videndum, dentes ad masticandum, herbas et animantia ad alimentum, solem ad illuminandum, mare ad alendum pisces etc., hinc factum, ut omnia naturalia tamquam ad suum utile media considerent; et quia illa media ab ipsis inventa, non autem parata esse sciunt, hinc causam credendi habuerunt, aliquem alium esse, qui illa media in eorum usum paraverit. Nam postquam res ut media consideraverunt, credere non potuerunt, easdem se ipsas fecisse; sed ex mediis, quae sibi ipsi parare solent, concludere debuerunt, dari aliquem vel aliquos naturae rectores humana

Primeira parte   Deus

como restam ainda não poucos preconceitos que também poderiam, e podem, impedir, e muito, que se compreenda a concatenação das coisas tal como expliquei, pensei que valeria a pena submetê-los aqui ao escrutínio da razão. Ora, todos os preconceitos que aqui me proponho a expor dependem de um único, a saber, que os homens pressupõem, em geral, que todas as coisas naturais agem, tal como eles próprios, em função de um fim, chegando até mesmo a dar como assentado que o próprio Deus dirige todas as coisas tendo em vista algum fim preciso, pois dizem que Deus fez todas as coisas em função do homem, e fez o homem, por sua vez, para que este lhe prestasse culto. É esse preconceito, portanto, que, antes de mais nada, considerarei, procurando saber, em primeiro lugar, por que a maioria dos homens se conforma a esse preconceito e por que estão todos assim tão naturalmente propensos a abraçá-lo. Mostrarei, depois, sua falsidade e, finalmente, como dele se originaram os preconceitos sobre o bem e o mal, o mérito e o pecado, o louvor e a desaprovação, a ordenação e a confusão, a beleza e a feiura, e outros do mesmo gênero. Não é este, entretanto, o lugar para deduzi-los da natureza da mente humana. Será suficiente aqui que eu tome como fundamento aquilo que deve ser reconhecido por todos, a saber, que todos os homens nascem ignorantes das causas das coisas e que todos tendem a buscar o que lhes é útil, estando conscientes disso. Com efeito, disso se segue, em primeiro lugar, que, por estarem conscientes de suas volições e de seus apetites, os homens se creem livres, mas nem em sonho pensam nas causas que os dispõem a ter essas vontades e esses apetites, porque as ignoram. Segue-se, em segundo lugar, que os homens agem, em tudo, em função de um fim, quer dizer, em função da coisa útil que apetecem. É por isso que, quanto às coisas acabadas, eles buscam, sempre, saber apenas as causas finais, satisfazendo-se, por não terem qualquer outro motivo para duvidar, em saber delas por ouvir dizer. Se, entretanto, não puderem saber dessas causas por ouvirem de outrem, só lhes resta o recurso de se voltarem para si mesmos e refletirem sobre os fins que habitualmente os determinam a fazer coisas similares e, assim, necessariamente, acabam por julgar a inclinação alheia pela sua própria. Como, além disso, encontram, tanto em si mesmos, quanto fora de si, não poucos meios que muito contribuem para a consecução do que lhes é útil, como, por exemplo, os olhos para ver, os dentes para mastigar, os vegetais e os animais para alimentar-se, o sol para iluminar, o mar para fornecer-lhes peixes, etc., eles são, assim, levados a considerar todas as coisas naturais como se fossem meios para sua própria utilidade. E por saberem que simplesmente encontraram esses meios e que não foram eles que assim os dispuseram, encontraram razão para crer que deve existir alguém que dispôs esses meios para que eles os utilizassem. Tendo, pois, passado a considerar as coisas como meios, não podiam mais acreditar que elas tivessem sido feitas por seu próprio valor. Em vez disso, com base nos meios de que

praeditos libertate, qui ipsis omnia curaverint et in eorum usum omnia fecerint. Atque horum etiam ingenium, quandoquidem de eo nunquam quid audiverant, ex suo iudicare debuerunt; atque hinc statuerunt, deos omnia in hominum usum dirigere, ut homines sibi devinciant et in summo ab iisdem honore habeantur. Unde factum, ut unusquisque diversos Deum colendi modos ex suo ingenio excogitaverit, ut Deus eos supra reliquos diligeret et totam naturam in usum caecae illorum cupiditatis et insatiabilis avaritiae dirigeret. Atque ita hoc praeiudicium in superstitionem versum est et altas in mentibus egit radices; quod in causa fuit, ut unusquisque maximo conatu omnium rerum causas finales intelligere, easque explicare studeret. Sed dum quaesiverunt ostendere, naturam nihil frustra (hoc est, quod in usum hominum non sit) agere, nihil aliud videntur ostendisse, quam naturam deosque aeque ac homines delirare. Vide quaeso, quo res tandem evasit! Inter tot naturae commoda non pauca reperire debuerunt incommoda, tempestates scilicet, terrae motus, morbos etc., atque haec statuerunt propterea evenire, quod dii irati essent ob iniurias sibi ab hominibus factas, sive ob peccata in suo cultu commissa; et quamvis experientia in dies reclamaret et infinitis exemplis ostenderet, commoda atque incommoda piis aeque ac impiis promiscue evenire, non ideo ab inveterato praeiudicio destiterunt. Facilius enim iis fuit, hoc inter alia incognita, quorum usum ignorabant, ponere et sic praesentem suum et innatum statum ignorantiae retinere, quam totam illam fabricam destruere et novam excogitare. Unde pro certo statuerunt, deorum iudicia humanum captum longissime superare: quae sane unica fuisset causa, ut veritas humanum genus in aeternum lateret, nisi mathesis, quae non circa fines, sed tantum circa figurarum essentias et proprietates versatur, aliam veritatis normam hominibus ostendisset. Et praeter mathesin aliae etiam adsignari possunt causae (quas hic enumerare supervacaneum est), a quibus fieri potuit, ut homines communia haec praeiudicia animadverterent et in veram rerum cognitionem ducerentur.

His satis explicui id, quod primo loco promisi. Ut iam autem ostendam, naturam finem nullum sibi praefixum habere, et omnes causas finales nihil nisi humana esse figmenta, non opus est multis. Credo enim id iam satis constare tam ex fundamentis et causis, unde hoc praeiudicium originem suam traxisse ostendi, quam ex prop. 16 et coroll. 1 et 2 prop. 32, et praeterea ex iis omnibus, quibus ostendi,

costumam dispor para seu próprio uso, foram levados a concluir que havia um ou mais governantes da natureza, dotados de uma liberdade humana, que tudo haviam providenciado para eles e para seu uso tinham feito todas as coisas. E, por nunca terem ouvido falar nada sobre a inclinação desses governantes, eles igualmente tiveram que julgá-la com base na sua, sustentando, como consequência, que os deuses governam todas as coisas em função do uso humano, para que os homens lhes fiquem subjugados e lhes prestem a máxima reverência. Como consequência, cada homem engendrou, com base em sua própria inclinação, diferentes maneiras de prestar culto a Deus, para que Deus o considere mais que aos outros e governe toda a natureza em proveito de seu cego desejo e de sua insaciável cobiça. Esse preconceito transformou-se, assim, em superstição e criou profundas raízes em suas mentes, fazendo com que cada um dedicasse o máximo de esforço para compreender e explicar as causas finais de todas as coisas. Mas, ao tentar demonstrar que a natureza nada faz em vão (isto é, não faz nada que não seja para o proveito humano), eles parecem ter demonstrado apenas que, tal como os homens, a natureza e os deuses também deliram. Peço-lhes que observem a que ponto se chegou! Ao lado de tantas coisas agradáveis da natureza, devem ter encontrado não poucas que são desagradáveis, como as tempestades, os terremotos, as doenças, etc.. Argumentaram, por isso, que essas coisas ocorriam por causa da cólera dos deuses diante das ofensas que lhes tinham sido feitas pelos homens, ou diante das faltas cometidas nos cultos divinos. E embora, cotidianamente, a experiência contrariasse isso e mostrasse com infinitos exemplos que as coisas cômodas e as incômodas ocorrem igualmente, sem nenhuma distinção, aos piedosos e aos ímpios, nem por isso abandonaram o inveterado preconceito. Foi-lhes mais fácil, com efeito, colocar essas ocorrências na conta das coisas que desconheciam e cuja utilidade ignoravam, continuando, assim, em seu estado presente e inato de ignorância, do que destruir toda essa sua fabricação e pensar em algo novo. Deram, por isso, como certo que os juízos dos deuses superavam em muito a compreensão humana. Essa razão teria sido, sozinha, realmente suficiente para que a verdade ficasse para sempre oculta ao gênero humano, se a matemática, que se ocupa não de fins, mas apenas das essências das figuras e de suas propriedades, não tivesse mostrado aos homens outra norma de verdade. Seria possível assinalar, além da matemática, ainda outras razões (seria supérfluo enumerá-las aqui) que podem ter levado os homens a tomarem consciência desses preconceitos comuns, conduzindo-os ao verdadeiro conhecimento das coisas.

Creio, com isso, ter explicado suficientemente o primeiro ponto que anunciei. Mas para demonstrar, agora, que a natureza não tem nenhum fim que lhe tenha sido prefixado e que todas as causas finais não passam de ficções humanas, não será necessário argumentar muito. Creio, com efeito, que isso já foi suficientemente estabelecido, tanto pela exposição das causas e dos fundamentos, nos quais, como mostrei, esse preconceito tem sua origem, quanto pela prop. 16 e pelos corol. 1 e 2 da prop. 32, bem como, ainda,

omnia naturae aeterna quadam necessitate summaque perfectione procedere. Hoc tamen adhuc addam, nempe, hanc de fine doctrinam naturam omnino evertere. Nam id quod revera causa est, ut effectum considerat, et contra; deinde id quod natura prius est, facit posterius; et denique id quod supremum et perfectissimum est, reddit imperfectissimum. Nam (duobus prioribus omissis, quia per se manifesta sunt) ut ex prop. 21, 22 et 23 constat, ille effectus perfectissimus est, qui a Deo immediate producitur, et quo aliquid pluribus causis intermediis indiget ut producatur, eo imperfectius est. At si res, quae immediate a Deo productae sunt, ea de causa factae essent, ut Deus finem assequeretur suum, tum necessario ultimae, quarum de causa priores factae sunt, omnium praestantissimae essent. Deinde haec doctrina Dei perfectionem tollit; nam, si Deus propter finem agit, aliquid necessario appetit, quo caret. Et quamvis theologi et methapysici distinguant inter finem indigentiae et finem assimilationis, fatentur tamen Deum omnia propter se, non vero propter res creandas egisse; quia nihil ante creationem praeter Deum assignare possunt, propter quod Deus ageret; adeoque necessario fateri coguntur, Deum iis, propter quae media parare voluit, caruisse, eaque cupivisse, ut per se clarum. Nec hic praetereundum est, quod huius doctrinae sectatores, qui in assignandis rerum finibus suum ingenium ostentare voluerunt, ad hanc suam doctrinam probandam novum attulerunt modum argumentandi, reducendo scilicet non ad impossibile, sed ad ignorantiam; quod ostendit nullum aliud fuisse huic doctrinae argumentandi medium. Nam si ex. gr. ex culmine aliquo lapis in alicuius caput ceciderit eumque interfecerit, hoc modo demonstrabunt, lapidem ad hominem interficiendum cecidisse; ni enim eum in finem Deo id volente ceciderit, quomodo tot circumstantiae (saepe enim multae simul concurrunt) casu concurrere potuerunt? Respondebis fortasse, id ex eo, quod ventus flavit et quod homo illac iter habebat, evenisse. At instabunt: cur ventus illo tempore flavit? cur homo illo eodemque tempore illac iter habebat? Si iterum respondeas, ventum tum ortum, quia mare praecedenti die tempore adhuc tranquillo agitari inceperat, et quod homo ab amico invitatus fuerat; instabunt iterum, quia nullus rogandi finis: cur autem mare agitabatur? cur homo in illud tempus invitatus fuit? Et sic porro causarum causas rogare non cessabunt, donec ad Dei

por todas as demonstrações em que provei que tudo, na natureza, procede de uma certa necessidade eterna e de uma perfeição suprema. Mas afirmo, ainda, que essa doutrina finalista inverte totalmente a natureza, pois considera como efeito aquilo que é realmente causa e vice-versa. Além disso, converte em posterior o que é, por natureza, anterior. Enfim, transforma em imperfeito o que é supremo e perfeitíssimo. Com efeito (deixemos de lado os dois primeiros pontos, por serem evidentes por si mesmos), como se deduz das prop. 21, 22 e 23, o efeito mais perfeito é o que é produzido por Deus imediatamente, e uma coisa é tanto mais imperfeita quanto mais requer causas intermediárias para ser produzida. Mas se as coisas que são produzidas por Deus imediatamente tivessem sido feitas para que Deus cumprisse um fim seu, então essas coisas feitas por último e em função das quais as primeiras teriam sido feitas, seriam necessariamente as melhores de todas. Além disso, essa doutrina suprime a perfeição de Deus, pois se ele age em função de um fim, é porque necessariamente apetece algo que lhe falta. E embora os teólogos e os metafísicos distingam entre o fim de falta [para preencher uma falta própria] e o fim de assimilação [para satisfazer uma necessidade alheia], eles reconhecidamente afirmam, entretanto, que Deus fez todas as coisas em função de si mesmo e não em função das coisas a serem criadas, pois, além de Deus, não podem assinalar nenhuma outra coisa em função da qual, antes do ato de criação, ele tivesse agido. São, assim, necessariamente forçados a admitir que Deus não dispunha daqueles seres em proveito dos quais ele supostamente poderia ter querido e desejado providenciar os referidos meios, conclusão que é evidente por si mesma. É preciso não deixar de mencionar que os partidários dessa doutrina, os quais, ao atribuir um fim às coisas, quiseram dar mostras de sua inteligência, introduziram um novo modo de argumentação para prová-la, a saber, a redução não ao impossível, mas à ignorância, o que mostra que essa doutrina não tinha nenhum outro meio de argumentar. Com efeito, se, por exemplo, uma pedra cair de um telhado sobre a cabeça de alguém, matando-o, é da maneira seguinte que demonstrarão que a pedra caiu a fim de matar esse homem: se a pedra não caiu, por vontade de Deus, com esse fim, como se explica que tantas circunstâncias (pois, realmente, é com frequência que se juntam, simultaneamente, muitas circunstâncias) possam ter se juntado por acaso? Responderás, talvez, que isso ocorreu porque ventava e o homem passava por lá. Mas eles insistirão: por que ventava naquele momento? E por que o homem passava por lá naquele exato momento? Se respondes, agora, que se levantou um vento naquele momento porque, no dia anterior, enquanto o tempo ainda estava calmo, o mar começou a se agitar, e que o homem tinha sido convidado por um amigo, eles insistirão ainda (pois as perguntas não terão fim): por que, então, o mar estava agitado? E por que o homem tinha sido convidado justamente para aquele momento? E assim por diante, não parando de perguntar pelas causas das causas até que, finalmente, recorras ao argumento da vontade de Deus,

voluntatem, hoc est, ignorantiae asylum confugeris. Sic etiam, ubi corporis humani fabricam vident, stupescunt et ex eo, quod tantae artis causas ignorant, concludunt, eandem non mechanica, sed divina vel supernaturali arte fabricari, talique modo constitui, ut una pars alteram non laedat. Atque hinc fit, ut qui miraculorum causas veras quaerit, quique res naturales ut doctus intelligere, non autem ut stultus admirari studet, passim pro haeretico et impio habeatur et proclametur ab iis, quos vulgus tamquam naturae deorumque interpretes adorat. Nam sciunt, quod sublata ignorantia stupor, hoc est, unicum argumentandi, tuendaeque suae auctoritatis medium, quod habent, tollitur. Sed haec relinquo et ad id, quod tertio loco hic agere constitui, pergo.

Postquam homines sibi persuaserunt, omnia quae fiunt propter ipsos fieri; id in unaquaque re praecipuum iudicare debuerunt quod ipsis utilissimum, et illa omnia praestantissima aestimare, a quibus optime afficiebantur. Unde has formare debuerunt notiones, quibus rerum naturas explicarent, scilicet bonum, malum, ordinem, confusionem, calidum, frigidum, pulchritudinem et deformitatem etc.; et quia se liberos existimant, inde hae notiones ortae sunt, scilicet laus et vituperium, peccatum et meritum. Sed has infra, postquam de natura humana egero, illas autem hic breviter explicabo. Nempe id omne, quod ad valetudinem et Dei cultum conducit, bonum; quod autem iis contrarium est, malum vocaverunt. Et quia ii, qui rerum naturam non intelligunt, sed res tantummodo imaginantur, nihil de rebus affirmant sed res tantummodo imaginantur et imaginationem pro intellectu capiunt, ideo ordinem in rebus esse firmiter credunt rerum suaeque naturae ignari. Nam cum ita sint dispositae, ut, cum nobis per sensus repraesentantur, eas facile imaginari et consequenter earum facile recordari possimus, easdem bene ordinatas, si vero contra, ipsas male ordinatas, sive confusas esse dicimus. Et quoniam ea nobis prae ceteris grata sunt, quae facile imaginari possumus, ideo homines ordinem confusioni praeferunt; quasi ordo aliquid in natura praeter respectum ad nostram imaginationem esset; dicuntque Deum omnia ordine creasse, et hoc modo ipsi nescientes Deo imaginationem tribuunt; nisi velint forte, Deum humanae imaginationi providentem res omnes eo disposuisse modo, quo ipsas facillime imaginari possent; nec moram forsan iis iniiciet, quod infinita reperiantur, quae nostram imaginationem longe

esse refúgio da ignorância. Assim, igualmente, quando observam a construção do corpo humano, ficam estupefatos e, por ignorarem as causas de tamanha arte, concluem que foi construído não por arte mecânica, mas por arte divina ou sobrenatural e igualmente por esta arte foi constituído, de tal forma que uma parte não prejudique a outra. E é por isso que quem quer que busque as verdadeiras causas dos milagres e se esforce por compreender as coisas naturais como um sábio, em vez de se deslumbrar como um tolo, é tido, aqui e ali, por herege e ímpio, sendo como tal proclamado por aqueles que o vulgo adora como intérpretes da natureza e dos deuses. Pois eles sabem que, uma vez suprimida a ignorância, desaparece também essa estupefação, ou seja, o único meio que eles têm para argumentar e para manter sua autoridade. Deixo, entretanto, isso de lado e passo ao ponto que me dispus a tratar em terceiro lugar.

Depois de terem se persuadido de que tudo o que ocorre é em função deles, os homens foram levados a julgar que o aspecto mais importante, em qualquer coisa, é aquele que lhes é mais útil, assim como foram levados a ter como superiores aquelas coisas que lhes afetavam mais favoravelmente. Como consequência, tiveram que formar certas noções para explicar a natureza das coisas, tais como as de bem, mal, ordenação, confusão, calor, frio, beleza, feiura, etc., e, por se julgarem livres, foi que nasceram noções tais como louvor e desaprovação, pecado e mérito. Examinarei essas últimas mais adiante, depois que tiver me ocupado da natureza humana, limitando-me aqui a examinar brevemente as primeiras. Tudo aquilo, pois, que beneficia a saúde e favorece o culto de Deus eles chamaram de bem; o que é contrário a isso chamaram de mal. E como aqueles que não compreendem a natureza das coisas nada afirmam sobre elas, mas apenas as imaginam, confundindo a imaginação com o intelecto, eles creem firmemente que existe uma ordenação nas coisas, ignorando tanto a natureza das coisas quanto a sua própria. Com efeito, quando as coisas estão dispostas de maneira tal que, quando nos são representadas pelos sentidos, podemos facilmente imaginá-las e, consequentemente, facilmente recordá-las, dizemos que estão bem ordenadas; se ocorrer o contrário, dizemos que estão mal ordenadas ou que são confusas. E como as coisas que podem ser imaginadas facilmente são mais agradáveis do que as outras, os homens preferem a ordenação à confusão, como se a ordenação fosse algo que, independentemente de nossa imaginação, existisse na natureza. Dizem ainda que Deus criou todas as coisas ordenadamente, atribuindo, assim, sem se darem conta, a imaginação a Deus, o que só faria sentido se eles quisessem dizer, talvez, que, em função da imaginação humana, Deus dispôs todas as coisas de maneira que elas pudessem ser mais facilmente imaginadas. Provavelmente não é, para eles, nenhum problema a verificação de infinitas coisas que superam de longe a nossa imaginação e um grande

superant, et plurima, quae ipsam propter eius imbecillitatem confundunt. Sed de hac re satis. Ceterae deinde notiones etiam praeter imaginandi modos, quibus imaginatio diversimode afficitur, nihil sunt, et tamen ab ignaris tamquam praecipua rerum attributa considerantur; quia, ut iam diximus, res omnes propter ipsos factas esse credunt, et rei alicuius naturam bonam vel malam, sanam vel putridam et corruptam dicunt, prout ab eadem afficiuntur. Ex. gr. si motus, quem nervi ab obiectis per oculos repraesentatis accipiunt, valetudini conducat, obiecta, a quibus causatur, pulchra dicuntur, quae autem contrarium motum cient, deformia. Quae deinde per nares sensum movent, odorifera vel faetida vocant, quae per linguam, dulcia aut amara, sapida aut insipida etc.; quae autem per tactum, dura aut mollia, aspera aut laevia, etc. Et quae denique aures movent, strepitum, sonum vel harmoniam edere dicuntur, quorum postremum homines adeo dementavit, ut Deum etiam harmonia delectari crederent. Nec desunt philosophi, qui sibi persuaserint, motus coelestes harmoniam componere. Quae omnia satis ostendunt, unumquemque pro dispositione cerebri de rebus iudicasse, vel potius imaginationis affectiones pro rebus accepisse. Quare non mirum est (ut hoc etiam obiter notemus), quod inter homines tot, quot experimur, controversiae ortae sint, ex quibus tandem scepticismus. Nam, quamvis humana corpora in multis conveniant, in plurimis tamen discrepant, et ideo id quod uni bonum, alteri malum videtur; quod uni ordinatum, alteri confusum; quod uni gratum, alteri ingratum est; et sic de ceteris, quibus hic supersedeo, cum quia huius loci non est de his ex professo agere, tum quia hoc omnes satis experti sunt. Omnibus enim in ore est: quot capita, tot sensus, suo quemque sensu abundare, non minora cerebrorum, quam palatorum esse discrimina; quae sententiae satis ostendunt, homines pro dispositione cerebri de rebus iudicare, resque potius imaginari, quam intelligere. Res enim si intellexissent, illae omnes teste mathesi, si non allicerent, ad minimum convincerent.

Videmus itaque omnes notiones, quibus vulgus solet naturam explicare, modos esse tantummodo imaginandi, nec ullius rei naturam, sed tantum imaginationis constitutionem indicare; et quia nomina habent, quasi essent entium, extra imaginationem existentium, eadem entia non rationis, sed imaginationis voco; atque adeo omnia argumenta, quae contra nos ex similibus notionibus petuntur, facile propulsari

número de outras que, por sua debilidade, deixam a nossa imaginação confusa. Mas sobre tal ponto isso é suficiente. Quanto às outras noções, também não passam de modos do imaginar, pelos quais a imaginação é diferentemente afetada, e que, no entanto, são considerados pelos ignorantes como atributos principais das coisas, porque acreditam, como já dissemos, que todas as coisas foram feitas em função deles, e é com base na maneira como foram afetados por uma coisa que dizem que a sua natureza é boa ou má, sã ou podre e corrompida. Se, por exemplo, o movimento que os nervos recebem dos objetos representados pelos olhos contribui para uma boa disposição do corpo, os objetos que causaram tal movimento são chamados de belos, sendo chamados de feios aqueles que provocam o movimento contrário. Aqueles que provocam o sentido por meio do nariz são chamados de perfumados ou, então, de malcheirosos; por meio da língua, de doces e saborosos ou, então, de amargos e insípidos; por meio do tato, de duros e ásperos ou, então, de moles e macios. E, finalmente, daqueles que provocam os ouvidos diz-se que eles produzem barulho ou, então, som ou harmonia, a qual fascinou tanto os homens que eles acabaram por acreditar que Deus também se deleitava com ela, não tendo faltado filósofos que estavam convencidos de que os movimentos celestes compunham uma harmonia. Tudo isso mostra suficientemente que cada um julga as coisas de acordo com a disposição de seu cérebro, ou melhor, toma as afecções de sua imaginação pelas próprias coisas. Por isso, não é de admirar (assinalemos, de passagem também isso) que tenham surgido entre os homens tantas controvérsias quanto as que experimentamos, delas surgindo, finalmente, o ceticismo. Com efeito, embora os corpos humanos estejam em concordância sob muitos aspectos, diferem, entretanto, sob muitos mais. Por isso, o que a um parece bom, a outro parece mau; o que a um parece ordenado, a outro parece confuso; o que a um é agradável, a outro é desagradável, e assim quanto às outras noções, sobre as quais, entretanto, não insisto aqui, tanto por não ser este o local para discuti-las de forma explícita, quanto porque todos têm delas suficiente experiência. Pois, ditados como os seguintes estão na boca de todo mundo. *Cada cabeça, uma sentença. A cada qual seu parecer lhe basta. Há tantos juízos, quantos são os gostos*. Esses ditados mostram suficientemente que os homens julgam as coisas de acordo com o estado de seu cérebro e que, mais do que as compreender, eles as imaginam. Pois se as compreendessem, então, mesmo que não as achassem atraentes, ao menos se convenceriam delas todas, como mostra o exemplo da matemática.

Vemos, pois, que todas as noções que o vulgo costuma utilizar para explicar a natureza não passam de modos do imaginar e não indicam a natureza das coisas, mas apenas a constituição de sua própria imaginação. E como elas têm nomes, como se fossem entes que existissem fora da imaginação, chamo-as não entes de razão, mas entes de imaginação. E, assim, pode-se facilmente refutar todos os argumentos que poderiam ser dirigidos contra

possunt. Solent enim multi sic argumentari: si omnia ex necessitate perfectissimae Dei naturae sunt consecuta, unde ergo tot imperfectiones in natura ortae? Videlicet rerum corruptio ad faetorem usque, rerum deformitas, quae nauseam moveat, confusio, malum, peccatum etc. Sed, ut modo dixi, facile confutantur. Nam rerum perfectio ex sola earum natura et potentia est aestimanda; nec ideo res magis aut minus perfectae sunt, propterea quod hominum sensum delectant vel offendunt, quod humanae naturae conducunt, vel quod eidem repugnant. Iis autem, qui quaerunt: cur Deus omnes homines non ita creavit, ut solo rationis ductu gubernarentur? nihil aliud respondeo, quam: quia ei non defuit materia ad omnia ex summo nimirum ad infimum perfectionis gradum creanda; vel magis proprie loquendo: quia ipsius naturae leges adeo amplae fuerunt, ut sufficerent ad omnia quae ab aliquo infinito intellectu concipi possunt producenda, ut prop. 16 demonstravi.

Haec sunt, quae hic notare suscepi praeiudicia. Si quaedam huius farinae adhuc restant, poterunt eadem ab unoquoque mediocri meditatione emendari.

nós, com base em noções como essas. Costuma-se, com efeito, argumentar da maneira que se segue. Se todas as coisas se seguiram da perfeitíssima natureza de Deus, de onde provêm, então, tantas imperfeições na natureza, tais como a deterioração das coisas, ao ponto de se tornarem malcheirosas, a feiura que causa repugnância, a confusão, o mal, o pecado, etc.? Mas isso é fácil, como acabei de dizer, de ser refutado. Pois a perfeição das coisas deve ser avaliada exclusivamente por sua própria natureza e potência: elas não são mais ou menos perfeitas porque agradem ou desagradem os sentidos dos homens, ou porque convenham à natureza humana ou a contrariem. Àqueles que, entretanto, perguntarem por que Deus não criou os homens de maneira que eles se conduzissem exclusivamente pela via da razão, respondo simplesmente: não foi por ter faltado a Deus matéria para criar todos os tipos de coisas, desde aquelas com o mais alto grau até àquelas com o mais baixo grau de perfeição. Ou, para falar mais apropriadamente: foi porque as leis da natureza, sendo tão amplas, bastaram para produzir todas as coisas que possam ser concebidas por um intelecto infinito, como demonstrei na prop. 16.

Esses são os preconceitos que me propus assinalar. Se restarem ainda outros do mesmo gênero, cada um poderá, com um pouco de reflexão, corrigi-los.

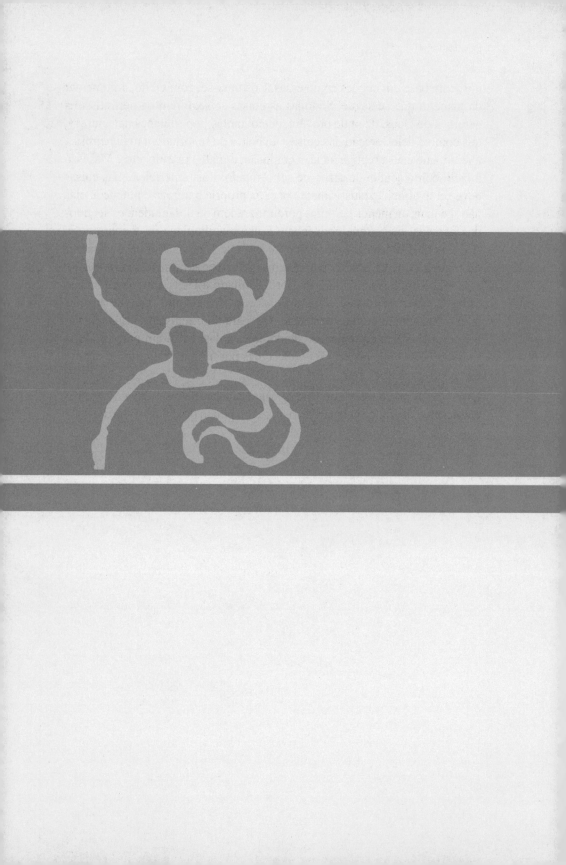

PARS SECUNDA
DE NATURA ET ORIGINE MENTIS

SEGUNDA PARTE
A NATUREZA E A ORIGEM DA MENTE

PRAEFATIO

Transeo iam ad ea explicanda, quae ex Dei, sive entis aeterni et infiniti essentia necessario debuerunt sequi. Non quidem omnia (infinita enim infinitis modis ex ipsa debere sequi P. 1 prop. 16 demonstravimus), sed ea solummodo, quae nos ad mentis humanae eiusque summae beatitudinis cognitionem quasi manu ducere possunt.

DEFINITIONES

I. Per corpus intelligo modum, qui Dei essentiam, quatenus ut res extensa consideratur, certo et determinato modo exprimit. Vide P. 1 prop. 25 coroll.

II. Ad essentiam alicuius rei id pertinere dico, quo dato res necessario ponitur et quo sublato res necessario tollitur; vel id, sine quo res, et vice versa quod sine re nec esse nec concipi potest.

III. Per ideam intelligo mentis conceptum, quem mens format, propterea quod res est cogitans.

Explicatio. Dico potius conceptum, quam perceptionem, quia perceptionis nomen indicare videtur, mentem ab obiecto pati. At conceptus actionem mentis exprimere videtur.

IV. Per ideam adaequatam intelligo ideam, quae, quatenus in se sine relatione ad obiectum consideratur, omnes verae ideae proprietates sive denominationes intrinsecas habet.

Explicatio. Dico intrinsecas, ut illam secludam, quae extrinseca est, nempe convenientiam ideae cum suo ideato.

PREFÁCIO

Passo agora a explicar aquelas coisas que deveram seguir-se necessariamente da essência de Deus, ou seja, da essência do ente eterno e infinito. Embora tenhamos demonstrado, na prop. 16 da P. 1, que dela devem se seguir infinitas coisas, de infinitas maneiras, não explicarei, na verdade, todas, mas apenas aquelas que possam nos conduzir, como que pela mão, ao conhecimento da mente humana e de sua beatitude suprema.

DEFINIÇÕES

1. Por corpo compreendo um modo que exprime, de uma maneira definida e determinada, a essência de Deus, enquanto considerada como coisa extensa. Veja-se o corol. da prop. 25 da P. 1.

2. Digo pertencer à essência de uma certa coisa aquilo que, se dado, a coisa é necessariamente posta e que, se retirado, a coisa é necessariamente retirada; em outras palavras, aquilo sem o qual a coisa não pode existir nem ser concebida e vice-versa, isto é, aquilo que sem a coisa não pode existir nem ser concebido.

3. Por ideia compreendo um conceito da mente, que a mente forma porque é uma coisa pensante.

Explicação. Digo *conceito* e não *percepção*, porque a palavra *percepção* parece indicar que a mente é passiva relativamente ao objeto, enquanto *conceito* parece exprimir uma ação da mente.

4. Por ideia adequada compreendo uma ideia que, enquanto considerada em si mesma, sem relação com o objeto, tem todas as propriedades ou denominações intrínsecas de uma ideia verdadeira.

Explicação. Digo *intrínsecas* para excluir a propriedade extrínseca, a saber, a que se refere à concordância da ideia com o seu ideado.

V. Duratio est indefinita existendi continuatio.

Explicatio. Dico indefinitam, quia per ipsam rei existentis naturam determinari nequaquam potest, neque etiam a causa efficiente, quae scilicet rei existentiam necessario ponit, non autem tollit.

VI. Per realitatem et perfectionem idem intelligo.

VII. Per res singulares intelligo res, quae finitae sunt et determinatam habent existentiam. Quod si plura individua in una actione ita concurrant, ut omnia simul unius effectus sint causa, eadem omnia eatenus ut unam rem singularem considero.

AXIOMATA

I. Hominis essentia non involvit necessariam existentiam, hoc est, ex naturae ordine tam fieri potest, ut hic et ille homo existat, quam ut non existat.

II. Homo cogitat.

III. Modi cogitandi, ut amor, cupiditas, vel quicumque nomine affectus animi insigniuntur, non dantur nisi in eodem individuo detur idea rei amatae, desideratae, etc. At idea dari potest, quamvis nullus alius detur cogitandi modus.

IV. Nos corpus quoddam multis modis affici sentimus.

V. Nullas res singulares praeter corpora et cogitandi modos sentimus, nec percipimus. Postulata vide post prop. 13.

PROPOSITIONES

 Propositio I. **Cogitatio attributum Dei est, sive Deus est res cogitans.**

Demonstratio. Singulares cogitationes sive haec et illa cogitatio modi sunt, qui Dei naturam certo et determinato modo exprimunt (per coroll. prop. 25 P. 1). Competit ergo Deo (per defin. 5 P. 1) attributum, cuius conceptum singulares omnes cogitationes involvunt, per quod etiam concipiuntur. Est igitur cogitatio unum ex infinitis Dei attributis,

5. A duração é a continuação indefinida do existir.

Explicação. Digo *indefinida* porque a duração não pode ser, de maneira alguma, determinada pela própria natureza da coisa existente, nem tampouco pela causa eficiente, a qual, com efeito, necessariamente põe a existência da coisa, mas não a retira.

6. Por realidade e por perfeição compreendo a mesma coisa.

7. Por coisas singulares compreendo aquelas coisas que são finitas e que têm uma existência determinada. E se vários indivíduos contribuem para uma única ação, de maneira tal que sejam todos, em conjunto, a causa de um único efeito, considero-os todos, sob este aspecto, como uma única coisa singular.

AXIOMAS

1. A essência do homem não envolve a existência necessária, isto é, segundo a ordem da natureza tanto pode ocorrer que este ou aquele homem exista quanto que não exista.

2. O homem pensa.

3. Os modos do pensar tais como o amor, o desejo, ou qualquer outro que se designa pelo nome de afeto do ânimo, não podem existir se não existir, no mesmo indivíduo, a ideia da coisa amada, desejada, etc. Uma ideia, em troca, pode existir ainda que não exista qualquer outro modo do pensar.

4. Sentimos que um certo corpo é afetado de muitas maneiras.

5. Não sentimos nem percebemos nenhuma outra coisa singular além dos corpos e dos modos do pensar. Vejam-se os postulados que se seguem à prop. 13.

PROPOSIÇÕES

Proposição 1. **O pensamento é um atributo de Deus, ou seja, Deus é uma coisa pensante.**

Demonstração. Os pensamentos singulares, ou seja, este ou aquele pensamento, são modos que exprimem a natureza de Deus de uma maneira definida e determinada (pelo corol. da prop. 25 da P. 1). Pertence, portanto, a Deus (pela def. 5 da P. 1) um atributo, a respeito do qual se pode dizer que todos os pensamentos singulares envolvem o seu conceito, e pelo qual eles também são concebidos. O pensamento é, pois, um dos infinitos atributos

quod Dei aeternam et infinitam essentiam exprimit (vide defin. 6 P. 1), sive Deus est res cogitans. Q.E.D.

Scholium. Patet etiam haec propositio ex hoc, quod nos possumus ens cogitans infinitum concipere. Nam quo plura ens cogitans potest cogitare, eo plus realitatis sive perfectionis idem continere concipimus. Ergo ens, quod infinita infinitis modis cogitare potest, est necessario virtute cogitandi infinitum. Cum itaque ad solam cogitationem attendendo ens infinitum concipiamus, est necessario (per defin. 4 et 6 P. 1) cogitatio unum ex infinitis Dei attributis, ut volebamus.

Propositio II. **Extensio attributum Dei est, sive Deus est res extensa.**

Demonstratio. Huius eodem modo procedit, ac demonstratio praeced. prop.

Propositio III. **In Deo datur necessario idea tam eius essentiae, quam omnium, quae ex ipsius essentia necessario sequuntur.**

Demonstratio. Deus enim (per prop. 1 huius) infinita infinitis modis cogitare, sive (quod idem est per prop. 16 P. 1) ideam suae essentiae et omnium, quae necessario ex ea sequuntur, formare potest. Atqui omne id, quod in Dei potestate est, necessario est (per prop. 35 P. 1). Ergo datur necessario talis idea, et (per prop. 15 P. 1) non nisi in Deo. Q.E.D.

Scholium. Vulgus per Dei potentiam intelligit Dei liberam voluntatem et ius in omnia quae sunt, quaeque propterea communiter ut contingentia considerantur. Deum enim potestatem omnia destruendi habere dicunt et in nihilum redigendi. Dei porro potentiam cum potentia regum saepissime comparant. Sed hoc in coroll. 1 et 2 prop. 32 huius refutavimus; et prop. 16 P. 1 ostendimus, Deum eadem necessitate agere, qua se ipsum intelligit; hoc est, sicuti ex necessitate divinae naturae sequitur (sicut omnes uno ore statuunt), ut Deus se ipsum intelligat, eadem etiam necessitate sequitur, ut Deus infinita infinitis modis agat. Deinde prop. 34 P. 1 ostendimus, Dei potentiam nihil esse, praeterquam Dei actuosam essentiam; adeoque tam nobis impossibile est concipere, Deum non agere, quam Deum non esse. Porro si haec ulterius persequi liberet, possem hic etiam ostendere, potentiam illam, quam vulgus Deo affingit, non tantum humanam esse (quod ostendit Deum hominem, vel instar hominis a vulgo concipi), sed etiam

de Deus, o qual exprime a essência eterna e infinita de Deus (veja-se a def. 6 da P. 1), ou seja, Deus é uma coisa pensante. C. Q. D.

Escólio. Esta prop. torna-se igualmente evidente por podermos conceber um ente pensante infinito. Com efeito, quanto mais coisas um ente pensante pode pensar, mais realidade ou perfeição concebemos que ele contém. Portanto, um ente que pode pensar infinitas coisas, de infinitas maneiras, é, em sua capacidade de pensar, necessariamente infinito. Como, pois, considerando apenas o pensamento, concebemos um ente infinito, então o pensamento é, necessariamente (pelas def. 4 e 6 da P. 1), um dos infinitos atributos de Deus, tal como queríamos demonstrar.

Proposição 2. **A extensão é um atributo de Deus, ou seja, Deus é uma coisa extensa.**

Demonstração. Procede-se como na demonstração da prop. precedente.

Proposição 3. **Existe necessariamente, em Deus, uma ideia tanto de sua essência quanto de tudo o que necessariamente se segue dessa essência.**

Demonstração. Deus, com efeito (pela prop. 1), pode pensar infinitas coisas, de infinitas maneiras, ou, o que é o mesmo (pela prop. 16 da P.), ele pode formar uma ideia de sua essência e de tudo o que necessariamente dela se segue. Ora, tudo o que está no poder de Deus existe necessariamente (pela prop. 35 da P. 1). Logo, essa ideia existe necessariamente e (pela prop. 15 da P. 1) não existe senão em Deus. C. Q. D.

Escólio. O vulgo compreende por potência de Deus a livre vontade de Deus e sua jurisdição sobre todas as coisas que existem, as quais são, por essa razão, comumente consideradas como contingentes. Diz-se, pois, que Deus tem o poder de tudo destruir e de tudo reduzir a nada. Além disso, frequentemente compara-se o poder de Deus ao dos reis, o que, entretanto, refutamos nos corol. 1 e 2 da prop. 32 da P. 1. Mostramos, ainda, na prop. 16 da P. 1, que Deus age pela mesma necessidade pela qual compreende a si próprio, isto é, que assim como se segue da necessidade da natureza divina que Deus compreende a si próprio (como, unanimemente, afirmam todos), também se segue da mesma necessidade que Deus faça infinitas coisas, de infinitas maneiras. Demonstramos, além disso, na prop. 34 da P. 1, que a potência de Deus não é senão sua essência atuante. Portanto, é tão impossível conceber que Deus não age quanto que ele não existe. Além disso, caso se quisesse levar isso adiante, se poderia igualmente demonstrar não apenas que essa potência, que o vulgo impinge a Deus, é humana (o que revela que o vulgo concebe Deus como um homem ou à semelhança de um homem), mas também que ela envolve impotência. Não quero,

impotentiam involvere. Sed nolo de eadem re toties sermonem instituere. Lectorem solummodo iterum atque iterum rogo, ut quae in P. 1 ex prop. 16 usque ad finem de hac re dicta sunt, semel atque iterum perpendat. Nam nemo ea quae volo percipere recte poterit, nisi magnopere caveat, ne Dei potentiam cum humana regum potentia vel iure confundat.

Propositio IV. **Idea Dei, ex qua infinita infinitis modis sequuntur, unica tantum esse potest.**

Demonstratio. Intellectus infinitus nihil praeter Dei attributa eiusque affectiones comprehendit (per prop. 30 P. 1). Atqui Deus est unicus (per coroll. 1 prop. 14 P. 1). Ergo idea Dei, ex qua infinita infinitis modis sequuntur, unica tantum esse potest. Q.E.D.

Propositio V. **Esse formale idearum Deum, quatenus tantum ut res cogitans consideratur, pro causa agnoscit et non, quatenus alio attributo explicatur; hoc est, tam Dei attributorum, quam rerum singularium ideae non ipsa ideata sive res perceptas pro causa efficiente agnoscunt, sed ipsum Deum, quatenus est res cogitans.**

Demonstratio. Patet quidem ex prop. 3 huius. Ibi enim concludebamus, Deum ideam suae essentiae et omnium, quae ex ea necessario sequuntur, formare posse ex hoc solo, nempe quod Deus est res cogitans, et non ex eo, quod sit suae ideae obiectum. Quare esse formale idearum Deum, quatenus est res cogitans, pro causa agnoscit. Sed aliter hoc modo demonstratur. Esse formale idearum modus est cogitandi (ut per se notum), hoc est (per coroll. prop. 25 P. 1) modus, qui Dei naturam, quatenus est res cogitans, certo modo exprimit, adeoque (per prop. 10 P. 1) nullius alterius attributi Dei conceptum involvit, et consequenter (per axiom. 4 P. 1) nullius alterius attributi, nisi cogitationis, est effectus. Adeoque esse formale idearum Deum, quatenus tantum ut res cogitans consideratur etc. Q.E.D.

Propositio VI. **Cuiuscumque attributi modi Deum, quatenus tantum sub illo attributo, cuius modi sunt, et non quatenus sub ullo alio consideratur, pro causa habent.**

Demonstratio. Unumquodque enim attributum per se absque alio concipitur (per prop. 10 P. 1). Quare uniuscuiusque attributi modi conceptum sui attributi, non autem alterius involvunt; adeoque (per axiom. 4

entretanto, tratar tantas vezes da mesma coisa. Só peço ao leitor, insistentemente, que reflita e volte a refletir sobre o que foi dito a esse respeito, na P. 1, desde a prop. 16 até o final. Pois ninguém poderá compreender corretamente o que quero dizer se não tiver o maior cuidado em não confundir a potência de Deus com a potência ou a jurisdição humana dos reis.

Proposição 4. **A ideia de Deus, da qual se seguem infinitas coisas, de infinitas maneiras, só pode ser única.**

Demonstração. O intelecto infinito nada mais abrange, além dos atributos de Deus e suas afecções (pela prop. 30 da P. 1). Ora, Deus é único (pelo corol. 1 da prop. 14 da P. 1). Logo, a ideia de Deus, da qual se seguem infinitas coisas, de infinitas maneiras, só pode ser única. C. Q. D.

Proposição 5. **O ser formal das ideias reconhece Deus como sua causa, enquanto Deus é considerado apenas como coisa pensante, e não enquanto é explicado por outro atributo. Isto é, as ideias, tanto dos atributos de Deus quanto das coisas singulares, reconhecem como sua causa eficiente não os seus ideados, ou seja, as coisas percebidas, mas o próprio Deus, enquanto coisa pensante.**

Demonstração. É evidente, pela prop. 3. Com efeito, ali concluímos, que apenas porque é uma coisa pensante, e não porque ele seria o objeto de sua própria ideia, é que Deus pode formar uma ideia de sua essência e de tudo o que dela necessariamente se segue. É por isso que o ser formal das ideias reconhece Deus como a sua causa enquanto ele é coisa pensante. Mas isso pode ser demonstrado de uma outra maneira. O ser formal das ideias é um modo do pensar (como é evidente por si mesmo), isto é (pelo corol. da prop. 25 da P. 1), um modo que exprime de uma maneira definida a natureza de Deus enquanto coisa pensante. Não envolve, portanto (pela prop. 10 da P. 1), o conceito de nenhum outro atributo de Deus e, consequentemente (pelo ax. 4 da P. 1), não é efeito de nenhum outro atributo que não o do pensamento. Portanto, o ser formal das ideias reconhece Deus como a sua causa, enquanto considerado exclusivamente como coisa pensante, etc. C. Q. D.

Proposição 6. **Os modos de qualquer atributo têm Deus por causa, enquanto ele é considerado exclusivamente sob o atributo do qual eles são modos e não enquanto é considerado sob algum outro atributo.**

Demonstração. Cada atributo, com efeito, é concebido por si mesmo, independentemente de qualquer outro (pela prop. 10 da P. 1). É por isso que os modos de cada atributo envolvem o conceito de seu próprio atributo e não o de um outro. Assim (pelo ax. 4 da P. 1), esses modos têm Deus por

P. 1) Deum, quatenus tantum sub illo attributo, cuius modi sunt, et non, quatenus sub ullo alio consideratur, pro causa habent. Q.E.D.

Corollarium. Hinc sequitur, quod esse formale rerum, quae modi non sunt cogitandi, non sequitur ideo ex divina natura, quia res prius cognovit; sed eodem modo eademque necessitate res ideatae ex suis attributis consequuntur et concluduntur, ac ideas ex attributo cogitationis consequi ostendimus.

Propositio VII. **Ordo et connexio idearum idem est, ac ordo et connexio rerum.**

Demonstratio. Patet ex axiom. 4 P. 1. Nam cuiuscumque causati idea a cognitione causae, cuius est effectus, dependet.

Corollarium. Hinc sequitur, quod Dei cogitandi potentia aequalis est ipsius actuali agendi potentiae; hoc est, quicquid ex infinita Dei natura sequitur formaliter, id omne ex Dei idea eodem ordine eademque connexione sequitur in Deo obiective.

Scholium. Hic antequam ulterius pergamus, revocandum nobis in memoriam est id quod supra ostendimus; nempe, quod quicquid ab infinito intellectu percipi potest tanquam substantiae essentiam constituens, id omne ad unicam tantum substantiam pertinet; et consequenter quod substantia cogitans et substantia extensa una eademque est substantia, quae iam sub hoc, iam sub illo attributo comprehenditur. Sic etiam modus extensionis et idea illius modi una eademque est res, sed duobus modis expressa; quod quidam Hebraeorum quasi per nebulam vidisse videntur, qui scilicet statuunt, Deum, Dei intellectum resque ab ipso intellectas unum et idem esse. Ex. gr. circulus in natura existens et idea circuli existentis, quae etiam in Deo est, una eademque est res, quae per diversa attributa explicatur. Et ideo sive naturam sub attributo extensionis, sive sub attributo cogitationis, sive sub alio quocumque concipiamus, unum eundemque ordinem sive unam eandemque causarum connexionem, hoc est, easdem res invicem sequi reperiemus. Nec ulla alia de causa dixi, quod Deus sit causa ideae ex. gr. circuli quatenus tantum est res cogitans, et circuli quatenus tantum est res extensa, nisi quia esse formale ideae circuli non nisi per alium cogitandi modum, tanquam causam proximam, et ille iterum per alium, et sic in infinitum, potest percipi, ita ut, quamdiu res ut cogitandi modi considerantur, ordinem totius naturae sive causarum connexionem, per solum cogitationis attributum explicare

causa, enquanto ele é considerado exclusivamente sob o atributo do qual eles são modos, e não enquanto considerado sob algum outro atributo. C. Q. D.

Corolário. Segue-se disso que o ser formal daquelas coisas que não são modos do pensar não se segue da natureza divina por ela ter previamente conhecido essas coisas. Em vez disso, as coisas ideadas se seguem e se deduzem de seus respectivos atributos, da mesma maneira, conforme mostramos, que as ideias se seguem do atributo do pensamento, e com a mesma necessidade.

Proposição 7. **A ordem e a conexão das ideias é o mesmo que a ordem e a conexão das coisas.**

Demonstração. É evidente pelo ax. 4 da P. 1. Com efeito, a ideia de qualquer coisa causada depende do conhecimento da causa da qual ela é o efeito.

Corolário. Segue-se disso que a potência de pensar de Deus é igual à sua potência atual de agir. Isto é, tudo o que se segue, formalmente, da natureza infinita de Deus segue-se, objetivamente, em Deus, na mesma ordem e segundo a mesma conexão, da ideia de Deus.

Escólio. Antes de prosseguir, convém relembrar aqui o que demonstramos antes: que tudo o que pode ser percebido por um intelecto infinito como constituindo a essência de uma substância pertence a uma única substância apenas e, consequentemente, a substância pensante e a substância extensa são uma só e a mesma substância, compreendida ora sob um atributo, ora sob o outro. Assim, também um modo da extensão e a ideia desse modo são uma só e mesma coisa, que se exprime, entretanto, de duas maneiras. É o que alguns hebreus parecem ter visto como que através de uma neblina, ao afirmar que Deus, o intelecto de Deus e as coisas por ele compreendidas são uma única e mesma coisa. Por exemplo, um círculo existente na natureza e a ideia desse círculo existente, a qual existe também em Deus, são uma só e mesma coisa, explicada por atributos diferentes. Assim, quer concebamos a natureza sob o atributo da extensão, quer sob o atributo do pensamento, quer sob qualquer outro atributo, encontraremos uma só e mesma ordem, ou seja, uma só e mesma conexão de causas, isto é, as mesmas coisas seguindo-se umas das outras. E se eu disse que Deus é causa de uma ideia – da ideia de círculo, por exemplo –, enquanto é apenas coisa pensante, e do próprio círculo enquanto é apenas coisa extensa, foi só porque o ser formal da ideia de círculo não pode ser percebido senão por meio de outro modo do pensar, que é como que a sua causa próxima, e esse último modo, por sua vez, por meio de um outro, e assim até o infinito, de maneira tal que sempre que considerarmos as coisas como modos do pensar, deveremos explicar a ordem de toda a natureza, ou seja, a conexão das causas, exclusivamente pelo atributo do pensamento. E, da mesma maneira, enquanto essas coisas são consideradas como modos da extensão, a ordem

debemus; et quatenus ut modi extensionis considerantur, ordo etiam totius naturae per solum extensionis attributum explicari debet, et idem de aliis attributis intelligo. Quare rerum, ut in se sunt, Deus revera est causa, quatenus infinitis constat attributis; nec impraesentiarum haec clarius possum explicare.

Propositio VIII. **Ideae rerum singularium sive modorum non existentium ita debent comprehendi in Dei infinita idea, ac rerum singularium sive modorum essentiae formales in Dei attributis continentur.**

Demonstratio. Haec propositio patet ex praeced., sed intelligitur clarius ex praeced. schol.

Corollarium. Hinc sequitur, quod, quamdiu res singulares non existunt, nisi quatenus in Dei attributis comprehenduntur, earum esse obiectivum sive ideae non existunt, nisi quatenus infinita Dei idea existit; et ubi res singulares dicuntur existere, non tantum quatenus in Dei attributis comprehenduntur, sed quatenus etiam durare dicuntur, earum ideae etiam existentiam, per quam durare dicuntur, involvent.

Scholium. Si quis ad uberiorem huius rei explicationem exemplum desideret, nullum sane dare potero, quod rem, de qua hic loquor, utpote unicam adaequate explicet; conabor tamen rem, ut fieri potest, illustrare.

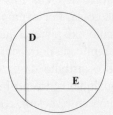

Nempe circulus talis est naturae, ut omnium linearum rectarum in eodem sese invicem secantium rectangula sub segmentis sint inter se aequalia. Quare in circulo infinita inter se aequalia rectangula continentur. Attamen nullum eorum potest dici existere, nisi quatenus circulus existit, nec etiam alicuius horum rectangulorum idea potest dici existere, nisi quatenus in circuli idea comprehenditur. Concipiantur iam ex infinitis illis duo tantum, nempe E et D existere. Sane eorum etiam ideae iam non tantum existunt, quatenus solummodo in circuli

de toda a natureza deve ser explicada exclusivamente pelo atributo da extensão. O mesmo vale para os outros atributos. É por isso que Deus, enquanto consiste de infinitos atributos, é realmente causa das coisas tais como elas são em si mesmas. Não posso, por enquanto, explicar isso mais claramente.

Proposição 8. **As ideias das coisas singulares não existentes, ou seja, dos modos não existentes, devem estar compreendidas na ideia infinita de Deus, da mesma maneira que as essências formais das coisas singulares, ou seja, dos modos, estão contidas nos atributos de Deus.**

Demonstração. É evidente pela prop. prec., mas é mais claramente compreendida pelo esc. precedente.

Corolário. Segue-se disso que, à medida que as coisas singulares não existem a não ser enquanto estão compreendidas nos atributos de Deus, o seu ser objetivo – ou seja, as suas ideias – não existe a não ser enquanto existe a ideia infinita de Deus; e, quando que se diz que as coisas singulares existem, não apenas enquanto estão compreendidas nos atributos de Deus, mas também enquanto se diz que duram, as suas ideias envolverão também a existência, razão pela qual se diz que elas duram.

Escólio. Se alguém, desejando uma explicação mais completa desse ponto, me pedisse um exemplo, eu não poderia realmente dar nenhum que explicasse adequadamente aquilo de que falo, pois se trata de algo singular. Farei um esforço, entretanto, para, tanto quanto possível, fornecer uma ilustração.

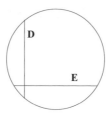

O círculo, como se sabe, é de tal natureza que os retângulos compreendidos pelos segmentos de duas retas que se cortam no seu interior são iguais entre si. No círculo está contida, portanto, uma infinidade de [pares de] retângulos iguais entre si. Não se pode, entretanto, dizer que qualquer deles exista a não ser à medida que o círculo existe, como tampouco se pode dizer que a ideia de qualquer desses [pares de] retângulos exista a não ser à medida que está compreendida na ideia de círculo. Suponha-se agora que, dessa infinidade [de pares] de retângulos, só dois existam, a saber, *E* e *D*. Nesse caso, é certo dizer que as suas ideias existem, não apenas à medida

idea comprehenduntur; sed etiam quatenus illorum rectangulorum existentiam involvunt, quo fit, ut a reliquis reliquorum rectangulorum ideis distinguantur.

Propositio IX. **Idea rei singularis actu existentis Deum pro causa habet, non quatenus infinitus est, sed quatenus alia rei singularis actu existentis idea affectus consideratur, cuius etiam Deus est causa, quatenus alia tertia affectus est, et sic in infinitum.**

Demonstratio. Idea rei singularis actu existentis modus singularis cogitandi est et a reliquis distinctus (per coroll. et schol. prop. 8 huius); adeoque (per prop. 6 huius) Deum, quatenus est tantum res cogitans, pro causa habet. At non (per prop. 28 P. 1) quatenus est res absolute cogitans, sed quatenus alio cogitandi modo affectus consideratur, et huius etiam Deus est causa, quatenus alio affectus est, et sic in infinitum. Atqui ordo et connexio idearum (per prop. 7 huius) idem est, ac ordo et connexio causarum. Ergo unius singularis ideae alia idea sive Deus, quatenus alia idea affectus consideratur, est causa, et huius etiam, quatenus alia affectus est, et sic in infinitum. Q.E.D.

Corollarium. Quicquid in singulari cuiuscumque ideae obiecto contingit, eius datur in Deo cognitio, quatenus tantum eiusdem obiecti ideam habet.

Demonstratio. Quicquid in obiecto cuiuscumque ideae contingit, eius datur in Deo idea (per prop. 3 huius), non quatenus infinitus est, sed quatenus alia rei singularis idea affectus consideratur (per prop. praeced.), sed (per prop. 7 huius) ordo et connexio idearum idem est, ac ordo et connexio rerum. Erit ergo cognitio eius, quod in singulari aliquo obiecto contingit, in Deo, quatenus tantum eiusdem obiecti habet ideam. Q.E.D.

Propositio X. **Ad essentiam hominis non pertinet esse substantiae, sive substantia formam hominis non constituit.**

Demonstratio. Esse enim substantiae involvit necessariam existentiam (per prop. 7 P. 1). Si igitur ad hominis essentiam pertineret esse substantiae, data ergo substantia daretur necessario homo (per defin. 2 huius), et consequenter homo necessario existeret, quod (per axiom. 1 huius) est absurdum. Ergo etc. Q.E.D.

Scholium. Demonstratur etiam haec propositio ex prop. 5 P. 1 nempe quod duae eiusdem naturae substantiae non dentur. Cum autem

que estão compreendidas na ideia de círculo, mas também à medida que envolvem a existência desses [dois pares de] retângulos, o que faz com que elas se distingam das outras ideias dos outros [pares de] retângulos.

Proposição 9. **A ideia de uma coisa singular existente em ato tem Deus como causa, não enquanto ele é infinito, mas enquanto é considerado como afetado de outra ideia de uma coisa singular existente em ato, ideia da qual Deus é também a causa, enquanto é afetado de uma terceira ideia, e assim até o infinito.**

Demonstração. A ideia de uma coisa singular, existente em ato, é um modo singular do pensar, e um modo distinto dos demais (pelo corol. e pelo esc. da prop. 8). Portanto (pela prop. 6), tem Deus por causa, apenas enquanto ele é uma coisa pensante. Mas não (pela prop. 28 da P. 1) enquanto Deus é, absolutamente, coisa pensante, e sim enquanto é considerado como afetado de outro modo do pensar, do qual Deus é igualmente causa enquanto afetado de outro modo do pensar, e assim até o infinito. Ora, a ordem e a conexão das ideias (pela prop. 7) é o mesmo que a ordem e a conexão das causas. Logo, a causa de uma ideia singular é outra ideia, ou seja, Deus, enquanto é considerado afetado de outra ideia, da qual ele é igualmente a causa, enquanto afetado de outra ideia ainda, e assim até o infinito. C. Q. D.

Corolário. De tudo o que acontece no objeto singular de uma ideia existe o conhecimento em Deus, enquanto ele tem unicamente a ideia desse objeto.

Demonstração. De tudo o que acontece no objeto de uma ideia, existe a ideia em Deus (pela prop. 3), não enquanto ele é infinito, mas enquanto é considerado como afetado de outra ideia de uma coisa singular (pela prop. prec.). Mas (pela prop. 7), a ordem e a conexão das ideias é o mesmo que a ordem e a conexão das coisas. Portanto, o conhecimento do que acontece num objeto singular existirá em Deus, enquanto ele tem unicamente a ideia desse objeto. C. Q. D.

Proposição 10. **À essência do homem não pertence o ser da substância, ou seja, a substância não constitui a forma do homem.**

Demonstração. Com efeito, o ser da substância envolve a existência necessária (pela prop. 7 da P. 1). Se, pois, à essência do homem pertencesse o ser da substância, então, da existência da substância se seguiria necessariamente a existência do homem (pela def. 2) e, como consequência, o homem existiria necessariamente, o que (pelo ax. 1) é absurdo. Logo, etc. C. Q. D.

Escólio. Pode-se também demonstrar esta prop. pela prop. 5 da P. 1, que afirma que não existem duas substâncias de mesma natureza. Como, por

plures homines existere possint, ergo id, quod hominis formam constituit, non est esse substantiae. Patet praeterea haec propositio ex reliquis substantiae proprietatibus, videlicet, quod substantia sit sua natura infinita, immutabilis, indivisibilis etc., ut facile unusquisque videre potest.

Corollarium. Hinc sequitur essentiam hominis constitui a certis Dei attributorum modificationibus.

Demonstratio. Nam esse substantiae (per prop. praeced.) ad essentiam hominis non pertinet. Est ergo (per prop. 15 P. 1) aliquid quod in Deo est, et quod sine Deo nec esse nec concipi potest, sive (per coroll. prop. 25 P. 1) affectio sive modus, qui Dei naturam certo et determinato modo exprimit.

Scholium. Omnes sane concedere debent, nihil sine Deo esse neque concipi posse. Nam apud omnes in confesso est, quod Deus omnium rerum, tam earum essentiae, quam earum existentiae, unica est causa, hoc est, Deus non tantum est causa rerum secundum fieri (ut aiunt), sed etiam secundum esse. At interim plerique id ad essentiam alicuius rei pertinere dicunt, sine quo res nec esse nec concipi potest; adeoque vel naturam Dei ad essentiam rerum creatarum pertinere, vel res creatas sine Deo vel esse vel concipi posse credunt, vel, quod certius est, sibi non satis constant. Cuius rei causam fuisse credo, quod ordinem philosophandi non tenuerint. Nam naturam divinam, quam ante omnia contemplari debebant, quia tam cognitione quam natura prior est ordine cognitionis, ultimam, et res, quae sensuum obiecta vocantur, omnibus priores esse crediderunt. Unde factum est, ut, dum res naturales contemplati sunt, de nulla re minus cogitaverint, quam de divina natura, et cum postea animum ad divinam naturam contemplandum appulerint, de nulla re minus cogitare potuerint, quam de primis suis figmentis, quibus rerum naturalium cognitionem superstruxerant, utpote quae ad cognitionem divinae naturae nihil iuvare poterant; adeoque nihil mirum, si sibi passim contradixerint. Sed hoc mitto. Nam meum intentum hic tantum fuit, causam reddere, cur non dixerim, id ad essentiam alicuius rei pertinere, sine quo res nec esse nec concipi potest, nimirum, quia res singulares non possunt sine Deo esse nec concipi; et tamen Deus ad earum essentiam non pertinet; sed id necessario essentiam alicuius rei constituere dixi, quo dato res ponitur et quo sublato res tollitur, vel id, sine quo res, et vice versa id, quod sine re nec esse nec concipi potest.

outro lado, podem existir vários homens, o que constitui a forma do homem não é, portanto, o ser da substância. Esta prop. é evidente, além disso, em razão das outras propriedades da substância, a saber, que a substância é, por sua natureza, infinita, imutável, indivisível, etc., como qualquer um pode facilmente ver.

Corolário. Disso se segue que a essência do homem é constituída por modificações definidas dos atributos de Deus.

Demonstração. Com efeito, o ser da substância (pela prop. prec.) não pertence à essência do homem. Ela é, portanto (pela prop. 15 da P. 1), algo que existe em Deus e que, sem Deus, não pode existir nem ser concebida, ou seja (pelo corol. da prop. 25 da P. 1), é uma afecção ou um modo que exprime a natureza de Deus de uma maneira definida e determinada.

Escólio. Todos devem, certamente, admitir que sem Deus nada pode existir nem ser concebido. Com efeito, todos reconhecem que Deus é a única causa de todas as coisas, tanto da sua existência quanto da sua essência; isto é, Deus é causa das coisas não apenas sob o aspecto, como se costuma dizer, de seu vir a existir, mas também sob o aspecto de seu ser. Há muitos que afirmam também que à essência de uma coisa pertence aquilo sem o qual a coisa não pode existir nem ser concebida. E acreditam, assim, ou que a natureza de Deus pertence à essência das coisas criadas ou que as coisas criadas podem existir ou ser concebidas sem Deus ou, ainda, o que é mais provável, não conseguem se decidir. Isso ocorre, creio, por não terem observado a ordem exigida do filosofar. Pois em vez de considerarem, antes de tudo, como deveriam, a natureza divina, já que ela é primeira, tanto na ordem do conhecimento quanto na da natureza, eles julgaram que ela é a última na ordem do conhecimento e que as coisas chamadas de objetos do sentido são primeiras relativamente a todas as outras. Como consequência, ao considerarem as coisas naturais, o que eles menos pensavam era na natureza divina e, quando, depois, voltaram a sua mente para a consideração da natureza divina, o que menos puderam pensar foi naquelas primeiras ficções sobre as quais haviam baseado seu conhecimento das coisas naturais, pois essas ficções em nada podiam contribuir para o seu conhecimento da natureza divina. Não é nada surpreendente, assim, que eles se contradigam a cada passo. Deixo, entretanto, isso de lado, pois meu único objetivo aqui era o de fornecer a razão pela qual não disse que à essência de uma coisa pertence aquilo sem o qual a coisa não pode existir nem ser concebida. É que, certamente, sem Deus, as coisas singulares não podem existir nem ser concebidas e, no entanto, Deus não pertence à sua essência. Afirmei, em vez disso, que o que constitui necessariamente a essência de uma coisa é aquilo que, se dado, a coisa é posta e que, se retirado, a coisa é retirada, ou aquilo sem o qual a coisa não pode existir nem ser concebida, e inversamente, aquilo que sem a coisa não pode nem existir nem ser concebido.

Propositio XI. Primum, quod actuale mentis humanae esse constituit, nihil aliud est, quam idea rei alicuius singularis actu existentis.

Demonstratio. Essentia hominis (per coroll. prop. praeced.) a certis Dei attributorum modis constituitur; nempe (per axiom. 2 huius) a modis cogitandi, quorum omnium (per axiom. 3 huius) idea natura prior est, et ea data reliqui modi (quibus scilicet idea natura prior est) in eodem debent esse individuo (per axiom. 3 huius). Atque adeo idea primum est, quod humanae mentis esse constituit. At non idea rei non existentis; nam tum (per coroll. prop. 8 huius) ipsa idea non posset dici existere. Erit ergo idea rei actu existentis. At non rei infinitae. Res namque infinita (per prop. 21 et 22 P. 1) debet semper necessario existere. Atqui hoc (per axiom. 1 huius) est absurdum. Ergo primum, quod esse humanae mentis actuale constituit, est idea rei singularis actu existentis. Q. E. D.

Corollarium. Hinc sequitur mentem humanam partem esse infiniti intellectus Dei. Ac proinde cum dicimus, mentem humanam hoc vel illud percipere, nihil aliud dicimus, quam quod Deus, non quatenus infinitus est, sed quatenus per naturam humanae mentis explicatur, sive quatenus humanae mentis essentiam constituit, hanc vel illam habet ideam; et cum dicimus Deum hanc vel illam ideam habere, non tantum, quatenus naturam humanae mentis constituit, sed quatenus simul cum mente humana alterius rei etiam habet ideam, tum dicimus mentem humanam rem ex parte sive inadaequate percipere.

Scholium. Hic sine dubio lectores haerebunt, multaque comminiscentur, quae moram iniiciant; et hac de causa ipsos rogo, ut lento gradu mecum pergant, nec de his iudicium ferant, donec omnia perlegerint.

Propositio XII. Quicquid in obiecto ideae humanam mentem constituentis contingit, id ab humana mente debet percipi, sive eius rei dabitur in mente necessario idea: hoc est, si obiectum ideae humanam mentem constituentis sit corpus, nihil in eo corpore poterit contingere, quod a mente non percipiatur.

Demonstratio. Quicquid enim in obiecto cuiuscumque ideae contingit, eius rei datur necessario in Deo cognitio (per coroll. prop. 9 huius), quatenus eiusdem obiecti idea affectus consideratur, hoc est (per prop. 11 huius), quatenus mentem alicuius rei constituit. Quicquid igitur in obiecto ideae humanam mentem constituentis contingit, eius datur

Proposição 11. **O que, primeiramente, constitui o ser atual da mente humana não é senão a ideia de uma coisa singular existente em ato.**

Demonstração. A essência do homem (pelo corol. da prop. prec.) é constituída por modos definidos dos atributos de Deus, e certamente (pelo ax. 2), por modos do pensar, dentre todos os quais (pelo ax. 3), a ideia é, por natureza, o primeiro. E existindo a ideia, os outros modos (aqueles, obviamente, em relação aos quais a ideia é, por natureza, o primeiro) devem existir no mesmo indivíduo (pelo ax. 3). É, assim, uma ideia que, primeiramente, constitui o ser da mente humana. Mas não a ideia de uma coisa inexistente, pois, então (pelo corol. da prop. 8), não se poderia dizer que a própria ideia existe. Trata-se, portanto, da ideia de uma coisa existente em ato. Mas não de uma coisa infinita. Pois, uma coisa infinita (pelas prop. 21 e 22 da P. 1) deve, sempre, necessariamente, existir. Ora (pelo ax. 1), isso é absurdo. Logo, o que, primeiramente, constitui o ser atual da mente humana é a ideia de uma coisa singular existente em ato. C. Q. D.

Corolário. Disso se segue que a mente humana é uma parte do intelecto infinito de Deus. E, assim, quando dizemos que a mente humana percebe isto ou aquilo não dizemos senão que Deus, não enquanto é infinito, mas enquanto é explicado por meio da natureza da mente humana, ou seja, enquanto constitui a essência da mente humana, tem esta ou aquela ideia. E quando dizemos que Deus tem esta ou aquela ideia, não enquanto ele constitui a natureza da mente humana apenas, mas enquanto tem, ao mesmo tempo que [a ideia que é] a mente humana, também a ideia de outra coisa, dizemos, então, que a mente humana percebe essa coisa parcialmente, ou seja, inadequadamente.

Escólio. Aqui, os leitores, sem dúvida, se deterão, pensando em muitas objeções. Peço-lhes, por isso, que me acompanhem, lenta e gradualmente, sem fazer qualquer julgamento antes de terem lido tudo até o fim.

Proposição 12. **Tudo aquilo que acontece no objeto da ideia que constitui a mente humana deve ser percebido pela mente humana, ou seja, a ideia daquilo que acontece nesse objeto existirá necessariamente na mente; isto é, se o objeto da ideia que constitui a mente humana é um corpo, nada poderá acontecer nesse corpo que não seja percebido pela mente.**

Demonstração. Com efeito, de tudo o que acontece no objeto de uma ideia qualquer existe necessariamente o conhecimento em Deus (pelo corol. da prop. 9), enquanto ele é considerado como afetado da ideia desse objeto, isto é (pela prop. 11), enquanto ele constitui a mente de alguma coisa. Portanto, de tudo o que acontece no objeto da ideia que constitui a

necessario in Deo cognitio, quatenus naturam humanae mentis constituit, hoc est (per coroll. prop. 11 huius) eius rei cognitio erit necessario in mente, sive mens id percipit. Q. E. D.

Scholium. Haec propositio patet etiam et clarius intelligitur ex schol. prop. 7 huius, quod vide.

Propositio XIII. **Obiectum ideae humanam mentem constituentis est corpus, sive certus extensionis modus actu existens, et nihil aliud.**

Demonstratio. Si enim corpus non esset humanae mentis obiectum, ideae affectionum corporis non essent in Deo (per coroll. prop. 9 huius), quatenus mentem nostram, sed quatenus alterius rei mentem constitueret, hoc est (per coroll. prop. 11 huius), ideae affectionum corporis non essent in nostra mente. Atqui (per axiom. 4 huius) ideas affectionum corporis habemus. Ergo obiectum ideae humanam mentem constituentis est corpus, idque (per prop. 11 huius) actu existens. Deinde, si praeter corpus etiam aliud esset mentis obiectum, cum nihil (per prop. 36 P. 1) existat, ex quo aliquis effectus non sequatur, deberet (per prop. 12 huius) necessario alicuius eius effectus idea in mente nostra dari. Atqui (per axiom. 5 huius) nulla eius idea datur. Ergo obiectum nostrae mentis est corpus existens, et nihil aliud. Q. E. D.

Corollarium. Hinc sequitur hominem mente et corpore constare, et corpus humanum, prout ipsum sentimus, existere.

Scholium. Ex his non tantum intelligimus, mentem humanam unitam esse corpori, sed etiam quid per mentis et corporis unionem intelligendum sit. Verum ipsam adaequate sive distincte intelligere nemo poterit, nisi prius nostri corporis naturam adaequate cognoscat. Nam ea, quae hucusque ostendimus, admodum communia sunt, nec magis ad homines, quam ad reliqua individua pertinent, quae omnia, quamvis diversis gradibus, animata tamen sunt. Nam cuiuscumque rei datur necessario in Deo idea, cuius Deus est causa, eodem modo, ac humani corporis ideae: atque adeo, quicquid de idea humani corporis diximus, id de cuiuscumque rei idea necessario dicendum est. Attamen nec etiam negare possumus, ideas inter se ut ipsa obiecta differre, unamque alia praestantiorem esse, plusque realitatis continere, prout obiectum unius obiecto alterius praestantius est, plusque realitatis continet; ac propterea ad determinandum, quid mens humana reliquis intersit, quidque reliquis praestet, necesse nobis est, eius obiecti, ut diximus, hoc est, corporis humani

mente humana existe necessariamente o conhecimento em Deus, enquanto ele constitui a natureza da mente humana, isto é (pelo corol. da prop. 11), o conhecimento dessa coisa existirá necessariamente na mente, ou seja, a mente percebe-a. C. Q. D.

Escólio. Esta prop. é igualmente evidente, e mais claramente compreendida, pelo esc. da prop. 7, o qual deve ser conferido.

Proposição 13. **O objeto da ideia que constitui a mente humana é o corpo, ou seja, um modo definido da extensão, existente em ato, e nenhuma outra coisa.**

Demonstração. Se, com efeito, o corpo não fosse o objeto da mente humana, as ideias das afecções do corpo não existiriam em Deus (pelo corol. da prop. 9), enquanto ele constitui nossa mente, mas enquanto constitui a mente de outra coisa, isto é (pelo corol. da prop. 11), as ideias das afecções do corpo não existiriam em nossa mente. Entretanto (pelo ax. 4), temos as ideias das afecções do corpo. Logo, o objeto da ideia que constitui a mente humana é o corpo, e o corpo (pela prop. 11) existente em ato. Ademais, como não existe nada (pela prop. 36 da P. 1) de que não se siga algum efeito, se, além do corpo, existisse ainda outro objeto da mente, deveria (pela prop. 12) necessariamente existir em nossa mente a ideia desse efeito. Ora (pelo ax. 5), não existe nenhuma ideia desse efeito. Logo, o objeto de nossa mente é o corpo existente, e nenhuma outra coisa. C. Q. D.

Corolário. Segue-se disso que o homem consiste de uma mente e de um corpo, e que o corpo humano existe tal como o sentimos.

Escólio. Do que precede, compreendemos não apenas que a mente humana está unida ao corpo, mas também o que se deve compreender por união de mente e corpo. Ninguém, entretanto, poderá compreender essa união adequadamente, ou seja, distintamente, se não conhecer, antes, adequadamente, a natureza de nosso corpo. Com efeito, tudo o que mostramos até agora é absolutamente geral e se aplica tanto aos homens quanto aos outros indivíduos, os quais, ainda que em graus variados, são, entretanto, todos, animados. Pois, de qualquer coisa existe necessariamente a ideia em Deus, ideia da qual Deus é a causa, da mesma maneira que é causa da ideia do corpo humano. Portanto, tudo quanto dissemos da ideia do corpo humano deve necessariamente dizer-se da ideia de qualquer coisa. Entretanto, tampouco podemos negar que as ideias, tais como os próprios objetos, diferem entre si, e que uma ideia é superior a outra e contém mais realidade do que outra, à medida que o objeto de uma é superior ao objeto da outra e contém mais realidade do que o objeto da outra. E, por isso, para determinar em quê a mente humana difere das outras e em quê lhes é superior, é necessário que conheçamos, como dissemos, a natureza de seu

naturam cognoscere. Eam autem hic explicare nec possum, nec id ad ea quae demonstrare volo necesse est. Hoc tamen in genere dico, quo corpus aliquod reliquis aptius est ad plura simul agendum vel patiendum, eo eius mens reliquis aptior est ad plura simul percipiendum; et quo unius corporis actiones magis ab ipso solo pendent, et quo minus alia corpora cum eodem in agendo concurrunt, eo eius mens aptior est ad distincte intelligendum. Atque ex his praestantiam unius mentis prae aliis cognoscere possumus; deinde causam etiam videre, cur nostri corporis non nisi admodum confusam habeamus cognitionem, et alia plura, quae in sequentibus ex his deducam. Qua de causa operae pretium esse duxi, haec ipsa accuratius explicare et demonstrare, ad quod necesse est, pauca de natura corporum praemittere.

Axioma I. Omnia corpora vel moventur, vel quiescunt.

Axioma II. Unumquodque corpus iam tardius, iam celerius movetur.

Lemma I. Corpora ratione motus et quietis, celeritatis et tarditatis, et non ratione substantiae ab invicem distinguuntur.

Demonstratio. Primam partem huius per se notam suppono. At, quod ratione substantiae non distinguantur corpora, patet tam ex prop. 5 quam 8 P. 1.; sed clarius ex iis, quae in schol. prop. 15 P. 1 dicta sunt.

Lemma II. Omnia corpora in quibusdam conveniunt.

Demonstratio. In his enim omnia corpora conveniunt, quod unius eiusdemque attributi conceptum involvunt (per defin. 1 huius); deinde, quod iam tardius, iam celerius, et absolute iam moveri, iam quiescere possunt.

Lemma III. Corpus motum vel quiescens ad motum vel quietem determinari debuit ab alio corpore, quod etiam ad motum vel quietem determinatum fuit ab alio, et illud iterum ab alio, et sic in infinitum.

Demonstratio. Corpora (per defin. 1 huius) res singulares sunt, quae (per lem. 1) ratione motus et quietis ab invicem distinguuntur; adeoque (per prop. 28 P. 1) unumquodque ad motum vel quietem necessario determinari debuit ab alia re singulari, nempe (per prop. 6 huius) ab alio corpore, quod (per axiom. 1) etiam vel movetur, vel quiescit. At hoc etiam (per eandem rationem) moveri, vel quiescere non potuit, nisi ab alio ad motum vel quietem determinatum fuisset, et hoc iterum (per eandem rationem) ab alio, et sic in infinitum. Q. E. D.

objeto, isto é, a natureza do corpo humano. Não posso, entretanto, explicar isso aqui, nem tal explicação é necessária para o que quero demonstrar. Digo, porém, que, em geral, quanto mais um corpo é capaz, em comparação com outros, de agir simultaneamente sobre um número maior de coisas, ou de padecer simultaneamente de um número maior de coisas, tanto mais sua mente é capaz, em comparação com outras, de perceber, simultaneamente, um número maior de coisas. E quanto mais as ações de um corpo dependem apenas dele próprio, e quanto menos outros corpos cooperam com ele no agir, tanto mais sua mente é capaz de compreender distintamente. É por esses critérios que podemos reconhecer a superioridade de uma mente sobre as outras, bem como compreender por que não temos de nosso corpo senão um conhecimento muito confuso, além de muitas outras coisas, as quais deduzirei, a seguir, do que acabo de expor. Pensei, por isso, que valeria a pena explicar e demonstrar cuidadosamente essas coisas e, para isso, é necessário estabelecer algumas premissas sobre a natureza dos corpos.

Axioma 1. Todos os corpos estão ou em movimento ou em repouso.

Axioma 2. Todo corpo se move ora mais lentamente, ora mais velozmente.

Lema 1. Os corpos se distinguem entre si pelo movimento e pelo repouso, pela velocidade e pela lentidão, e não pela substância.

Demonstração. Suponho que a primeira parte deste lema é sabida por si mesma. Quanto aos corpos não se distinguirem pela substância é também evidente, tanto pela prop. 5 quanto pela prop. 8 da P. 1. Mas isso fica ainda mais claro pelo que foi dito no esc. da prop. 15 da P. 1.

Lema 2. Todos os corpos estão em concordância quanto a certos elementos.

Demonstração. Com efeito, todos os corpos estão em concordância por envolverem (pela def. 1) o conceito de um só e mesmo atributo e, além disso, por poderem mover-se ora lentamente, ora rapidamente e, de maneira mais geral, por poderem ora se mover, ora estar em repouso.

Lema 3. Um corpo, em movimento ou em repouso, deve ter sido determinado ao movimento ou ao repouso por um outro, o qual, por sua vez, foi também determinado ao movimento ou ao repouso por um outro, e este último, novamente, por um outro e, assim, sucessivamente, até o infinito.

Demonstração. Os corpos (pela def. 1) são coisas singulares, que (pelo lema 1) se distinguem entre si pelo movimento e pelo repouso. Assim (pela prop. 28 da P. 1), cada corpo deve ter sido necessariamente determinado ao movimento ou ao repouso por uma outra coisa singular, isto é (pela prop. 6), por um outro corpo, o qual (pelo ax. 1) também está ou em movimento ou em repouso. Ora, este último, igualmente (pela mesma razão), não pode ter se movido nem permanecido em repouso a não ser que tenha sido determinado ao movimento ou ao repouso por um outro, e este último (pela mesma razão), por sua vez, por um outro e, assim, sucessivamente, até o infinito. C. Q. D.

Corollarium. Hinc sequitur corpus motum tamdiu moveri, donec ab alio corpore ad quiescendum determinetur; et corpus quiescens tamdiu etiam quiescere, donec ab alio ad motum determinetur. Quod etiam per se notum est. Nam cum suppono, corpus ex. gr. A quiescere, nec ad alia corpora mota attendo, nihil de corpore A dicere potero, nisi quod quiescat. Quod si postea contingat, ut corpus A moveatur, id sane evenire non potuit ex eo, quod quiescebat; ex eo enim nil aliud sequi poterat, quam ut corpus A quiesceret. Si contra supponatur A moveri, quotiescumque ad A tantum attendimus, nihil de eodem affirmare poterimus, nisi quod moveatur. Quod si postea contingat, ut A quiescat, id sane evenire etiam non potuit ex motu, quem habebat; ex motu enim nihil aliud sequi poterat, quam ut A moveretur. Contingit itaque a re, quae non erat in A, nempe a causa externa, a qua ad quiescendum determinatum fuit.

Axioma I. Omnes modi, quibus corpus aliquod ab alio afficitur corpore, ex natura corporis affecti et simul ex natura corporis afficientis sequuntur; ita ut unum idemque corpus diversimode moveatur pro diversitate naturae corporum moventium, et contra ut diversa corpora ab uno eodemque corpore diversimode moveantur.

Axioma II. Cum corpus motum alteri quiescenti, quod dimovere nequit, impingit, reflectitur, ut moveri pergat, et angulus lineae motus reflectionis cum plano corporis quiescentis, cui impegit, aequalis erit angulo, quem linea motus incidentiae cum eodem plano efficit.

Atque haec de corporibus simplicissimis, quae scilicet solo motu et quiete, celeritate et tarditate ab invicem distinguuntur, iam ad composita ascendamus.

Definitio. Cum corpora aliquot eiusdem aut diversae magnitudinis a reliquis ita coercentur, ut invicem incumbant, vel si eodem aut diversis celeritatis gradibus moventur, ut motus suos invicem certa quadam ratione communicent, illa corpora invicem unita dicemus, et omnia simul unum corpus, sive individuum componere, quod a reliquis per hanc corporum unionem distinguitur.

Corolário. Disso se segue que um corpo em movimento continuará a se mover até que seja determinado ao repouso por um outro corpo; e que, igualmente, um corpo em repouso continuará em repouso até que seja determinado ao movimento por um outro. Isso também é sabido por si mesmo. Se suponho, com efeito, que um corpo, por exemplo, A, está em repouso, e não levo em conta outros corpos que estejam em movimento, nada posso dizer do corpo A, a não ser que está em repouso. Se ocorrer, posteriormente, que o corpo A se ponha em movimento, isso certamente não pôde ter se dado porque ele estava em repouso; dessa última situação, com efeito, nada poderia se seguir senão a permanência em repouso do corpo A. Se, ao contrário, supõe-se que o corpo A se move, sempre que levo em conta apenas A, nada poderemos afirmar sobre ele, a não ser que se move. Se ocorrer, posteriormente, que A esteja em repouso, isso, certamente, também não pôde tampouco ter se dado por causa do movimento que ele tinha, pois nada poderia se seguir do movimento senão a permanência em movimento de A. O repouso ocorre, pois, por algo que não estava em A, a saber, por uma causa exterior, pela qual ele foi determinado ao repouso.

Axioma 1. Todas as maneiras pelas quais um corpo qualquer é afetado por outro seguem-se da natureza do corpo afetado e, ao mesmo tempo, da natureza do corpo que o afeta. Assim, um só e mesmo corpo, em razão da diferença de natureza dos corpos que o movem, é movido de diferentes maneiras, e, inversamente, corpos diferentes são movidos de diferentes maneiras por um só e mesmo corpo.

Axioma 2. Quando um corpo em movimento se choca com outro que está em repouso e que ele não pode deslocar, ele é rebatido, de maneira tal que continua se movendo, e o ângulo formado pela linha do movimento de seu rebatimento com a superfície do corpo em repouso, com o qual se chocou, será igual ao ângulo formado pela linha do movimento de incidência com esse mesmo plano.

Isso quanto aos corpos mais simples, aqueles que se distinguem entre si apenas pelo movimento e pelo repouso, pela velocidade e pela lentidão. Passemos, agora, aos corpos compostos.

Definição. Quando corpos quaisquer, de grandeza igual ou diferente, são forçados, por outros corpos, a se justaporem, ou se, numa outra hipótese, eles se movem, seja com o mesmo grau, seja com graus diferentes de velocidade, de maneira a transmitirem seu movimento uns aos outros segundo uma proporção definida, diremos que esses corpos estão unidos entre si, e que, juntos, compõem um só corpo ou indivíduo, que se distingue dos outros por essa união de corpos.

Axioma III. Quo partes individui vel corporis compositi secundum maiores vel minores superficies sibi invicem incumbunt, eo difficilius vel facilius cogi possunt, ut situm suum mutent, et consequenter eo difficilius vel facilius effici potest, ut ipsum individuum aliam figuram induat. Atque hinc corpora, quorum partes secundum magnas superficies invicem incumbunt, dura, quorum autem partes secundum parvas, mollia, et quorum denique partes inter se moventur, fluida vocabo.

Lemma IV. Si corporis sive individui, quod ex pluribus corporibus componitur, quaedam corpora segregentur, et simul totidem alia eiusdem naturae eorum loco succedant, retinebit individuum suam naturam, uti antea, absque ulla eius formae mutatione.

Demonstratio. Corpora enim (per lem. 1) ratione substantiae non distinguuntur; id autem, quod formam individui constituit, in corporum unione (per defin. praeced.) consistit. Atqui haec (per hypothesin), tametsi corporum continua fiat mutatio, retinetur. Retinebit ergo individuum tam ratione substantiae, quam modi, suam naturam, uti ante. Q. E. D.

Lemma V. Si partes individuum componentes, maiores minoresve evadant, ea tamen proportione, ut omnes eandem, ut antea, ad invicem motus et quietis rationem servent, retinebit itidem individuum suam naturam, ut antea, absque ulla formae mutatione.

Demonstratio. Huius eadem est, ac praeced. lem.

Lemma VI. Si corpora quaedam individuum componentia motum, quem versus unam partem habent, aliam versus flectere cogantur, at ita, ut motus suos continuare possint, atque invicem eadm, qua antea, ratione communicare; retinebit itidem individuum suam naturam absque ulla formae mutatione.

Demonstratio. Per se patet. Id enim omne retinere supponitur, quod in eiusdem definitione formam ipsius constituere diximus.

Lemma VII. Retinet praeterea individuum sic compositum suam naturam, sive id secundum totum moveatur, sive quiescat, sive versus hanc, sive versus illam partem moveatur, dummodo unaquaeque pars motum suum retineat, eumque, uti antea, reliquis communicet.

Demonstratio. Patet ex ipsius definitione, quam vide ante lem. 4.

Scholium. His itaque videmus, qua ratione individuum compositum possit multis modis affici, eius nihilominus natura servata. Atque hucusque individuum concepimus, quod non, nisi ex corporibus, quae solo motu

Axioma 3. Quanto maiores ou menores são as superfícies mediante as quais as partes de um indivíduo, ou seja, de um corpo composto, se justapõem, tanto mais ou menos dificilmente, de maneira respectiva, elas podem ser forçadas a mudarem de posição e, como consequência, tanto mais ou menos dificilmente pode-se fazer com que esse indivíduo adquira outra figura. De acordo com isso, direi que são duros os corpos cujas partes se justapõem mediante grandes superfícies; que são moles, por sua vez, os que se justapõem mediantes pequenas superfícies; e que são fluidos, enfim, aqueles corpos cujas partes se movem umas por entre as outras.

Lema 4. Se alguns dos corpos que compõem um corpo – ou seja, um indivíduo composto de vários corpos – dele se separam e, ao mesmo tempo, outros tantos, da mesma natureza, tomam o lugar dos primeiros, o indivíduo conservará sua natureza, tal como era antes, sem qualquer mudança de forma.

Demonstração. Os corpos, com efeito (pelo lema 1), não se distinguem entre si pela substância; por outro lado, o que constitui a forma de um indivíduo consiste em uma união de corpos (pela def. prec.). Ora, esta união (por hipótese), ainda que haja uma mudança contínua de corpos, é conservada. O indivíduo conservará, portanto, sua natureza tal como era antes, quer quanto à substância, quer quanto ao modo. C. Q. D.

Lema 5. Se as partes que compõem um indivíduo tornam-se maiores ou menores, mas numa proporção tal que conservam, entre si, como antes, a mesma relação entre movimento e repouso, o indivíduo conservará, igualmente, como antes, sua natureza, sem qualquer mudança de forma.

Demonstração. É igual à do lema precedente.

Lema 6. Se alguns dos corpos que compõem um indivíduo forem forçados a desviar seu movimento de uma direção para outra, mas de tal maneira que possam continuar seus movimentos e transmiti-los entre si, na mesma proporção de antes, o indivíduo conservará, igualmente, sua natureza, sem qualquer mudança de forma.

Demonstração. É evidente por si mesmo. Com efeito, supõe-se que o indivíduo conserva tudo aquilo que, de acordo com a definição que lhe demos, dissemos constituir sua forma.

Lema 7. Um indivíduo assim composto conserva, além disso, sua natureza, quer se mova em sua totalidade ou esteja em repouso, quer se mova nesta ou naquela direção, desde que cada parte conserve seu movimento e o transmita às demais, tal como antes.

Demonstração. É evidente, pela definição de indivíduo, que precede o lema 4.

Escólio. Vemos, assim, em que proporção um indivíduo composto pode ser afetado de muitas maneiras, conservando, apesar disso, sua natureza. Até agora, entretanto, concebemos um indivíduo que se compõe tão somente

et quiete, celeritate et tarditate inter se distinguuntur, hoc est, quod ex corporibus simplicissimis componitur. Quod si iam aliud concipiamus ex pluribus diversae naturae individuis compositum, idem pluribus aliis modis posse affici reperiemus, ipsius nihilominus natura servata. Nam quandoquidem eius unaquaeque pars ex pluribus corporibus est composita, poterit ergo (per lem. praeced.) unaquaeque pars, absque ulla ipsius naturae mutatione iam tardius, iam celerius moveri, et consequenter motus suos citius vel tardius reliquis communicare. Quod si praeterea tertium individuorum genus ex his secundis compositum, concipiamus, idem multis aliis modis affici posse reperiemus absque ulla eius formae mutatione. Et si sic porro in infinitum pergamus, facile concipiemus, totam naturam unum esse individuum, cuius partes, hoc est, omnia corpora infinitis modis variant absque ulla totius individui mutatione. Atque haec si animus fuisset, de corpore ex professo agere, prolixius explicare et demonstrare debuissem. Sed iam dixi me aliud velle, nec alia de causa haec adferre, quam quia ex ipsis ea, quae demonstrare constitui, facile possum deducere.

POSTULATA

I. Corpus humanum componitur ex plurimis (diversae naturae) individuis, quorum unumquodque valde compositum est.

II. Individuorum, ex quibus corpus humanum componitur, quaedam fluida, quaedam mollia et quaedam denique dura sunt.

III. Individua corpus humanum componentia, et consequenter ipsum humanum corpus a corporibus externis plurimis modis afficitur.

IV. Corpus humanum indiget, ut conservetur, plurimis aliis corporibus, a quibus continuo quasi regeneratur.

V. Cum corporis humani pars fluida a corpore externo determinatur, ut in aliam mollem saepe impingat, eius planum mutat et veluti quaedam corporis externi impellentis vestigia eidem imprimit.

VI. Corpus humanum potest corpora externa plurimis modis movere plurimisque modis disponere.

de corpos que se distinguem entre si apenas pelo movimento e pelo repouso, pela velocidade e pela lentidão, isto é, que se compõe de corpos mais simples. Se, agora, concebemos um outro indivíduo, composto de vários indivíduos de natureza diferente, veremos que também ele pode ser afetado de muitas outras maneiras, conservando, apesar disso, sua natureza. Pois, como cada uma de suas partes compõe-se de vários corpos, cada uma delas poderá, portanto (pelo lema prec.), sem qualquer mudança de sua natureza, mover-se ora mais lentamente, ora mais velozmente e, como consequência, transmitir seus movimentos às outras partes, ora mais lentamente, ora mais velozmente. Se concebemos, além disso, um terceiro gênero de indivíduos, compostos de indivíduos do segundo gênero, veremos que também ele pode ser afetado de muitas outras maneiras, sem qualquer mudança de forma. E se continuamos assim, até o infinito, conceberemos facilmente que a natureza inteira é um só indivíduo, cujas partes, isto é, todos os corpos, variam de infinitas maneiras, sem qualquer mudança do indivíduo inteiro. Se minha intenção fosse a de tratar expressamente do corpo, eu deveria ter explicado e demonstrado isso mais longamente. Mas já disse que é outra a minha intenção, e só me detive nessas questões porque delas posso deduzir facilmente o que decidi demonstrar.

POSTULADOS

1. O corpo humano compõe-se de muitos indivíduos (de natureza diferente), cada um dos quais é também altamente composto.

2. Dos indivíduos de que se compõe o corpo humano, alguns são fluidos, outros, moles, e outros, enfim, duros.

3. Os indivíduos que compõem o corpo humano e, consequentemente, o próprio corpo humano, são afetados pelos corpos exteriores de muitas maneiras.

4. O corpo humano tem necessidade, para conservar-se, de muitos outros corpos, pelos quais ele é como que continuamente regenerado.

5. Quando uma parte fluida do corpo humano é determinada, por um corpo exterior, a se chocar, um grande número de vezes, com uma parte mole, a parte fluida modifica a superfície da parte mole e nela imprime como que traços do corpo exterior que a impele.

6. O corpo humano pode mover e arranjar os corpos exteriores de muitas maneiras.

Propositio XIV. **Mens humana apta est ad plurima percipiendum, et eo aptior, quo eius corpus pluribus modis disponi potest.**

Demonstratio. Corpus enim humanum (per postul. 3 et 6) plurimis modis a corporibus externis afficitur, disponiturque ad corpora externa plurimis modis afficiendum. At omnia, quae in corpore humano contingunt (per prop. 12 huius), mens humana percipere debet. Est ergo mens humana apta ad plurima percipiendum, et eo aptior. Q. E. D.

Propositio XV. **Idea, quae esse formale humanae mentis constituit, non est simplex, sed ex plurimis ideis composita.**

Demonstratio. Idea, quae esse formale humanae mentis constituit, est idea corporis (per prop. 13 huius), quod (per postul. 1) ex plurimis valde compositis individuis componitur. At cuiuscumque individui corpus componentis datur necessario (per coroll. prop. 8 huius) in Deo idea. Ergo (per prop. 7 huius) idea corporis humani ex plurimis hisce partium componentium ideis est composita. Q. E. D.

Propositio XVI. **Idea cuiuscumque modi, quo corpus humanum a corporibus externis afficitur, involvere debet naturam corporis humani et simul naturam corporis externi.**

Demonstratio. Omnes enim modi, quibus corpus aliquod afficitur, ex natura corporis affecti, et simul ex natura corporis afficientis sequuntur (per axiom. 1 post coroll. lem. 3). Quare eorum idea (per axiom. 4 P. 1) utriusque corporis naturam necessario involvet. Adeoque idea cuiuscumque modi, quo corpus humanum a corpore externo afficitur, corporis humani, et corporis externi naturam involvit. Q. E. D.

Corollarium I. Hinc sequitur primo, mentem humanam plurimorum corporum naturam una cum sui corporis natura percipere.

Corollarium II. Sequitur secundo, quod ideae, quas corporum externorum habemus, magis nostri corporis constitutionem, quam corporum externorum naturam indicant; quod in appendice partis primae multis exemplis explicui.

Propositio XVII. **Si humanum corpus affectum est modo, qui naturam corporis alicuius externi involvit, mens humana idem corpus externum ut actu existens, vel ut sibi praesens contemplabitur, donec**

Proposição 14. **A mente humana é capaz de perceber muitas coisas, e é tanto mais capaz quanto maior for o número de maneiras pelas quais seu corpo pode ser arranjado.**

Demonstração. O corpo humano, com efeito (pelos post. 3 e 6), é afetado, de muitas maneiras, pelos corpos exteriores, e está arranjado de modo tal que afeta os corpos exteriores de muitas maneiras. Ora, tudo o que acontece no corpo humano (pela prop. 12) deve ser percebido pela mente. Portanto, a mente humana é capaz de perceber muitas coisas e é tanto mais capaz quanto, etc. C. Q. D.

Proposição 15. **A ideia que constitui o ser formal da mente humana não é simples, mas composta de muitas ideias.**

Demonstração. A ideia que constitui o ser formal da mente humana é a ideia do corpo (pela prop. 13), o qual (pelo post. 1) compõe-se de muitos indivíduos altamente compostos. Ora, existe, necessariamente (pelo corol. da prop. 8), em Deus, uma ideia de cada indivíduo que compõe o corpo. Logo (pela prop. 7), a ideia do corpo humano é composta dessas muitas ideias das partes de que é composto. C. Q. D.

Proposição 16. **A ideia de cada uma das maneiras pelas quais o corpo humano é afetado pelos corpos exteriores deve envolver a natureza do corpo humano e, ao mesmo tempo, a natureza do corpo exterior.**

Demonstração. Com efeito, todas as maneiras pelas quais um corpo é afetado seguem-se (pelo ax. 1, que segue o corol. do lema 3) da natureza do corpo afetado e, ao mesmo tempo, da natureza do corpo que o afeta. Portanto, a ideia de cada uma dessas maneiras (pelo ax. 4 da P. 1) envolverá necessariamente a natureza de ambos os corpos. Assim, a ideia de cada uma das maneiras pelas quais o corpo humano é afetado por um corpo exterior envolve a natureza do corpo humano e a do corpo exterior. C. Q. D.

Corolário 1. Disso se segue, em primeiro lugar, que a mente humana percebe, juntamente com a natureza de seu corpo, a natureza de muitos outros corpos.

Corolário 2. Segue-se, em segundo lugar, que as ideias que temos dos corpos exteriores indicam mais o estado de nosso corpo do que a natureza dos corpos exteriores, o que expliquei, com muitos exemplos, no apêndice da primeira parte.

Proposição 17. **Se o corpo humano é afetado de uma maneira que envolve a natureza de algum corpo exterior, a mente humana considerará esse corpo exterior como existente em ato ou como algo**

corpus afficiatur affectu, qui eiusdem corporis existentiam vel praesentiam secludat.

Demonstratio. Patet. Nam quamdiu corpus humanum sic affectum est, tamdiu mens humana (per prop. 12 huius) hanc corporis affectionem contemplabitur, hoc est (per prop. praeced.), ideam habebit modi actu existentis, quae naturam corporis externi involvit, hoc est, ideam, quae existentiam, vel praesentiam naturae corporis externi non secludit, sed ponit. Adeoque mens (per coroll. 1 praeced.) corpus externum ut actu existens, vel ut praesens contemplabitur, donec afficiatur etc. Q. E. D.

Corollarium. Mens corpora externa, a quibus corpus humanum semel affectum fuit, quamvis non existant nec praesentia sint, contemplari tamen poterit, velut praesentia essent.

Demonstratio. Dum corpora externa corporis humani partes fluidas ita determinant, ut in molliores saepe impingant, earum plana (per postul. 5) mutant. Unde fit (vide axiom. 2 post coroll. lem. 3) ut inde alio modo reflectantur, quam antea solebant, et ut etiam postea iisdem novis planis spontaneo suo motu occurrendo, eodem modo reflectantur, ac cum a corporibus externis versus illa plana impulsae sunt, et consequenter, ut corpus humanum, dum sic reflexae moveri pergunt, eodem modo afficiant, de quo mens (per prop. 12 huius) iterum cogitabit, hoc est (per prop. 17 huius) mens iterum corpus externum ut praesens contemplabitur; et hoc toties, quoties corporis humani partes fluidae spontaneo suo motu iisdem planis occurrent. Quare quamvis corpora externa, a quibus corpus humanum affectum semel fuit, non existant, mens tamen eadem toties ut praesentia contemplabitur, quoties haec corporis actio repetetur. Q. E. D.

Scholium. Videmus itaque, qui fieri potest, ut ea, quae non sunt veluti praesentia contemplemur, ut saepe fit. Et fieri potest, ut hoc aliis de causis contingat. Sed mihi hic sufficit ostendisse unam, per quam rem sic possim explicare, ac si ipsam per veram causam ostendissem; nec tamen credo, me a vera longe aberrare, quandoquidem omnia illa quae sumpsi postulata vix quicquam continent, quod non constet experientia, de qua nobis non licet dubitare, postquam ostendimus corpus humanum, prout ipsum sentimus, existere (vide coroll. post prop. 13 huius). Praeterea (ex coroll. praeced. et coroll. 2 prop. 16 huius) clare intelligimus, quaenam sit differentia inter ideam ex. gr. Petri, quae essentiam mentis ipsius Petri constituit, et inter ideam ipsius Petri,

que lhe está presente, até que o corpo seja afetado de um afeto que exclua a existência ou a presença desse corpo.

Demonstração. Isso é evidente. Pois, durante o tempo em o corpo humano é assim afetado, a mente humana (pela prop. 12) considerará essa afecção do corpo, ou seja (pela prop. prec.), ela terá a ideia de um modo existente em ato, ideia que envolve a natureza do corpo exterior, isto é, uma ideia que não exclui, mas que, ao contrário, põe a existência ou a presença da natureza do corpo exterior. Assim, a mente (pelo corol. 1 da prop. prec.) considerará esse corpo exterior como existente em ato ou como algo que lhe está presente, até que o corpo seja afetado, etc. C. Q. D.

Corolário. A mente poderá considerar como presentes, ainda que não existam nem estejam presentes, aqueles corpos exteriores pelos quais o corpo humano foi uma vez afetado.

Demonstração. Quando corpos exteriores determinam as partes fluidas do corpo humano a se chocarem, um grande número de vezes, com as partes mais moles, as partes fluidas modificam as superfícies das partes moles (pelo post. 5). Como resultado (veja-se o ax. 2, que se segue ao corol. do lema 3), as partes fluidas são rebatidas diferentemente de antes e, além disso, ao encontrarem, depois, em seu movimento espontâneo, as novas superfícies, elas são rebatidas da mesma maneira com que foram, inicialmente, impelidas em direção a essas superfícies pelos corpos exteriores e, consequentemente, uma vez que, enquanto assim rebatidas, elas continuam a se mover, afetando o corpo humano da mesma maneira que antes, a mente (pela prop. 12), por causa dessa afecção, pensará a mesma coisa, isto é (pela prop. 17), considerará novamente o corpo exterior como estando presente. E isso tantas vezes quantas forem as vezes que as partes fluidas do corpo humano vierem a encontrar, em seu movimento espontâneo, essas mesmas superfícies. Portanto, ainda que os corpos exteriores pelos quais o corpo humano foi uma vez afetado não existam, a mente os considerará, entretanto, tantas vezes presentes quantas forem as vezes que se repetir essa ação do corpo. C. Q. D.

Escólio. Vemos, assim, que pode ocorrer que, muitas vezes, consideremos como presentes coisas que não existem. É possível que isso se deva a outras causas. Entretanto, para mim, é suficiente ter mostrado uma única causa, que me permita explicar por que isso ocorre, e é como se eu tivesse indicado sua verdadeira causa. Não creio, entretanto, ter me afastado muito da verdade, pois todos os postulados que adotei não contêm praticamente nada que não seja estabelecido pela experiência, da qual não nos é lícito duvidar, após termos demonstrado que o corpo humano existe tal como o sentimos (veja-se o corol. que se segue à prop. 13). Além disso (pelo corol. prec. e pelo corol. 2 da prop. 16), compreendemos claramente qual é a diferença entre, por exemplo, a ideia de Pedro, que constitui a essência da

quae in alio homine, puta in Paulo, est. Illa enim essentiam corporis ipsius Petri directe explicat, nec existentiam involvit nisi quamdiu Petrus existit; haec autem magis constitutionem corporis Pauli, quam Petri naturam indicat, et ideo durante illa corporis Pauli constitutione mens Pauli, quamvis Petrus non existat, ipsum tamen ut sibi praesentem contemplabitur. Porro, ut verba usitata retineamus, corporis humani affectiones, quarum ideae corpora externa velut nobis praesentia repraesentant, rerum imagines vocabimus, tametsi rerum figuras non referunt. Et cum mens hac ratione contemplatur corpora, eandem imaginari dicemus. Atque hic, ut, quid sit error, indicare incipiam, notetis velim, mentis imaginationes in se spectatas nihil erroris continere, sive mentem ex eo, quod imaginatur, non errare; sed tantum quatenus consideratur, carere idea, quae existentiam illarum rerum, quas sibi praesentes imaginatur, secludat. Nam si mens, dum res non existentes ut sibi praesentes imaginatur, simul sciret, res illas revera non existere, hanc sane imaginandi potentiam virtuti suae naturae, non vitio tribueret; praesertim si haec imaginandi facultas a sola sua natura penderet, hoc est (per defin. 7 P. 1) si haec mentis imaginandi facultas libera esset.

Propositio XVIII. **Si corpus humanum a duobus, vel pluribus corporibus simul affectum fuerit semel, ubi mens postea eorum aliquod imaginabitur, statim et aliorum recordabitur.**
Demonstratio. Mens (per coroll. praeced.) corpus aliquod ea de causa imaginatur, quia scilicet humanum corpus a corporis externi vestigiis eodem modo afficitur disponiturque, ac affectum est, cum quaedam eius partes ab ipso corpore externo fuerunt impulsae. Sed (per hypothesin) corpus tum ita fuit dispositum, ut mens duo simul corpora imaginaretur. Ergo iam etiam duo simul imaginabitur, atque mens ubi alterutrum imaginabitur, statim et alterius recordabitur. Q. E. D.
Scholium. Hinc clare intelligimus, quid sit memoria. Est enim nihil aliud, quam quaedam concatenatio idearum, naturam rerum, quae extra corpus humanum sunt, involventium, quae in mente fit secundum ordinem et concatenationem affectionum corporis humani. Dico primo concatenationem esse illarum tantum idearum, quae naturam rerum, quae extra corpus humanum sunt, involvunt; non autem idearum, quae earundem rerum naturam explicant. Sunt enim revera (per prop. 16 huius) ideae affectionum corporis humani, quae tam huius, quam corporum externorum naturam involvunt. Dico secundo hanc concatenationem fieri

mente do próprio Pedro, e a ideia desse mesmo Pedro que existe em outro homem, digamos, Paulo. A primeira, com efeito, explica diretamente a essência do corpo de Pedro, e não envolve a existência senão enquanto Pedro existe; a segunda, entretanto, indica mais o estado do corpo de Paulo do que a natureza de Pedro e, assim, enquanto durar o estado do corpo de Paulo, sua mente considerará Pedro como lhe estando presente, mesmo que Pedro já não exista. Daqui em diante, e para manter os termos habituais, chamaremos de imagens das coisas as afecções do corpo humano, cujas ideias nos representam os corpos exteriores como estando presentes, embora elas não restituam as figuras das coisas. E quando a mente considera os corpos dessa maneira, diremos que ela os imagina. Aqui, para começar a indicar o que é o erro, gostaria que observassem que as imaginações da mente, consideradas em si mesmas, não contêm nenhum erro; ou seja, a mente não erra por imaginar, mas apenas enquanto é considerada como privada da ideia que exclui a existência das coisas que ela imagina como lhe estando presentes. Pois, se a mente, quando imagina coisas inexistentes como se lhe estivessem presentes, soubesse, ao mesmo tempo, que essas coisas realmente não existem, ela certamente atribuiria essa potência de imaginar não a um defeito de sua natureza, mas a uma virtude, sobretudo se essa faculdade de imaginar dependesse exclusivamente de sua natureza, isto é (pela def. 7 da P. 1), se ela fosse livre.

Proposição 18. **Se o corpo humano foi, uma vez, afetado, simultaneamente, por dois ou mais corpos, sempre que, mais tarde, a mente imaginar um desses corpos, imediatamente se recordará também dos outros.**

Demonstração. A mente (pelo corol. prec.) imagina um corpo qualquer porque o corpo humano é afetado e arranjado pelos traços de um corpo exterior da mesma maneira pela qual ele foi afetado quando algumas de suas partes foram impelidas por esse mesmo corpo exterior. Mas (por hipótese), o corpo foi, naquela primeira vez, arranjado de tal maneira que a mente imaginou dois corpos ao mesmo tempo. Portanto, agora, ela imaginará, igualmente, dois ao mesmo tempo, e sempre que imaginar um deles, imediatamente se recordará também do outro. C. Q. D.

Escólio. Compreendemos, assim, claramente, o que é a memória. Não é, com efeito, senão uma certa concatenação de ideias, as quais envolvem a natureza das coisas exteriores ao corpo humano, e que se faz, na mente, segundo a ordem e a concatenação das afecções do corpo humano. Em primeiro lugar, digo apenas que é *uma concatenação de ideias, as quais envolvem a natureza das coisas exteriores ao corpo humano*, e não que é *uma concatenação de ideias, as quais explicam a natureza dessas coisas*. Pois, trata-se, na realidade (pela prop. 16), das ideias das afecções

secundum ordinem et concatenationem affectionum corporis humani, ut ipsam distinguerem a concatenatione idearum, quae fit secundum ordinem intellectus, quo res per primas suas causas mens percipit, et qui in omnibus hominibus idem est. Atque hinc porro clare intelligimus, cur mens ex cogitatione unius rei statim in alterius rei cogitationem incidat, quae nullam cum priore habet similitudinem; ut, ex. gr. ex cogitatione vocis pomi homo Romanus statim in cogitationem fructus incidet, qui nullam cum articulato illo sono habet similitudinem, nec aliquid commune, nisi quod eiusdem hominis corpus ab his duobus affectum saepe fuit, hoc est, quod ipse homo saepe vocem pomum audivit, dum ipsum fructum videret; et sic unusquisque ex una in aliam cogitationem incidet, prout rerum imagines uniuscuiusque consuetudo in corpore ordinavit. Nam miles ex. gr. visis in arena equi vestigiis statim ex cogitatione equi in cogitationem equitis, et inde in cogitationem belli, etc. incidet. At rusticus ex cogitatione equi in cogitationem aratri, agri, etc. incidet; et sic unusquisque, prout rerum imagines consuevit hoc vel alio modo iungere et concatenare, ex una in hanc vel in aliam incidet cogitationem.

Propositio XIX. **Mens humana ipsum humanum corpus non cognoscit, nec ipsum existere scit, nisi per ideas affectionum, quibus corpus afficitur.**

Demonstratio. Mens enim humana est ipsa idea sive cognitio corporis humani (per prop. 13 huius), quae (per prop. 9 huius) in Deo quidem est, quatenus alia rei singularis idea affectus consideratur; vel quia (per postul. 4) corpus humanum plurimis corporibus indiget, a quibus continuo quasi regeneratur, et ordo et connexio idearum idem est (per prop. 7 huius) ac ordo et connexio causarum, erit haec idea in Deo, quatenus plurimarum rerum singularium ideis affectus consideratur. Deus itaque ideam corporis humani habet, sive corpus humanum cognoscit, quatenus plurimis aliis ideis affectus est, et non quatenus naturam humanae mentis constituit, hoc est (per coroll. prop. 11 huius) mens humana corpus humanum non cognoscit. At ideae affectionum corporis in Deo sunt, quatenus humanae mentis naturam constituit, sive mens humana easdem affectiones percipit (per prop. 12 huius), et consequenter (per prop. 16 huius) ipsum corpus humanum, idque (per prop. 17 huius) ut actu existens. Percipit ergo eatenus tantum mens humana ipsum humanum corpus. Q. E. D.

do corpo humano, as quais envolvem tanto a natureza do corpo humano quanto a natureza dos corpos exteriores. Em segundo lugar, digo que essa concatenação se faz segundo a ordem e a concatenação das afecções do corpo humano, para distingui-la da concatenação das ideias que se faz segundo a ordem do intelecto, ordem pela qual a mente percebe as coisas por suas causas primeiras, e que é a mesma em todos os homens. Compreendemos, assim, claramente, por que a mente passa imediatamente do pensamento de uma coisa para o pensamento de uma outra que não tem com a primeira qualquer semelhança. Por exemplo, um romano passará imediatamente do pensamento da palavra *pomum* [maçã] para o pensamento de uma fruta, a qual não tem qualquer semelhança com o som assim articulado, nem qualquer coisa de comum com ele a não ser que o corpo desse homem foi, muitas vezes, afetado por essas duas coisas, isto é, esse homem ouviu, muitas vezes, a palavra *pomum*, ao mesmo tempo que via essa fruta. E, assim, cada um passará de um pensamento a outro, dependendo de como o hábito tiver ordenado, em seu corpo, as imagens das coisas. Com efeito, um soldado, por exemplo, ao ver os rastros de um cavalo sobre a areia, passará imediatamente do pensamento do cavalo para o pensamento do cavaleiro e, depois, para o pensamento da guerra, etc. Já um agricultor passará do pensamento do cavalo para o pensamento do arado, do campo, etc. E, assim, cada um, dependendo de como se habituou a unir e a concatenar as imagens das coisas, passará de um certo pensamento a este ou àquele outro.

Proposição 19. **A mente humana não conhece o próprio corpo humano e não sabe que ele existe senão por meio das ideias das afecções pelas quais o corpo é afetado.**

Demonstração. A mente humana, com efeito, é a própria ideia, ou o conhecimento do corpo humano (pela prop. 13), ideia que (pela prop. 9) existe em Deus, enquanto ele é considerado como afetado de outra ideia de uma coisa singular. Ou ainda, como (pelo post. 4) o corpo humano depende de muitos outros corpos, pelos quais ele é como que continuamente regenerado, e como a ordem e a conexão das ideias é o mesmo (pela prop. 7) que a ordem e a conexão das causas, essa ideia existirá em Deus, enquanto ele é considerado como afetado das ideias de muitas coisas singulares. Deus tem, assim, a ideia do corpo humano, ou seja, conhece o corpo humano, enquanto é afetado de muitas outras ideias e não enquanto constitui a natureza da mente humana, isto é (pelo corol. da prop. 11), a mente humana não conhece o corpo humano. Entretanto, as ideias das afecções do corpo existem em Deus, enquanto este constitui a natureza da mente humana, ou seja, a mente humana percebe essas afecções (pela prop. 12) e, consequentemente (pela prop. 16), percebe o próprio corpo humano, e percebe-o (pela prop. 17) como existente em ato. É, portanto, apenas enquanto tal que a mente humana percebe o próprio corpo humano. C. Q. D.

***Propositio XX.* Mentis humanae datur etiam in Deo idea, sive cognitio, quae in Deo eodem modo sequitur et ad Deum eodem modo refertur, ac idea sive cognitio corporis humani.**

Demonstratio. Cogitatio attributum Dei est (per prop. 1 huius); adeoque (per prop. 3 huius) tam eius, quam omnium eius affectionum, et consequenter (per prop. 11 huius) mentis etiam humanae debet necessario in Deo dari idea. Deinde haec mentis idea sive cognitio non sequitur in Deo dari, quatenus infinitus; sed quatenus alia rei singularis idea affectus est (per prop. 9 huius). Sed ordo et connexio idearum idem est, ac ordo et connexio causarum (per prop. 7 huius). Sequitur ergo haec mentis idea, sive cognitio in Deo, et ad Deum eodem modo refertur, ac idea sive cognitio corporis. Q. E. D.

Propositio XXI. Haec mentis idea eodem modo unita est menti, ac ipsa mens unita est corpori.

Demonstratio. Mentem unitam esse corpori ex eo ostendimus, quod scilicet corpus mentis sit obiectum (vide prop. 12 et 13 huius); adeoque per eandem illam rationem idea mentis cum suo obiecto, hoc est, cum ipsa mente eodem modo unita esse debet, ac ipsa mens unita est corpori. Q.E.D.

Scholium. Haec prop. longe clarius intelligitur ex dictis in schol. prop. 7 huius. Ibi enim ostendimus corporis ideam, et corpus, hoc est (per prop. 13 huius) mentem et corpus unum et idem esse individuum, quod iam sub cogitationis, iam sub extensionis attributo concipitur. Quare mentis idea et ipsa mens una eademque est res, quae sub uno eodemque attributo, nempe cogitationis, concipitur. Mentis, inquam, idea et ipsa mens in Deo eadem necessitate ex eadem cogitandi potentia sequuntur dari. Nam revera idea mentis, hoc est, idea ideae nihil aliud est, quam forma ideae, quatenus haec ut modus cogitandi absque relatione ad obiectum consideratur. Simulac enim quis aliquid scit, eo ipso scit se id scire, et simul scit se scire quod scit, et sic in infinitum. Sed de his postea.

***Propositio XXII.* Mens humana non tantum corporis affectiones, sed etiam harum affectionum ideas percipit.**

Demonstratio. Affectionum idearum ideae in Deo eodem modo sequuntur et ad Deum eodem modo referuntur, ac ipsae affectionum ideae; quod eodem modo demonstratur, ac prop. 20 huius. At ideae

Proposição 20. **Também da mente humana existe, em Deus, uma ideia ou um conhecimento, ideia que se segue em Deus, e a ele está referida, da mesma maneira que a ideia ou o conhecimento do corpo humano.**

Demonstração. O pensamento é um atributo de Deus (pela prop. 1); logo (pela prop. 3), deve, necessariamente, existir em Deus uma ideia tanto dele próprio quanto de todas as suas afecções e, como consequência (pela prop. 11), igualmente, a ideia da mente humana. Em segundo lugar, não se segue que esta ideia ou este conhecimento da mente existe em Deus enquanto ele é infinito, mas enquanto é afetado de outra ideia de uma coisa singular (pela prop. 9). Ora, a ordem e a conexão das ideias é o mesmo que a ordem e a conexão das causas (pela prop. 7). Portanto, essa ideia ou esse conhecimento da mente segue-se em Deus, e a ele está referido, da mesma maneira que a ideia ou o conhecimento do corpo. C. Q. D.

Proposição 21. **Essa ideia da mente está unida à mente da mesma maneira que a própria mente está unida ao corpo.**

Demonstração. Demonstramos que a mente está unida ao corpo porque este é objeto daquela (vejam-se as prop. 12 e 13). A ideia da mente, deve, portanto, pela mesma razão, estar unida ao seu objeto, isto é, à própria mente, da mesma maneira que a mente está unida ao corpo. C. Q. D.

Escólio. Compreende-se muito mais claramente esta prop. pelo que foi dito no esc. da prop. 7. Mostramos ali, com efeito, que a ideia do corpo e o corpo, isto é (pela prop. 13), a mente e o corpo, são um único e mesmo indivíduo, concebido ora sob o atributo do pensamento, ora sob o da extensão. É por isso que a ideia da mente e a própria mente são uma só e mesma coisa, concebida, neste caso, sob um só e mesmo atributo, a saber, o do pensamento. Afirmo que o existir da ideia da mente e o existir da própria mente seguem-se, ambos, em Deus, da mesma potência do pensar, e com a mesma necessidade. Pois, na realidade, a ideia da mente, isto é, a ideia da ideia, não é senão a forma da ideia, enquanto esta última é considerada como um modo do pensar, sem relação com o objeto. Com efeito, quando alguém sabe algo, sabe, por isso mesmo, que o sabe, e sabe, ao mesmo tempo, que sabe o que sabe, e assim até o infinito. Mas trataremos disso mais adiante.

Proposição 22. **A mente humana percebe não apenas as afecções do corpo, mas também as ideias dessas afecções.**

Demonstração. As ideias das ideias das afecções seguem-se em Deus e a Deus estão referidas, da mesma maneira que se seguem em Deus e a Deus estão referidas as próprias ideias das afecções, o que se demonstra tal como na prop. 20. Ora, as ideias das afecções dos corpos existem na

affectionum corporis in mente humana sunt (per prop. 12 huius), hoc est (per coroll. prop. 11 huius) in Deo, quatenus humanae mentis essentiam constituit. Ergo harum idearum ideae in Deo erunt, quatenus humanae mentis cognitionem, sive ideam habet, hoc est (per prop. 21 huius) in ipsa mente humana, quae propterea non tantum corporis affectiones, sed earum etiam ideas percipit. Q.E.D.

Propositio XXIII. **Mens se ipsam non cognoscit, nisi quatenus corporis affectionum ideas percipit.**

Demonstratio. Mentis idea sive cognitio (per prop. 20 huius) in Deo eodem modo sequitur et ad Deum eodem modo refertur, ac corporis idea sive cognitio. At quoniam (per prop. 19 huius) mens humana ipsum humanum corpus non cognoscit, hoc est (per coroll. prop. 11 huius) quoniam cognitio corporis humani ad Deum non refertur, quatenus humanae mentis naturam constituit; ergo nec cognitio mentis ad Deum refertur, quatenus essentiam mentis humanae constituit; atque adeo (per idem coroll. prop. 11 huius.) mens humana eatenus se ipsam non cognoscit. Deinde affectionum, quibus corpus afficitur, ideae naturam ipsius corporis humani involvunt (per prop. 16 huius), hoc est (per prop. 13 huius) cum natura mentis conveniunt. Quare harum idearum cognitio cognitionem mentis necessario involvet. At (per prop. praeced.) harum idearum cognitio in ipsa humana mente est. Ergo mens humana eatenus tantum se ipsam novit. Q.E.D.

Propositio XXIV. **Mens humana partium corpus humanum componentium adaequatam cognitionem non involvit.**

Demonstratio. Partes corpus humanum componentes ad essentiam ipsius corporis non pertinent, nisi quatenus motus suos certa quadam ratione invicem communicant (vide defin. post coroll. lem. 3), et non quatenus ut individua absque relatione ad humanum corpus considerari possunt. Sunt enim partes humani corporis (per postul. 1) valde composita individua, quorum partes (per lem. 4) a corpore humano servata omnino eiusdem natura et forma segregari possunt, motusque suos (vide axiom. 1 post lem. 3) aliis corporibus alia ratione communicare. Adeoque (per prop. 3 huius) cuiuscumque partis idea sive cognitio in Deo erit, et quidem (per prop. 9 huius) quatenus affectus consideratur alia idea rei singularis, quae res singularis ipsa parte ordine naturae prior est (per prop. 7 huius). Quod idem praeterea etiam de quacumque parte ipsius individui corpus humanum componentis

mente humana (pela prop. 12), isto é (pelo corol. da prop. 11), existem em Deus, enquanto ele constitui a essência da mente humana. Logo, as ideias dessas ideias existem em Deus, enquanto ele tem o conhecimento ou a ideia da mente humana, isto é (pela prop. 21), existem na própria mente humana, a qual, portanto, percebe não apenas as afecções do corpo, mas também as ideias dessas afecções. C. Q. D.

Proposição 23. **A mente não conhece a si mesma senão enquanto percebe as ideias das afecções do corpo.**

Demonstração. A ideia ou o conhecimento da mente (pela prop. 20) segue-se em Deus e a Deus está referida da mesma maneira que a ideia ou o conhecimento do corpo. Ora, como (pela prop. 19) a mente humana não conhece o próprio corpo humano, isto é (pelo corol. da prop. 11), como o conhecimento do corpo humano não está referido a Deus enquanto este constitui a natureza da mente humana, tampouco o conhecimento da mente humana está referido a Deus enquanto este constitui a essência da mente humana. E, portanto (pelo mesmo corol. da prop. 11), enquanto tal, a mente humana não conhece a si mesma. Em segundo lugar, as ideias das afecções pelas quais o corpo é afetado envolvem a natureza do próprio corpo humano (pela prop. 16), isto é (pela prop. 13), estão em concordância com a natureza da mente. Por isso, o conhecimento dessas ideias envolverá necessariamente o conhecimento da mente. Ora (pela prop. prec.), o conhecimento dessas ideias existe na própria mente humana. Logo, é apenas enquanto tal que a mente humana conhece a si mesma.

Proposição 24. **A mente humana não envolve o conhecimento adequado das partes que compõem o corpo humano.**

Demonstração. As partes que compõem o corpo humano não pertencem à essência do próprio corpo senão enquanto transmitem entre si os seus movimentos segundo uma proporção definida (veja-se a def. que se segue ao corol. do lema 3), e não enquanto possam ser consideradas como indivíduos, sem qualquer relação com o corpo humano. Com efeito, as partes do corpo humano (pelo post. 1) são indivíduos altamente compostos, cujas partes (pelo lema 4) podem separar-se do corpo humano e transmitir seus movimentos (veja-se o ax. 1, que se segue ao lema 3) a outros corpos, segundo outras proporções, conservando o corpo humano, inteiramente, sua natureza e forma. Portanto (pela prop. 3), a ideia ou o conhecimento de cada uma das partes existirá em Deus, e isso (pela prop. 9) enquanto ele é considerado como afetado de outra ideia de uma coisa singular, a qual, na ordem da natureza, é anterior à própria parte (pela prop. 7). O que, aliás, deve ser igualmente dito a respeito de qualquer uma das partes do próprio indivíduo que é o corpo humano. Assim, o conhecimento de cada uma das

est dicendum. Adeoque cuiuscumque partis corpus humanum componentis cognitio in Deo est, quatenus plurimis rerum ideis affectus est, et non quatenus corporis humani tantum habet ideam, hoc est (per prop. 13 huius) ideam, quae humanae mentis naturam constituit. Atque adeo (per coroll. prop. 11 huius) humana mens partium corpus humanum componentium adaequatam cognitionem non involvit. Q.E.D.

Propositio XXV. **Idea cuiuscumque affectionis corporis humani adaequatam corporis externi cognitionem non involvit.**

Demonstratio. Ideam affectionis corporis humani eatenus corporis externi naturam involvere ostendimus (vide prop.16 huius), quatenus externum ipsum humanum corpus certo quodam modo determinat. At quatenus externum corpus individuum est, quod ad corpus humanum non refertur, eius idea sive cognitio in Deo est (per prop. 9 huius), quatenus Deus affectus consideratur alterius rei idea, quae (per prop. 7 huius) ipso corpore externo prior est natura. Quare corporis externi adaequata cognitio in Deo non est, quatenus ideam affectionis humani corporis habet, sive idea affectionis corporis humani adaequatam corporis externi cognitionem non involvit. Q.E.D.

Propositio XXVI. **Mens humana nullum corpus externum ut actu existens percipit, nisi per ideas affectionum sui corporis.**

Demonstratio. Si a corpore aliquo externo corpus humanum nullo modo affectum est, ergo (per prop. 7 huius) nec idea corporis humani, hoc est (per prop. 13 huius) nec mens humana idea existentiae illius corporis ullo etiam modo affecta est, sive existentiam illius corporis externi ullo modo percipit. At quatenus corpus humanum a corpore aliquo externo aliquo modo afficitur, eatenus (per prop. 16 huius cum coroll. 1 eiusdem) corpus externum percipit. Q.E.D.

Corollarium. Quatenus mens humana corpus externum imaginatur, eatenus adaequatam eius cognitionem non habet.

Demonstratio. Cum mens humana per ideas affectionum sui corporis corpora externa contemplatur, eandem tum imaginari dicimus (vide schol. prop. 17 huius); nec mens alia ratione (per prop. praeced.) corpora externa ut actu existentia imaginari potest. Atque adeo (per prop. 25 huius) quatenus mens corpora externa imaginatur, eorum adaequatam cognitionem non habet. Q.E.D.

partes que compõe o corpo humano existe em Deus, enquanto ele é afetado de muitas ideias de coisas, e não enquanto tem exclusivamente a ideia do corpo humano, isto é (pela prop. 13), a ideia que constitui a natureza da mente humana. Portanto (pelo corol. da prop. 11), a mente humana não envolve o conhecimento adequado das partes que compõem o corpo humano. C. Q. D.

Proposição 25. **A ideia de uma afecção qualquer do corpo humano não envolve o conhecimento adequado do corpo exterior.**

Demonstração. Demonstramos (veja-se prop. 16) que a ideia de uma afecção do corpo humano envolve a natureza do corpo exterior, à medida que um corpo exterior determina o corpo humano de uma maneira definida. Ora, à medida que o corpo exterior é um indivíduo que não está referido ao corpo humano, a ideia ou o conhecimento daquele corpo existe em Deus (pela prop. 9), enquanto Deus é considerado como afetado da ideia de outra coisa, ideia esta que (pela prop. 7) é anterior, por natureza, àquele corpo exterior. O conhecimento adequado do corpo exterior não existe, portanto, em Deus, enquanto ele tem a ideia de uma afecção do corpo humano, ou seja, a ideia de uma afecção do corpo humano não envolve o conhecimento adequado de um corpo exterior. C. Q. D.

Proposição 26. **A mente humana não percebe nenhum corpo exterior como existente em ato senão por meio das ideias das afecções de seu próprio corpo.**

Demonstração. Se o corpo humano não foi afetado, de nenhuma maneira, por algum corpo exterior, então (pela prop. 7), a ideia do corpo humano tampouco o foi, isto é (pela prop. 13), a mente humana tampouco foi afetada, de qualquer maneira, pela ideia da existência desse corpo; ou seja, a mente não percebe, de nenhuma maneira, a existência desse corpo exterior. Em troca, à medida que o corpo humano é afetado, de alguma maneira, por algum corpo exterior (pela prop. 16 e seu corol.), a mente percebe o corpo exterior.

Corolário. À medida que imagina um corpo exterior, a mente humana não tem dele um conhecimento adequado.

Demonstração. Quando a mente humana considera os corpos exteriores por meio das ideias das afecções de seu próprio corpo, dizemos que ela imagina (veja-se o esc. da prop. 17). E a mente não pode imaginar os corpos exteriores como existentes em ato de nenhuma outra maneira (pela prop. prec.). Portanto (pela prop. 25), à medida que imagina os corpos exteriores, a mente não tem deles um conhecimento adequado. C. Q. D.

Propositio XXVII. Idea cuiuscumque affectionis corporis humani adaequatam ipsius humani corporis cognitionem non involvit.

Demonstratio. Quaelibet idea cuiuscumque affectionis humani corporis eatenus naturam corporis humani involvit, quatenus ipsum humanum corpus certo quodam modo affici consideratur (vide prop. 16 huius). At quatenus corpus humanum individuum est, quod multis aliis modis affici potest, eius idea etc. Vide demonstr. prop. 25 huius.

Propositio XXVIII. Ideae affectionum corporis humani, quatenus ad humanam mentem tantum referuntur, non sunt clarae et distinctae, sed confusae.

Demonstratio. Ideae enim affectionum corporis humani, tam corporum externorum, quam ipsius humani corporis naturam involvunt (per prop. 16 huius); nec tantum corporis humani, sed eius etiam partium naturam involvere debent. Affectiones namque modi sunt (per postul. 3), quibus partes corporis humani, et consequenter totum corpus afficitur. At (per prop. 24 et 25 huius) corporum externorum adaequata cognitio, ut et partium corpus humanum componentium in Deo non est, quatenus humana mente, sed quatenus aliis ideis affectus consideratur. Sunt ergo hae affectionum ideae, quatenus ad solam humanam mentem referuntur, veluti consequentiae absque praemissis, hoc est (ut per se notum) ideae confusae. Q.E.D.

Scholium. Idea, quae naturam mentis humanae constituit, demonstratur eodem modo non esse in se sola considerata clara et distincta; ut etiam idea mentis humanae, et ideae idearum affectionum corporis humani, quatenus ad solam mentem referuntur, quod unusquisque facile videre potest.

Propositio XXIX. Idea ideae cuiuscumque affectionis corporis humani adaequatam humanae mentis cognitionem non involvit.

Demonstratio. Idea enim affectionis corporis humani (per prop. 27 huius) adaequatam ipsius corporis cognitionem non involvit, sive eius naturam adaequate non exprimit, hoc est (per prop. 13 huius) cum natura mentis non convenit adaequate. Adeoque (per axiom. 6 P. 1) huius ideae idea adaequate humanae mentis naturam non exprimit, sive adaequatam eius cognitionem non involvit. Q.E.D.

SEGUNDA PARTE   A NATUREZA E A ORIGEM DA MENTE

Proposição 27. **A ideia de uma afecção qualquer do corpo humano não envolve o conhecimento adequado do próprio corpo humano.**

Demonstração. Toda ideia de uma afecção qualquer do corpo humano envolve a natureza do corpo humano, à medida que ele é considerado como afetado de uma maneira definida (veja-se a prop. 16). Ora, à medida que o corpo humano é um indivíduo que pode ser afetado de muitas outras maneiras, a ideia de uma afecção qualquer, etc. Veja-se a dem. da prop. 25.

Proposição 28. **As ideias das afecções do corpo humano, à medida que estão referidas apenas à mente humana, não são claras e distintas, mas confusas.**

Demonstração. Com efeito, as ideias das afecções do corpo humano envolvem tanto a natureza dos corpos exteriores quanto a do próprio corpo humano (pela prop. 16); e devem envolver não apenas a natureza do corpo humano, mas também a de suas partes, pois as afecções são modos (pelo post. 3) pelos quais são afetadas as partes do corpo humano e, como consequência, o corpo inteiro. Ora (pelas prop. 24 e 25), o conhecimento adequado dos corpos exteriores, tal como o das partes que compõem o corpo humano, existe em Deus, enquanto este é considerado não como afetado da mente humana, mas enquanto é considerado como afetado de outras ideias. Logo, essas ideias das afecções, à medida que estão referidas exclusivamente à mente humana, são como consequências sem premissas, isto é (o que é, por si mesmo, sabido), ideias confusas. C. Q. D.

Escólio. Demonstra-se, da mesma maneira, que a ideia que constitui a natureza da mente humana, considerada em si só, não é clara e distinta; assim como tampouco são claras e distintas a ideia da mente humana e as ideias das ideias das afecções do corpo humano, à medida que estão referidas apenas à mente, o que qualquer um pode facilmente perceber.

Proposição 29. **A ideia da ideia de uma afecção qualquer do corpo humano não envolve o conhecimento adequado da mente humana.**

Demonstração. Com efeito, a ideia de uma afecção do corpo humano (pela prop. 27) não envolve o conhecimento adequado do próprio corpo humano, ou seja, não exprime adequadamente sua natureza, isto é (pela prop. 13), não está, adequadamente, em concordância com a natureza da mente. Portanto (pelo ax. 6 da P. 1), a ideia dessa ideia não exprime adequadamente a natureza da mente humana, ou seja, não envolve o seu conhecimento adequado. C. Q. D.

Corollarium. Hinc sequitur, mentem humanam, quoties ex communi naturae ordine res percipit, nec sui ipsius, nec sui corporis, nec corporum externorum adaequatam, sed confusam tantum et mutilatam habere cognitionem. Nam mens se ipsam non cognoscit, nisi quatenus ideas affectionum corporis percipit (per prop. 23 huius). Corpus autem suum (per prop. 19 huius) non percipit, nisi per ipsas affectionum ideas, per quas etiam tantum (per prop. 26 huius) corpora externa percipit. Atque adeo, quatenus eas habet, nec sui ipsius (per prop. 29 huius), nec sui corporis (per prop. 27 huius), nec corporum externorum (per prop. 25 huius) habet adaequatam cognitionem, sed tantum (per prop. 28 huius cum eius schol.) mutilatam, et confusam. Q.E.D.

Scholium. Dico expresse, quod mens nec sui ipsius, nec sui corporis, nec corporum externorum adaequatam, sed confusam tantum, cognitionem habeat, quoties ex communi naturae ordine res percipit, hoc est, quoties externe, ex rerum nempe fortuito occursu, determinatur ad hoc vel illud contemplandum, et non quoties interne, ex eo scilicet, quod res plures simul contemplatur, determinatur ad earundem convenientias, differentias et oppugnantias intelligendum. Quoties enim hoc vel alio modo interne disponitur, tum res clare et distincte contemplatur, ut infra ostendam.

Propositio XXX. **Nos de duratione nostri corporis nullam nisi admodum inadaequatam cognitionem habere possumus.**

Demonstratio. Nostri corporis duratio ab eius essentia non dependet (per axiom. 1 huius), nec etiam ab absoluta Dei natura (per prop. 21 P. 1). Sed (per prop. 28 P. 1) ad existendum et operandum determinatur a talibus causis, quae etiam ab aliis determinatae sunt ad existendum et operandum certa ac determinata ratione, et hae iterum ab aliis, et sic in infinitum. Nostri igitur corporis duratio a communi naturae ordine et rerum constitutione pendet. Qua autem ratione constitutae sint, eius rei adaequata cognitio datur in Deo, quatenus earum omnium ideas, et non quatenus tantum humani corporis ideam habet (per coroll. prop. 9 huius). Quare cognitio durationis nostri corporis est in Deo admodum inadaequata, quatenus tantum naturam mentis humanae constituere consideratur, hoc est (per coroll. prop. 11 huius) haec cognitio est in nostra mente admodum inadaequata. Q.E.D.

Corolário. Segue-se disso que, sempre que a mente humana percebe as coisas segundo a ordem comum da natureza, ela não tem, de si própria, nem de seu corpo, nem dos corpos exteriores, um conhecimento adequado, mas apenas um conhecimento confuso e mutilado. Com efeito, a mente não conhece a si própria senão enquanto percebe as ideias das afecções do corpo (pela prop. 23). Mas não percebe o seu corpo (pela prop. 19) senão por meio dessas ideias das afecções, e é igualmente apenas por meio dessas afecções (pela prop. 26) que percebe os corpos exteriores. Portanto, enquanto tem essas ideias, a mente não tem, de si própria (pela prop. 29), nem de seu corpo (pela prop. 27), nem dos corpos exteriores (pela prop. 25), um conhecimento adequado, mas apenas (pela prop. 28 e seu esc.) um conhecimento mutilado e confuso. C. Q. D.

Escólio. Afirmo expressamente que a mente não tem, de si própria, nem de seu corpo, nem dos corpos exteriores, um conhecimento adequado, mas apenas um conhecimento confuso, sempre que percebe as coisas segundo a ordem comum da natureza, isto é, sempre que está exteriormente determinada, pelo encontro fortuito com as coisas, a considerar isto ou aquilo. E não quando está interiormente determinada, por considerar muitas coisas ao mesmo tempo, a compreender suas concordâncias, diferenças e oposições. Sempre, com efeito, que está, de uma maneira ou outra, interiormente arranjada, a mente considera as coisas clara e distintamente, como demonstrarei mais adiante.

Proposição 30. **Da duração de nosso corpo não podemos ter senão um conhecimento extremamente inadequado.**

Demonstração. A duração de nosso corpo não depende de sua essência (pelo ax. 1), nem tampouco da natureza absoluta de Deus (pela prop. 21 da P. 1). Em vez disso (pela prop. 28 da P. 1), nosso corpo é determinado a existir e a operar por causas tais que, também elas, foram determinadas por outras a existir e a operar segundo uma razão definida e determinada; e essas, por sua vez, por outras, e assim até o infinito. A duração de nosso corpo depende, portanto, da ordem comum da natureza e do estado das coisas. Entretanto, quanto à razão pela qual as coisas são constituídas, existe um conhecimento adequado em Deus, enquanto ele tem as ideias de todas as coisas e não enquanto tem a ideia apenas do corpo humano (pelo corol. da prop. 9). Portanto, o conhecimento da duração de nosso corpo é, em Deus, extremamente inadequado, enquanto ele é considerado como constituindo apenas a natureza da mente humana, isto é (pelo corol. da prop. 11), esse conhecimento é, em nossa mente, extremamente inadequado. C. Q. D.

Propositio XXXI. **Nos de duratione rerum singularium, quae extra nos sunt, nullam nisi admodum inadaequatam cognitionem habere possumus.**

Demonstratio. Unaquaeque enim res singularis, sicuti humanum corpus, ab alia re singulari determinari debet ad existendum et operandum certa ac determinata ratione; et haec iterum ab alia, et sic in infinitum (per prop. 28 P. 1). Cum autem ex hac communi rerum singularium proprietate in praeced. prop. demonstraverimus, nos de duratione nostri corporis non nisi admodum inadaequatam cognitionem habere; ergo hoc idem de rerum singularium duratione erit concludendum, quod scilicet eius non nisi admodum inadaequatam cognitionem habere possumus. Q.E.D.

Corollarium. Hinc sequitur, omnes res particulares contingentes et corruptibiles esse. Nam de earum duratione nullam adaequatam cognitionem habere possumus (per prop. praeced.), et hoc est id, quod per rerum contingentiam et corruptionis possibilitatem nobis est intelligendum (vide schol. 1 prop. 33 P. 1). Nam (per prop. 29 P. 1) praeter hoc nullum datur contingens.

Propositio XXXII. **Omnes ideae, quatenus ad Deum referuntur, verae sunt.**

Demonstratio. Omnes enim ideae, quae in Deo sunt, cum suis ideatis omnino conveniunt (per coroll. prop. 7 huius); adeoque (per axiom. 6 P. 1) omnes verae sunt. Q.E.D.

Propositio XXXIII. **Nihil in ideis positivum est, propter quod falsae dicuntur.**

Demonstratio. Si negas, concipe, si fieri potest, modum positivum cogitandi, qui formam erroris, sive falsitatis constituat. Hic cogitandi modus non potest esse in Deo (per prop. praeced.); extra Deum autem etiam nec esse, nec concipi potest (per prop. 15 P. 1). Atque adeo nihil potest dari positivum in ideis, propter quod falsae dicuntur. Q.E.D.

Propositio XXXIV. **Omnis idea, quae in nobis est absoluta sive adaequata et perfecta, vera est.**

Demonstratio. Cum dicimus, dari in nobis ideam adaequatam et perfectam, nihil aliud dicimus (per coroll. prop. 11 huius) quam quod in Deo, quatenus nostrae mentis essentiam constituit, detur idea adaequata et perfecta, et consequenter (per prop. 32 huius) nihil aliud dicimus, quam quod talis idea sit vera. Q.E.D.

Proposição 31. **Da duração das coisas singulares que nos são exteriores não podemos ter senão um conhecimento extremamente inadequado.**

Demonstração. Com efeito, cada coisa singular, tal como o corpo humano, deve ser determinada a existir e a operar de uma maneira definida e determinada, por outra coisa singular, e esta, por sua vez, por outra, e assim até o infinito (pela prop. 28 da P. 1). Mas, como demonstramos, na prop. prec., por essa propriedade comum das coisas singulares, que não temos da duração de nosso corpo senão um conhecimento extremamente inadequado, devemos, então, extrair a mesma conclusão a respeito da duração das coisas singulares, a saber, que não podemos ter delas senão um conhecimento extremamente inadequado. C. Q. D.

Corolário. Segue-se disso que todas as coisas particulares são contingentes e corruptíveis. Com efeito, não podemos ter, de sua duração, nenhum conhecimento adequado (pela prop. prec.), e é isso que devemos compreender por contingência e corruptibilidade das coisas (veja-se, a respeito, o esc. 1 da prop. 33 da P. 1). Com efeito (pela prop. 29 da P. 1), além disso, nada existe de contingente.

Proposição 32. **Todas as ideias, enquanto estão referidas a Deus, são verdadeiras.**

Demonstração. Com efeito, todas as ideias, as quais existem em Deus, estão em perfeita concordância com os seus ideados (pelo corol. da prop. 7) e, portanto (pelo ax. 6 da P. 1), são todas verdadeiras. C. Q. D.

Proposição 33. **Não há, nas ideias, nada de positivo pelo qual se digam falsas.**

Demonstração. Se negas isso, concebe, se puderes, um modo positivo do pensar que constitua a forma do erro, ou seja, da falsidade. Esse modo do pensar não pode existir em Deus (pela prop. prec.); mas tampouco pode existir nem ser concebido fora de Deus (pela prop. 15 da P. 1). Portanto, não pode haver, nas ideias, nada de positivo pelo qual se digam falsas. C. Q. D.

Proposição 34. **Toda ideia que é, em nós, absoluta, ou seja, adequada e perfeita, é verdadeira.**

Demonstração. Quando dizemos que existe, em nós, uma ideia adequada e perfeita, não dizemos senão que (pelo corol. da prop. 11), em Deus, enquanto ele constitui a essência de nossa mente, existe uma ideia adequada e perfeita e, consequentemente (pela prop. 32), não dizemos senão que esta ideia é verdadeira. C. Q. D.

Propositio XXXV. **Falsitas consistit in cognitionis privatione, quam ideae inadaequatae sive mutilatae et confusae involvunt.**

Demonstratio. Nihil in ideis positivum datur, quod falsitatis formam constituat (per prop. 33 huius). At falsitas in absoluta privatione consistere nequit (mentes enim, non corpora errare nec falli dicuntur), neque etiam in absoluta ignorantia; diversa enim sunt ignorare et errare; quare in cognitionis privatione, quam rerum inadaequata cognitio sive ideae inadaequatae et confusae involvunt, consistit. Q.E.D.

Scholium. In schol. prop. 17 huius explicui, qua ratione error in cognitionis privatione consistit. Sed ad uberiorem huius rei explicationem exemplum dabo. Nempe falluntur homines, quod se liberos esse putant; quae opinio in hoc solo consistit, quod suarum actionum sint conscii et ignari causarum a quibus determinantur. Haec ergo est eorum libertatis idea, quod suarum actionum nullam cognoscant causam. Nam quod aiunt, humanas actiones a voluntate pendere, verba sunt, quorum nullam habent ideam. Quid enim voluntas sit et quomodo moveat corpus, ignorant omnes; qui aliud iactant, et animae sedes et habitacula fingunt, vel risum vel nauseam movere solent. Sic cum solem intuemur, eum ducentos circiter pedes a nobis distare imaginamur; qui error in hac sola imaginatione non consistit, sed in eo, quod dum ipsum sic imaginamur, veram eius distantiam et huius imaginationis causam ignoramus. Nam tametsi postea cognoscamus, eundem ultra sescentos terrae diametros a nobis distare, ipsum nihilominus prope adesse imaginabimur; non enim solem adeo propinquum imaginamur, propterea quod veram eius distantiam ignoramus, sed propterea, quod affectio nostri corporis essentiam solis involvit, quatenus ipsum corpus ab eodem afficitur.

Propositio XXXVI. **Ideae inadaequatae et confusae eadem necessitate consequuntur, ac adaequatae sive clarae ac distinctae ideae.**

Demonstratio. Ideae omnes in Deo sunt (per prop. 15 P. 1) et quatenus ad Deum referuntur, sunt verae (per prop. 32 huius) et (per coroll. prop. 7 huius) adaequatae; adeoque nullae inadaequatae nec confusae sunt, nisi quatenus ad singularem alicuius mentem referuntur (qua de re vide prop. 24 et 28 huius). Adeoque omnes tam adaequatae, quam inadaequatae eadem necessitate (per coroll. prop. 6 huius) consequuntur. Q.E.D.

Proposição 35. **A falsidade consiste na privação de conhecimento que as ideias inadequadas, ou seja, mutiladas e confusas, envolvem.**

Demonstração. Não há, nas ideias, nada de positivo que constitua a forma da falsidade (pela prop. 33). Ora, a falsidade não pode consistir na privação absoluta (pois se diz que erram ou se enganam as mentes, mas não se diz o mesmo a respeito dos corpos), nem tampouco na ignorância absoluta, pois ignorar e errar são coisas diferentes. A falsidade consiste, portanto, na privação de conhecimento que o conhecimento inadequado das coisas – ou seja, as ideias inadequadas e confusas – envolve.

Escólio. Expliquei, no esc. da prop. 17, por qual razão o erro consiste na privação de conhecimento. Mas para explicar melhor essa questão, darei um exemplo. Os homens enganam-se ao se julgarem livres, julgamento a que chegam apenas porque estão conscientes de suas ações, mas ignoram as causas pelas quais são determinados. É, pois, por ignorarem a causa de suas ações que os homens têm essa ideia de liberdade. Com efeito, ao dizerem que as ações humanas dependem da vontade estão apenas pronunciando palavras sobre as quais não têm a mínima ideia. Pois, ignoram, todos, o que seja a vontade e como ela move o corpo. Os que se vangloriam do contrário, e forjam sedes e moradas para a alma, costumam provocar o riso ou a náusea. Assim, quando olhamos o sol, imaginamos que ele está a uma distância aproximada de duzentos pés, erro que não consiste nessa imaginação enquanto tal, mas em que, ao imaginá-lo, ignoramos a verdadeira distância e a causa dessa imaginação. Com efeito, ainda que, posteriormente, cheguemos ao conhecimento de que ele está a uma distância de mais de seiscentas vezes o diâmetro da Terra, continuaremos, entretanto, a imaginá-lo próximo de nós. Imaginamos o sol tão próximo não por ignorarmos a verdadeira distância, mas porque a afecção de nosso corpo envolve a essência do sol, enquanto o próprio corpo é por ele afetado.

Proposição 36. **As ideias inadequadas e confusas seguem-se umas das outras com a mesma necessidade que as ideias adequadas, ou seja, claras e distintas.**

Demonstração. Todas as ideias existem em Deus (pela prop. 15 da P. 1) e, enquanto estão referidas a Deus, são verdadeiras (pela prop. 32) e (pelo corol. da prop. 7) adequadas. Portanto, nenhuma ideia é inadequada e confusa senão enquanto está referida à mente singular de alguém (vejam-se as prop. 24 e 28). Logo, todas as ideias, tanto as adequadas, quanto as inadequadas, seguem-se umas das outras com a mesma necessidade (pelo corol. da prop. 6). C. Q. D.

Propositio XXXVII. Id quod omnibus commune (de his vide supra lem. 2), quodque aeque in parte ac in toto est, nullius rei singularis essentiam constituit.

Demonstratio. Si negas, concipe, si fieri potest, id essentiam alicuius rei singularis constituere, nempe essentiam B. Ergo (per defin. 2 huius) id sine B non poterit esse, neque concipi. Atqui hoc est contra hypothesin. Ergo id ad essentiam B non pertinet, nec alterius rei singularis essentiam constituit. Q.E.D.

Propositio XXXVIII. Illa quae omnibus communia, quaeque aeque in parte ac in toto sunt, non possunt concipi nisi adaequate.

Demonstratio. Sit A aliquid, quod omnibus corporibus commune, quodque aeque in parte cuiuscumque corporis ac in toto est. Dico A non posse concipi, nisi adaequate. Nam eius idea (per coroll. prop. 7 huius) erit necessario in Deo adaequata, tam quatenus ideam corporis humani, quam quatenus ideas habet eiusdem affectionum, quae (per prop. 16, 25 et 27 huius) tam corporis humani, quam corporum externorum naturam ex parte involvunt, hoc est (per prop. 12 et 13 huius) haec idea erit necessario in Deo adaequata, quatenus mentem humanam constituit, sive quatenus ideas habet, quae in mente humana sunt. Mens igitur (per coroll. prop. 11 huius) A necessario adaequate percipit, idque tam quatenus se, quam quatenus suum vel quodcumque externum corpus percipit; nec A alio modo potest concipi. Q.E.D.

Corollarium. Hinc sequitur, dari quasdam ideas sive notiones omnibus hominibus communes. Nam (per lem. 2) omnia corpora in quibusdam conveniunt, quae (per prop. praeced.) ab omnibus debent adaequate sive clare et distincte percipi.

Propositio XXXIX. Id quod corpori humano et quibusdam corporibus externis, a quibus corpus humanum affici solet, commune est, et proprium, quodque in cuiuscumque horum parte aeque ac in toto est, eius etiam idea erit in mente adaequata.

Demonstratio. Sit A id quod corpori humano et quibusdam corporibus externis commune est et proprium, quodque aeque in humano corpore ac in iisdem corporibus externis, et quod denique aeque in cuiuscumque corporis externi parte ac in toto est. Ipsius A dabitur in Deo ideà adaequata (per coroll. prop. 7 huius) tam quatenus ideam

Proposição 37. **O que é comum a todas as coisas (veja-se, sobre isso, o lema 2), e que existe igualmente na parte e no todo, não constitui a essência de nenhuma coisa singular.**

Demonstração. Se negas esta proposição, concebe, se puderes, que isso [que é comum a todas as coisas] constitui a essência de alguma coisa singular, por exemplo, a essência de *B*. Logo (pela def. 2), isso não poderá existir nem ser concebido sem *B*. Esta conclusão é, entretanto, contrária à hipótese. Logo, isso não pertence à essência de *B* e tampouco constitui a essência de uma outra coisa singular. C. Q. D.

Proposição 38. **Aqueles elementos que são comuns a todas as coisas, e que existem igualmente na parte e no todo, não podem ser concebidos senão adequadamente.**

Demonstração. Seja *A* algo que é comum a todos os corpos e que existe igualmente na parte e no todo de cada corpo. Afirmo que *A* não pode ser concebido senão adequadamente. A ideia de *A*, com efeito (pelo corol. da prop. 7), será, em Deus, necessariamente adequada, quer enquanto ele tem a ideia do corpo humano, quer enquanto tem as ideias das afecções do corpo humano, as quais (pelas prop. 16, 25 e 27) envolvem, parcialmente, a natureza tanto do corpo humano quanto dos corpos exteriores; isto é (pelas prop. 12 e 13), essa ideia será, em Deus, necessariamente adequada, enquanto ele constitui a mente humana, ou seja, enquanto tem as ideias que existem na mente humana. A mente, portanto (pelo corol. da prop. 11), necessariamente percebe *A* de maneira adequada, quer enquanto percebe a si própria, quer enquanto percebe seu próprio corpo ou qualquer corpo exterior; e *A* não pode ser concebido de outra maneira. C. Q. D.

Corolário. Segue-se disso que existem certas ideias ou noções comuns a todos os homens. Com efeito (pelo lema 2), todos os corpos estão em concordância quanto a certos elementos, os quais (pela prop. prec.) devem ser percebidos por todos adequadamente, ou seja, clara e distintamente.

Proposição 39. **Será adequada na mente, além disso, a ideia daquilo que o corpo humano e certos corpos exteriores pelos quais o corpo humano costuma ser afetado têm de comum e próprio, e que existe em cada parte assim como no todo de cada um desses corpos exteriores.**

Demonstração. Seja *A* aquilo que o corpo humano e certos corpos exteriores têm de comum e próprio, e que existe igualmente no corpo humano e nesses corpos exteriores, e que existe, enfim, em cada parte, assim como no todo de cada um desses corpos exteriores. Existirá, em Deus (pelo corol. da prop. 7), uma ideia adequada de *A*, quer enquanto Deus tem a ideia

corporis humani, quam quatenus positorum corporum externorum ideas habet. Ponatur iam humanum corpus a corpore externo affici per id quod cum eo habet commune, hoc est, ab A. Huius affectionis idea proprietatem A involvet (per prop. 16 huius); atque adeo (per idem coroll. prop. 7 huius) idea huius affectionis, quatenus proprietatem A involvit, erit in Deo adaequata, quatenus idea corporis humani affectus est, hoc est (per prop. 13 huius) quatenus mentis humanae naturam constituit. Adeoque (per coroll. prop. 11 huius) haec idea est etiam in mente humana adaequata. Q.E.D.

Corollarium. Hinc sequitur, quod mens eo aptior est ad plura adaequate percipiendum, quo eius corpus plura habet cum aliis corporibus communia.

Propositio XL. **Quaecumque ideae in mente sequuntur ex ideis, quae in ipsa sunt adaequatae, sunt etiam adaequatae.**

Demonstratio. Patet. Nam cum dicimus, in mente humana ideam sequi ex ideis, quae in ipsa sunt adaequatae, nihil aliud dicimus (per coroll. prop. 11 huius) quam quod in ipso divino intellectu detur idea, cuius Deus est causa, non quatenus infinitus est, nec quatenus plurimarum rerum singularium ideis affectus est; sed quatenus tantum humanae mentis essentiam constituit.

Scholium I. His causam notionum, quae communes vocantur quaeque ratiocinii nostri fundamenta sunt, explicui. Sed aliae quorundam axiomatum sive notionum causae dantur, quas hac nostra methodo explicare e re foret. Ex iis namque constaret, quaenam notiones prae reliquis utiliores, quaenam vero vix ullius usus essent; deinde quaeriam communes, et quaenam iis tantum, qui praeiudiciis non laborant, clarae et distinctae; et quaenam denique male fundatae sint. Praeterea constaret, unde notiones illae, quas secundas vocant, et consequenter axiomata, quae in iisdem fundantur, suam duxerunt originem, et alia, quae circa haec aliquando meditatus sum. Sed quoniam haec alii dicavi tractatui, et etiam, ne propter nimiam huius rei prolixitatem fastidium crearem, hac re hic supersedere decrevi. Attamen ne quid horum omittam, quod scitu necessarium sit, causas breviter addam, ex quibus termini transcendentales dicti suam duxerunt originem, ut ens, res, aliquid. Hi termini ex hoc oriuntur, quod scilicet humanum corpus, quandoquidem limitatum est, tantum est capax certi imaginum numeri (quid imago sit explicui in schol. prop. 17 huius) in se distincte simul formandi; qui si excedatur, hae imagines confundi

do corpo humano, quer enquanto ele tem as ideias desses corpos exteriores. Suponhamos agora que o corpo humano seja afetado por aquilo que um corpo exterior tem de comum com ele, isto é, por A. A ideia dessa afecção envolverá a propriedade A (pela prop. 16) e, portanto (pelo mesmo corol. da prop. 7), a ideia dessa afecção, enquanto envolve a propriedade A, será adequada em Deus, enquanto ele é afetado da ideia do corpo humano, isto é (pela prop. 13), enquanto Deus constitui a natureza da mente humana. Logo (pelo corol. da prop. 11), essa ideia é também adequada na mente humana. C. Q. D.

Corolário. Segue-se disso que a mente é tanto mais capaz de perceber mais coisas adequadamente quanto mais propriedades em comum com outros corpos tem o seu corpo.

Proposição 40. **Todas as ideias que, na mente, se seguem de ideias que nela são adequadas, são igualmente adequadas.**

Demonstração. Isto é evidente. Pois quando dizemos que uma ideia se segue, na mente humana, de ideias que nela são adequadas não dizemos senão que (pelo corol. da prop. 11) existe, no próprio intelecto divino, uma ideia da qual Deus é a causa, não enquanto é infinito, nem enquanto é afetado das ideias de muitas coisas singulares, mas enquanto constitui unicamente a essência da mente humana.

Escólio 1. Expliquei, assim, a causa das noções ditas comuns e que constituem os fundamentos de nossa capacidade de raciocínio. Mas certos axiomas ou noções têm outras causas que deveriam, segundo as circunstâncias, ser explicadas por este nosso método. Seria possível, assim, estabelecer quais noções são mais úteis que as outras, e quais não têm quase nenhuma utilidade, e também quais são as noções comuns, e quais são claras e distintas apenas para os que não sofrem de preconceitos, e quais, enfim, estão mal fundadas. Seria possível também estabelecer de onde surgem as noções chamadas segundas e, consequentemente, os axiomas que nelas se fundam, assim como outras coisas que, sobre essas questões, tenho, às vezes, submetido à reflexão. Mas como a elas dediquei um tratado, e também para não ser cansativo e demasiadamente meticuloso, decidi, aqui, deixá-las de lado. Entretanto, para nada omitir daquilo que é necessário saber, falarei brevemente sobre as causas que estão na origem dos termos ditos transcendentais, tais como ente, coisa, algo. Esses termos surgem porque o corpo humano, por ser limitado, é capaz de formar, em si próprio, distinta e simultaneamente, apenas um número preciso de imagens (expliquei o que é imagem no esc. da prop. 17). Se esse número é ultrapassado, tais imagens começam a se confundir. E se é largamente ultrapassado, todas as imagens se confundirão

incipient, et si hic imaginum numerus, quarum corpus est capax, ut eas in se simul distincte formet, longe excedatur, omnes inter se plane confundentur. Cum hoc ita se habeat, patet ex coroll. prop. 17 et prop. 18 huius, quod mens humana tot corpora distincte simul imaginari poterit, quot in ipsius corpore imagines possunt simul formari. At ubi imagines in corpore plane confunduntur, mens etiam omnia corpora confuse sine ulla distinctione imaginabitur et quasi sub uno attributo comprehendet, nempe sub attributo entis, rei, etc. Potest hoc etiam ex eo deduci, quod imagines non semper aeque vigeant, et ex aliis causis his analogis, quas hic explicare non est opus; nam ad nostrum, ad quem collimamus, scopum unam tantum sufficit considerare. Nam omnes huc redeunt, quod hi termini ideas significent summo gradu confusas. Ex similibus deinde causis ortae sunt notiones illae, quas universales vocant, ut homo, equus, canis etc. Videlicet quia in corpore humano tot imagines, ex gr. hominum formantur simul, ut vim imaginandi, non quidem penitus, sed eo usque tamen superent, ut singulorum parvas differentias (videlicet uniuscuiusque colorem, magnitudinem etc.) eorumque determinatum numerum mens imaginari nequeat, et id tantum, in quo omnes, quatenus corpus ab iisdem afficitur, conveniunt, distincte imaginetur; nam ab eo corpus, maxime scilicet ab unoquoque singulari, affectum fuit; atque hoc nomine hominis exprimit, hocque de infinitis singularibus praedicat. Nam singularium determinatum numerum, ut diximus, imaginari nequit. Sed notandum, has notiones non ab omnibus eodem modo formari, sed apud unumquemque variare pro ratione rei, a qua corpus affectum saepius fuit, quamque facilius mens imaginatur vel recordatur. Ex. gr. qui saepius cum admiratione hominum staturam contemplati sunt, sub nomine hominis intelligent animal erectae staturae; qui vero aliud assueti sunt contemplari, aliam hominum communem imaginem formabunt, nempe, hominem esse animal risibile, animal bipes, sine plumis, animal rationale; et sic de reliquis unusquisque pro dispositione sui corporis rerum universales imagines formabit. Quare non mirum est, quod inter philosophos, qui res naturales per solas rerum imagines explicare voluerunt, tot sint ortae controversiae.

Scholium II. Ex omnibus supra dictis clare apparet, nos multa percipere, et notiones universales formare 1. ex singularibus nobis per sensus mutilate, confuse et sine ordine ad intellectum repraesentatis (vide

inteiramente entre si. Sendo assim, é evidente (pelo corol. da prop. 17 e pela prop. 18) que a mente humana poderá imaginar, distinta e simultaneamente, tantos corpos quantas são as imagens que podem ser simultaneamente formadas no seu próprio corpo. Ora, no momento em que as imagens se confundem inteiramente no corpo, a mente imaginará todos os corpos também confusamente e sem qualquer distinção, agrupando-os, como se de um único atributo se tratasse, a saber, o atributo de ente, coisa, etc. Pode-se chegar à mesma conclusão por sabermos que as imagens nem sempre são igualmente vívidas, assim como por causas análogas, que não é preciso explicar aqui, pois, para o nosso propósito, basta considerar apenas uma delas. Com efeito, todas as causas vêm a dar no mesmo: que esses termos designam ideias extremamente confusas. Foi, enfim, de causas semelhantes que se originaram as noções ditas universais, tais como homem, cavalo, cão, etc. Ou seja, por se formarem, simultaneamente, no corpo humano, ao mesmo tempo, tantas imagens, por exemplo, de homens, que elas superam a capacidade de imaginar, não inteiramente, é verdade, mas o suficiente, entretanto, para que a mente não possa imaginar as pequenas diferenças entre coisas singulares (como, por exemplo, a cor, o tamanho, etc., de cada um), nem o seu número exato, mas apenas aquele algo em que todos, enquanto o corpo é por eles afetado, estão em concordância, pois foi por esse algo que o corpo, por intermédio de cada indivíduo, foi mais vezes afetado. E é este algo, ou seja, aquilo em que todos estão em concordância, que a mente exprime pelo nome de homem, e pelo qual ela designa uma infinidade de coisas singulares. Pois a mente não pode, como dissemos, imaginar o número exato de coisas singulares. Deve-se, entretanto, observar que essas noções não são formadas por todos da mesma maneira. Elas variam, em cada um, em razão da coisa pela qual o corpo foi mais vezes afetado, e a qual a mente imagina ou lembra mais facilmente. Por exemplo, os que frequentemente consideram com admiração a estatura dos homens compreenderão, pelo nome de homem, um animal de estatura ereta; os que estão acostumados a considerar um outro aspecto formarão dos homens outra imagem comum, por exemplo, que é um animal que ri, que é bípede e sem penas, que é um animal racional. E, assim, cada um, de acordo com a disposição de seu corpo, formará imagens universais das outras coisas. Não é, pois, surpreendente que, dentre os filósofos que pretenderam explicar as coisas naturais exclusivamente pelas imagens dessas coisas, tenham surgido tantas controvérsias.

Escólio 2. De tudo o que foi anteriormente dito conclui-se claramente que percebemos muitas coisas e formamos noções universais: 1. A partir de coisas singulares, que os sentidos representam mutilada, confusamente, e sem a ordem própria do intelecto (veja-se corol. da prop. 29). Por isso,

coroll. prop. 29 huius); et ideo tales perceptiones cognitionem ab experientia vaga vocare consuevi. 2. Ex signis, ex. gr. ex eo, quod auditis aut lectis quibusdam verbis rerum recordemur, et earum quasdam ideas formemus similes iis, per quas res imaginamur (vide schol. prop. 18 huius). Utrumque hunc res contemplandi modum cognitionem primi generis, opinionem, vel imaginationem in posterum vocabo. 3. Denique ex eo, quod notiones communes rerumque proprietatum ideas adaequatas habemus (vide coroll. prop. 38 et 39 cum eius coroll. et prop. 40 huius); atque hunc rationem, et secundi generis cognitionem vocabo. Praeter haec duo cognitionis genera datur, ut in sequentibus ostendam, aliud tertium quod scientiam intuitivam vocabimus. Atque hoc cognoscendi genus procedit ab adaequata idea essentiae formalis quorundam Dei attributorum ad adaequatam cognitionem essentiae rerum. Haec omnia unius rei exemplo explicabo. Dantur ex. gr. tres numeri ad quartum obtinendum, qui sit ad tertium, ut secundus ad primum. Non dubitant mercatores secundum in tertium ducere et productum per primum dividere; quia scilicet ea, quae a magistro absque ulla demonstratione audiverunt, nondum tradiderunt oblivioni, vel quia id saepe in numeris simplicissimis experti sunt, vel ex vi demonstr. prop. 19 libr. 7 *Element. Euclid.*, nempe ex communi proprietate proportionalium. At in numeris simplicissimis nihil horum opus est. Ex. gr. datis numeris 1, 2, 3 nemo non videt, quartum numerum proportionalem esse 6, atque hoc multo clarius, quia ex ipsa ratione, quam primum ad secundum habere uno intuitu videmus, ipsum quartum concludimus.

Propositio XLI. **Cognitio primi generis unica est falsitatis causa, secundi autem et tertii est necessario vera.**

Demonstratio. Ad primi generis cognitionem illas omnes ideas diximus in praeced. schol. pertinere, quae sunt inadaequatae, et confusae; atque adeo (per prop. 35 huius) haec cognitio unica est falsitatis causa. Deinde ad cognitionem secundi et tertii illas pertinere diximus, quae sunt adaequatae; adeoque (per prop. 34 huius) est necessario vera. Q.E.D.

Propositio XLII. **Secundi et tertii, et non primi generis cognitio docet nos verum a falso distinguere.**

Demonstratio. Haec prop. per se patet. Qui enim inter verum, et falsum scit distinguere, debet adaequatam veri, et falsi habere ideam,

passei a chamar essas percepções de conhecimento originado da experiência errática. 2. A partir de signos; por exemplo, por ter ouvido ou lido certas palavras, nós nos recordamos das coisas e delas formamos ideias semelhantes àquelas por meio das quais imaginamos as coisas (veja-se o esc. da prop. 18). Vou me referir, posteriormente, a esses dois modos de considerar as coisas, como conhecimento de primeiro gênero, opinião ou imaginação. 3. Por termos, finalmente, noções comuns e ideias adequadas das propriedades das coisas (vejam-se o corol. da prop. 38, a prop. 39 e seu corol., bem como a prop. 40). A este modo me referirei como razão e conhecimento de segundo gênero. Além desses dois gêneros de conhecimento, existe ainda um terceiro, como mostrarei a seguir, que chamaremos de ciência intuitiva. Este gênero de conhecimento parte da ideia adequada da essência formal de certos atributos de Deus para chegar ao conhecimento adequado da essência das coisas. Explicarei tudo isso com o exemplo de uma única coisa. Sejam dados três números, com base nos quais quer se obter um quarto que esteja para o terceiro como o segundo está para o primeiro. Os comerciantes não hesitam, para isso, em multiplicar o segundo pelo terceiro e dividir o produto pelo primeiro; ou porque não esqueceram ainda o que ouviram seu professor afirmá-lo, sem qualquer demonstração, ou porque experimentaram-no, frequentemente, com números mais simples, ou, ainda, por causa da demonstração da prop. 19 do Livro 7 dos *Elementos de Euclides*, isto é, por causa da propriedade comum dos números proporcionais. Ora, no caso dos números mais simples, nada disso é necessário. Por exemplo, dados os números 1, 2 e 3, não há quem não veja que o quarto número da proporção é 6, e muito mais claramente do que pelas razões anteriores, porque ao perceber, de um só golpe de vista, a proporção evidente que existe entre o primeiro e o segundo, concluímos imediatamente qual será o quarto.

Proposição 41. **O conhecimento de primeiro gênero é a única causa de falsidade, enquanto o conhecimento de segundo gênero e o de terceiro é necessariamente verdadeiro.**

Demonstração. Dissemos, no esc. prec., que pertencem ao conhecimento de primeiro gênero todas aquelas ideias que são inadequadas e confusas; e, como consequência (pela prop. 35), esse conhecimento é a única causa de falsidade. Dissemos, além disso, que pertencem ao conhecimento de segundo e de terceiro gênero aquelas ideias que são adequadas, e portanto (pela prop. 34), este conhecimento é necessariamente verdadeiro. C. Q. D.

Proposição 42. **O conhecimento de segundo e de terceiro gênero, e não o de primeiro, nos ensina a distinguir o verdadeiro do falso.**

Demonstração. Esta prop. é evidente por si mesma. Quem, com efeito, sabe distinguir entre o verdadeiro e o falso é porque deve ter uma ideia adequa-

hoc est (per schol. 2 prop. 40 huius) verum, et falsum secundo, aut tertio cognitionis genere cognoscere.

Propositio XLIII. **Qui veram habet ideam, simul scit se veram habere ideam, nec de rei veritate potest dubitare.**

Demonstratio. Idea vera in nobis est illa, quae in Deo, quatenus per naturam mentis humanae explicatur, est adaequata (per coroll. prop. 11 huius). Ponamus itaque, dari in Deo, quatenus per naturam mentis humanae explicatur, ideam adaequatam A. Huius ideae debet necessario dari etiam in Deo idea, quae ad Deum eodem modo refertur, ac idea A (per prop. 20 huius, cuius demonstratio universalis est). At idea A ad Deum referri supponitur, quatenus per naturam mentis humanae explicatur; ergo etiam idea ideae A ad Deum eodem modo debet referri, hoc est (per idem coroll. prop. 11 huius) haec adaequata idea ideae A erit in ipsa mente, quae ideam adaequatam A habet; adeoque qui adaequatam habet ideam, sive (per prop. 34 huius) qui vere rem cognoscit, debet simul suae cognitionis adaequatam habere ideam, sive veram cognitionem, hoc est (ut per se manifestum) debet simul esse certus. Q.E.D.

Scholium. In schol. prop. 21 huius explicui, quid sit idea ideae. Sed notandum, praeced. prop. per se satis esse manifestam. Nam nemo, qui veram habet ideam, ignorat veram ideam summam certitudinem involvere. Veram namque habere ideam, nihil aliud significat, quam perfecte, sive optime rem cognoscere; nec sane aliquis de hac re dubitare potest, nisi putet, ideam quid mutum instar picturae in tabula, et non modum cogitandi esse, nempe ipsum intelligere. Et quaeso, quis scire potest, se rem aliquam intelligere, nisi prius rem intelligat? hoc est, quis potest scire, se de aliqua re certum esse, nisi prius de ea re certus sit? Deinde quid idea vera clarius et certius dari potest, quod norma sit veritatis? Sane sicut lux se ipsam et tenebras manifestat, sic veritas norma sui et falsi est. Atque his me ad has quaestiones respondisse puto; nempe, si idea vera, quatenus tantum dicitur cum suo ideato convenire, a falsa distinguitur, nihil ergo realitatis, aut perfectionis idea vera habet prae falsa (quandoquidem per solam denominationem extrinsecam distinguuntur), et consequenter neque etiam homo, qui veras, prae illo, qui falsas tantum ideas habet? Deinde unde fit, ut homines falsas habeant ideas? Et denique, unde aliquis certo scire potest, se ideas habere, quae cum suis ideatis conveniant?

da do verdadeiro e do falso, isto é (pelo esc. 2 da prop. 40), é porque deve conhecer o verdadeiro e o falso por meio do segundo ou do terceiro gênero de conhecimento.

Proposição 43. **Quem tem uma ideia verdadeira sabe, ao mesmo tempo, que tem uma ideia verdadeira, e não pode duvidar da verdade da coisa.**

Demonstração. Em nós, uma ideia verdadeira é aquela que é adequada em Deus, enquanto Deus é explicado pela natureza da mente humana (pelo corol. da prop. 11). Suponhamos, assim, que exista, em Deus, enquanto ele é explicado pela natureza da mente humana, a ideia adequada *A*. Também dessa ideia deve, necessariamente, existir em Deus uma ideia, que a ele está referida da mesma maneira que a ideia *A* (pela prop. 20, cuja demonstração é universal). Ora, pela nossa hipótese, a ideia *A* está referida a Deus, enquanto ele se exprime pela natureza da mente humana; logo, a ideia da ideia *A* também deve estar referida a Deus da mesma maneira, isto é (pelo mesmo corol. da prop. 11), essa ideia adequada da ideia *A* existirá na mesma mente que já tem a ideia adequada *A*. Portanto, quem tem uma ideia adequada, ou seja (pela prop. 34), quem conhece verdadeiramente uma coisa deve, ao mesmo tempo, ter uma ideia adequada – ou um conhecimento verdadeiro – do seu conhecimento. Em outras palavras (como é, por si mesmo, evidente), quem conhece verdadeiramente uma coisa deve, ao mesmo tempo, estar certo disso. C. Q. D.

Escólio. Expliquei, no esc. da prop. 21, o que é a ideia da ideia. Deve-se observar, entretanto, que a prop. prec. é mais do que evidente por si mesma. Com efeito, ninguém que tenha uma ideia verdadeira ignora que ela envolve certeza absoluta. Pois ter uma ideia verdadeira não significa senão conhecer uma coisa perfeitamente, ou seja, muitíssimo bem; e, certamente, ninguém pode duvidar disso, a menos que julgue que uma ideia seja algo mudo, como uma pintura numa tela, e não um modo do pensar, ou seja, o próprio ato de compreender. E quem, pergunto, pode saber se compreende uma coisa qualquer sem, primeiramente, compreendê-la? Isto é, quem pode saber se está certo dessa coisa sem, primeiramente, estar certo dela? Além disso, o que pode existir de mais claro e certo do que uma ideia verdadeira e que possa servir como norma de verdade? Exatamente da mesma maneira que a luz revela a si própria e as trevas, assim também a verdade é norma de si própria e do falso. Julgo ter respondido, assim, às questões que se seguem. Se uma ideia verdadeira se distingue de uma ideia falsa apenas à medida que se diz que ela concorda com o seu ideado, uma ideia verdadeira não tem, portanto, mais realidade ou perfeição do que uma ideia falsa (uma vez que elas se distinguem apenas por uma denominação extrínseca)? E, como consequência, igualmente, um homem que tem ideias verdadeiras não é superior a um homem que tem apenas ideias falsas? Além disso, como é que os homens chegam a ter ideias falsas? E, enfim, como se pode

Ad has, inquam, quaestiones me iam respondisse puto. Nam quod ad differentiam inter ideam veram et falsam attinet, constat ex prop. 35 huius illam ad hanc sese habere, ut ens ad non-ens; falsitatis autem causas a prop. 19 usque ad 35 cum eius schol. clarissime ostendi. Ex quibus etiam apparet, quid inter hominem qui veras habet ideas et hominem qui non nisi falsas habet, intersit. Quod denique ultimum attinet, nempe, undenam homo scire potest se habere ideam, quae cum suo ideato conveniat, id modo satis superque ostendi ex hoc solo oriri, quod ideam habet, quae cum suo ideato convenit, sive quod veritas sui sit norma. His adde, quod mens nostra, quatenus res vere percipit, pars est infiniti Dei intellectus (per coroll. prop. 11 huius); adeoque tam necesse est, ut mentis clarae et distinctae ideae verae sint, ac Dei ideae.

Propositio XLIV. **De natura rationis non est res ut contingentes, sed ut necessarias contemplari.**

Demonstratio. De natura rationis est res vere percipere (per prop. 41 huius), nempe (per axiom. 6 P. 1) ut in se sunt, hoc est (per prop. 29 P. 1) non ut contingentes, sed ut necessarias. Q.E.D.

Corollarium I. Hinc sequitur, a sola imaginatione pendere, quod res tam respectu praeteriti, quam futuri, ut contingentes contemplemur.

Scholium. Qua autem ratione hoc fiat, paucis explicabo. Ostendimus supra (prop. 17 huius cum eius coroll.) mentem, quamvis res non existant, eas tamen semper ut sibi praesentes imaginari, nisi causae occurrant, quae earum praesentem existentiam secludant. Deinde (prop. 18 huius) ostendimus, quod, si corpus humanum semel a duobus corporibus externis simul affectum fuit, ubi mens postea eorum alterutrum imaginabitur, statim et alterius recordabitur, hoc est, ambo ut sibi praesentia contemplabitur, nisi causae occurrant, quae eorum praesentem existentiam secludant. Praeterea nemo dubitat, quin etiam tempus imaginemur, nempe ex eo, quod corpora alia aliis tardius vel celerius, vel aeque celeriter moveri imaginemur. Ponamus itaque puerum, qui heri prima vice hora matutina viderit Petrum, meridiana autem Paulum et vespertina Simeonem, atque hodie iterum matutina hora Petrum. Ex prop. 18 huius patet, quod simulac matutinam lucem videt, illico solem eandem caeli, quam die praecedenti viderit, partem percurrentem sive diem integrum, et simul cum tempore matutino

saber com certeza que se têm ideias que concordam com os seus ideados? Creio já ter respondido essas questões. Com efeito, quanto à diferença entre uma ideia verdadeira e uma ideia falsa, fica evidente, pela prop. 35, que a primeira está para a segunda tal como o ente está para o não-ente. Demonstrei muito claramente, por outro lado, da prop. 19 à 35, incluindo o esc. desta última, quais são as causas da falsidade. Fica igualmente evidente, pelas mesmas prop., qual a diferença existente entre um homem que tem ideias verdadeiras e um homem que não tem senão ideias falsas. Quanto à última questão, enfim, ou seja, como pode um homem saber se tem uma ideia que concorda com o seu ideado, mostrei à saciedade que ele o sabe apenas porque tem uma ideia que concorda com o seu ideado, ou seja, porque a verdade é norma de si própria. É preciso acrescentar que nossa mente, enquanto percebe as coisas verdadeiramente, é uma parte do intelecto infinito de Deus (pelo corol. da prop. 11). Portanto, é tão necessário que as ideias claras e distintas da mente sejam verdadeiras, quanto é necessário que o sejam as ideias de Deus.

Proposição 44. **É da natureza da razão considerar as coisas não como contingentes, mas como necessárias.**

Demonstração. É da natureza da razão perceber as coisas verdadeiramente (pela prop. 41), ou seja (pelo ax. 6 da P. 1), como elas são em si mesmas, isto é (pela prop. 29 da P. 1), não como contingentes, mas como necessárias. C. Q. D.

Corolário 1. Disso se segue que se deve exclusivamente à imaginação que consideremos as coisas, quer com respeito ao passado, quer com respeito ao futuro, como contingentes.

Escólio. Explicarei brevemente como isso se dá. Mostramos, anteriormente (prop. 17 e seu corol.), que a mente, ainda que certas coisas não existam, imagina-as, sempre, como lhe estando presentes, a não ser que haja causas que excluam sua existência presente. Mostramos (prop. 18), além disso, que, se o corpo humano foi, uma vez, afetado, simultaneamente, por dois corpos exteriores, sempre que, mais tarde, a mente imaginar um deles, imediatamente se recordará também do outro corpo, isto é, considerará a ambos como lhe estando presentes, a não ser que haja causas que excluam sua existência presente. Ninguém tem dúvida, por outro lado, de que também o tempo nós o imaginamos, e isso porque imaginamos os corpos em movimento, uns mais lentamente que outros, ou mais velozmente, ou, ainda, com a mesma velocidade. Suponhamos, assim, uma criança que avistou, ontem, uma primeira vez, Pedro, de manhã, Paulo, ao meio-dia, e Simão, à tarde, e que avistou, hoje, outra vez, Pedro, de manhã. É evidente, pela prop. 18, que, assim que avistar a luz da manhã, a criança, imediatamente, imaginará o sol percorrendo a mesma parte do céu que viu no dia anterior, quer dizer, ela imaginará o dia inteiro e, juntamente com a manhã, imaginará

Petrum, cum meridiano autem Paulum et cum vespertino Simeonem imaginabitur, hoc est, Pauli et Simeonis existentiam cum relatione ad futurum tempus imaginabitur; et contra, si hora vespertina Simeonem videat, Paulum et Petrum ad tempus praeteritum referet, eosdem scilicet simul cum tempore praeterito imaginando; atque haec eo constantius, quo saepius eos eodem hoc ordine viderit. Quod si aliquando contingat, ut alia quadam vespera loco Simeonis Iacobum videat, tum sequenti mane cum tempore vespertino iam Simeonem, iam Iacobum, non vero ambos simul imaginabitur. Nam alterutrum tantum, non autem ambos simul tempore vespertino vidisse supponitur. Fluctuabitur itaque eius imaginatio, et cum futuro tempore vespertino iam hunc, iam illum imaginabitur, hoc est, neutrum certo; sed utrumque contingenter futurum contemplabitur. Atque haec imaginationis fluctuatio eadem erit, si imaginatio rerum sit, quas eodem modo cum relatione ad tempus praeteritum vel praesens contemplamur, et consequenter res tam ad tempus praesens, quam ad praeteritum vel futurum relatas ut contingentes imaginabimur.

Corollarium II. De natura rationis est res sub quadam aeternitatis specie percipere.

Demonstratio. De natura enim rationis est res ut necessarias et non ut contingentes contemplari (per prop. praeced.). Hanc autem rerum necessitatem (per prop. 41 huius) vere, hoc est (per axiom. 6 P. 1) ut in se est, percipit. Sed (per prop. 16 P. 1) haec rerum necessitas est ipsa Dei aeternae naturae necessitas. Ergo de natura rationis est res sub hac aeternitatis specie contemplari. Adde, quod fundamenta rationis notiones sint (per prop. 38 huius) quae illa explicant, quae omnibus communia sunt, quaeque (per prop. 37 huius) nullius rei singularis essentiam explicant; quaeque propterea absque ulla temporis relatione, sed sub quadam aeternitatis specie debent concipi. Q.E.D.

Propositio XLV. **Unaquaeque cuiuscumque corporis, vel rei singularis actu existentis idea Dei aeternam et infinitam essentiam necessario involvit.**

Demonstratio. Idea rei singularis actu existentis ipsius rei tam essentiam, quam existentiam necessario involvit (per coroll. prop. 8 huius). At res singulares (per prop. 15 P. 1) non possunt sine Deo concipi; sed quia (per prop. 6 huius) Deum pro causa habent, quatenus sub attributo consideratur, cuius res ipsae modi sunt, debent necessario earum ideae (per axiom. 4 P. 1) ipsarum attributi conceptum, hoc est

SEGUNDA PARTE — A NATUREZA E A ORIGEM DA MENTE

Pedro; juntamente com o meio-dia, Paulo; e juntamente com a tarde, Simão; isto é, ela imaginará a existência de Paulo e de Simão em relação com um tempo futuro. Em contraposição, se avistar Simão à tarde, a criança relacionará Paulo e Pedro com um tempo passado, ao imaginá-los juntamente com este tempo; e essa sua imaginação será tanto mais constante quanto maior tiver sido a frequência com que os tiver avistado nessa ordem. Mas se, por acaso, algum dia, ela avistar, numa outra tarde, Jacó em vez de Simão, então, na manhã seguinte, imaginará, juntamente com a tarde, ora Simão, ora Jacó, mas não ambos ao mesmo tempo. Pois nossa suposição era que ela tinha visto, à tarde, apenas um deles e não ambos ao mesmo tempo. Assim, sua imaginação flutuará, e a criança imaginará, juntamente com a tarde futura, ora um, ora outro, isto é, ela não considerará nenhum dos dois como certo, mas ambos como futuros contingentes. E haverá, igualmente, uma flutuação da imaginação, no caso da imaginação de coisas que, agora em relação com um tempo passado ou com um tempo presente, consideramos dessa mesma maneira. Como consequência, imaginaremos as coisas, tanto as relacionadas ao tempo presente, quanto as relacionadas ao tempo passado ou ao futuro, como contingentes.

Corolário 2. É da natureza da razão perceber as coisas sob uma certa perspectiva de eternidade.

Demonstração. É da natureza da razão, com efeito, considerar as coisas como necessárias e não como contingentes (pela prop. prec.). E a razão percebe essa necessidade das coisas verdadeiramente (pela prop. 41), isto é (pelo ax. 6 da P. 1), tal como ela é em si mesma. Ora (pela prop. 16 da P. 1), essa necessidade das coisas é a própria necessidade da natureza eterna de Deus. Logo, é da natureza da razão considerar as coisas sob essa perspectiva de eternidade. É preciso acrescentar que os fundamentos da razão são noções (pela prop. 38) que explicam o que é comum a todas as coisas e que (pela prop. 37) não explicam a essência de nenhuma coisa singular; e, portanto, essas noções devem ser concebidas sem qualquer relação com o tempo, mas sob uma certa perspectiva de eternidade. C. Q. D.

Proposição 45. Cada ideia de cada corpo ou coisa singular existente em ato envolve necessariamente a essência eterna e infinita de Deus.

Demonstração. A ideia de uma coisa singular existente em ato envolve necessariamente tanto a essência quanto a existência dessa coisa (pelo corol. da prop. 8). Ora, as coisas singulares (pela prop. 15 da P. 1) não podem ser concebidas sem Deus; mas, por terem Deus como causa (pela prop. 6), enquanto ele é considerado segundo o atributo do qual essas coisas são modos, suas ideias devem envolver necessariamente (pelo ax. 4 da

(per defin. 6 P. 1) Dei aeternam et infinitam essentiam involvere. Q.E.D.

Scholium. Hic per existentiam non intelligo durationem, hoc est, existentiam, quatenus abstracte concipitur et tanquam quaedam quantitatis species. Nam loquor de ipsa natura existentiae, quae rebus singularibus tribuitur, propterea quod ex aeterna necessitate Dei naturae infinita infinitis modis sequuntur (vide prop. 16 P. 1). Loquor, inquam, de ipsa existentia rerum singularium, quatenus in Deo sunt. Nam etsi unaquaeque ab alia re singulari determinetur ad certo modo existendum; vis tamen, qua unaquaeque in existendo perseverat, ex aeterna necessitate naturae Dei sequitur. Qua de re vide coroll. prop. 24 P. 1.

Propositio XLVI. **Cognitio aeternae et infinitae essentiae Dei, quam unaquaeque idea involvit, est adaequata et perfecta.**

Demonstratio. Demonstratio praeced. prop. universalis est, et sive res ut pars, sive ut totum consideretur, eius idea sive totius sit sive partis (per prop. praeced.), Dei aeternam et infinitam essentiam involvet. Quare id quod cognitionem aeternae et infinitae essentiae Dei dat, omnibus commune et aeque in parte, ac in toto est, adeoque (per prop. 38 huius) erit haec cognitio adaequata. Q.E.D.

Propositio XLVII. **Mens humana adaequatam habet cognitionem aeternae et infinitae essentiae Dei.**

Demonstratio. Mens humana ideas habet (per prop. 22 huius) ex quibus (per prop. 23 huius) se suumque corpus (per prop. 19 huius) et (per coroll. 1 prop. 16 et per prop. 17 huius) corpora externa ut actu existentia percipit; adeoque (per prop. 45 et 46 huius) cognitionem aeternae et infinitae essentiae Dei habet adaequatam. Q.E.D.

Scholium. Hinc videmus, Dei infinitam essentiam eiusque aeternitatem omnibus esse notam. Cum autem omnia in Deo sint et per Deum concipiantur, sequitur, nos ex cognitione hac plurima posse deducere, quae adaequate cognoscamus, atque adeo tertium illud cognitionis genus formare, de quo diximus in schol. 2 prop. 40 huius, et de cuius praestantia et utilitate in P. 5 erit nobis dicendi locus. Quod autem homines non aeque claram Dei, ac notionum communium habeant cognitionem, inde fit, quod Deum imaginari nequeant ut corpora, et quod nomen Deus iunxerunt imaginibus rerum, quas videre solent; quod homines vix vitare possunt, quia continuo a corporibus externis

P. 1) o conceito desse atributo, isto é (pela def. 6 da P. 1), a essência eterna e infinita de Deus. C. Q. D.

Escólio. Por existência compreendo, aqui, não a duração, isto é, não a existência enquanto concebida abstratamente e como uma certa espécie de quantidade. Falo, na verdade, dessa natureza da existência que é conferida às coisas singulares porque da necessidade eterna da natureza de Deus seguem-se infinitas coisas, de infinitas maneiras (veja-se a prop. 16 da P. 1). Falo, repito, dessa existência das coisas singulares, enquanto elas existem em Deus. Pois, embora cada uma seja determinada, por outra coisa singular, a existir de uma maneira definida, a força pela qual cada uma persevera no existir segue-se da necessidade eterna da natureza de Deus. Veja-se, a esse respeito, o corol. da prop. 24 da P. 1.

Proposição 46. **O conhecimento da essência eterna e infinita de Deus, que cada ideia envolve, é adequado e perfeito.**

Demonstração. A demonstração da prop. prec. é universal, e quer se considere uma coisa como uma parte, quer como um todo, a sua ideia, seja ela da parte ou do todo (pela prop. prec.), envolverá a essência eterna e infinita de Deus. Portanto (pela prop. 38), aquilo que propicia o conhecimento da essência eterna e infinita de Deus é comum a todas as coisas e existe, igualmente, na parte e no todo. Logo, esse conhecimento será adequado. C. Q. D.

Proposição 47. **A mente humana tem um conhecimento adequado da essência eterna e infinita de Deus.**

Demonstração. A mente humana tem ideias (pela prop. 22) por meio das quais (pela prop. 23) percebe a si própria, o seu corpo (pela prop. 19) e os corpos exteriores (pelo corol. 1 da prop. 16 e pela prop. 17), como existentes em ato. Portanto (pelas prop. 45 e 46), ela tem um conhecimento adequado da essência eterna e infinita de Deus. C. Q. D.

Escólio. Vemos, assim, que a essência infinita de Deus e sua eternidade são conhecidas de todos. Ora, como todas as coisas existem em Deus e são por meio dele concebidas, segue-se que desse conhecimento podemos deduzir muitas coisas que conheceremos adequadamente, e formar, assim, aquele terceiro gênero de conhecimento sobre o qual falamos no esc. 2 da prop. 40, e sobre cuja excelência e utilidade teremos oportunidade de falar na P. 5. Se os homens, entretanto, não têm, de Deus, um conhecimento tão claro quanto o que têm das noções comuns, é porque eles não podem imaginar Deus da mesma maneira que imaginam os corpos, e porque ligam o nome de Deus às imagens das coisas que eles estão acostumados a ver, o que dificilmente podem evitar, por serem continuamente afetados pelos

afficiuntur. Et profecto plerique errores in hoc solo consistunt, quod scilicet nomina rebus non recte applicamus. Cum enim aliquis ait, lineas, quae ex centro circuli ad eiusdem circumferentiam ducuntur, esse inaequales, ille sane aliud tum saltem per circulum intelligit, quam mathematici. Sic cum homines in calculo errant, alios numeros in mente, alios in charta habent. Quare si ipsorum mentem spectes, non errant sane; videntur tamen errare, quia ipsos in mente putamus habere numeros, qui in charta sunt. Si hoc non esset, nihil eosdem errare crederemus; ut non credidi quendam errare, quem nuper audivi clamantem, suum atrium volasse in gallinam vicini, quia scilicet ipsius mens satis perspecta mihi videbatur. Atque hinc pleraeque oriuntur controversiae, nempe quia homines mentem suam non recte explicant, vel quia alterius mentem male interpretantur. Nam revera dum sibi maxime contradicunt, vel eadem vel diversa cogitant, ita ut, quos in alio errores et absurda esse putant, non sint.

Propositio XLVIII. **In mente nulla est absoluta sive libera voluntas, sed mens ad hoc vel illud volendum determinatur a causa, quae etiam ab alia determinata est, et haec iterum ab alia, et sic in infinitum.**

Demonstratio. Mens certus et determinatus modus cogitandi est (per prop. 11 huius), adeoque (per coroll. 2 prop. 17 P. 1) suarum actionum non potest esse causa libera, sive absolutam facultatem volendi et nolendi habere non potest; sed ad hoc vel illud volendum (per prop. 28 P. 1) determinari debet a causa, quae etiam ab alia determinata est, et haec iterum ab alia, etc. Q.E.D.

Scholium. Eodem hoc modo demonstratur in mente nullam dari facultatem absolutam intelligendi, cupiendi, amandi, etc. Unde sequitur, has et similes facultates vel prorsus fictitias, vel nihil esse praeter entia metaphysica sive universalia, quae ex particularibus formare solemus; adeo ut intellectus, et voluntas ad hanc et illam ideam, vel ad hanc et illam volitionem eodem modo sese habeant, ac lapideitas ad hunc et illum lapidem, vel ut homo ad Petrum et Paulum. Causam autem, cur homines se liberos esse putent, explicuimus in app. P. 1. Verum, antequam ulterius pergam, venit hic notandum, me per voluntatem affirmandi et negandi facultatem, non autem cupiditatem intelligere; facultatem, inquam, intelligo, qua mens, quid verum quidve falsum sit, affirmat vel negat, et non cupiditatem, qua mens res appetit vel aversatur. At postquam demonstravimus, has facultates notiones esse

corpos exteriores. E, efetivamente, sem dúvida, a maior parte dos erros consiste apenas em não aplicarmos corretamente os nomes às coisas. Pois quando se diz que as retas que vão do centro do círculo à sua circunferência não são iguais é, certamente, porque se está compreendendo por círculo, ao menos nesse momento, algo diferente daquilo que é compreendido pelos matemáticos. Igualmente, quando os homens erram, ao fazer um cálculo, é porque têm na mente números que não são os que estão no papel. Por isso, se considerarmos apenas a mente dos homens, pode-se dizer que, sem dúvida, eles não erram; se parecem, entretanto, errar, é porque julgamos que eles têm na mente exatamente os mesmos números que estão no papel. Se não fosse essa última circunstância, não acharíamos que eles erram, exatamente como não julguei que estivesse errado alguém que ouvi, recentemente, gritar que o seu pátio tinha levantado voo em direção à galinha do vizinho, pois sua mente me parecia suficientemente clara. E é daí que nasce a maioria das controvérsias, mais especificamente, ou porque os homens não explicam corretamente sua mente ou porque interpretam mal a mente alheia. Com efeito, quando mais se contradizem, eles estão, na verdade, pensando na mesma coisa ou em coisas diversas e, assim, o que julgam ser, no outro, erros e absurdos, realmente não o são.

Proposição 48. **Não há, na mente, nenhuma vontade absoluta ou livre: a mente é determinada a querer isto ou aquilo por uma causa que é, também ela, determinada por outra, e esta última, por sua vez, por outra, e assim até o infinito.**

Demonstração. A mente é um modo definido e determinado do pensar (pela prop. 11). Portanto (pelo corol. 2 da prop. 17 da P. 1), ela não pode ser causa livre de suas ações, ou seja, não pode ter a faculdade absoluta de querer e de não querer; ela deve ser determinada a querer isto ou aquilo (pela prop. 28 da P. 1) por uma causa que é, também ela, determinada por outra, e esta última, por sua vez, por outra, etc. C. Q. D.

Escólio. Demonstra-se, da mesma maneira, que não existe, na mente, nenhuma faculdade absoluta de compreender, de desejar, de amar, etc. Segue-se disso que essas faculdades e outras similares ou são absolutamente fictícias ou não passam de entes metafísicos ou universais, os quais costumamos formar a partir das coisas particulares. Assim, o intelecto e a vontade estão, com esta e aquela ideia, ou com esta e aquela volição, na mesma relação que a pedridade com esta e aquela pedra, ou o homem com Pedro e com Paulo. Quanto à causa pela qual os homens se julgam livres, isso foi explicado no apêndice da P. 1. Mas, antes de prosseguir, convém observar que, por vontade, compreendo a faculdade de afirmar e de negar, e não o desejo. Compreendo, repito, aquela faculdade pela qual a mente afirma ou nega o que é verdadeiro ou o que é falso, e não o desejo pelo qual a mente apetece ou rejeita as coisas. Ora, após termos demonstrado que

universales, quae a singularibus, ex quibus easdem formamus, non distinguuntur, inquirendum iam est, an ipsae volitiones aliquid sint praeter ipsas rerum ideas. Inquirendum, inquam, est, an in mente alia affirmatio et negatio detur praeter illam, quam idea, quatenus idea est, involvit, qua de re vide seq. prop., ut et defin. 3 huius, ne cogitatio in picturas incidat. Non enim per ideas imagines, quales in fundo oculi, et, si placet, in medio cerebro formantur, sed cogitationis conceptus intelligo.

Propositio XLIX. **In mente nulla datur volitio sive affirmatio et negatio praeter illam, quam idea, quatenus idea est, involvit.**

Demonstratio. In mente (per prop. praeced.) nulla datur absoluta facultas volendi et nolendi, sed tantum singulares volitiones, nempe haec et illa affirmatio, et haec et illa negatio. Concipiamus itaque singularem aliquam volitionem, nempe modum cogitandi, quo mens affirmat, tres angulos trianguli aequales esse duobus rectis. Haec affirmatio conceptum, sive ideam trianguli involvit, hoc est, sine idea trianguli non potest concipi. Idem enim est, si dicam, quod A conceptum B debeat involvere, ac quod A sine B non possit concipi. Deinde haec affirmatio (per axiom. 3 huius) non potest etiam sine idea trianguli esse. Haec ergo affirmatio sine idea trianguli nec esse, nec concipi potest. Porro haec trianguli idea hanc eandem affirmationem involvere debet, nempe, quod tres eius anguli aequentur duobus rectis. Quare et vice versa haec trianguli idea sine hac affirmatione nec esse nec concipi potest; adeoque (per defin. 2 huius) haec affirmatio ad essentiam ideae trianguli pertinet, nec aliud praeter ipsam est. Et quod de hac volitione diximus (quandoquidem eam ad libitum sumpsimus), dicendum etiam est de quacumque volitione, nempe, quod praeter ideam nihil sit. Q.E.D.

Corollarium. Voluntas et intellectus unum et idem sunt.

Demonstratio. Voluntas et intellectus nihil praeter ipsas singulares volitiones et ideas sunt (per prop. 48 huius et eiusdem schol.). At singularis volitio et idea (per prop. praeced.) unum et idem sunt. Ergo voluntas et intellectus unum et idem sunt. Q.E.D.

Scholium. His causam, quae communiter erroris esse statuitur, sustulimus. Supra autem ostendimus, falsitatem in sola privatione, quam ideae mutilatae, et confusae involvunt, consistere. Quare idea falsa, quatenus falsa est, certitudinem non involvit. Cum itaque dicimus,

essas faculdades são noções universais, que não se distinguem das coisas singulares por meio das quais as formamos, é preciso investigar agora se também as volições são algo mais do que as próprias ideias das coisas. É preciso investigar, repito, se há, na mente, outra afirmação ou outra negação além daquela que a ideia, enquanto ideia, envolve. A esse respeito, vejam-se a prop. seguinte, assim como a def. 3, para que não se venha a confundir o pensamento com uma pintura. Pois, por ideias, compreendo não as imagens, como as que se formam no fundo do olho ou, se preferirem, no cérebro, mas os conceitos do pensamento.

Proposição 49. **Não há, na mente, nenhuma volição, ou seja, nenhuma afirmação ou negação, além daquela que a ideia, enquanto ideia, envolve.**

Demonstração. Não há, na mente (pela prop. prec.), nenhuma faculdade absoluta ou livre de querer e de não querer, mas apenas volições singulares, ou seja, esta e aquela afirmação, esta e aquela negação. Concebamos, assim, uma volição singular qualquer, tal como o modo do pensar pelo qual a mente afirma que a soma dos três ângulos de um triângulo é igual a dois ângulos retos. Essa afirmação envolve o conceito, ou seja, a ideia de triângulo, isto é, ela não pode ser concebida sem a ideia de triângulo. Pois dizer que *A* deve envolver o conceito de *B* é o mesmo que dizer que *A* não pode ser concebido sem *B*. Além disso, essa afirmação (pelo ax. 3) tampouco pode existir sem a ideia de triângulo. Logo, tal afirmação não pode existir, nem ser concebida, sem a ideia de triângulo. Ademais, a ideia de triângulo deve envolver essa mesma afirmação, ou seja, a afirmação de que a soma dos seus três ângulos é igual a dois ângulos retos. E inversamente, portanto, a ideia de triângulo não pode existir nem ser concebida sem essa afirmação. Como consequência (pela def. 2), essa afirmação pertence à essência da ideia de triângulo, e nada mais é do que essa própria ideia. E o que dissemos dessa volição deve ser igualmente dito (por termos escolhido um exemplo ao acaso) de qualquer volição, ou seja, que ela nada mais é do que a própria ideia. C. Q. D.

Corolário. A vontade e o intelecto são uma só e mesma coisa.

Demonstração. A vontade e o intelecto nada mais são do que as próprias volições e ideias singulares (pela prop. 48 e seu esc.). Ora, uma volição singular e uma ideia singular (pela prop. prec.) são uma só e mesma coisa. Logo, a vontade e o intelecto são uma só e mesma coisa. C. Q. D.

Escólio. Suprimimos, assim, a causa à qual, comumente, se atribui o erro. Já havíamos mostrado que a falsidade consiste apenas numa privação que as ideias mutiladas e confusas envolvem. É por isso que a ideia falsa, enquanto é falsa, não envolve a certeza. Assim, quando dizemos que um

hominem in falsis acquiescere, nec de iis dubitare, non ideo ipsum certum esse, sed tantum non dubitare dicimus, vel quod in falsis acquiescit, quia nullae causae dantur, quae efficiant, ut ipsius imaginatio fluctuetur. Qua de re vide schol. prop. 44 huius. Quantumvis igitur homo falsis adhaerere supponatur, nunquam tamen ipsum certum esse dicemus. Nam per certitudinem quid positivum intelligimus (vide prop. 43 huius cum eiusdem schol.), non vero dubitationis privationem. At per certitudinis privationem falsitatem intelligimus. Sed ad uberiorem explicationem praeced. prop. quaedam monenda supersunt. Superest deinde, ut ad obiectiones, quae in nostram hanc doctrinam obiici possunt, respondeam; et denique, ut omnem amoveam scrupulum, operae pretium esse duxi, huius doctrinae quasdam utilitates indicare. Quasdam, inquam; nam praecipuae ex iis, quae in P. 5 dicemus, melius intelligentur.

Incipio igitur a primo, lectoresque moneo, ut accurate distinguant inter ideam sive mentis conceptum, et inter imagines rerum, quas imaginamur. Deinde necesse est, ut distinguant inter ideas, et verba, quibus res significamus. Nam quia haec tria, imagines scilicet, verba et ideae a multis vel plane confunduntur, vel non satis accurate, vel denique non satis caute distinguuntur, ideo hanc de voluntate doctrinam, scitu prorsus necessariam, tam ad speculationem, quam ad vitam sapienter instituendam, plane ignorarunt. Quippe qui putant ideas consistere in imaginibus, quae in nobis ex corporum occursu formantur, sibi persuadent, ideas illas rerum, quarum similem nullam imaginem formare possumus, non esse ideas, sed tantum figmenta, quae ex libero voluntatis arbitrio fingimus; ideas igitur veluti picturas in tabula mutas, aspiciunt, et hoc praeiudicio praeoccupati non vident, ideam, quatenus idea est, affirmationem aut negationem involvere. Deinde qui verba confundunt cum idea, vel cum ipsa affirmatione, quam idea involvit, putant se posse contra id, quod sentiunt, velle; quando aliquid solis verbis contra id, quod sentiunt, affirmant aut negant. Haec autem praeiudicia exuere facile is poterit, qui ad naturam cogitationis attendit, quae extensionis conceptum minime involvit; atque adeo clare intelliget, ideam (quandoquidem modus cogitandi est) neque in rei alicuius imagine, neque in verbis consistere. Verborum namque et imaginum essentia a solis motibus corporeis constituitur, qui cogitationis conceptum minime involvunt. Atque haec pauca de his monuisse sufficiat, quare ad praedictas obiectiones transeo.

Segunda parte   A natureza e a origem da mente

homem se satisfaz com ideias falsas e não duvida delas, não dizemos com isso que ele está certo, mas apenas que não duvida, ou seja, que se satisfaz com ideias falsas porque não existem quaisquer causas que façam com que a sua imaginação flutue. Veja-se, a esse respeito, o esc. da prop. 44. Qualquer que seja o grau com que um homem, supostamente, adere a ideias falsas, jamais diremos, entretanto, que ele está certo. Pois, por certeza compreendemos algo de positivo (vejam-se a prop. 43 e seu esc.), e não a privação de dúvida. De outro lado, por privação de certeza, compreendemos a falsidade. Mas, para uma explicação mais completa da proposição precedente, resta-me fazer algumas advertências, bem como responder às objeções que podem ser feitas à nossa doutrina. E, enfim, para não deixar qualquer sombra de dúvida, pensei que valeria a pena indicar algumas vantagens de tal doutrina. Digo *algumas*, pois as principais vantagens serão mais bem compreendidas pelo que diremos na P. 5.

Começo, assim, pelo primeiro ponto, advertindo os leitores para que distingam cuidadosamente entre, por um lado, a ideia ou o conceito da mente e, por outro, as imagens das coisas que imaginamos. É preciso também fazer uma cuidadosa distinção entre as ideias e as palavras pelas quais significamos as coisas. Pois muitos – seja por confundirem inteiramente essas três coisas, quer dizer, as imagens, as palavras e as ideias, seja por não as distinguirem com o devido cuidado, nem, enfim, com a devida prudência – ignoraram inteiramente essa doutrina sobre a vontade, cujo conhecimento, entretanto, é absolutamente indispensável para conduzir sabiamente tanto a indagação quanto a vida. Com efeito, aqueles que julgam que as ideias consistem nas imagens que em nós se formam pelo encontro dos corpos estão convencidos de que essas ideias das coisas das quais não podemos formar nenhuma imagem que se lhes assemelhe não são ideias, mas apenas ficções que fabricamos pelo livre arbítrio da vontade. Veem as ideias, pois, como pinturas mudas em uma tela e, imbuídos por esse preconceito, não veem que a ideia, enquanto é ideia, envolve uma afirmação ou uma negação. Por outro lado, aqueles que confundem as palavras com a ideia, ou com a própria afirmação que a ideia envolve, julgam que podem querer o contrário do que sentem quando, apenas por meio de palavras, afirmam ou negam alguma coisa contrariamente ao que sentem. Poderá, entretanto, facilmente livrar-se desses preconceitos quem estiver atento à natureza do pensamento, o qual não envolve, de nenhuma maneira, o conceito de extensão e, portanto, compreenderá claramente que a ideia (por ser um modo do pensar) não consiste nem na imagem de alguma coisa, nem em palavras. Pois a essência das palavras e das imagens é constituída exclusivamente de movimentos corporais, os quais não envolvem, de nenhuma maneira, o conceito do pensamento. Sobre tal tema são suficientes essas breves advertências. Passo, pois, às objeções anteriormente mencionadas.

Harum prima est, quod constare putant, voluntatem latius se extendere, quam intellectum; atque adeo ab eodem diversam esse. Ratio autem, cur putant, voluntatem latius se extendere quam intellectum, est, quia se experiri aiunt, se non maiore assentiendi sive affirmandi et negandi facultate indigere ad infinitis aliis rebus, quas non percipimus, assentiendum, quam iam habemus; at quidem maiore facultate intelligendi. Distinguitur ergo voluntas ab intellectu, quod finitus hic sit, illa autem infinita.

Secundo nobis obiici potest, quod experientia nihil clarius videatur docere, quam quod nostrum iudicium possumus suspendere, ne rebus, quas percipimus, assentiamur; quod hinc etiam confirmatur, quod nemo dicitur decipi, quatenus aliquid percipit, sed tantum, quatenus assentitur aut dissentitur. Ex. gr. qui equum alatum fingit, non ideo concedit dari equum alatum, hoc est, non ideo decipitur, nisi simul concedat, dari equum alatum. Nihil igitur clarius videtur docere experientia, quam quod voluntas sive facultas assentiendi libera sit et a facultate intelligendi diversa.

Tertio obiici potest, quod una affirmatio non plus realitatis videtur continere, quam alia, hoc est, non maiore potentia indigere videmur ad affirmandum, verum esse id quod verum est, quam ad aliquid quod falsum est verum esse affirmandum. At unam ideam plus realitatis sive perfectionis, quam aliam habere percipimus; quantum enim obiecta alia aliis praestantiora, tantum etiam eorum ideae aliae aliis perfectiores sunt; ex quibus etiam constare videtur differentia inter voluntatem et intellectum.

Quarto obiici potest: si homo non operatur ex libertate voluntatis, quid ergo fiet, si in aequilibrio sit, ut Buridani asina? Famene, et siti peribit? Quod si concedam, viderer asinam vel hominis statuam, non hominem concipere; si autem negem, ergo se ipsum determinabit, et consequenter eundi facultatem et faciendi quicquid velit, habet. Praeter haec alia forsan possunt obiici; sed quia inculcare non teneor, quid unusquisque somniare potest, ad has obiectiones tantum respondere curabo, idque quam potero breviter.

Et quidem ad primam dico, me concedere, voluntatem latius se extendere, quam intellectum, si per intellectum claras tantummodo et distinctas ideas intelligant; sed nego voluntatem latius se extendere, quam perceptiones sive concipiendi facultatem. Nec sane video, cur facultas volendi potius dicenda est infinita, quam sentiendi facultas; sicut

A primeira delas é que se dá como estabelecido que a vontade tem uma extensão maior que a do intelecto e é, portanto, diferente dele. E a razão pela qual julgam que a vontade tem uma extensão maior que a do intelecto é que dizem saber, por experiência, que para dar nosso assentimento a uma infinidade de diferentes coisas que não percebemos não nos falta uma faculdade de assentir – ou seja, de afirmar – e de negar maior do que a que já temos, mas uma maior faculdade de compreender. A vontade distingue-se, pois, do intelecto, por este ser finito e aquela, infinita.

Em segundo lugar, é possível que objetem que a experiência parece ensinar, mais claramente do que tudo, que podemos suspender nosso juízo para não dar nosso assentimento a coisas que não percebemos, o que seria confirmado por não se dizer que alguém se engana enquanto percebe algo, mas apenas enquanto assente ou dissente. Quem, por exemplo, inventa um cavalo alado, não admite, com isso, que exista um cavalo alado, isto é, não se engana por isso, a não ser que, ao mesmo tempo, admita que existe um cavalo alado. O que a experiência pareceria, pois, nos ensinar, mais claramente do que tudo, é que a vontade, ou seja, a faculdade de assentir, é livre e diferente da faculdade de compreender.

Em terceiro lugar, pode-se objetar que uma afirmação não parece conter mais realidade do que outra, isto é, não parecemos precisar de uma potência maior para afirmar que o verdadeiro é verdadeiro do que para afirmar que o falso é verdadeiro. Percebemos, entretanto, que uma ideia tem mais realidade ou perfeição do que outra, pois é à medida que certos objetos são melhores que outros que as respectivas ideias de uns são melhores que as de outros, o que, igualmente, parece permitir que se estabeleça uma diferença entre a vontade e o intelecto.

Em quarto lugar, pode-se objetar: se o homem não age de acordo com a liberdade de sua vontade, o que acontecerá, então, quando, tal como o asno de Buridan, ele estiver indeciso entre uma opção e outra? Morrerá de fome e de sede? Se respondo sim, vai parecer que estou pensando em um asno ou em uma estátua de homem e não em um homem. Se, ao contrário, respondo não, a conclusão será, então, que ele se determinaria por si mesmo e teria, consequentemente, a faculdade de se mover e de fazer qualquer coisa que quisesse. É possível que haja outras objeções além dessas. Como, entretanto, não sou obrigado a catalogar todas as objeções que possam ser inventadas, terei a preocupação de responder apenas àquelas que acabo de expor e tão brevemente quanto puder.

Quanto, pois, à primeira objeção, se por intelecto se compreendem apenas as ideias claras e distintas, admito que a vontade tem uma extensão maior que a do intelecto. Nego, entretanto, que a vontade tenha uma extensão maior que a das percepções, ou seja, da faculdade de conceber. E não vejo,

enim infinita (unum tamen post aliud; nam infinita simul affirmare non possumus) eadem volendi facultate possumus affirmare, sic etiam infinita corpora (unum nempe post aliud) eadem sentiendi facultate possumus sentire sive percipere. Quod si dicant, infinita dari, quae percipere non possumus? regero, nos ea ipsa nulla cogitatione, et consequenter nulla volendi facultate posse assequi. At dicunt, si Deus vellet efficere, ut ea etiam perciperemus, maiorem quidem facultatem percipiendi deberet nobis dare, sed non maiorem, quam dedit, volendi facultatem; quod idem est, ac si dicerent, quod si Deus velit efficere, ut infinita alia entia intelligeremus, necesse quidem esset, ut nobis daret maiorem intellectum; sed non universaliorem entis ideam, quam dedit, ad eadem infinita entia amplectendum. Ostendimus enim voluntatem ens esse universale sive ideam, qua omnes singulares volitiones, hoc est, id quod iis omnibus commune est, explicamus. Cum itaque hanc omnium volitionum communem sive universalem ideam facultatem esse credant, minime mirum, si hanc facultatem ultra limites intellectus in infinitum se extendere dicant. Universale enim aeque de uno, ac de pluribus ac de infinitis individuis dicitur.

Ad secundam obiectionem respondeo negando, nos liberam habere potestatem iudicium suspendendi. Nam cum dicimus, aliquem iudicium suspendere, nihil aliud dicimus, quam quod videt, se rem non adaequate percipere. Est igitur iudicii suspensio revera perceptio, et non libera voluntas. Quod ut clare intelligatur, concipiamus puerum equum alatum imaginantem, nec aliud quicquam percipientem. Quandoquidem haec imaginatio equi existentiam involvit (per coroll. prop. 17 huius) nec puer quicquam percipit, quod equi existentiam tollat (ille necessario equum ut praesentem contemplabitur), nec de eius existentia poterit dubitare, quamvis de eadem non sit certus. Atque hoc quotidie in somnis experimur, nec credo aliquem esse, qui putet, se, dum somniat, liberam habere potestatem suspendendi de iis, quae somniat, iudicium, efficiendique ut ea, quae se videre somniat, non somniet; et nihilominus contingit, ut etiam in somnis iudicium suspendamus, nempe cum somniamus, nos somniare. Porro concedo neminem decipi, quatenus percipit, hoc est, mentis imaginationes in se consideratas nihil erroris involvere concedo (vide schol. prop. 17 huius); sed nego, hominem nihil affirmare, quatenus percipit. Nam quid aliud est equum alatum percipere, quam alas de equo affirmare? Si enim mens praeter

realmente, por que se pode dizer que a faculdade de querer seria infinita e não a de sentir. Pois, assim como, por essa faculdade de querer, podemos afirmar infinitas coisas (uma por vez, entretanto, pois não podemos afirmar infinitas coisas ao mesmo tempo), da mesma maneira, por essa faculdade de sentir, podemos, igualmente, sentir ou perceber infinitos corpos (um por vez, evidentemente). E se dizem que existem infinitas coisas que não podemos perceber? Replico que não podemos apreendê-las por nenhum pensamento e, consequentemente, por nenhuma faculdade de querer. Mas, insistem, se Deus tivesse querido fazer com que percebêssemos também essas coisas, ele deveria nos ter dado, na verdade, uma maior faculdade de perceber do que aquela que nos deu e não uma maior faculdade de querer. O que é a mesma coisa que dizer que se Deus tivesse querido fazer com que compreendêssemos uma infinidade de outros entes, teria sido necessário, na verdade, que nos tivesse dado, para abarcar essa infinidade de entes, um intelecto maior do que o que nos deu e não uma ideia mais universal do ente. Mostramos, com efeito, que a vontade é um ente universal, quer dizer, uma ideia pela qual explicamos todas as volições singulares, isto é, aquilo que é comum a todas elas. E, portanto, como acreditam que essa ideia comum ou universal de todas as volições é uma faculdade, não é nada surpreendente que digam que essa faculdade tem uma extensão infinita, para além dos limites do intelecto. Pois o universal se diz igualmente de um e de muitos, assim como de uma infinidade de indivíduos.

Quanto à segunda objeção, minha resposta é negar que tenhamos o livre poder de suspender nosso juízo. Com efeito, quando dizemos que alguém suspende o seu juízo, não dizemos senão que ele vê que não percebe adequadamente a coisa. A suspensão do juízo é, portanto, na realidade, uma percepção e não uma vontade livre. Para compreender isso mais claramente, suponhamos uma criança que inventa um cavalo alado e não perceba nada mais além disso. Como esse forjar envolve a existência do cavalo (pelo corol. da prop. 17), e como a criança não percebe nada que exclua sua existência, ela necessariamente considerará o cavalo como presente e não poderá duvidar de sua existência, embora não esteja certa disso. É o que experimentamos cotidianamente nos sonhos. Não creio que haja alguém que acredite que tenha, enquanto sonha, o livre poder de suspender o juízo sobre aquilo que sonha e de fazer com que não sonhe o que sonha ver. E, entretanto, acontece que, mesmo nos sonhos, suspendemos o nosso juízo, o que se dá quando sonhamos que sonhamos. Além disso, embora admita que, à medida que percebe, ninguém se engana, isto é, que as imaginações da mente, consideradas em si mesmas, não envolvem nenhum erro (veja-se o esc. da prop. 17), nego que um homem, à medida que percebe, nada afirme. Pois que outra coisa é perceber um cavalo alado senão afirmar, ao falar de um cavalo, que ele tem asas? Pois se a mente não percebesse

Pars secunda   De natura et origine mentis

equum alatum nihil aliud perciperet, eundem sibi praesentem contemplaretur, nec causam haberet ullam dubitandi de eiusdem existentia, nec ullam dissentiendi facultatem, nisi imaginatio equi alati iuncta sit ideae, quae existentiam eiusdem equi tollit, vel quod percipit, ideam equi alati, quam habet, esse inadaequatam, atque tum vel eiusdem equi existentiam necessario negabit, vel de eadem necessario dubitabit.

Atque his puto me ad tertiam etiam obiectionem respondisse, nempe quod voluntas universale quid sit, quod de omnibus ideis praedicatur, quodque id tantum significat, quod omnibus ideis commune est, nempe affirmationem, cuius propterea adaequata essentia, quatenus sic abstracte concipitur, debet esse in unaquaque idea, et hac ratione tantum in omnibus eadem; sed non quatenus consideratur essentiam ideae constituere; nam eatenus singulares affirmationes aeque inter se differunt, ac ipsae ideae. Ex. gr. affirmatio, quam idea circuli ab illa, quam idea trianguli involvit, aeque differt, ac idea circuli ab idea trianguli. Deinde absolute nego, nos aequali cogitandi potentia indigere ad affirmandum, verum esse id, quod verum est, quam ad affirmandum, verum esse id, quod falsum est. Nam hae duae affirmationes, si mentem spectes, se habent ad invicem, ut ens ad non-ens; nihil enim in ideis positivum est, quod falsitatis formam constituit (vide prop. 35 huius cum eius schol. et schol. prop. 47 huius). Quare hic apprime venit notandum, quam facile decipimur, quando universalia cum singularibus et entia rationis et abstracta cum realibus confundimus.

Quod denique ad quartam obiectionem attinet, dico, me omnino concedere, quod homo in tali aequilibrio positus (nempe qui nihil aliud percipit, quam sitim et famem, talem cibum et talem potum, qui aeque ab eo distant), fame et siti peribit. Si me rogant, an talis homo non potius asinus, quam homo sit aestimandus? dico me nescire, ut etiam nescio, quanti aestimandus sit ille, qui se pensilem facit, et quanti aestimandi sint pueri, stulti, vesani etc.

Superest tandem indicare, quantum huius doctrinae cognitio ad usum vitae conferat, quod facile ex his animadvertemus. Nempe

I. Quatenus docet nos ex solo Dei nutu agere, divinaeque naturae esse participes, et eo magis quo perfectiores actiones agimus et quo magis magisque Deum intelligimus. Haec ergo doctrina, praeterquam quod animum omnimode quietum reddit, hoc etiam habet, quod nos docet, in quo nostra summa felicitas sive beatitudo consistit, nempe in

nenhuma outra coisa além de um cavalo alado, ela o consideraria como algo que lhe está presente, e não teria qualquer motivo para duvidar de sua existência, nem qualquer faculdade que lhe permitisse opinar contrariamente, a menos que a imaginação do cavalo alado se associasse a uma ideia que excluísse a existência de tal cavalo, ou que a mente percebesse que a ideia de cavalo alado que ela tem é inadequada e, então, ou ela negaria necessariamente a existência de tal cavalo, ou dela necessariamente duvidaria.

Penso ter respondido, assim, também à terceira objeção, ao mostrar que a vontade é algo de universal, que se diz de todas as ideias, e que significa apenas aquilo que é comum a todas elas, isto é, a afirmação, cuja essência adequada, enquanto é assim abstratamente concebida, deve, por isso, existir em cada uma das ideias, e apenas segundo essa relação é a mesma em todas elas, o que não ocorre enquanto a afirmação é considerada como constituindo a essência da ideia, pois, segundo essa última relação, as afirmações singulares diferem entre si, tanto quanto as próprias ideias. Por exemplo, a afirmação que a ideia de círculo envolve difere daquela que a ideia de triângulo envolve, tanto quanto a ideia de círculo difere da ideia de triângulo. Além disso, nego peremptoriamente que precisamos, para afirmar que o verdadeiro é verdadeiro, de uma potência de pensar igual àquela que precisamos para afirmar que o falso é verdadeiro. Com efeito, essas duas afirmações, quando se observa a mente, estão uma para a outra, assim como o ente está para o não-ente. Pois não existe, nas ideias, nada de positivo que constitua a forma da falsidade (vejam-se a prop. 35 e seu esc., assim como o esc. da prop. 47). Por isso, é conveniente observar, sobretudo, o quão facilmente nos enganamos quando confundimos os universais com os singulares e os entes de razão e abstratos com os reais.

Finalmente, quanto à quarta objeção, admito, sem nenhuma dúvida, que um homem assim indeciso (ou seja, nada mais percebendo senão a sede e a fome, ao ver alimento e bebida colocados a igual distância dele) morrerá de fome e de sede. Se me perguntam se um tal homem não pode ser considerado mais um asno do que um homem, respondo que não sei, assim como também não sei de que maneira julgar aquele que se enforca, ou as crianças, os idiotas, os loucos, etc.

Resta, enfim, indicar quanto o conhecimento desta doutrina é útil para a vida, questão para a qual nos voltaremos nas observações que se seguem.

1. Ela é útil à medida que nos ensina que agimos exclusivamente pelo comando de Deus. E que tanto mais participamos da natureza divina quanto mais perfeitas forem as ações que realizamos e quanto mais compreendemos Deus. Assim, essa doutrina, além de tornar nosso espírito inteiramente tranquilo, também nos ensina em que consiste nossa suprema felicidade, ou seja, nossa beatitude: unicamente no conhecimento de Deus, pelo qual somos

sola Dei cognitione, ex qua ad ea tantum agenda inducimur, quae amor et pietas suadent. Unde clare intelligimus, quantum illi a vera virtutis aestimatione aberrant, qui pro virtute et optimis actionibus, tanquam pro summa servitute, summis praemiis a Deo decorari exspectant, quasi ipsa virtus Deique servitus non esset ipsa felicitas et summa libertas.

II. Quatenus docet, quomodo circa res fortunae, sive quae in nostra potestate non sunt, hoc est, circa res, quae ex nostra natura non sequuntur, nos gerere debeamus; nempe utramque fortunae faciem aequo animo exspectare et ferre; nimirum quia omnia ab aeterno Dei decreto eadem necessitate sequuntur, ac ex essentia trianguli sequitur, quod tres eius anguli sunt aequales duobus rectis.

III. Confert haec doctrina ad vitam socialem, quatenus docet neminem odio habere, contemnere, irridere, nemini irasci, invidere. Praeterea quatenus docet, ut unusquisque suis sit contentus et proximo in auxilium; non ex muliebri misericordia, partialitate, neque superstitione, sed ex solo rationis ductu, prout scilicet tempus et res postulat, ut in quarta parte ostendam.

IV. Denique confert etiam haec doctrina non parum ad communem societatem, quatenus docet, qua ratione cives gubernandi sint et ducendi, nempe non ut serviant, sed ut libere ea quae optima sunt, agant. Atque his, quae in hoc schol. agere constitueram, absolvi et eo finem huic nostrae secundae parti impono, in qua puto me naturam mentis humanae eiusque proprietates satis prolixe, et quantum rei difficultas fert, clare explicuisse, atque talia tradidisse, ex quibus multa praeclara, maxime utilia et cognitu necessaria concludi possunt, ut partim ex sequentibus constabit.

induzidos a realizar apenas aquelas ações que o amor e a generosidade nos aconselham. Compreendemos, assim, claramente, quanto se desviam da verdadeira apreciação da virtude aqueles que, por sua virtude e por suas extraordinárias ações, bem como por seu elevado serviço, esperam ser honrados com as mais altas recompensas, como se a virtude em si e o serviço a Deus não fossem a própria felicidade e a suprema liberdade.

2. Ela é útil à medida que ensina como devemos nos conduzir frente às coisas da fortuna, quer dizer, frente àquelas coisas que não estão sob nosso poder, isto é, que não se seguem de nossa natureza. Ou seja, esperar e suportar com igual ânimo uma e outra face da fortuna, pois certamente todas as coisas se seguem do decreto eterno de Deus, com a mesma necessidade com que da essência do triângulo se segue a conclusão de que a soma de seus três ângulos é igual a dois ângulos retos.

3. Essa doutrina é útil para a vida social, à medida que ensina a ninguém odiar, desprezar, ridicularizar, invejar, nem com ninguém irritar-se. É útil, ainda, à medida que ensina cada um a se contentar com o que tem e a auxiliar o próximo, não por uma misericórdia feminil, nem por favor, ou por superstição, mas exclusivamente pelo governo da razão, ou seja, em acordo com aquilo que a ocasião e as circunstâncias exigirem, como demonstrarei na quarta parte.

4. Essa doutrina, enfim, não é menos útil à sociedade comum, à medida que ensina como os cidadãos devem ser governados e dirigidos, não, evidentemente, para que se tornem escravos, mas para que, livremente, façam o que é melhor. Cumpro, assim, o que tinha me proposto fazer neste esc., e concluo aqui esta nossa segunda parte, na qual penso ter explicado, com bastante amplitude e tão claramente quanto o permite a dificuldade do tema, a natureza da mente humana e suas propriedades. Penso também ter fornecido elementos dos quais se pode extrair muitas e importantes conclusões, extremamente úteis e de conhecimento indispensável. É o que será feito, em parte, no que se segue.

PARS TERTIA
DE ORIGINE ET NATURA AFFECTUUM

TERCEIRA PARTE
A ORIGEM E A NATUREZA DOS AFETOS

PRAEFATIO

Plerique qui de affectibus et hominum vivendi ratione scripserunt, videntur non de rebus naturalibus, quae communes naturae leges sequuntur, sed de rebus, quae extra naturam sunt, agere. Imo hominem in natura, veluti imperium in imperio, concipere videntur. Nam hominem naturae ordinem magis perturbare, quam sequi, ipsumque in suas actiones absolutam habere potentiam, nec aliunde, quam a se ipso determinari credunt. Humanae deinde impotentiae et inconstantiae causam non communi naturae potentiae, sed nescio cui naturae humanae vitio tribuunt, quam propterea flent, rident, contemnunt vel quod plerumque fit, detestantur; et qui humanae mentis impotentiam eloquentius vel argutius carpere novit, veluti divinus habetur. Non defuerunt tamen viri praestantissimi (quorum labori et industriae nos multum debere fatemur), qui de recta vivendi ratione praeclara multa scripserint et plena prudentiae consilia mortalibus dederint; verum affectuum naturam et vires, et quid contra mens in iisdem moderandis possit, nemo, quod sciam, determinavit. Scio equidem celeberrimum Cartesium, licet etiam crediderit, mentem in suas actiones absolutam habere potentiam, affectus tamen humanos per primas suas causas explicare, simulque viam ostendere studuisse, qua mens in affectus absolutum habere possit imperium; sed mea quidem sententia nihil praeter magni sui ingenii acumen ostendit, ut suo loco demonstrabo. Nam ad illos revertere volo, qui hominum affectus et actiones detestari vel ridere malunt, quam intelligere. His sine dubio mirum videbitur, quod hominum vitia et ineptias more geometrico tractare aggrediar, et certa ratione demonstrare velim ea, quae rationi repugnare, quaeque vana, absurda et horrenda esse clamitant. Sed mea haec est ratio. Nihil in natura fit, quod ipsius vitio possit tribui; est namque natura semper eadem et ubique una eademque eius virtus

PREFÁCIO

Os que escreveram sobre os afetos e o modo de vida dos homens parecem, em sua maioria, ter tratado não de coisas naturais, que seguem as leis comuns da natureza, mas de coisas que estão fora dela. Ou melhor, parecem conceber o homem na natureza como um império num império. Pois acreditam que, em vez de seguir a ordem da natureza, o homem a perturba, que ele tem uma potência absoluta sobre suas próprias ações, e que não é determinado por nada mais além de si próprio. Além disso, atribuem a causa da impotência e da inconstância não à potência comum da natureza, mas a não sei qual defeito da natureza humana, a qual, assim, deploram, ridicularizam, desprezam ou, mais frequentemente, abominam. E aquele que, mais eloquente ou argutamente, for capaz de recriminar a impotência da mente humana será tido por divino. Não têm faltado, certamente, homens eminentes (a cujo trabalho e engenho muito devemos), que têm escrito muitas e excelentes coisas sobre o correto modo de vida e dado, aos mortais, conselhos plenos de prudência. Mas ninguém, que eu saiba, determinou a natureza e a força dos afetos nem, por outro lado, que poder tem a mente para regulá-los. Sei, é verdade, que o muito celebrado Descartes, embora também acreditasse que a mente tem um poder absoluto sobre suas próprias ações, tentou aplicadamente, entretanto, explicar os afetos humanos por suas causas primeiras e mostrar, ao mesmo tempo, a via pela qual a mente pode ter um domínio absoluto sobre os afetos. Mas ele nada mais mostrou, em minha opinião, do que a perspicácia de sua grande inteligência, como provarei no momento oportuno. Quero, agora, voltar àqueles que, em vez de compreender, preferem abominar ou ridicularizar os afetos e as ações dos homens. A esses parecerá, sem dúvida, surpreendente que eu me disponha a tratar dos defeitos e das tolices dos homens segundo o método geométrico, e que queira demonstrar, por um procedimento exato, aquilo que eles não param de proclamar como algo que, além de vão, absurdo e horrendo, opõe-se à razão. Mas eis aqui o meu raciocínio. Nada se produz na natureza que se possa atribuir a um defeito próprio dela, pois a natureza é sempre a mesma, e uma só

et agendi potentia, hoc est, naturae leges et regulae, secundum quas omnia fiunt et ex unis formis in alias mutantur, sunt ubique et semper eaedem, atque adeo una eademque etiam debet esse ratio rerum qualiumcumque naturam intelligendi, nempe per leges et regulas naturae universales. Affectus itaque odii, irae, invidiae etc. in se considerati ex eadem naturae necessitate et virtute consequuntur, ac reliqua singularia; ac proinde certas causas agnoscunt, per quas intelliguntur, certasque proprietates habent, cognitione nostra aeque dignas ac proprietates cuiuscumque alterius rei cuius sola contemplatione delectamur. De affectuum itaque natura et viribus ac mentis in eosdem potentia eadem methodo agam qua in praecedentibus de Deo et mente egi, et humanas actiones atque appetitus considerabo perinde, ac si quaestio de lineis, planis aut de corporibus esset.

DEFINITIONES

I. Causam adaequatam appello eam, cuius effectus potest clare et distincte per eandem percipi. Inadaequatam autem seu partialem illam voco, cuius effectus per ipsam solam intelligi nequit.

II. Nos tum agere dico cum aliquid in nobis aut extra nos fit, cuius adaequata sumus causa hoc est (per defin. praeced.) cum ex nostra natura aliquid in nobis aut extra nos sequitur, quod per eandem solam potest clare et distincte intelligi. At contra nos pati dico, cum in nobis aliquid fit vel ex nostra natura aliquid sequitur, cuius nos non nisi partialis sumus causa.

III. Per affectum intelligo corporis affectiones, quibus ipsius corporis agendi potentia augetur vel minuitur, iuvatur vel coercetur, et simul harum affectionum ideas.

Explicatio. Si itaque alicuius harum affectionum adaequata possimus esse causa, tum per affectum actionem intelligo; alias passionem.

POSTULATA

I. Corpus humanum potest multis affici modis, quibus ipsius agendi potentia augetur vel minuitur, et etiam aliis qui eiusdem agendi potentiam nec maiorem nec minorem reddunt.

e a mesma, em toda parte, sua virtude e potência de agir. Isto é, as leis e as regras da natureza, de acordo com as quais todas as coisas se produzem e mudam de forma, são sempre as mesmas em toda parte. Consequentemente, não deve, igualmente, haver mais do que uma só e mesma maneira de compreender a natureza das coisas, quaisquer que sejam elas: por meio das leis e regras universais da natureza. É por isso que os afetos do ódio, da ira, da inveja, etc., considerados em si mesmos, seguem-se da mesma necessidade e da mesma virtude da natureza das quais se seguem as outras coisas singulares. Eles admitem, pois, causas precisas, que nos permitem compreendê-los, assim como possuem propriedades precisas, tão dignas de nosso conhecimento quanto as propriedades de todas as outras coisas cuja mera contemplação nos causa prazer. Tratarei, assim, da natureza e da virtude dos afetos, bem como da potência da mente sobre eles, por meio do mesmo método pelo qual tratei, nas partes anteriores, de Deus e da mente. E considerarei as ações e os apetites humanos exatamente como se fossem uma questão de linhas, de superfícies ou de corpos.

DEFINIÇÕES

1. Chamo de causa adequada aquela cujo efeito pode ser percebido clara e distintamente por ela mesma. Chamo de causa inadequada ou parcial, por outro lado, aquela cujo efeito não pode ser compreendido por ela só.

2. Digo que agimos quando, em nós ou fora de nós, sucede algo de que somos a causa adequada, isto é (pela def. prec.), quando de nossa natureza se segue, em nós ou fora de nós, algo que pode ser compreendido clara e distintamente por ela só. Digo, ao contrário, que padecemos quando, em nós, sucede algo, ou quando de nossa natureza se segue algo de que não somos causa senão parcial.

3. Por afeto compreendo as afecções do corpo, pelas quais sua potência de agir é aumentada ou diminuída, estimulada ou refreada, e, ao mesmo tempo, as ideias dessas afecções.

Explicação. Assim, quando podemos ser a causa adequada de alguma dessas afecções, por afeto compreendo, então, uma ação; em caso contrário, uma paixão.

POSTULADOS

1. O corpo humano pode ser afetado de muitas maneiras, pelas quais sua potência de agir é aumentada ou diminuída, enquanto outras tantas não tornam sua potência de agir nem maior nem menor.

Hoc postulatum seu axioma nititur postulato 1 et lem. 5 et 7, quae vide post prop. 13 P. 2.

II. Corpus humanum multas pati potest mutationes, et nihilominus retinere obiectorum impressiones seu vestigia (de quibus vide postul. 5 P. 2), et consequenter easdem rerum imagines; quarum defin. vide in schol. prop. 17 P. 2.

PROPOSITIONES

Propositio I. **Mens nostra quaedam agit, quaedam vero patitur; nempe quatenus adaequatas habet ideas, eatenus quaedam necessario agit, et quatenus ideas habet inadaequatas, eatenus necessario quaedam patitur.**

Demonstratio. Cuiuscumque humanae mentis ideae aliae adaequatae sunt, aliae autem mutilatae et confusae (per schol. prop. 40 P. 2). Ideae autem, quae in alicuius mente sunt adaequatae, sunt in Deo adaequatae, quatenus eiusdem mentis essentiam constituit (per coroll. prop. 11 P. 2), et quae deinde inadaequatae sunt in mente, sunt etiam in Deo (per idem coroll.) adaequatae, non quatenus eiusdem solummodo mentis essentiam, sed etiam quatenus aliarum rerum mentes in se simul continet. Deinde ex data quacumque idea aliquis effectus sequi necessario debet (per prop. 36 P. 1), cuius effectus Deus causa est adaequata (vide defin. 1 huius), non quatenus infinitus est, sed quatenus data illa idea affectus consideratur (vide prop. 9 P. 2). At eius effectus, cuius Deus est causa, quatenus affectus est idea, quae in alicuius mente est adaequata, illa eadem mens est causa adaequata (per coroll. prop. 11 P. 2). Ergo mens nostra (per defin. 2 huius) quatenus ideas habet adaequatas, quaedam necessario agit; quod erat primum. Deinde quicquid necessario sequitur ex idea, quae in Deo est adaequata, non quatenus mentem unius hominis tantum, sed quatenus aliarum rerum mentes simul cum eiusdem hominis mente in se habet, eius (per idem coroll. prop. 11 P. 2) illius hominis mens non est causa adaequata, sed partialis. Ac proinde (per defin. 2 huius) mens quatenus ideas inadaequatas habet, quaedam necessario patitur; quod erat secundum. Ergo mens nostra etc. Q.E.D.

Corollarium. Hinc sequitur mentem eo pluribus passionibus esse obnoxiam, quo plures ideas inadaequatas habet, et contra eo plura agere, quo plures habet adaequatas.

Este post. ou ax. baseia-se no post. 1 e nos lemas 5 e 7, que estão após a prop. 13 da P. 2.

2. O corpo humano pode sofrer muitas mudanças, sem deixar, entretanto, de preservar as impressões ou os traços dos objetos (sobre isso, veja-se o post. 5 da P. 2) e, consequentemente, as mesmas imagens das coisas (vejam-se as def. no esc. da prop. 17 da P. 2).

PROPOSIÇÕES

Proposição 1. **A nossa mente, algumas vezes, age; outras, na verdade, padece. Mais especificamente, à medida que tem ideias adequadas, ela necessariamente age; à medida que tem ideias inadequadas, ela necessariamente padece.**

Demonstração. Entre as ideias de qualquer mente humana, algumas são adequadas, enquanto outras são mutiladas e confusas (pelos esc. da prop. 40 da P. 2). Ora, as ideias que são adequadas na mente de alguém são adequadas em Deus, enquanto este constitui a essência dessa mente (pelo corol. da prop. 11 da P. 2). E também aquelas que são inadequadas na mente de alguém são adequadas em Deus (pelo mesmo corol.), não enquanto Deus contém em si apenas a essência dessa mente, mas também enquanto contém, ao mesmo tempo, as mentes das outras coisas. Além disso, de uma ideia deve necessariamente seguir-se algum efeito (pela prop. 36 da P. 1), do qual Deus é a causa adequada (veja-se a def. 1), não enquanto é infinito, mas enquanto é considerado como afetado dessa dada ideia (veja-se a prop. 9 da P. 2). Mas desse efeito, do qual Deus é a causa, enquanto ele é afetado de uma ideia que é adequada na mente de alguém, essa mesma mente é a causa adequada (pelo corol. da prop. 11 da P. 2). Logo, a nossa mente (pela def. 2), à medida que tem ideias adequadas, necessariamente age. Isso quanto à primeira parte da proposição. Em segundo lugar, de tudo que necessariamente se segue de uma ideia que é adequada em Deus, não enquanto ele contém apenas a mente de um homem, mas enquanto contém, ao mesmo tempo que a mente desse homem, as mentes das outras coisas, a mente desse homem (pelo mesmo corol. da prop. 11 da P. 2) não é causa adequada, mas parcial. Portanto (pela def. 2), a mente, à medida que tem ideias inadequadas, necessariamente padece. Demonstrou-se, assim, a segunda parte da proposição. Logo, a nossa mente, etc. C. Q. D.

Corolário. Disso se segue que quanto mais ideias inadequadas a mente tem, tanto maior é o número de paixões a que é submetida; e, contrariamente, quanto mais ideias adequadas tem, tanto mais ela age.

Propositio II. **Nec corpus mentem ad cogitandum, nec mens corpus ad motum, neque ad quietem, nec ad aliquid (si quid est) aliud determinare potest.**

Demonstratio. Omnes cogitandi modi Deum, quatenus res est cogitans et non quatenus alio attributo explicatur, pro causa habent (per prop. 6 P. 2). Id ergo, quod mentem ad cogitandum determinat, modus cogitandi est, et non extensionis, hoc est (per defin. 1 P. 2) non est corpus; quod erat primum. Corporis deinde motus et quies ab alio oriri debet corpore, quod etiam ad motum vel quietem determinatum fuit ab alio, et absolute quicquid in corpore oritur, id a Deo oriri debuit, quatenus aliquo extensionis modo et non quatenus aliquo cogitandi modo affectus consideratur (per eandem prop. 6 P. 2), hoc est, a mente, quae (per prop. 11 P. 2) modus cogitandi est, oriri non potest; quod erat secundum. Ergo nec corpus mentem etc. Q.E.D.

Scholium. Haec clarius intelliguntur ex iis, quae in schol. prop. 7 P. 2 dicta sunt, quod scilicet mens et corpus una eademque res sit, quae iam sub cogitationis, iam sub extensionis attributo concipitur. Unde fit, ut ordo sive rerum concatenatio una sit, sive natura sub hoc sive sub illo attributo concipiatur, consequenter ut ordo actionum et passionum corporis nostri simul sit natura cum ordine actionum et passionum mentis. Quod etiam patet ex modo, quo prop. 12 P. 2 demonstravimus. At quamvis haec ita se habeant, ut nulla dubitandi ratio supersit, vix tamen credo, nisi rem experientia comprobavero, homines induci posse ad haec aequo animo perpendendum; adeo firmiter persuasi sunt, corpus ex solo mentis nutu iam moveri, iam quiescere, plurimaque agere, quae a sola mentis voluntate et excogitandi arte pendent. Etenim quid corpus possit, nemo hucusque determinavit, hoc est, neminem hucusque experientia docuit, quid corpus ex solis legibus naturae quatenus corporea tantum consideratur, possit agere, et quid non possit, nisi a mente determinetur. Nam nemo hucusque corporis fabricam tam accurate novit, ut omnes eius functiones potuerit explicare, ut iam taceam quod in brutis plura observentur, quae humanam sagacitatem longe superant, et quod somnambuli in somnis plurima agant, quae vigilando non auderent; quod satis ostendit, ipsum corpus ex solis suae naturae legibus multa posse, quae ipsius mens admiratur. Deinde nemo scit, qua ratione quibusve mediis mens moveat corpus, neque quot motus gradus possit corpori tribuere, quantaque cum celeritate idem movere queat. Unde sequitur, cum homines dicunt, hanc vel illam actionem corporis oriri a mente, quae imperium in corpus

TERCEIRA PARTE A ORIGEM E A NATUREZA DOS AFETOS

Proposição 2. **Nem o corpo pode determinar a mente a pensar, nem a mente determinar o corpo ao movimento ou ao repouso, ou a qualquer outro estado (se é que isso existe).**

Demonstração. Todos os modos do pensar têm por causa Deus, enquanto ele é uma coisa pensante e não enquanto ele é explicado por um outro atributo (pela prop. 6 da P. 2). Portanto, o que determina a mente a pensar é um modo do pensamento e não da extensão, isto é (pela def. 1 da P. 2), não é um corpo. Isso quanto à primeira parte. Em segundo lugar, o movimento e o repouso de um corpo devem provir de um outro corpo, o qual foi, igualmente, determinado ao movimento ou ao repouso por um outro e, em geral, tudo que acontece a um corpo deve provir de Deus, enquanto ele é considerado como afetado de algum modo da extensão e não de algum modo do pensamento (pela mesma prop. 6 da P. 2), isto é, não pode provir da mente, a qual (pela prop. 11 da P. 2) é um modo do pensamento. Era a segunda parte. Logo, nem o corpo pode determinar a mente, etc. C. Q. D.

Escólio. Compreendem-se mais claramente essas coisas pelo que foi dito no esc. da prop. 7 da P. 2: que a mente e o corpo são uma só e mesma coisa, a qual é concebida ora sob o atributo do pensamento, ora sob o da extensão. Disso resulta que a ordem ou a concatenação das coisas é uma só, quer se conceba a natureza sob um daqueles atributos, quer sob o outro e, consequentemente, que a ordem das ações e das paixões de nosso corpo é simultânea, em natureza, à ordem das ações e das paixões da mente. Isto torna-se igualmente evidente pela demonstração da prop. 12 da P. 2. Entretanto, ainda que a argumentação não deixe nenhuma margem para dúvida, acredito que, se eu não demonstrar isso por meio da experiência, os homens dificilmente se convencerão a examinar essas questões com equanimidade, a tal ponto estão firmemente persuadidos de que o corpo, por um simples comando da mente, ora se põe em movimento, ora volta ao repouso, e de que faz muitas coisas que dependem apenas da vontade da mente e de sua capacidade de arquitetar. O fato é que ninguém determinou, até agora, o que pode o corpo, isto é, a experiência a ninguém ensinou, até agora, o que o corpo – exclusivamente pelas leis da natureza enquanto considerada apenas corporalmente, sem que seja determinado pela mente – pode e o que não pode fazer. Pois, ninguém conseguiu, até agora, conhecer tão precisamente a estrutura do corpo que fosse capaz de explicar todas as suas funções, sem falar que se observam, nos animais, muitas coisas que superam em muito a sagacidade humana, e que os sonâmbulos fazem muitas coisas, nos sonhos, que não ousariam fazer acordados. Isso basta para mostrar que o corpo, por si só, em virtude exclusivamente das leis da natureza, é capaz de muitas coisas que surpreendem a sua própria mente. Além disso, ninguém sabe por qual método, nem por quais meios, a mente move o corpo, nem que quantidade de movimento ela pode imprimir-lhe, nem com que velocidade ela pode movê-lo. Disso se segue que, quando os homens dizem que esta ou aquela ação

habet, eos nescire, quid dicant, nec aliud agere, quam speciosis verbis fateri, se veram illius actionis causam absque admiratione ignorare. At dicent, sive sciant sive nesciant, quibus mediis mens moveat corpus, se tamen experiri, quod nisi mens humana apta esset ad excogitandum, corpus iners esset; deinde se experiri, in sola mentis potestate esse, tam loqui quam tacere, et alia multa, quae proinde a mentis decreto pendere credunt. Sed quod ad primum attinet, ipsos rogo, num experientia non etiam doceat, quod si contra corpus iners sit, mens simul ad cogitandum sit inepta? Nam cum corpus somno quiescit, mens simul cum ipso sopita manet, nec potestatem habet, veluti cum vigilat, excogitandi. Deinde omnes expertos esse credo, mentem non semper aeque aptam esse ad cogitandum de eodem obiecto; sed prout corpus aptius est, ut in eo huius vel illius obiecti imago excitetur, ita mentem aptiorem esse ad hoc vel illud obiectum contemplandum. At dicent ex solis legibus naturae, quatenus corporea tantum consideratur, fieri non posse, ut causae aedificiorum, picturarum rerumque huiusmodi, quae sola humana arte fiunt, possint deduci, nec corpus humanum, nisi a mente determinaretur ducereturque, pote esset ad templum aliquod aedificandum. Verum ego iam ostendi, ipsos nescire, quid corpus possit, quidve ex sola ipsius naturae contemplatione possit deduci, ipsosque plurima experiri ex solis naturae legibus fieri, quae nunquam credidissent posse fieri, nisi ex mentis directione, ut sunt ea, quae somnambuli in somnis agunt, quaeque ipsi, dum vigilant, admirantur. Addo hic ipsam corporis humani fabricam, quae artificio longissime superat omnes, quae humana arte fabricatae sunt, ut iam taceam, quod supra ostenderim, ex natura sub quovis attributo considerata infinita sequi. Quod porro ad secundum attinet, sane longe felicius sese res humanae haberent, si aeque in hominis potestate esset tam tacere, quam loqui. At experientia satis superque docet, homines nihil minus in potestate habere quam linguam, nec minus posse, quam appetitus moderari suos. Unde factum, ut plerique credant, nos ea tantum libere agere, quae leviter petimus, quia earum rerum appetitus facile contrahi potest memoria alterius rei, cuius frequenter recordamur; sed illa minime, quae magno cum affectu petimus et qui alterius rei memoria sedari nequit. Verumenimvero nisi experti essent, nos plura agere quorum postea poenitet, nosque saepe, quando scilicet contrariis affectibus conflictamur, meliora videre et deteriora sequi, nihil impediret, quominus crederent nos omnia libere agere. Sic

provém da mente, que ela tem domínio sobre o corpo, não sabem o que dizem, e não fazem mais do que confessar, com palavras enganosas, que ignoram, sem nenhum espanto, a verdadeira causa dessa ação. Mas, dirão, saiba-se ou não por quais meios a mente move o corpo, a experiência mostra, entretanto, que se a mente não fosse capaz de pensar, o corpo ficaria inerte. Dirão também que a experiência mostra que estão sob o poder exclusivo da mente coisas tais como o falar e o calar, bem como muitas outras, acreditando, assim, que elas dependem da decisão da mente. Mas quanto ao primeiro ponto, pergunto-lhes: não é verdade que a experiência igualmente ensina que se, inversamente, o corpo está inerte, a mente não se torna também incapaz de pensar? Pois quando o corpo repousa durante o sono, também a mente, ao mesmo tempo que ele, permanece adormecida, não tendo, como quando está acordada, a capacidade de pensar. Acredito, além disso, que todos sabem, por experiência, que a mente não é capaz de pensar, a cada vez, de maneira igual, sobre um mesmo objeto; em vez disso, a mente é tanto mais capaz de considerar este ou aquele objeto, quanto mais o corpo é capaz de ser estimulado pela imagem deste ou daquele objeto. Dirão, entretanto, não ser possível deduzir, em virtude exclusivamente das leis da natureza, enquanto considerada apenas sob seu aspecto corporal, as causas dos edifícios, dos quadros e de objetos similares, que são produzidos exclusivamente pelo engenho humano, e que o corpo humano, se não fosse determinado e conduzido pela mente, não seria capaz de edificar um templo. Já demonstrei, porém, que eles não sabem o que pode um corpo, nem o que pode ser deduzido exclusivamente da consideração de sua natureza, e que a experiência lhes mostra que se fazem, em virtude exclusivamente das leis da natureza, muitas coisas que eles nunca acreditariam poder ter sido feitas sem a direção da mente, como as que fazem os sonâmbulos durante o sono e das quais eles próprios se surpreendem quando acordados. Acrescento, aqui, a própria estrutura do corpo humano, que, em engenhosidade, supera, em muito, todas as coisas que são construídas pela arte humana, para não falar do que mostrei anteriormente: que da natureza, considerada sob qualquer um de seus atributos, seguem-se infinitas coisas. Quanto ao segundo ponto, certamente as coisas humanas estariam numa situação bem melhor se tanto o calar quanto o falar também estivessem sob o poder do homem. A experiência, entretanto, ensina, sobejamente, que nada está menos sob o poder dos homens do que a sua língua, e que não há nada de que sejam menos capazes do que de regular seus apetites. Disso decorre que muitos acreditam que só fazemos livremente aquelas coisas que perseguimos sem muito empenho, pois o apetite por essas coisas pode ser facilmente mitigado pela recordação de alguma outra coisa de que nos lembramos com frequência, mas que fazemos muito pouco livremente aquelas coisas que perseguimos com um afeto intenso, o qual não pode ser atenuado pela recordação de outra coisa. Se a experiência, entretanto, não mostrasse aos homens que fazemos muitas coisas das quais, depois, nos arrependemos, e que, frequentemente, quando somos afligidos por afetos opostos, percebemos o

infans se lac libere appetere credit, puer autem iratus vindictam velle et timidus fugam. Ebrius deinde credit, se ex libero mentis decreto ea loqui, quae postea sobrius vellet tacuisse. Sic delirans, garrula, puer et huius farinae plurimi ex libero mentis decreto credunt loqui, cum tamen loquendi impetum, quem habent, continere nequeant, ita ut ipsa experientia non minus clare, quam ratio doceat, quod homines ea sola de causa liberos se esse credant, quia suarum actionum sunt conscii et causarum, a quibus determinantur, ignari; et praeterea quod mentis decreta nihil sint praeter ipsos appetitus, quae propterea varia sunt pro varia corporis dispositione. Nam unusquisque ex suo affectu omnia moderatur, et qui praeterea contrariis affectibus conflictantur, quid velint, nesciunt; qui autem nullo, facili momento huc atque illuc pelluntur. Quae omnia profecto clare ostendunt, mentis tam decretum, quam appetitum et corporis determinationem simul esse natura, vel potius unam eandemque rem, quam, quando sub cogitationis attributo consideratur et per ipsum explicatur, decretum appellamus, et quando sub extensionis attributo consideratur et ex legibus motus et quietis deducitur, determinationem vocamus; quod adhuc clarius ex iam dicendis patebit. Nam aliud est, quod hic apprime notari vellem, nempe quod nos nihil ex mentis decreto agere possumus, nisi eius recordemur. Ex. gr. non possumus verbum loqui, nisi eiusdem recordemur. Deinde in libera mentis potestate non est, rei alicuius recordari vel eiusdem oblivisci. Quare hoc tantum in mentis potestate esse creditur, quod rem, cuius recordamur, vel tacere vel loqui ex solo mentis decreto possumus. Verum cum nos loqui somniamus, credimus nos ex libero mentis decreto loqui, nec tamen loquimur, vel si loquimur, id ex corporis spontaneo motu fit. Somniamus deinde, nos quaedam homines celare, idque eodem mentis decreto, quo, dum vigilamus, ea quae scimus tacemus. Somniamus denique, nos ex mentis decreto quaedam agere, quae, dum vigilamus, non audemus; atque adeo pervelim scire, an in mente duo decretorum genera dentur, phantasticorum unum et liberorum alterum? Quod si eo usque insanire non libet, necessario concedendum est, hoc mentis decretum, quod liberum esse creditur, ab ipsa imaginatione sive memoria non distingui, nec aliud esse praeter illam affirmationem, quam idea, quatenus idea est, necessario involvit (vide prop. 49 P. 2). Atque adeo haec mentis decreta eadem necessitate in mente oriuntur, ac ideae rerum actu existentium. Qui igitur credunt, se ex libero mentis decreto loqui vel tacere vel quicquam agere, oculis apertis somniant.

que é melhor, mas fazemos o que é pior, nada os impediria de acreditar que fazemos tudo livremente. Assim, uma criancinha acredita apetecer, livremente, o leite; um menino furioso, a vingança; e o intimidado, a fuga. Um homem embriagado também acredita que é pela livre decisão de sua mente que fala aquilo sobre o qual, mais tarde, já sóbrio, preferiria ter calado. Igualmente, o homem que diz loucuras, a mulher que fala demais, a criança e muitos outros do mesmo gênero acreditam que assim se expressam por uma livre decisão da mente, quando, na verdade, não são capazes de conter o impulso que os leva a falar. Assim, a própria experiência ensina, não menos claramente que a razão, que os homens se julgam livres apenas porque estão conscientes de suas ações, mas desconhecem as causas pelas quais são determinados. Ensina também que as decisões da mente nada mais são do que os próprios apetites: elas variam, portanto, de acordo com a variável disposição do corpo. Assim, cada um regula tudo de acordo com o seu próprio afeto e, além disso, aqueles que são afligidos por afetos opostos não sabem o que querem, enquanto aqueles que não têm nenhum afeto são, pelo menor impulso, arrastados de um lado para o outro. Sem dúvida, tudo isso mostra claramente que tanto a decisão da mente, quanto o apetite e a determinação do corpo são, por natureza, coisas simultâneas, ou melhor, são uma só e mesma coisa, que chamamos decisão quando considerada sob o atributo do pensamento e explicada por si mesma, e determinação, quando considerada sob o atributo da extensão e deduzida das leis do movimento e do repouso, o que se verá mais claramente no que resta ainda a dizer. Pois gostaria de fazer aqui uma outra observação importante: não podemos, pela decisão da mente, fazer qualquer coisa sem que dela tenhamos uma lembrança prévia. Por exemplo, não podemos falar nenhuma palavra sem que tenhamos dela uma lembrança prévia. Além disso, não está sob o livre poder da mente esquecer ou lembrar alguma coisa. É por isso que se julga que só está sob o poder da mente, por sua exclusiva decisão, a nossa capacidade de calar ou de falar aquilo do qual nos lembramos. Porém quando sonhamos que falamos, julgamos que o fazemos pela livre decisão da mente, quando, na verdade, não falamos, ou, se falamos é por um movimento espontâneo do corpo. Também sonhamos que ocultamos certas coisas dos outros, o que faríamos pela mesma decisão da mente, a qual, quando acordados, nos faz calar o que sabemos. Sonhamos, enfim, que fazemos, pela decisão da mente, certas coisas, as quais, quando acordados, não ousamos fazer. Assim, gostaria muito de saber se existiriam, então, na mente, dois tipos de decisões: de um lado, as fantásticas; de outro, as livres. Se não se quiser levar a insensatez tão longe, é preciso admitir que essa decisão da mente, que se julga ser livre, não se distingue da própria imaginação ou da memória, e não é senão a afirmação que a ideia, enquanto é uma ideia, necessariamente envolve (veja-se a prop. 49 da P. 2). E, assim, essas decisões da mente surgem, nela, com a mesma necessidade com que surgem as ideias das coisas existentes em ato. Aqueles, portanto, que julgam que é pela livre decisão da mente que falam, calam, ou fazem qualquer outra coisa, sonham de olhos abertos.

Propositio III. **Mentis actiones ex solis ideis adaequatis oriuntur, passiones autem a solis inadaequatis pendent.**

Demonstratio. Primum, quod mentis essentiam constituit, nihil aliud est, quam idea corporis actu existentis (per prop. 11 et 13 P. 2), quae (per prop. 15 P. 2) ex multis aliis componitur, quarum quaedam (per coroll. prop. 38 P. 2) sunt adaequatae, quaedam autem inadaequatae (per coroll. prop. 29 P. 2). Quicquid ergo ex mentis natura sequitur et cuius mens causa est proxima, per quam id debet intelligi, necessario ex idea adaequata vel inadaequata sequi debet. At quatenus mens (per prop. 1 huius) ideas habet inadaequatas, eatenus necessario patitur. Ergo mentis actiones ex solis ideis adaequatis sequuntur, et mens propterea tantum patitur quia ideas habet inadaequatas. Q.E.D.

Scholium. Videmus itaque passiones ad mentem non referri, nisi quatenus aliquid habet, quod negationem involvit, sive quatenus consideratur ut naturae pars, quae per se absque aliis non potest clare et distincte percipi; et hac ratione ostendere possem, passiones eodem modo ad res singulares, ac ad mentem referri, nec alia ratione posse percipi. Sed meum institutum est, de sola mente humana agere.

Propositio IV. **Nulla res nisi a causa externa potest destrui.**

Demonstratio. Haec propositio per se patet. Definitio enim cuiuscumque rei ipsius rei essentiam affirmat, sed non negat; sive rei essentiam ponit, sed non tollit. Dum itaque ad rem ipsam tantum, non autem ad causas externas attendimus, nihil in eadem poterimus invenire, quod ipsam possit destruere. Q.E.D.

Propositio V. **Res eatenus contrariae sunt naturae, hoc est, eatenus in eodem subiecto esse nequeunt, quatenus una alteram potest destruere.**

Demonstratio. Si enim inter se convenire vel in eodem subiecto simul esse possent, posset ergo in eodem subiecto aliquid dari, quod ipsum posset destruere, quod (per prop. praeced.) est absurdum. Ergo res etc. Q.E.D.

Propositio VI. **Unaquaeque res, quantum in se est, in suo esse perseverare conatur.**

Demonstratio. Res enim singulares modi sunt, quibus Dei attributa certo et determinato modo exprimuntur (per coroll. prop. 25 P. 1),

Proposição 3. **As ações da mente provêm exclusivamente das ideias adequadas, enquanto as paixões dependem exclusivamente das ideias inadequadas.**

Demonstração. O que, primariamente, constitui a essência da mente não é senão a ideia de um corpo existente em ato (pelas prop. 11 e 13 da P. 2), ideia que (pela prop. 15 da P. 2) se compõe de muitas outras, algumas das quais (pelo corol. da prop. 38 da P. 2) são adequadas, enquanto outras são inadequadas (pelo corol. da prop. 29 da P. 2). Portanto, cada coisa que se segue da natureza da mente, e da qual a mente é causa próxima, por meio da qual essa coisa tem que ser compreendida, deve, necessariamente, seguir-se ou de uma ideia adequada ou de uma ideia inadequada. Mas a mente, enquanto (pela prop. 1) tem ideias inadequadas, necessariamente padece. Logo, as ações da mente seguem-se exclusivamente das ideias adequadas e só padece, portanto, porque tem ideias inadequadas. C. Q. D.

Escólio. Vemos, assim, que as paixões só estão referidas à mente enquanto ela tem algo que envolve uma negação, ou seja, enquanto ela é considerada como uma parte da natureza, a qual, por si só, sem as outras partes, não pode ser percebida clara e distintamente. Pelo mesmo raciocínio, poderia demonstrar que as paixões estão referidas às coisas singulares da mesma maneira que estão referidas à mente, e que não podem ser percebidas de outro modo. Meu propósito, entretanto, é o de tratar apenas da mente humana.

Proposição 4. **Nenhuma coisa pode ser destruída senão por uma causa exterior.**

Demonstração. Esta proposição é evidente por si mesma. Pois a definição de uma coisa qualquer afirma a sua essência; ela não a nega. Ou seja, ela põe a sua essência; ela não a retira. Assim, à medida que consideramos apenas a própria coisa e não as causas exteriores, não poderemos encontrar nela nada que possa destruí-la.

Proposição 5. **À medida que uma coisa pode destruir uma outra, elas são de natureza contrária, isto é, elas não podem estar no mesmo sujeito.**

Demonstração. Com efeito, se elas estivessem de acordo entre si, ou seja, se pudessem estar simultaneamente no mesmo sujeito, então poderia haver no mesmo sujeito algo que poderia destruí-lo, o que (pela prop. prec.) é absurdo. Logo, à medida que uma coisa, etc. C. Q. D.

Proposição 6. **Cada coisa esforça-se, tanto quanto está em si, por perseverar em seu ser.**

Demonstração. Com efeito, as coisas singulares são modos pelos quais os atributos de Deus exprimem-se de uma maneira definida e determinada

hoc est (per prop. 34 P. 1) res, quae Dei potentiam qua Deus est et agit, certo et determinato modo exprimunt. Neque ulla res aliquid in se habet, a quo possit destrui, sive quod eius existentiam tollat (per prop. 4 huius); sed contra ei omni, quod eiusdem existentiam potest tollere, opponitur (per prop. praeced.). Adeoque quantum potest et in se est, in suo esse perseverare conatur. Q.E.D.

Propositio VII. **Conatus, quo unaquaeque res in suo esse perseverare conatur, nihil est praeter ipsius rei actualem essentiam.**

Demonstratio. Ex data cuiuscumque rei essentia quaedam necessario sequuntur (per prop. 36 P. 1), nec res aliud possunt, quam id quod ex determinata earum natura necessario sequitur (per prop. 29 P. 1). Quare cuiuscumque rei potentia sive conatus, quo ipsa vel sola vel cum aliis quidquam agit, vel agere conatur, hoc est (per prop. 6 huius) potentia sive conatus, quo in suo esse perseverare conatur, nihil est praeter ipsius rei datam sive actualem essentiam. Q.E.D.

Propositio VIII. **Conatus, quo unaquaeque res in suo esse perseverare conatur, nullum tempus finitum, sed indefinitum involvit.**

Demonstratio. Si enim tempus limitatum involveret, quod rei durationem determinaret, tum ex sola ipsa potentia, qua res existit, sequeretur, quod res post limitatum illud tempus non posset existere, sed quod deberet destrui. Atqui hoc (per prop. 4 huius) est absurdum. Ergo conatus, quo res existit, nullum tempus definitum involvit, sed contra, quoniam (per eandem prop. 4 huius) si a nulla externa causa destruatur, eadem potentia, qua iam existit, existere perget semper, ergo hic conatus tempus indefinitum involvit. Q.E.D.

Propositio IX. **Mens tam quatenus claras et distinctas, quam quatenus confusas habet ideas, conatur in suo esse perseverare indefinita quadam duratione, et huius sui conatus est conscia.**

Demonstratio. Mentis essentia ex ideis adaequatis et inadaequatis constituitur (ut in prop. 3 huius ostendimus), adeoque (per prop. 7 huius) tam quatenus has, quam quatenus illas habet, in suo esse perseverare conatur; idque (per prop. 8 huius) indefinita quadam duratione. Cum autem mens (per prop. 23 P. 2) per ideas affectionum corporis necessario sui sit conscia, est ergo (per prop. 7 huius) mens sui conatus conscia. Q.E.D.

(pelo corol. da prop. 25 da P. 1), isto é (pela prop. 34 da P. 1), são coisas que exprimem de uma maneira definida e determinada a potência de Deus, por meio da qual ele existe e age. E nenhuma coisa tem em si algo por meio do qual possa ser destruída, ou seja, que retire a sua existência (pela prop. 4); pelo contrário, ela se opõe a tudo que possa retirar a sua existência (pela prop. prec.). E esforça-se, assim, tanto quanto pode e está em si, por perseverar em seu ser. C. Q. D.

Proposição 7. **O esforço pelo qual cada coisa se esforça por perseverar em seu ser nada mais é do que a sua essência atual.**

Demonstração. Da essência dada de uma coisa qualquer seguem-se necessariamente certas consequências (pela prop. 36 da P. 1). Além disso, as coisas não podem fazer senão aquilo que necessariamente se segue de sua natureza determinada (pela prop. 29 da P. 1). Por isso, a potência de uma coisa qualquer, ou seja, o esforço pelo qual, quer sozinha, quer em conjunto com outras, ela age ou se esforça por agir, isto é (pela prop. 6), a potência ou o esforço pelo qual ela se esforça por perseverar em seu ser, nada mais é do que sua essência dada ou atual. C. Q. D.

Proposição 8. **O esforço pelo qual cada coisa se esforça por perseverar em seu ser não envolve nenhum tempo finito, mas um tempo indefinido.**

Demonstração. Com efeito, se envolvesse um tempo limitado, que determinasse a duração da coisa, seguir-se-ia, então, exclusivamente da própria potência pela qual a coisa existe, que, após esse tempo limitado, ela não poderia mais existir, devendo se destruir. Mas isso (pela prop. 4) é absurdo. Portanto, o esforço pelo qual uma coisa existe não envolve, de maneira alguma, um tempo definido, mas, pelo contrário, ela continuará, em virtude da mesma potência pela qual ela existe agora, a existir indefinidamente, desde que (pela mesma prop. 4) não seja destruída por nenhuma causa exterior. Logo, esse esforço envolve um tempo indefinido. C. Q. D.

Proposição 9. **A mente, quer enquanto tem ideias claras e distintas, quer enquanto tem ideias confusas, esforça-se por perseverar em seu ser por uma duração indefinida, e está consciente desse seu esforço.**

Demonstração. A essência da mente é constituída de ideias adequadas e de ideias inadequadas (tal como demonstramos na prop. 3). Ela se esforça, pois (pela prop. 7), por perseverar em seu ser, quer enquanto tem as últimas, quer enquanto tem as primeiras, o que ocorre (pela prop. 8) por uma duração indefinida. Ora, como a mente, por meio das ideias das afecções do corpo, está necessariamente consciente de si mesma (pela prop. 23 da P. 2), ela está consciente, portanto (pela prop. 7), do seu esforço. C. Q. D.

Scholium. Hic conatus cum ad mentem solam refertur, voluntas appellatur; sed cum ad mentem et corpus simul refertur, vocatur appetitus, qui proinde nihil aliud est, quam ipsa hominis essentia, ex cuius natura ea, quae ipsius conservationi inserviunt, necessario sequuntur; atque adeo homo ad eadem agendum determinatus est. Deinde inter appetitum et cupiditatem nulla est differentia, nisi quod cupiditas ad homines plerumque referatur, quatenus sui appetitus sunt conscii; et propterea sic definiri potest, nempe cupiditas est appetitus cum eiusdem conscientia. Constat itaque ex his omnibus, nihil nos conari, velle, appetere neque cupere, quia id bonum esse iudicamus; sed contra nos propterea aliquid bonum esse iudicare, quia id conamur, volumus, appetimus atque cupimus.

Propositio X. **Idea, quae corporis nostri existentiam secludit, in nostra mente dari nequit, sed eidem est contraria.**

Demonstratio. Quicquid corpus nostrum potest destruere, in eodem dari nequit (per prop. 5 huius). Adeoque neque eius rei idea potest in Deo dari, quatenus nostri corporis ideam habet (per coroll. prop. 9 P. 2), hoc est (per prop. 11 et 13 P. 2) eius rei idea in nostra mente dari nequit; sed contra, quoniam (per prop. 11 et 13 P. 2) primum, quod mentis essentiam constituit, est idea corporis actu existentis, primum et praecipuum nostrae mentis conatus est (per prop. 7 huius) corporis nostri existentiam affirmare. Atque adeo idea, quae corporis nostri existentiam negat, nostrae menti est contraria etc. Q.E.D.

Propositio XI. **Quicquid corporis nostri agendi potentiam auget vel minuit, iuvat vel coercet, eiusdem rei idea mentis nostrae cogitandi potentiam auget vel minuit, iuvat vel coercet.**

Demonstratio. Haec propositio patet ex prop. 7 P. 2 vel etiam ex prop. 14 P. 2.

Scholium. Videmus itaque mentem magnas posse pati mutationes, et iam ad maiorem, iam autem ad minorem perfectionem transire, quae quidem passiones nobis explicant affectus laetitiae et tristitiae. Per laetitiam itaque in sequentibus intelligam passionem, qua mens ad maiorem perfectionem transit; per tristitiam autem passionem, qua ipsa ad minorem transit perfectionem. Porro affectum laetitiae ad mentem et corpus simul relatum titillationem vel hilaritatem voco; tristitiae autem dolorem vel melancholiam. Sed notandum, titillationem et dolorem ad hominem referri, quando una eius pars prae reliquis est

Escólio. Esse esforço, à medida que está referido apenas à mente, chama-se vontade; mas à medida que está referido simultaneamente à mente e ao corpo chama-se apetite, o qual, portanto, nada mais é do que a própria essência do homem, de cuja natureza necessariamente se seguem aquelas coisas que servem para a sua conservação, e as quais o homem está, assim, determinado a realizar. Além disso, entre apetite e desejo não há nenhuma diferença, excetuando-se que, comumente, refere-se o desejo aos homens à medida que estão conscientes de seu apetite. Pode-se fornecer, assim, a seguinte definição: o desejo é o apetite juntamente com a consciência que dele se tem. Torna-se, assim, evidente, por tudo isso, que não é por julgarmos uma coisa boa que nos esforçamos por ela, que a queremos, que a apetecemos, que a desejamos, mas, ao contrário, é por nos esforçarmos por ela, por querê-la, por apetecê-la, por desejá-la, que a julgamos boa.

Proposição 10. Uma ideia que exclui a existência de nosso corpo não pode existir em nossa mente, mas lhe é contrária.

Demonstração. Qualquer coisa que possa destruir o nosso corpo não pode nele existir (pela prop. 5). Consequentemente, a ideia dessa coisa não pode existir em Deus, enquanto ele tem a ideia de nosso corpo (pelo corol. da prop. 9 da P. 2), isto é (pelas prop. 11 e 13 da P. 2), a ideia dessa coisa não pode existir em nossa mente. Pelo contrário, como (pelas prop. 11 e 13 da P. 2) o que, primeiramente, constitui a essência da mente é a ideia do corpo existente em ato, o que é primeiro e primordial para nossa mente (pela prop. 7) é o esforço por afirmar a existência de nosso corpo. E, portanto, uma ideia que nega a existência de nosso corpo é contrária à nossa mente, etc. C. Q. D.

Proposição 11. Se uma coisa aumenta ou diminui, estimula ou refreia a potência de agir de nosso corpo, a ideia dessa coisa aumenta ou diminui, estimula ou refreia a potência de pensar de nossa mente.

Demonstração. Esta proposição é evidente pela prop. 7 da P. 2 ou, ainda, pela prop. 14 da P. 2.

Escólio. Vemos, assim, que a mente pode padecer grandes mudanças, passando ora a uma perfeição maior, ora a uma menor, paixões essas que nos explicam os afetos da alegria e da tristeza. Assim, por alegria compreenderei, daqui por diante, uma paixão pela qual a mente passa a uma perfeição maior. Por tristeza, em troca, compreenderei uma paixão pela qual a mente passa a uma perfeição menor. Além disso, chamo o afeto da alegria, quando está referido simultaneamente à mente e ao corpo, de excitação ou contentamento; o da tristeza, em troca, chamo de dor ou melancolia. Deve-se observar, entretanto, que a excitação e a dor estão referidos ao homem quando uma de suas partes é mais afetada do que as restantes; o contentamento

affecta; hilaritatem autem et melancholiam, quando omnes pariter sunt affectae. Quid deinde cupiditas sit in schol. prop. 9 huius partis explicui et praeter hos tres nullum alium agnosco affectum primarium; nam reliquos ex his tribus oriri in seqq. ostendam. Sed antequam ulterius pergam, lubet hic fusius prop. 10 huius explicare, ut clarius intelligatur, qua ratione idea ideae sit contraria.

In schol. prop. 17 P. 2 ostendimus, ideam quae mentis essentiam constituit, corporis existentiam tamdiu involvere, quamdiu ipsum corpus existit. Deinde ex iis quae in coroll. prop. 8 P. 2 et in eiusdem schol. ostendimus, sequitur, praesentem nostrae mentis existentiam ab hoc solo pendere, quod sc. mens actualem corporis existentiam involvit. Denique mentis potentiam, qua ipsa res imaginatur earumque recordatur, ab hoc etiam pendere ostendimus (vide prop. 17 et 18 P. 2 cum eius schol.), quod ipsa actualem corporis existentiam involvit. Ex quibus sequitur, mentis praesentem existentiam eiusque imaginandi potentiam tolli, simulatque mens praesentem corporis existentiam affirmare desinit. At causa, cur mens hanc corporis existentiam affirmare desinit, non potest esse ipsa mens (per prop. 4 huius), nec etiam quod corpus esse desinit. Nam (per prop. 6 P. 2) causa, cur mens corporis existentiam affirmat, non est, quia corpus existere incepit (quare, per eandem rationem nec ipsius corporis existentiam affirmare desinit quia corpus esse desinit); sed (per prop. 8 P. 2) hoc ab alia idea oritur, quae nostri corporis, et consequenter nostrae mentis praesentem existentiam secludit; quaeque adeo ideae, quae nostrae mentis essentiam constituit, est contraria.

Propositio XII. **Mens quantum potest, ea imaginari conatur, quae corporis agendi potentiam augent vel iuvant.**

Demonstratio. Quamdiu humanum corpus affectum est modo, qui naturam corporis alicuius externi involvit, tamdiu mens humana idem corpus ut praesens contemplabitur (per prop. 17 P. 2); et consequenter (per prop. 7 P. 2) quamdiu mens aliquod externum corpus ut praesens contemplatur, hoc est (per eiusdem prop. 17 schol.) imaginatur, tamdiu humanum corpus affectum est modo, qui naturam eiusdem corporis externi involvit. Atque adeo quamdiu mens ea imaginatur, quae corporis nostri agendi potentiam augent vel iuvant, tamdiu corpus affectum est modis, qui eiusdem agendi potentiam augent vel iuvant (vide postul. 1 huius); et consequenter (per prop. 11 huius) tamdiu mentis cogitandi potentia augetur vel iuvatur. Ac proinde

e a melancolia, por outro lado, quando todas as suas partes são igualmente afetadas. Quanto ao desejo, expliquei-o no esc. da prop. 9. Afora esses três, não reconheço nenhum outro afeto primário. De fato, demonstrarei, no que se segue, que desses três provêm todos os outros. Mas antes de prosseguir, gostaria de explicar mais detalhadamente a prop. 10, para que se compreenda mais claramente por qual razão uma ideia é contrária a uma outra.

Mostramos, no esc. da prop. 17 da P. 2, que a ideia que constitui a essência da mente envolve a existência do corpo por todo o tempo que esse corpo existir. Além disso, segue-se, do que demonstramos no corol. da prop. 8 da P. 2 e no seu esc., que a existência presente de nossa mente depende apenas disso: que a mente envolve a existência atual do corpo. Mostramos, finalmente, que a potência da mente, em virtude da qual ela imagina as coisas e delas se recorda, depende, igualmente (vejam-se as prop. 17 e 18 da P. 2, juntamente com seu esc.), do fato de que a mente envolve a existência atual do corpo. Disso se segue que a existência presente da mente e a sua potência de imaginar são eliminadas assim que a mente deixa de afirmar a existência do corpo. Mas a causa pela qual a mente deixa de afirmar essa existência do corpo não pode ser a própria mente (pela prop. 4), nem tampouco o fato de o corpo deixar de existir. Com efeito (pela prop. 6 da P. 2), a causa pela qual a mente afirma a existência do corpo não é o fato de o corpo ter começado a existir. Portanto, pela mesma razão, não é pelo fato de o corpo deixar de existir que ela deixa de afirmar a existência desse corpo. Isso provém (pela prop. 8 da P. 2), na verdade, de uma outra ideia, a qual exclui a existência presente de nosso corpo e, consequentemente, a de nossa mente, e que é, portanto, contrária à ideia que constitui a essência de nossa mente.

Proposição 12. **A mente esforça-se, tanto quanto pode, por imaginar aquelas coisas que aumentam ou estimulam a potência de agir do corpo.**

Demonstração. Durante todo o tempo em que o corpo humano estiver afetado de uma maneira que envolva a natureza de algum corpo exterior, a mente humana considerará esse corpo como presente (pela prop. 17 da P. 2) e, consequentemente (pela prop. 7 da P. 2), durante todo o tempo em que a mente humana considerar um corpo exterior como presente, isto é (pelo esc. da mesma prop. 17), durante o tempo em que o imaginar, o corpo humano estará afetado de uma maneira que envolve a natureza desse corpo exterior. E, portanto, durante todo o tempo em que a mente imaginar aquelas coisas que aumentam ou estimulam a potência de agir de nosso corpo, o corpo estará afetado de maneiras que aumentam ou estimulam sua potência de agir (veja-se o post. 1) e, consequentemente (pela prop. 11), durante esse tempo, a potência de pensar da mente é aumentada ou

(per prop. 6 vel 9 huius) mens quantum potest, eadem imaginari conatur. Q.E.D.

Propositio XIII. **Cum mens ea imaginatur, quae corporis agendi potentiam minuunt vel coercent, conatur, quantum potest, rerum recordari, quae horum existentiam secludunt.**

Demonstratio. Quamdiu mens quicquam tale imaginatur, tamdiu mentis et corporis potentia minuitur vel coercetur (ut in praeced. prop. demonstravimus), et nihilominus id tamdiu imaginabitur, donec mens aliud imaginetur, quod huius praesentem existentiam secludat (per prop. 17 P. 2), hoc est (ut modo ostendimus) mentis et corporis potentia tamdiu minuitur vel coercetur, donec mens aliud imaginetur, quod huius existentiam secludit, quodque adeo mens (per prop. 9 huius) quantum potest, imaginari vel recordari conabitur. Q.E.D.

Corollarium. Hinc sequitur, quod mens ea imaginari aversatur, quae ipsius et corporis potentiam minuunt vel coercent.

Scholium. Ex his clare intelligimus quid amor quidque odium sit. Nempe amor nihil aliud est, quam laetitia concomitante idea causae externae et odium nihil aliud quam tristitia concomitante idea causae externae. Videmus deinde quod ille, qui amat, necessario conatur rem, quam amat, praesentem habere et conservare; et contra qui odit, rem, quam odio habet, amovere et destruere conatur. Sed de his omnibus in seqq. prolixius.

Propositio XIV. **Si mens duobus affectibus simul affecta semel fuit, ubi postea eorum alterutro afficietur, afficietur etiam altero.**

Demonstratio. Si corpus humanum a duobus corporibus simul affectum semel fuit, ubi mens postea eorum alterutrum imaginatur, statim et alterius recordabitur (per prop. 18 P. 2). At mentis imaginationes magis nostri corporis affectus, quam corporum externorum naturam indicant (per coroll. 2 prop. 16 P. 2). Ergo si corpus et consequenter mens (vide defin. 3 huius) duobus affectibus semel affecta fuit, ubi postea eorum alterutro afficietur, afficietur etiam altero. Q.E.D.

Propositio XV. **Res quaecumque potest esse per accidens causa laetitiae, tristitiae vel cupiditatis.**

Demonstratio. Ponatur mens duobus affectibus simul affici, uno scilicet, qui eius agendi potentiam neque auget neque minuit et altero,

estimulada. Logo (pela prop. 6 ou 9), a mente esforça-se, tanto quanto pode, por imaginar essas coisas. C. Q. D.

Proposição 13. **Quando a mente imagina aquelas coisas que diminuem ou refreiam a potência de agir do corpo, ela se esforça, tanto quanto pode, por se recordar de coisas que excluam a existência das primeiras.**

Demonstração. Durante todo o tempo em que a mente imaginar essas coisas, a potência da mente e a do corpo serão diminuídas ou refreadas (como demonstramos na prop. prec.). Mas continuará a imaginá-las, até que imagine outras coisas que excluam a existência presente das primeiras (pela prop. 17 da P. 2), isto é (como acabamos de demonstrar), a potência da mente e a do corpo serão diminuídas ou refreadas até que a mente imagine outras coisas que excluam a existência das primeiras. A mente se esforçará, portanto (pela prop. 9), tanto quanto pode, por imaginar essas outras coisas ou delas se recordar. C. Q. D.

Corolário. Disso se segue que a mente evita imaginar aquelas coisas que diminuem ou refreiam a sua potência e a do corpo.

Escólio. Pelo que foi dito, compreendemos claramente o que é o amor e o que é o ódio. O amor nada mais é do que a alegria, acompanhada da ideia de uma causa exterior, e o ódio nada mais é do que a tristeza, acompanhada da ideia de uma causa exterior. Vemos, além disso, que aquele que ama esforça-se, necessariamente, por ter presente e conservar a coisa que ama. E, contrariamente, aquele que odeia esforça-se por afastar e destruir a coisa que odeia. Mas desenvolverei tudo isso detalhadamente no que se segue.

Proposição 14. **Se a mente foi, uma vez, simultaneamente afetada de dois afetos, sempre que, mais tarde, for afetada de um deles, será também afetada do outro.**

Demonstração. Se o corpo humano foi simultaneamente afetado, uma vez, por dois corpos, sempre que, mais tarde, a mente imaginar um deles, em seguida se recordará também do outro (pela prop. 18 da P. 2). Ora, as imaginações da mente são mais indicadoras dos afetos de nosso corpo do que da natureza dos corpos exteriores (pelo corol. 2 da prop. 16 da P. 2). Logo, se o corpo foi, uma vez, simultaneamente afetado de dois afetos, e, portanto, também a mente (veja-se a def. 3), sempre que, mais tarde, esta última for afetada de um deles, será também afetada do outro. C. Q. D.

Proposição 15. **Qualquer coisa pode ser, por acidente, causa de alegria, de tristeza ou de desejo.**

Demonstração. Suponhamos que a mente seja simultaneamente afetada de dois afetos, um dos quais não aumenta nem diminui sua potência de agir,

qui eandem vel auget vel minuit (vide postul. 1 huius). Ex praeced. prop. patet, quod ubi mens postea illo a sua vera causa, quae (per hypothesin) per se eius cogitandi potentiam nec auget nec minuit, afficietur, statim et hoc altero, qui ipsius cogitandi potentiam auget vel minuit, hoc est (per schol. prop. 11 huius) laetitia vel tristitia afficietur; atque adeo illa res non per se, sed per accidens causa erit laetitiae vel tristitiae. Atque hac eadem via facile ostendi potest, rem illam posse per accidens causam esse cupiditatis. Q.E.D.

Corollarium. Ex eo solo, quod rem aliquam affectu laetitiae vel tristitiae, cuius ipsa non est causa efficiens, contemplati sumus, eandem amare vel odio habere possumus.

Demonstratio. Nam ex hoc solo fit (per prop. 14 huius), ut mens hanc rem postea imaginando affectu laetitiae vel tristitiae afficiatur, hoc est (per schol. prop. 11 huius) ut mentis et corporis potentia augeatur vel minuatur etc. Et consequenter (per prop. 12 huius) ut mens eandem imaginari cupiat vel (per coroll. prop. 13 huius) aversetur, hoc est (per schol. prop. 13 huius) ut eandem amet vel odio habeat. Q.E.D.

Scholium. Hinc intelligimus, qui fieri potest, ut quaedam amemus vel odio habeamus absque ulla causa nobis cognita; sed tantum ex sympathia (ut aiunt) et antipathia. Atque huc referenda etiam ea obiecta, quae nos laetitia vel tristitia afficiunt ex eo solo, quod aliquid simile habent obiectis, quae nos iisdem affectibus afficere solent, ut in seq. prop. ostendam. Scio equidem auctores, qui primi haec nomina sympathiae et antipathiae introduxerunt, significare iisdem voluisse rerum occultas quasdam qualitates; sed nihilominus credo nobis licere, per eadem notas vel manifestas etiam qualitates intelligere.

Propositio XVI. **Ex eo solo, quod rem aliquam aliquid habere imaginamur simile obiecto, quod mentem laetitia vel tristitia afficere solet, quamvis id, in quo res obiecto est similis, non sit horum affectuum efficiens causa, eam tamen amabimus vel odio habebimus.**

Demonstratio. Id quod simile est obiecto, in ipso obiecto (per hypothesin) cum affectu laetitiae vel tristitiae contemplati sumus atque adeo (per prop. 14 huius) cum mens eius imagine afficietur, statim etiam hoc vel illo afficietur affectu, et consequenter res, quam hoc idem habere percipimus, erit (per prop. 15 huius) per accidens laetitiae

enquanto o outro aumenta ou diminui essa potência (veja-se o post. 1). É evidente, pela prop. prec., que sempre que, mais tarde, a mente for afetada do primeiro, em consequência de sua verdadeira causa, a qual (por hipótese), por si mesma, não aumenta nem diminui sua potência de pensar, imediatamente será também afetada do outro, o qual aumenta ou diminui sua potência de pensar, isto é (pelo esc. da prop. 11), será afetada de alegria ou de tristeza. E, portanto, o primeiro afeto será causa, não por si mesmo, mas por acidente, de alegria ou tristeza. Pelo mesmo procedimento, pode-se facilmente demonstrar que essa coisa pode ser, por acidente, causa de desejo. C. Q. D.

Corolário. Simplesmente por termos considerado uma coisa com um afeto de tristeza ou de alegria, afeto do qual essa coisa não é a causa eficiente, podemos amá-la ou odiá-la.

Demonstração. Com efeito, resulta, simplesmente por isso (pela prop. 14), que a mente, ao imaginar, mais tarde, essa coisa, é afetada de um afeto de alegria ou de tristeza, isto é (pelo esc. da prop. 11), resulta que a potência da mente e a do corpo são aumentadas ou diminuídas, etc. E, consequentemente, resulta que a mente deseja (pela prop. 12) imaginar essa coisa ou evita (pelo corol. da prop. 13) fazê-lo, isto é (pelo esc. da prop. 13), a mente a ama ou a odeia. C. Q. D.

Escólio. Compreendemos, assim, como pode ocorrer que amemos ou odiemos certas coisas sem que saibamos a causa, mas apenas por simpatia (como se costuma dizer) ou por antipatia. Devem ser também mencionados aqueles objetos que nos afetam de alegria ou de tristeza simplesmente por terem algo de semelhante com objetos que habitualmente nos afetam desses afetos, como demonstrarei nas prop. seguintes. Sei, obviamente, que os autores que, inicialmente, introduziram os nomes de simpatia e de antipatia queriam, com eles, significar certas qualidades ocultas das coisas. Creio, entretanto, que nos é permitido compreendê-los também com o significado de qualidades notórias ou manifestas.

Proposição 16. Simplesmente por imaginarmos que uma coisa tem algo de semelhante com um objeto que habitualmente afeta a mente de alegria ou de tristeza, ainda que aquilo pelo qual a coisa se assemelha ao objeto não seja a causa eficiente desses afetos, amaremos, ainda assim, aquela coisa ou a odiaremos.

Demonstração. Consideramos, antes, no objeto em questão (por hipótese), com um afeto de alegria ou de tristeza, aquilo que a coisa tem de semelhante com o objeto. E, portanto (pela prop. 14), quando a mente for afetada pela imagem disso que eles têm de semelhante, imediatamente será também afetada de um ou outro daqueles afetos. Consequentemente, a coisa na qual percebemos esse algo de semelhante, será (pela prop. 15),

vel tristitiae causa. Adeoque (per praeced. coroll.) quamvis id, in quo obiecto est similis, non sit horum affectuum causa efficiens, eam tamen amabimus vel odio habebimus. Q.E.D.

Propositio XVII. **Si rem, quae nos tristitiae affectu afficere solet, aliquid habere imaginamur simile alteri, quae nos aeque magno laetitiae affectu solet afficere, eandem odio habebimus et simul amabimus.**

Demonstratio. Est enim (per hypothesin) haec res per se tristitiae causa, et (per schol. prop. 13 huius) quatenus eandem hoc affectu imaginamur, eandem odio habemus; et quatenus praeterea aliquid habere imaginamur simile alteri quae nos aeque magno laetitiae affectu afficere solet, aeque magno laetitiae conamine amabimus (per prop. praeced.). Atque adeo eandem odio habebimus et simul amabimus. Q.E.D.

Scholium. Haec mentis constitutio quae scilicet ex duobus contrariis affectibus oritur, animi vocatur fluctuatio, quae proinde affectum respicit, ut dubitatio imaginationem (vide schol. prop. 44 P. 2); nec animi fluctuatio et dubitatio inter se differunt, nisi secundum maius et minus. Sed notandum, me in prop. praeced. has animi fluctuationes ex causis deduxisse, quae per se unius et per accidens alterius affectus sunt causa. Quod ideo feci, quia sic facilius ex praecedentibus deduci poterant; at non, quod negem, animi fluctuationes plerumque oriri ab obiecto, quod utriusque affectus sit efficiens causa. Nam corpus humanum (per postul. 1 P. 2) ex plurimis diversae naturae individuis componitur, atque adeo (per axiom. 1 post lem. 3 quod vide post prop. 13 P. 2) ab uno eodemque corpore plurimis diversisque modis potest affici; et contra, quia una eademque res multis modis potest affici, multis ergo etiam diversisque modis unam eandemque corporis partem afficere poterit. Ex quibus facile concipere possumus, unum idemque obiectum posse esse causam multorum contrariorumque affectuum.

Propositio XVIII. **Homo ex imagine rei praeteritae aut futurae eodem laetitiae et tristitiae affectu afficitur, ac ex imagine rei praesentis.**

Demonstratio. Quamdiu homo rei alicuius imagine affectus est, rem ut praesentem, tametsi non existat, contemplabitur (per prop. 17 P. 2 cum eiusdem coroll.), nec ipsam ut praeteritam aut futuram imaginatur, nisi quatenus eius imago iuncta est imagini temporis praeteriti aut

por acidente, causa de alegria ou de tristeza. Logo (pelo corol. prec.), mesmo que aquilo pelo qual a coisa se assemelha ao objeto não seja a causa eficiente desses afetos, amaremos, ainda assim, aquela coisa ou a odiaremos. C. Q. D.

Proposição 17. **Se imaginamos que uma coisa que habitualmente nos afeta de um afeto de tristeza tem algo de semelhante com outra que habitualmente nos afeta de um afeto de alegria igualmente grande, nós a odiaremos e, ao mesmo tempo, a amaremos.**

Demonstração. Com efeito, essa coisa (por hipótese) é, por si mesma, causa de tristeza, e (pelo esc. da prop. 13), à medida que a imaginamos com esse afeto, nós a odiaremos. Por outro lado, à medida que imaginamos que ela tem algo de semelhante com outra que habitualmente nos afeta de um afeto de alegria igualmente grande, nós a amaremos com uma intensidade de alegria igualmente grande (pela prop. prec.). Portanto, nós a odiaremos e, ao mesmo tempo, a amaremos. C. Q. D.

Escólio. O estado da mente que provém de dois afetos contrários é chamado de flutuação de ânimo e está para o afeto assim como a dúvida está para a imaginação (veja-se o esc. da prop. 44 da P. 2); a flutuação de ânimo e a dúvida não diferem entre si a não ser por uma questão de grau. Deve-se observar que, na prop. prec., deduzi essas flutuações de ânimo de dois tipos de causas: no caso de um dos afetos em questão, de uma causa por si mesma e, no do outro, de uma causa por acidente. Assim procedi porque, dessa maneira, elas podiam ser mais facilmente deduzidas das prop. prec., e não porque negue que as flutuações de ânimo provenham, na maioria das vezes, de um objeto que é causa eficiente tanto de um quanto de outro daqueles afetos. Pois o corpo humano (pelo post. 1 da P. 2) é composto de um grande número de indivíduos de natureza diferente e pode, portanto (pelo ax. 1 que segue o lema 3, na sequência da prop. 13 da P. 2), ser afetado de muitas e diferentes maneiras por um só e mesmo corpo e, inversamente, uma vez que uma só e mesma coisa pode ser afetada de muitas maneiras, poderá igualmente afetar de muitas e diferentes maneiras uma só e mesma parte do corpo. Por isso tudo, podemos facilmente conceber que um só e mesmo objeto pode ser causa de muitos e conflitantes afetos.

Proposição 18. **O homem é afetado pela imagem de uma coisa passada ou de uma coisa futura do mesmo afeto de alegria ou de tristeza de que é afetado pela imagem de uma coisa presente.**

Demonstração. Durante todo o tempo em que o homem é afetado pela imagem de uma coisa, ele a considerará como presente, mesmo que ela não exista (pela prop. 17 da P. 2 e seu corol.), e não a imagina como passada ou como futura a não ser à medida que sua imagem está ligada à imagem de

futuri (vide schol. prop. 44 P. 2). Quare rei imago in se sola considerata eadem est, sive ad tempus futurum vel praeteritum, sive ad praesens referatur, hoc est (per coroll. 2 prop. 16 P. 2) corporis constitutio seu affectus idem est, sive imago sit rei praeteritae vel futurae, sive praesentis. Atque adeo affectus laetitiae et tristitiae idem est, sive imago sit rei praeteritae aut futurae, sive praesentis. Q.E.D.

Scholium I. Rem eatenus praeteritam aut futuram hic voco, quatenus ab eadem affecti fuimus aut afficiemur. Ex. gr. quatenus ipsam vidimus aut videbimus, nos refecit aut reficiet, nos laesit aut laedet etc. Quatenus enim eandem sic imaginamur, eatenus eius existentiam affirmamus, hoc est, corpus nullo affectu afficitur, qui rei existentiam secludat; atque adeo (per prop. 17 P. 2) corpus eiusdem rei imagine eodem modo afficitur, ac si res ipsa praesens adesset. Verumenimvero quia plerumque fit, ut ii qui plura sunt experti fluctuent, quamdiu rem ut futuram vel praeteritam contemplantur, deque rei eventu ut plurimum dubitent (vide schol. prop. 44 P. 2), hinc fit, ut affectus, qui ex similibus rerum imaginibus oriuntur, non sint adeo constantes, sed ut plerumque aliarum rerum imaginibus perturbentur, donec homines de rei eventu certiores fiant.

Scholium II. Ex modo dictis intelligimus, quid sit spes, metus, securitas, desperatio, gaudium et conscientiae morsus. Spes namque nihil aliud est quam inconstans laetitia orta ex imagine rei futurae vel praeteritae, de cuius eventu dubitamus; metus contra inconstans tristitia ex rei dubiae imagine etiam orta. Porro si horum affectuum dubitatio tollatur, ex spe fit securitas et ex metu desperatio; nempe laetitia vel tristitia orta ex imagine rei, quam metuimus vel speravimus. Gaudium deinde est laetitia orta ex imagine rei praeteritae, de cuius eventu dubitavimus. Conscientiae denique morsus est tristitia opposita gaudio.

Propositio XIX. **Qui id quod amat destrui imaginatur, contristabitur; si contra autem conservari, laetabitur.**

Demonstratio. Mens quantum potest, ea imaginari conatur, quae corporis agendi potentiam augent vel iuvant (per prop. 12 huius), hoc est (per schol. prop. 13 huius) ea quae amat. At imaginatio ab iis iuvatur, quae rei existentiam ponunt, et contra coercetur iis quae rei existentiam secludunt (per prop. 17 P. 2). Ergo rerum imagines, quae rei existentiam ponunt, mentis conatum, quo rem amatam imaginari conatur,

um tempo passado ou de um tempo futuro (veja-se o esc. da prop. 44 da P. 2). Por isso, considerada em si só, a imagem de uma coisa é a mesma, quer esteja referida ao futuro ou ao passado, quer esteja referida ao presente, isto é (pelo corol. 2 da prop. 16 da P. 2), o estado do corpo, ou seja, seu afeto, é o mesmo, quer a imagem seja a de uma coisa passada ou de uma coisa futura, quer seja a de uma coisa presente. Portanto, o afeto de alegria ou de tristeza é o mesmo, quer a imagem seja a de uma coisa passada ou de uma coisa futura, quer seja a de uma coisa presente. C. Q. D.

Escólio 1. Chamo uma coisa de passada ou de futura à medida que, respectivamente, fomos ou seremos afetados por ela. Por exemplo, à medida que a vimos ou a veremos, à medida que nos reconfortou ou reconfortará, à medida que nos prejudicou ou prejudicará, etc. Com efeito, à medida que assim a imaginamos, afirmamos a sua existência, isto é, o corpo não é afetado de nenhum afeto que exclua a sua existência. E, portanto (pela prop. 17 da P. 2), o corpo é afetado pela imagem dessa coisa da mesma maneira que se ela estivesse presente. Como, entretanto, ocorre, geralmente, que aqueles que experimentaram muitas coisas, ao considerarem uma coisa como futura ou como passada, ficam indecisos e têm, muitas vezes, dúvidas sobre a sua realização (veja-se o esc. da prop. 44 da P. 2), o resultado é que os afetos que provêm de imagens como essas não são tão estáveis, mas ficam, geralmente, perturbados pelas imagens de outras coisas, até que os homens se tornem mais seguros da realização da coisa em questão.

Escólio 2. Pelo que acaba de ser dito, compreendemos o que é a esperança, o medo, a segurança, o desespero, o gáudio e a decepção. Efetivamente, a esperança nada mais é do que uma alegria instável, surgida da imagem de uma coisa futura ou passada de cuja realização temos dúvida. O medo, por outro lado, é uma tristeza instável, surgida igualmente da imagem de uma coisa duvidosa. Se, desses afetos, excluímos a dúvida, a esperança torna-se segurança e o medo, desespero, quer dizer, uma alegria ou uma tristeza surgida da imagem de uma coisa que temíamos ou de uma coisa que esperávamos. O gáudio, por sua vez, é uma alegria surgida da imagem de uma coisa passada de cuja realização tínhamos dúvida. Finalmente, a decepção é uma tristeza que se opõe ao gáudio.

Proposição 19. **Quem imagina que aquilo que ama é destruído se entristecerá; se, por outro lado, imagina que aquilo que ama é conservado, se alegrará.**

Demonstração. A mente se esforça, tanto quanto pode, por imaginar aquelas coisas que aumentam ou estimulam a potência de agir do corpo (pela prop. 12), isto é (pelo esc. da prop. 13), aquelas coisas que ama. Ora, a imaginação é estimulada por aquilo que põe a existência da coisa e, inversamente, é refreada por aquilo que a exclui (pela prop. 17 da P. 2). Portanto, as imagens das coisas que põem a existência da coisa amada estimulam

iuvant, hoc est (per schol. prop. 11 huius) laetitia mentem afficiunt; et quae contra rei amatae existentiam secludunt, eundem mentis conatum coercent, hoc est (per idem schol.) tristitia mentem afficiunt. Qui itaque id quod amat destrui imaginatur, contristabitur, etc. Q.E.D.

Propositio XX. **Qui id quod odio habet destrui imaginatur, laetabitur.**

Demonstratio. Mens (per prop. 13 huius) ea imaginari conatur, quae rerum existentiam, quibus corporis agendi potentia minuitur vel coercetur, secludunt, hoc est (per schol. eiusdem prop.) ea imaginari conatur; quae rerum quas odio habet, existentiam secludunt. Atque adeo rei imago, quae existentiam eius quod mens odio habet secludit, hunc mentis conatum iuvat, hoc est (per schol. prop. 11 huius) mentem laetitia afficit. Qui itaque id quod odio habet destrui imaginatur, laetabitur. Q.E.D.

Propositio XXI. **Qui id quod amat laetitia vel tristitia affectum imaginatur, laetitia etiam vel tristitia afficietur; et uterque hic affectus maior aut minor erit in amante, prout uterque maior aut minor est in re amata.**

Demonstratio. Rerum imagines (ut in prop. 19 huius demonstravimus) quae rei amatae existentiam ponunt, mentis conatum, quo ipsam rem amatam imaginari conatur, iuvant. Sed laetitia existentiam rei laetae ponit, et eo magis, quo laetitiae affectus maior est; est enim (per schol. prop. 11 huius) transitio ad maiorem perfectionem. Ergo imago laetitiae rei amatae in amante ipsius mentis conatum iuvat, hoc est (per schol. prop. 11 huius) amantem laetitia afficit, et eo maiore quo maior hic affectus in re amata fuerit. Quod erat primum. Deinde quatenus res aliqua tristitia afficitur, eatenus destruitur, et eo magis, quo maiore afficitur tristitia (per idem schol. prop. 11 huius); adeoque (per prop. 19 huius) qui id quod amat tristitia affici imaginatur, tristitia etiam afficietur, et eo maiore quo maior hic affectus in re amata fuerit. Q.E.D.

Propositio XXII. **Si aliquem imaginamur laetitia afficere rem, quam amamus, amore erga eum afficiemur. Si contra eundem imaginamur tristitia eandem afficere, econtra odio etiam contra ipsum afficiemur.**

Demonstratio. Qui rem, quam amamus, laetitia vel tristitia afficit, ille nos laetitia vel tristitia etiam afficit, si nimirum rem amatam laetitia illa

o esforço pelo qual a mente se esforça por imaginá-la, isto é (pelo esc. da prop. 11), afetam a mente de alegria. E, inversamente, as coisas que excluem a existência da coisa amada refreiam esse esforço da mente, isto é (pelo mesmo esc.), afetam a mente de tristeza. Assim, quem imagina que aquilo que ama é destruído ficará triste, etc. C. Q. D.

Proposição 20. **Quem imagina que aquilo que odeia é destruído se alegrará.**

Demonstração. A mente (pela prop. 13) esforça-se por imaginar aquilo que exclui a existência das coisas que diminuem ou refreiam a potência de agir do corpo, isto é (pelo esc. da mesma prop.), esforça-se por imaginar aquilo que exclui a existência das coisas que odeia. Portanto, a imagem daquilo que exclui a existência da coisa que a mente odeia estimula esse esforço da mente, isto é (pelo esc. da prop. 11), afeta-a de alegria. Quem, portanto, imagina que aquilo que odeia é destruído se alegrará. C. Q. D.

Proposição 21. **Quem imagina que aquilo que ama é afetado de alegria ou de tristeza será igualmente afetado de alegria ou de tristeza; e um ou outro desses afetos será maior ou menor no amante à medida que, respectivamente, for maior ou menor na coisa amada.**

Demonstração. As imagens das coisas que afirmam a existência da coisa amada (conforme demonstramos na prop. 19) estimulam o esforço pelo qual a mente esforça-se por imaginar essa coisa amada. Ora, a alegria afirma a existência da coisa por ela afetada, num grau que será tanto maior quanto maior for o afeto de alegria, pois se trata (pelo esc. da prop. 11) da passagem a uma maior perfeição. Portanto, a imagem de alegria da coisa amada estimula, no amante, esse esforço de sua mente, isto é (pelo esc. da prop. 11), afeta o amante de alegria, a qual será tanto maior quanto maior tiver sido esse afeto na coisa amada. Isso quanto à primeira parte da proposição. Além disso, à medida que uma coisa é afetada de tristeza, ela é destruída, num grau que será tanto maior quanto maior for a tristeza que a afeta (pelo mesmo esc. da prop. 11). Assim (pela prop. 19), quem imagina que aquilo que ama é afetado de tristeza será igualmente afetado de tristeza, a qual será tanto maior quanto maior for esse afeto na coisa amada. C. Q. D.

Proposição 22. **Se imaginamos que alguém afeta de alegria a coisa que amamos, seremos afetados de amor para com ele. Se, contrariamente, imaginamos que a afeta de tristeza, seremos, contrariamente, afetados de ódio contra ele.**

Demonstração. Quem afeta de alegria ou de tristeza a coisa que amamos, afeta-nos igualmente de alegria ou de tristeza, se imaginamos a coisa

vel tristitia affectam imaginamur (per praeced. prop.). At haec laetitia vel tristitia in nobis supponitur dari concomitante idea causae externae. Ergo (per schol. prop. 13 huius) si aliquem imaginamur laetitia vel tristitia afficere rem, quam amamus, erga eundem amore vel odio afficiemur. Q.E.D.

Scholium. Prop. 21 nobis explicat quid sit commiseratio quam definire possumus quod sit tristitia orta ex alterius damno. Quo autem nomine appellanda sit laetitia, quae ex alterius bono oritur, nescio. Porro amorem erga illum, qui alteri benefecit, favorem, et contra odium erga illum, qui alteri malefecit, indignationem appellabimus. Denique notandum nos non tantum misereri rei, quam amavimus (ut in prop. 21 ostendimus), sed etiam eius, quam antea nullo affectu prosecuti sumus, modo eam nobis similem iudicemus (ut infra ostendam); atque adeo ei etiam favere, qui simili benefecit et contra in eum indignari, qui simili damnum intulit.

Propositio XXIII. **Qui id quod odio habet, tristitia affectum imaginatur, laetabitur; si contra idem laetitia affectum esse imaginetur, contristabitur; et uterque hic affectus maior aut minor erit, prout eius contrarius maior aut minor est in eo, quod odio habet.**

Demonstratio. Quatenus res odiosa tristitia afficitur, eatenus destruitur, et eo magis quo maiore tristitia afficitur (per schol. prop. 11 huius). Qui igitur (per prop. 20 huius) rem, quam odio habet, tristitia affici imaginatur, laetitia contra afficietur; et eo maiore, quo maiore tristitia rem odiosam affectam esse imaginatur. Quod erat primum. Deinde laetitia existentiam rei laetae ponit (per idem schol. prop. 11 huius), et eo magis, quo maior laetitia concipitur. Si quis eum, quem odio habet, laetitia affectum imaginatur, haec imaginatio (per prop. 13 huius) eiusdem conatum coercebit, hoc est (per schol. prop. 11 huius) is, qui odio habet, tristitia afficietur etc. Q.E.D.

Scholium. Haec laetitia vix solida et absque ullo animi conflictu esse potest. Nam (ut statim in prop. 27 huius ostendam) quatenus rem sibi similem tristitiae affectu affici imaginatur, eatenus contristari debet; et contra, si eandem laetitia affici imaginetur. Sed hic ad solum odium attendimus.

Propositio XXIV. **Si aliquem imaginamur laetitia afficere rem, quam odio habemus, odio etiam erga eum afficiemur. Si contra**

que amamos afetada dessa alegria ou dessa tristeza (pela prop. prec.). Ora, por hipótese, essa alegria ou essa tristeza se dá, em nós, acompanhada da ideia de uma causa exterior. Logo (pelo esc. da prop. 13), se imaginamos que alguém afeta de alegria ou de tristeza a coisa que amamos, seremos afetados de amor para com ele ou de ódio contra ele. C. Q. D.

Escólio. A prop. 21 nos explica o que é a comiseração, que podemos definir como a tristeza originada da desgraça alheia. Não sei, por outro lado, como denominar a alegria originada da felicidade alheia. Além disso, chamaremos reconhecimento o amor a quem fez o bem a um outro e, contrariamente, indignação, o ódio a quem fez o mal a um outro. Deve-se observar, enfim, que não temos comiseração apenas por uma coisa pela qual tivemos amor (como demonstramos na prop. 21), mas também por uma coisa pela qual não fomos, anteriormente, tomados de qualquer afeto, desde que a julguemos semelhante a nós (como mostrarei adiante). Portanto, também expressaremos reconhecimento para com quem fez algum bem ao nosso semelhante e, contrariamente, indignação, para com quem lhe fez algum mal.

Proposição 23. **Quem imagina que aquilo que odeia é afetado de tristeza se alegrará; se, contrariamente, imagina que é afetado de alegria, se entristecerá; e um ou outro desses afetos será maior ou menor à medida que o seu contrário for, respectivamente, maior ou menor na coisa odiada.**

Demonstração. À medida que uma coisa odiada é afetada de tristeza, ela é destruída, num grau que será tanto maior quanto maior for a tristeza de que é afetada (pelo esc. da prop. 11). Portanto (pela prop. 20), quem imagina que a coisa que odeia é afetada de tristeza, será, inversamente, afetado de alegria, num grau que será tanto maior quanto maior for a tristeza com a qual imagina estar afetada a coisa odiada. Isso quanto à primeira parte da proposição. Além disso, a alegria afirma a existência da coisa por ela afetada (pelo mesmo esc. da prop. 11), num grau que será tanto maior quanto maior for a alegria concebida. Se alguém imagina que aquilo que odeia é afetado de alegria, essa imaginação (pela prop. 13) refreará o seu esforço, isto é (pelo esc. da prop. 11), ele será afetado de tristeza, etc. C. Q. D.

Escólio. Essa alegria dificilmente pode ser sólida e se dar sem nenhum conflito de ânimo. Pois (como logo mostrarei, na prop. 27), à medida que imaginamos que uma coisa que nos é semelhante é afetada de tristeza, devemos igualmente nos entristecer. E se imaginamos que ela é afetada de alegria, devemos igualmente nos alegrar. Mas nos detivemos, aqui, apenas no ódio.

Proposição 24. **Se imaginamos que alguém afeta de alegria uma coisa que odiamos, seremos igualmente afetados de ódio para com ele.**

eundem imaginamur tristitia eandem rem afficere, amore erga ipsum afficiemur.

Demonstratio. Demonstratur eodem modo haec prop. ac prop. 22 huius, quam vide.

Scholium. Hi et similes odii affectus ad invidiam referuntur, quae propterea nihil aliud est, quam ipsum odium, quatenus id consideratur hominem ita disponere, ut malo alterius gaudeat, et contra ut eiusdem bono contristetur.

Propositio XXV. **Id omne de nobis deque re amata affirmare conamur, quod nos vel rem amatam laetitia afficere imaginamur; et contra id omne negare, quod nos vel rem amatam tristitia afficere imaginamur.**

Demonstratio. Quod rem amatam laetitia vel tristitia afficere imaginamur, id nos laetitia vel tristitia afficit (per prop. 21 huius). At mens (per prop. 12 huius) ea quae nos laetitia afficiunt, quantum potest, conatur imaginari, hoc est (per prop. 17 P. 2 et eius coroll.) ut praesentia contemplari; et contra (per prop. 13 huius) quae nos tristitia afficiunt, eorum existentiam secludere. Ergo id omne de nobis deque re amata affirmare conamur, quod nos vel rem amatam laetitia afficere imaginamur, et contra. Q.E.D.

Propositio XXVI. **Id omne de re, quam odio habemus, affirmare conamur, quod ipsam tristitia afficere imaginamur, et id contra negare, quod ipsam laetitia afficere imaginamur.**

Demonstratio. Sequitur haec prop. ex prop. 23 ut praec. ex prop. 21 huius.

Scholium. His videmus, facile contingere, ut homo de se deque re amata plus iusto, et contra de re quam odit minus iusto sentiat; quae quidem imaginatio, quando ipsum hominem respicit, qui de se plus iusto sentit, superbia vocatur et species delirii est, quia homo oculis apertis somniat, se omnia illa posse, quae sola imaginatione assequitur, quaeque propterea veluti realia contemplatur, iisque exultat, quamdiu ea imaginari non potest, quae horum existentiam secludunt et ipsius agendi potentiam determinant. Est igitur superbia laetitia ex eo orta, quod homo de se plus iusto sentit. Deinde laetitia, quae ex eo oritur, quod homo de alio plus iusto sentit, existimatio vocatur; et illa denique despectus, quae ex eo oritur, quod de alio minus iusto sentit.

Se, contrariamente, imaginamos que a afeta de tristeza, seremos afetados de amor para com ele.

Demonstração. Demonstra-se esta prop. da mesma maneira que a prop. 22 (confira-se).

Escólio. Esses afetos de ódio e outros similares estão relacionados à inveja, que não é, assim, nada mais do que o próprio ódio, enquanto considerado como dispondo o homem a se encher de gáudio com o mal de um outro e, contrariamente, a se entristecer com o seu bem.

Proposição 25. **Esforçamo-nos por afirmar, quanto a nós e à coisa amada, tudo aquilo que imaginamos afetar, a nós ou a ela, de alegria; e, contrariamente, por negar tudo aquilo que imaginamos afetar, a nós ou a ela, de tristeza.**

Demonstração. Aquilo que imaginamos afetar de alegria ou de tristeza a coisa amada nos afeta, igualmente, de alegria ou de tristeza (pela prop. 21). Ora, a mente (pela prop. 12) esforça-se, tanto quanto pode, por imaginar aquelas coisas que nos afetam de alegria, isto é (pela prop. 17 da P. 2 e seu corol.), esforça-se por considerá-las como presentes. E, contrariamente (pela prop. 13), esforça-se por excluir a existência daquelas coisas que nos afetam de tristeza. Logo, esforçamo-nos por afirmar, quanto a nós e à coisa amada, tudo aquilo que imaginamos afetar, a nós ou a ela, de alegria; e, contrariamente, etc. C. Q. D.

Proposição 26. **Esforçamo-nos por afirmar, quanto a uma coisa que odiamos, tudo aquilo que imaginamos afetá-la de tristeza e, contrariamente, por negar aquilo que imaginamos afetá-la de alegria.**

Demonstração. Esta prop. segue-se da prop. 23, da mesma maneira que a precedente se segue da prop. 21.

Escólio. Vemos, assim, que facilmente acontece que o homem faz de si mesmo e da coisa amada uma estimativa acima da justa e, contrariamente, de quem odeia, abaixo da justa. Essa imaginação, quando diz respeito ao homem que faz de si mesmo uma estimativa acima da justa, chama-se soberba, e trata-se de uma espécie de delírio, pois o homem sonha de olhos abertos que tem sob seu poder todas aquelas coisas que estão ao seu alcance apenas na imaginação, considerando-as, assim, como reais, e deixando-se arrebatar por elas, não sendo capaz, enquanto isso, de imaginar aquelas coisas que excluem a existência das primeiras e que limitam sua própria potência de agir. Assim, a soberba é uma alegria que surge porque um homem faz de si mesmo uma estimativa acima da justa. Além disso, chama-se consideração a alegria que surge porque um homem faz, de um outro, uma estimativa acima da justa. Chama-se, enfim, desconsideração a alegria que surge porque um homem faz, de um outro, uma estimativa abaixo da justa.

***Propositio XXVII.* Ex eo, quod rem nobis similem et quam nullo affectu prosecuti sumus, aliquo affectu affici imaginamur, eo ipso simili affectu afficimur.**

Demonstratio. Rerum imagines sunt corporis humani affectiones, quarum ideae corpora externa veluti nobis praesentia repraesentant (per schol. prop. 17 P. 2), hoc est (per prop. 16 P. 2) quarum ideae naturam nostri corporis et simul praesentem externi corporis naturam involvunt. Si igitur corporis externi natura similis sit naturae nostri corporis, tum idea corporis externi, quod imaginamur, affectionem nostri corporis involvet similem affectioni corporis externi; et consequenter, si aliquem nobis similem aliquo affectu affectum imaginamur, haec imaginatio affectionem nostri corporis huic affectui similem exprimet. Adeoque ex hoc, quod rem aliquam nobis similem aliquo affectu affici imaginamur, simili cum ipsa affectu afficimur. Quod si rem nobis similem odio habeamus, eatenus (per prop. 23 huius) contrario affectu cum ipsa afficiemur, non autem simili. Q.E.D.

Scholium. Haec affectuum imitatio quando ad tristitiam refertur, vocatur commiseratio (de qua vide schol. prop. 22 huius); sed ad cupiditatem relata aemulatio, quae proinde nihil aliud est, quam alicuius rei cupiditas, quae in nobis ingeneratur ex eo, quod alios nobis similes eandem cupiditatem habere imaginamur.

Corollarium I. Si aliquem, quem nullo affectu prosecuti sumus, imaginamur laetitia afficere rem nobis similem, amore erga eundem afficiemur. Si contra eundem imaginamur eandem tristitia afficere, odio erga ipsum afficiemur.

Demonstratio. Hoc eodem modo ex prop. praec. demonstratur ac prop. 22 huius ex prop. 21.

Corollarium II. Rem cuius nos miseret, odio habere non possumus ex eo, quod ipsius miseria nos tristitia afficit.

Demonstratio. Si enim ex eo nos eandem odio habere possemus, tum (per prop. 23 huius) ex ipsius tristitia laetaremur, quod est contra hypothesin.

Corollarium III. Rem, cuius nos miseret, a miseria, quantum possumus, liberare conabimur.

Demonstratio. Id quod rem, cuius nos miseret, tristitia afficit, nos simili etiam tristitia afficit (per prop. praeced.); adeoque omne id, quod eius rei existentiam tollit, sive quod rem destruit, comminisci conabimur (per prop. 13 huius), hoc est (per schol. prop. 9 huius) id destruere appetemus, sive ad id destruendum determinabimur; atque adeo rem, cuius miseremur, a sua miseria liberare conabimur. Q.E.D.

Proposição 27. **Por imaginarmos que uma coisa semelhante a nós e que não nos provocou nenhum afeto é afetada de algum afeto, seremos, em razão dessa imaginação, afetados de um afeto semelhante.**

Demonstração. As imagens das coisas são afecções do corpo humano, cujas ideias representam os corpos exteriores como presentes a nós (pelo esc. da prop. 17 da P. 2), isto é (pela prop. 16 da P. 2), cujas ideias envolvem a natureza de nosso corpo e, ao mesmo tempo, a natureza presente de um corpo exterior. Assim, se a natureza de um corpo exterior é semelhante à de nosso corpo, então a ideia do corpo exterior que imaginamos envolverá uma afecção de nosso corpo semelhante à do corpo exterior. Consequentemente, se imaginamos que alguém semelhante a nós é afetado de algum afeto, essa imaginação exprimirá uma afecção de nosso corpo semelhante àquele afeto. Portanto, por imaginarmos que uma coisa semelhante a nós é afetada de algum afeto, seremos afetados de um afeto semelhante ao seu. Mas se odiamos uma coisa semelhante a nós, seremos afetados, neste caso (pela prop. 23), não de um afeto semelhante ao seu, mas de um afeto contrário.

Escólio. Essa imitação dos afetos, quando está referida à tristeza, chama-se comiseração (veja-se, a propósito, o esc. da prop. 22). Se referida ao desejo, chama-se emulação, a qual não é, assim, nada mais do que o desejo de alguma coisa, o qual se produz em nós por imaginarmos que outros, semelhantes a nós, têm esse mesmo desejo.

Corolário 1. Se imaginamos que alguém, que não nos provocou qualquer afeto, afeta de alegria uma coisa semelhante a nós, seremos afetados de amor para com ele. Se, contrariamente, imaginamos que a afeta de tristeza, seremos afetados de ódio para com ele.

Demonstração. Isso se demonstra pela prop. precedente, da mesma maneira que a prop. 22 foi demonstrada pela prop. 21.

Corolário 2. Se uma coisa nos causa comiseração, não é porque sua desgraça nos afeta de tristeza que podemos odiá-la.

Demonstração. Com efeito, se, por isso, pudéssemos odiá-la, então (pela prop. 23), nos alegraríamos com sua tristeza, o que contraria a hipótese.

Corolário 3. Nós nos esforçaremos, tanto quanto pudermos, por livrar de sua desgraça uma coisa que nos causa comiseração.

Demonstração. Aquilo que afeta de tristeza uma coisa que nos causa comiseração, afeta-nos, igualmente, de uma tristeza semelhante (pela prop. prec.). Consequentemente, nós nos esforçaremos por conjeturar tudo o que exclui a existência dessa coisa, ou seja, o que a destrói (pela prop. 13), isto é (pelo esc. da prop. 9), seremos tomados pelo apetite de destruí-la, ou seja, estaremos determinados a destruí-la e nos esforçaremos, assim, por livrar de sua desgraça uma coisa que nos causa comiseração. C. Q. D.

Scholium. Haec voluntas sive appetitus benefaciendi qui ex eo oritur, quod rei, in quam beneficium conferre volumus, nos miseret, benevolentia vocatur, quae proinde nihil aliud est, quam cupiditas ex commiseratione orta. Ceterum de amore et odio erga illum, qui rei, quam nobis similem esse imaginamur, bene aut male fecit, vide schol. prop. 22 huius.

Propositio XXVIII. **Id omne, quod ad laetitiam conducere imaginamur, conamur promovere, ut fiat; quod vero eidem repugnare sive ad tristitiam conducere imaginamur, amovere vel destruere conamur.**

Demonstratio. Quod ad laetitiam conducere imaginamur, quantum possumus, imaginari conamur (per prop. 12 huius), hoc est (per prop. 17 P. 2) id, quantum possumus, conabimur ut praesens sive ut actu existens contemplari. Sed mentis conatus seu potentia in cogitando aequalis, et simul natura est cum corporis conatu seu potentia in agendo (ut clare sequitur ex coroll. prop. 7 et coroll. prop. 11 P. 2). Ergo ut id existat, absolute conamur, sive (quod per schol. prop. 9 huius idem est) appetimus et intendimus; quod erat primum. Deinde si id, quod tristitiae causam esse credimus, hoc est (per schol. prop. 13 huius) si id, quod odio habemus destrui imaginamur, laetabimur (per prop. 20 huius). Adeoque idem (per primam huius partem) conabimur destruere sive (per prop. 13 huius) a nobis amovere, ne ipsum ut praesens contemplemur; quod erat secundum. Ergo id omne, quod ad laetitiam etc. Q.E.D.

Propositio XXIX. **Nos id omne etiam agere conabimur, quod[1] homines cum laetitia aspicere imaginamur, et contra id agere aversabimur, quod homines aversari imaginamur.**

Demonstratio. Ex eo, quod imaginamur homines aliquid amare vel odio habere, nos idem amabimus vel odio habebimus (per prop. 27 huius), hoc est (per schol. prop. 13 huius) eo ipso eius rei praesentia laetabimur vel contristabimur; adeoque (per praeced. prop.) id omne, quod homines amare sive cum laetitia aspicere imaginamur, conabimur agere etc. Q.E.D.

Scholium. Hic conatus aliquid agendi et etiam omittendi, ea sola de causa, ut hominibus placeamus, vocatur ambitio praesertim quando adeo impense vulgo placere conamur, ut cum nostro aut alterius damno quaedam agamus vel omittamus; alias humanitas appellari solet.

---

[1] Intellige hic et in seqq. homines, quos nullo affectu prosecuti sumus.

Escólio. Essa vontade ou esse apetite de fazer o bem que provém de nossa comiseração para com a coisa à qual queremos fazer o bem, chama-se benevolência, a qual, por isso, nada mais é do que um desejo surgido da comiseração. Quanto ao amor e ao ódio para com aquele que fez o bem ou o mal à coisa que imaginamos ser semelhante a nós, veja-se o esc. da prop. 22.

Proposição 28. Esforçamo-nos por fazer com que se realize tudo aquilo que imaginamos levar à alegria; esforçamo-nos, por outro lado, por afastar ou destruir tudo aquilo que a isso se opõe, ou seja, tudo aquilo que imaginamos levar à tristeza.

Demonstração. Esforçamo-nos por imaginar, tanto quanto podemos, aquilo que imaginamos levar à alegria (pela prop. 12), isto é (pela prop. 17 da P. 2), esforçamo-nos, tanto quanto podemos, por considerá-lo como presente, ou seja, como existente em ato. Ora, o esforço da mente, ou a sua potência de pensar, é, por natureza, igual e simultâneo ao esforço do corpo, ou à sua potência de agir (como se segue, claramente, do corol. da prop. 7 e do corol. da prop. 11 da P. 2). Portanto, esforçamo-nos ao máximo por fazer com que isso exista, isto é (equivalência que se segue do esc. da prop. 9), fazer com que isso exista é o nosso apetite e a nossa inclinação. Isso quanto à primeira parte da proposição. Por outro lado, se imaginamos que aquilo que julgamos ser causa de tristeza, isto é (pelo esc. da prop. 13), aquilo que odiamos, é destruído, então nos alegraremos (pela prop. 20). Portanto, nos esforçaremos por destruí-lo (pela primeira parte desta dem.), ou seja (pela prop. 13), por afastá-lo de nós, por não considerá-lo como presente. Demonstramos, assim, a segunda parte. Logo, esforçamo-nos por fazer, etc. C. Q. D.

Proposição 29. Nós nos esforçaremos, igualmente, por fazer tudo aquilo que imaginamos que os homens[1] veem com alegria e, contrariamente, abominaremos fazer aquilo que imaginamos que os homens abominam.

Demonstração. Por imaginarmos que os homens amam ou odeiam uma coisa, nós a amaremos ou a odiaremos (pela prop. 27), isto é (pelo esc. da prop. 13), em razão dessa imaginação, nós nos alegraremos ou nos entristeceremos com a presença dessa coisa. Portanto (pela prop. prec.), nós nos esforçaremos por fazer tudo aquilo que imaginamos que os homens amam ou veem com alegria, etc. C. Q. D.

Escólio. Esse esforço por fazer algo ou por deixar de fazê-lo, com o único propósito de agradar aos homens, chama-se ambição, sobretudo quando nos esforçamos por agradar ao vulgo com tal zelo que fazemos ou deixamos de fazer certas coisas que resultem em detrimento nosso ou alheio. Se

---

[1] Compreenda-se, aqui e nas proposições que se seguem, os homens que não nos provocaram nenhum afeto.

Deinde laetitiam, qua alterius actionem, qua nos conatus est delectari, imaginamur, laudem voco; tristitiam vero, qua contra eiusdem actionem aversamur, vituperium voco.

Propositio XXX. **Si quis aliquid egit, quod reliquos laetitia afficere imaginatur, is laetitia concomitante idea sui, tamquam causa, afficietur, sive se ipsum cum laetitia contemplabitur. Si contra aliquid egit, quod reliquos tristitia afficere imaginatur, se ipsum cum tristitia contra contemplabitur.**

Demonstratio. Qui se reliquos laetitia vel tristitia afficere imaginatur, eo ipso (per prop. 27 huius) laetitia vel tristitia afficietur. Cum autem homo (per prop. 19 et 23 P. 2) sui sit conscius per affectiones, quibus ad agendum determinatur, ergo qui aliquid egit, quod ipse imaginatur, reliquos laetitia afficere, laetitia cum conscientia sui tamquam causa afficietur, sive se ipsum cum laetitia contemplabitur, et contra. Q.E.D.

Scholium. Cum amor (per schol. prop. 13 huius) sit laetitia concomitante idea causae externae, et odium tristitia concomitante etiam idea causae externae, erit ergo haec laetitia et tristitia amoris et odii species. Sed quia amor et odium ad obiecta externa referuntur, ideo hos affectus aliis nominibus significabimus; nempe laetitiam concomitante idea causae internae gloriam et tristitiam huic contrariam pudorem appellabimus; intellige, quando laetitia vel tristitia ex eo oritur, quod homo se laudari vel vituperari credit. Alias laetitiam concomitante idea causae internae acquiescentiam in se ipso, tristitiam vero eidem contrariam poenitentiam vocabo. Deinde quia (per coroll. prop. 17 P. 2) fieri potest, ut laetitia, qua aliquis se reliquos afficere imaginatur, imaginaria tantum sit, et (per prop. 25 huius) unusquisque de se id omne conatur imaginari, quod se laetitia afficere imaginatur, facile ergo fieri potest, ut gloriosus superbus sit, et se omnibus gratum esse imaginetur, quando omnibus molestus est.

Propositio XXXI. **Si aliquem imaginamur amare vel cupere vel odio habere aliquid, quod ipsi amamus, cupimus vel odio habemus, eo ipso rem constantius amabimus, etc. Si autem id, quod amamus, eum aversari imaginamur, vel contra, tum animi fluctuationem patiemur.**

Demonstratio. Ex eo solo, quod aliquem aliquid amare imaginamur, eo ipso idem amabimus (per prop. 27 huius). At sine hoc nos idem

esse não for o caso, costuma-se chamá-lo de humanidade. Além disso, à alegria com que imaginamos a ação pela qual um outro se esforçou por nos agradar chamo de exultação; à tristeza com que abominamos, contrariamente, a ação de um outro, chamo de afronta.

Proposição 30. **Se alguém fez algo que imagina afetar os demais de alegria, ele próprio será afetado de alegria, que virá acompanhada da ideia de si próprio como causa, ou seja, considerará a si próprio com alegria. Se, contrariamente, fez algo que imagina que afeta os demais de tristeza, considerará a si próprio com tristeza.**

Demonstração. Quem imagina que afeta os demais de alegria ou de tristeza será afetado, por esse motivo (pela prop. 27), de alegria ou de tristeza. Ora, como o homem (pelas prop. 19 e 23 da P. 2) está consciente de si próprio por meio das afecções pelas quais é determinado a agir, então, quem fez algo que imagina que afeta os demais de alegria, será afetado de alegria, que virá acompanhada da consciência de si próprio como causa, ou seja, considerará a si próprio com alegria. E, contrariamente, etc. C. Q. D.

Escólio. Como o amor (pelo esc. da prop. 13) é uma alegria acompanhada da ideia de uma causa exterior, e o ódio, uma tristeza acompanhada igualmente da ideia de uma causa exterior, essa alegria e essa tristeza serão, pois, espécies de amor e de ódio. Mas como o amor e o ódio estão referidos a objetos exteriores, designaremos esses afetos por outros nomes. Chamaremos glória à alegria acompanhada da ideia de uma causa interior, e vergonha à tristeza que lhe é contrária, quer dizer, quando a alegria ou a tristeza provém do fato de o homem se julgar, respectivamente, louvado ou reprovado. Fora isso, chamarei satisfação consigo mesmo à alegria acompanhada da ideia de uma causa interior, e arrependimento à tristeza que lhe é contrária. Além disso, como é possível (pelo corol. da prop. 17 da P. 2) que a alegria com que alguém imagina afetar os demais seja apenas imaginária, e como (pela prop. 25) cada um se esforça por imaginar, a respeito de si próprio, tudo aquilo que imagina afetá-lo de alegria, pode facilmente ocorrer que aquele que se gloria seja soberbo e que imagine ser agradável a todos quando, na realidade, é um incômodo para todos.

Proposição 31. **Se imaginamos que alguém ama, ou deseja, ou odeia uma coisa que nós mesmos amamos, ou desejamos, ou odiamos, amaremos, por esse motivo, essa coisa com mais firmeza, etc. Se, por outro lado, imaginamos que alguém abomina aquilo que amamos ou, inversamente, que ama o que abominamos, então padeceremos de uma flutuação de ânimo.**

Demonstração. Só por imaginarmos que alguém ama uma coisa, amaremos, por esse motivo, essa mesma coisa (pela prop. 27). Nossa hipótese,

amare supponimus. Accedit ergo amori nova causa, a qua fovetur; atque adeo id, quod amamus hoc ipso constantius amabimus. Deinde ex eo, quod aliquem aliquid aversari imaginamur, idem aversabimur (per eandem prop.). At si supponamus, nos eodem tempore id ipsum amare, eodem ergo tempore hoc idem amabimus et aversabimur sive (vide schol. prop. 17 huius) animi fluctuationem patiemur. Q.E.D.

Corollarium. Hinc et ex prop. 28 huius sequitur, unumquemque, quantum potest, conari ut unusquisque id quod ipse amat amet, et quod ipse odit odio etiam habeat; unde illud poetae:

Speremus pariter, pariter metuamus amantes;

Ferreus est, si quis, quod sinit alter, amat.

Scholium. Hic conatus efficiendi, ut unusquisque probet id, quod ipse amat vel odio habet, revera est ambitio (vide schol. prop. 29 huius); atque adeo videmus, unumquemque ex natura appetere, ut reliqui ex ipsius ingenio vivant, quod dum omnes pariter appetunt, pariter sibi impedimento, et dum omnes ab omnibus laudari seu amari volunt, odio invicem sunt.

Propositio XXXII. **Si aliquem re aliqua, qua unus solus potiri potest, gaudere imaginamur, conabimur efficere ne ille illa re potiatur.**

Demonstratio. Ex eo solo, quod aliquem re aliqua gaudere imaginamur, (per prop. 27 huius cum eiusdem coroll. 1) rem illam amabimus, eaque gaudere cupiemus. At (per hypothesin) huic laetitiae obstare imaginamur, quod ille eadem hac re gaudeat. Ergo (per prop. 28 huius) ne ille eadem potiatur, conabimur. Q.E.D.

Scholium. Videmus itaque cum hominum natura plerumque ita comparatum, esse ut eorum, quibus male est, misereantur, et quibus bene est, invideant, et (per prop. praeced.) eo maiore odio, quo rem, qua alium potiri imaginantur, magis amant. Videmus deinde, ex eadem naturae humanae proprietate, ex qua sequitur homines esse misericordes, sequi etiam eosdem esse invidos et ambitiosos. Denique si ipsam experientiam consulere velimus, ipsam haec omnia docere experiemur; praesertim si ad priores nostrae aetatis annos attenderimus. Nam pueros, quia eorum corpus continuo veluti in aequilibrio est, ex hoc solo ridere vel flere experimur, quod alios ridere vel flere vident; et quicquid praeterea vident alios facere, id imitari statim cupiunt, et omnia denique sibi cupiunt, quibus alios delectari imaginantur;

entretanto, é de que nós já amamos essa coisa, independentemente de imaginarmos que outro também a ama. Acrescenta-se, assim, ao amor, uma nova causa que o reforça e, portanto, amaremos com mais firmeza, em razão disso, aquilo que amamos. Além disso, por imaginarmos que alguém abomina alguma coisa, nós a abominaremos (pela mesma prop.). Ora, se, como é nossa hipótese, nós, ao mesmo tempo, amamos essa coisa, então nós a amaremos e, ao mesmo tempo, a abominaremos, ou seja (veja-se o esc. da prop. 17), padeceremos de uma flutuação de ânimo. C. Q. D.

Corolário. Disso, e da prop. 28, segue-se que cada um se esforça, tanto quanto pode, para que todos amem o que ele próprio ama e odeiem também o que ele próprio odeia. Por isso, o dizer do poeta:

Nós, amantes, vivemos da esperança e do medo;
É de ferro quem ama o que o outro abandona.

Escólio. Esse esforço por fazer com que todos aprovem o que se ama ou se odeia é, na verdade, a ambição (veja-se o esc. da prop. 29). Vemos, assim, que, cada um, por natureza, deseja que os outros vivam de acordo com a inclinação que lhe é própria. Como é isso que todos desejam, constituindo-se, assim, em obstáculos recíprocos, e como todos querem ser louvados ou amados por todos, acabam todos por se odiar mutuamente.

Proposição 32. Se imaginamos que alguém se enche de gáudio com uma coisa da qual um único pode desfrutar, nós nos esforçaremos por fazer com que ele não a desfrute.

Demonstração. Só por imaginarmos que alguém se enche de gáudio com uma coisa (pela prop. 27 e seu corol. 1), nós a amaremos e desejaremos nos encher de gáudio com ela. Ora (por hipótese), imaginamos que constitui um obstáculo à nossa alegria que ele se encha de gáudio com essa coisa. Logo (pela prop. 28), nós nos esforçaremos para que ele não a desfrute. C. Q. D.

Escólio. Vemos, assim, como a natureza dos homens está, em geral, disposta de tal maneira que eles têm comiseração pelos que vão mal; e inveja pelos que vão bem, com um ódio que será tanto maior (pela prop. prec.) quanto mais amarem a coisa que imaginam ser objeto de desfrute de um outro. Vemos, além disso, que da mesma propriedade da natureza humana, da qual se segue que os homens são misericordiosos, segue-se também que eles são invejosos e ambiciosos. Se quisermos, enfim, observar a própria experiência, descobriremos que ela nos ensina todas essas coisas, sobretudo se nos fixamos nos primeiros anos de nossa vida. Pois a experiência nos mostra que as crianças, por seu corpo estar como que em equilíbrio contínuo, riem ou choram só de verem os outros rirem ou chorarem. E desejam imediatamente imitar tudo o que veem os outros fazerem e, enfim, desejam para si tudo o que imaginam deleitar os outros. Pois as

nimirum quia rerum imagines, uti diximus, sunt ipsae humani corporis affectiones, sive modi, quibus corpus humanum a causis externis afficitur, disponiturque ad hoc vel illud agendum.

Propositio XXXIII. **Cum rem nobis similem amamus, conamur, quantum possumus, efficere ut nos contra amet.**

Demonstratio. Rem, quam amamus, prae reliquis, quantum possumus, imaginari conamur (per prop. 12 huius). Si igitur res nobis sit similis, ipsam prae reliquis laetitia afficere conabimur (per prop. 29 huius), sive conabimur, quantum possumus, efficere, ut res amata laetitia afficiatur concomitante idea nostri, hoc est (per schol. prop. 13 huius) ut nos contra amet. Q.E.D.

Propositio XXXIV. **Quo maiore affectu rem amatam erga nos affectam esse imaginamur, eo magis gloriabimur.**

Demonstratio. Nos (per prop. praeced.) conamur, quantum possumus, ut res amata nos contra amet hoc est (per schol. prop. 13 huius) ut res amata laetitia afficiatur concomitante idea nostri. Quo itaque rem amatam maiore laetitia nostra de causa affectam esse imaginamur, eo magis hic conatus iuvatur hoc est (per prop. 11 huius cum eius schol.) eo maiore laetitia afficimur. At cum ex eo laetemur, quod alium nobis similem laetitia affecimus, tum nosmet cum laetitia contemplamur (per prop. 30 huius). Ergo quo maiore affectu rem amatam erga nos affectam esse imaginamur, eo maiore laetitia nosmet contemplabimur, sive (per schol. prop. 30 huius) eo magis gloriabimur. Q.E.D.

Propositio XXXV. **Si quis imaginatur rem amatam eodem vel arctiore vinculo amicitiae, quo ipse eadem solus potiebatur, alium sibi iungere, odio erga ipsam rem amatam afficietur, et illi alteri invidebit.**

Demonstratio. Quo quis maiore amore rem amatam erga se affectam esse imaginatur, eo magis gloriabitur (per praeced. prop.), hoc est (per schol. prop. 30 huius) laetabitur; adeoque (per prop. 28 huius) conabitur, quantum potest, imaginari rem amatam ipsi quam arctissime devinctam, qui quidem conatus sive appetitus fomentatur, si alium idem sibi cupere imaginatur (per prop. 31 huius). At hic conatus sive appetitus ab ipsius rei amatae imagine concomitante imagine illius, quem res amata sibi iungit, coerceri supponitur. Ergo (per schol. prop.

imagens das coisas são, como dissemos, as próprias afecções do corpo humano, ou seja, as maneiras pelas quais o corpo humano é afetado pelas causas exteriores e está inclinado a fazer isto ou aquilo.

Proposição 33. **Quando amamos uma coisa semelhante a nós, esforçamo-nos, tanto quando podemos, por fazer com que, de sua parte, ela nos ame.**

Demonstração. Mais que as outras, esforçamo-nos por imaginar, tanto quanto podemos, a coisa que amamos (pela prop. 12). Se, portanto, a coisa nos é semelhante, nós nos esforçaremos por afetá-la de alegria mais que as outras (pela prop. 29), ou seja, nós nos esforçaremos, tanto quanto podemos, por fazer com que a coisa amada seja afetada de alegria, acompanhada da ideia de nós próprios, isto é (pelo esc. da prop. 13), por fazer com que, de sua parte, ela nos ame. C. Q. D.

Proposição 34. **Quanto maior for o afeto, para conosco, do qual imaginamos estar afetada a coisa amada, tanto mais nos gloriaremos.**

Demonstração. Esforçamo-nos (pela prop. prec.), tanto quanto podemos, para que, de sua parte, a coisa amada nos ame, isto é (pelo esc. da prop. 13), para que ela seja afetada de alegria, acompanhada da ideia de nós próprios. Assim, quanto maior for a alegria com que imaginamos estar, por nossa causa, afetada a coisa amada, mais esse esforço será estimulado, isto é (pela prop. 11 e seu esc.), tanto maior será a alegria com que somos afetados. Ora, como nos alegramos por termos afetado de alegria um de nossos semelhantes, consideramos a nós próprios com alegria (pela prop. 30). Logo, quanto maior for o afeto para conosco, com o qual imaginamos estar afetada a coisa amada, tanto maior será a alegria com que consideramos a nós próprios, ou seja (pelo esc. da prop. 30), tanto mais nos gloriaremos. C. Q. D.

Proposição 35. **Se alguém imagina que a coisa amada se liga a um outro com o mesmo vínculo de amizade ou com um vínculo mais estreito do que aquele com o qual só ele a desfrutava, será afetado de ódio para com a coisa amada e terá inveja do outro.**

Demonstração. Quanto maior é o amor com o qual alguém imagina a coisa amada estar afetada para com ele, tanto mais ele se gloriará (pela prop. prec.), isto é (pelo esc. da prop. 30), tanto mais ele se alegrará. Consequentemente (pela prop. 28), ele se esforçará, tanto quanto pode, por imaginar que a coisa amada está ligada a ele o mais estreitamente possível, esforço ou apetite que será estimulado se ele imagina que o outro deseja o mesmo para si (pela prop. 31). Pressupõe-se, entretanto, que esse esforço ou apetite é refreado pela imagem da própria coisa amada, acompanhada da imagem daquele outro que a ela está ligada. Logo (pelo esc. da prop.

11 huius) eo ipso tristitia afficietur concomitante idea rei amatae, tamquam causa, et simul imagine alterius, hoc est (per schol. prop. 13 huius) odio erga rem amatam afficietur, et simul erga illum alterum (per coroll. prop. 15 huius), cui propterea (per prop. 23 huius) quod re amata delectatur, invidebit. Q.E.D.

Scholium. Hoc odium erga rem amatam invidiae iunctum zelotypia vocatur, quae proinde nihil aliud est, quam animi fluctuatio orta ex amore et odio simul, concomitante idea alterius, cui invidetur. Praeterea hoc odium erga rem amatam maius erit pro ratione laetitiae, qua zelotypus ex reciproco rei amatae amore solebat affici, et etiam pro ratione affectus quo erga illum, quem sibi rem amatam iungere imaginatur, affectus erat. Nam si eum oderat, eo ipso rem amatam (per prop. 24 huius) odio habebit, quia ipsam id, quod ipse odio habet, laetitia afficere imaginatur; et etiam (per coroll. prop. 15 huius) ex eo, quod rei amatae imaginem imagini eius, quem odit, iungere cogitur, quae ratio plerumque locum habet in amore erga feminam. Qui enim imaginatur mulierem, quam amat, alteri sese prostituere, non solum ex eo, quod ipsius appetitus coercetur, contristabitur, sed etiam quia rei amatae imaginem pudendis et excrementis alterius iungere cogitur, eandem aversatur. Ad quod denique accedit, quod zelotypus non eodem vultu, quem res amata ei praebere solebat, ab eadem excipiatur, qua etiam de causa amans contristatur, ut iam ostendam.

Propositio XXXVI. **Qui rei, qua semel delectatus est, recordatur, cupit eadem cum iisdem potiri circumstantiis ac cum primo ipsa delectatus est.**

Demonstratio. Quicquid homo simul cum re, quae ipsum delectavit, vidit, id omne (per prop. 15 huius) erit per accidens laetitiae causa; adeoque (per prop. 28 huius) omni eo simul cum re, quae ipsum delectavit, potiri cupiet, sive re cum omnibus iisdem circumstantiis potiri cupiet, ac cum primo eadem delectatus est. Q.E.D.

Corollarium. Si itaque unam ex iis circumstantiis deficere compererit, amans contristabitur.

Demonstratio. Nam quatenus aliquam circumstantiam deficere comperit, eatenus aliquid imaginatur, quod eius rei existentiam secludit. Cum autem eius rei sive circumstantiae (per prop. praeced.) sit prae amore cupidus, ergo (per prop. 19 huius) quatenus eandem deficere imaginatur, contristabitur. Q.E.D.

11), ele será, por isso, afetado de tristeza, acompanhada da ideia da coisa amada como causa e, ao mesmo tempo, da imagem do outro, isto é (pelo esc. da prop. 13), ele será afetado de ódio para com a coisa amada e, ao mesmo tempo, para com o outro (pelo corol. da prop. 15), de quem, além disso (pela prop. 23), terá inveja, por se deleitar com a coisa amada. C. Q. D.

Escólio. Esse ódio para com a coisa amada, reunido à inveja, chama-se ciúme, o qual, portanto, nada mais é do que uma flutuação de ânimo surgida, ao mesmo tempo, do amor e do ódio, acompanhados da ideia de um outro de quem se tem inveja. Além disso, esse ódio para com a coisa amada será diretamente proporcional à alegria com que o ciumento costumava estar afetado pelo amor recíproco da coisa amada para com ele, bem como ao afeto de que estava afetado para com aquele que imagina estar ligado à coisa amada. Com efeito, se o odiava, odiará, por isso, a coisa amada (pela prop. 24), pois imagina que ela afeta de alegria aquele a quem ele odeia, e também (pelo corol. da prop. 15) por se ver obrigado a reunir a imagem da coisa amada à imagem daquele a quem odeia. Esse último motivo tem lugar, frequentemente, no amor para com uma mulher, pois quem imagina que a mulher que ama se entrega a um outro não apenas se entristecerá, por ter seu próprio apetite refreado, mas também a abominará, por se ver obrigado a reunir a imagem da coisa amada à imagem das partes pudendas e das excreções do outro. A isso acrescenta-se, enfim, o fato de que o ciumento não é recebido pela coisa amada com o mesmo semblante que ela costumava mostrar-lhe, o que também constituirá razão para o amante se entristecer, como logo demonstrarei.

Proposição 36. **Quem se recorda de uma coisa com a qual, uma vez, se deleitou, deseja desfrutá-la sob as mesmas circunstâncias sob as quais, da primeira vez, com ela se deleitou.**

Demonstração. Tudo o que o homem viu ao mesmo tempo que a coisa com a qual se deleitou (pela prop. 15) será, por acidente, causa de alegria. Portanto (pela prop. 28), ele desejará desfrutar de tudo isso ao mesmo tempo que da coisa com a qual se deleitou. Ou seja, desejará desfrutar da coisa sob as mesmas e exatas circunstâncias sob as quais, da primeira vez, com ela se deleitou. C. Q. D.

Corolário. Se, portanto, vem a saber que uma única dessas circunstâncias está ausente, o amante se entristecerá.

Demonstração. Com efeito, à medida que vem a saber que alguma das circunstâncias está ausente, imagina algo que exclui a existência dessa coisa. Como, por amor, está desejoso dessa coisa ou circunstância (pela prop. prec.), então (pela prop. 19), à medida que imagina que ela está ausente, se entristecerá. C. Q. D.

Scholium. Haec tristitia, quatenus absentiam eius, quod amamus, respicit, desiderium vocatur.

***Propositio XXXVII.* Cupiditas, quae prae tristitia vel laetitia praeque odio vel amore oritur, eo est maior, quo affectus maior est.**

Demonstratio. Tristitia hominis agendi potentiam (per schol. prop. 11 huius) minuit vel coercet, hoc est (per prop. 7 huius) conatum quo homo in suo esse perseverare conatur, minuit vel coercet; adeoque (per prop. 5 huius) huic conatui est contraria; et quicquid homo tristitia affectus conatur, est tristitiam amovere. At (per tristitiae defin.) quo tristitia maior est, eo maiori parti hominis agendi potentiae necesse est opponi. Ergo quo maior tristitia est, eo maiore agendi potentia conabitur homo contra tristitiam amovere, hoc est (per schol. prop. 9 huius) eo maiore cupiditate sive appetitu conabitur tristitiam amovere. Deinde quoniam laetitia (per idem schol. prop. 11 huius) hominis agendi potentiam auget vel iuvat, facile eadem via demonstratur, quod homo laetitia affectus nihil aliud cupit, quam eandem conservare, idque eo maiore cupiditate quo laetitia maior erit. Denique quoniam odium et amor sunt ipsi tristitiae vel laetitiae affectus, sequitur eodem modo, quod conatus, appetitus sive cupiditas, quae prae odio vel amore oritur, maior erit pro ratione odii et amoris. Q.E.D.

***Propositio XXXVIII.* Si quis rem amatam odio habere inceperit, ita ut amor plane aboleatur, eandem maiore odio ex pari causa prosequetur, quam si ipsam nunquam amavisset, et eo maiore, quo amor antea maior fuerat.**

Demonstratio. Nam si quis rem, quam amat, odio habere incipit, plures eius appetitus coercentur, quam si eandem non amavisset. Amor namque laetitia est (per schol. prop. 13 huius), quam homo, quantum potest (per prop. 28 huius) conservare conatur; idque (per idem schol.) rem amatam ut praesentem contemplando, eandemque (per prop. 21 huius) laetitia, quantum potest, afficiendo, qui quidem conatus (per prop. praeced.) eo est maior, quo amor maior est, ut et conatus efficiendi, ut res amata ipsum contra amet (vide prop. 33 huius). At hi conatus odio erga rem amatam coercentur (per coroll. prop. 13 et per prop. 23 huius). Ergo amans (per schol. prop. 11 huius) hac etiam de causa tristitia afficietur, et eo maiore quo amor maior fuerat, hoc est, praeter tristitiam, quae odii fuit causa, alia ex eo oritur quod rem amavit, et consequenter maiore tristitiae affectu rem amatam contemplabitur,

Escólio. Essa tristeza, à medida que diz respeito à ausência daquilo que amamos, chama-se saudade.

Proposição 37. **O desejo que surge em razão da tristeza ou da alegria, do ódio ou do amor, é tanto maior quanto maior é o afeto.**

Demonstração. A tristeza diminui ou refreia a potência de agir do homem (pelo esc. da prop. 11), isto é (pela prop. 7), o esforço pelo qual o homem se esforça por perseverar em seu ser. Portanto (pela prop. 5), ela é contrária a esse esforço; e tudo pelo qual se esforça o homem afetado de tristeza é por afastá-la. Ora (pela def. de tristeza), quanto maior é a tristeza, tanto maior deve ser a parcela de potência de agir do homem que ela contraria. Portanto, quanto maior for a tristeza, tanto maior será a potência de agir com a qual o homem se esforçará por afastar a tristeza, isto é (pelo esc. da prop. 9), tanto maior será o desejo ou o apetite com que se esforçará por afastar a tristeza. Além disso, uma vez que a alegria (pelo mesmo esc. da prop. 11) aumenta ou estimula a potência de agir do homem, facilmente se demonstra, pelo mesmo procedimento, que o homem afetado de alegria nada mais deseja do que conservá-la, com um desejo tanto maior, quanto maior for a alegria. Finalmente, uma vez que o ódio e o amor são os próprios afetos da tristeza ou da alegria, segue-se, da mesma maneira, que o esforço, o apetite ou o desejo que provém do ódio ou do amor será diretamente proporcional a esse ódio ou a esse amor. C. Q. D.

Proposição 38. **Se alguém começar a odiar a coisa amada, de maneira tal que o amor seja completamente aniquilado, terá por ela, em razão desse mesmo amor, um ódio maior do que aquele que teria se nunca a tivesse amado, o qual será tanto maior quanto maior tiver sido o amor anterior.**

Demonstração. Com efeito, se alguém começa a odiar a coisa que ama, são refreados mais apetites seus do que os que seriam se nunca a tivesse amado. Pois o amor é uma alegria (pelo esc. da prop. 13) que o homem se esforça, tanto quanto pode (pela prop. 28), por conservar: trata-se de um esforço (pelo mesmo esc.) por considerar a coisa amada como presente e por afetá-la, tanto quanto pode, de alegria (pela prop. 21). Esse esforço é tanto maior (pela prop. prec.) quanto maior é o amor, assim como é maior o esforço por fazer com que a coisa amada, de sua parte, também o ame (veja-se a prop. 33). Esses esforços são, entretanto, refreados pelo ódio para com a coisa amada (pelo corol. da prop. 13 e pela prop. 23). Portanto, o amante (pelo esc. da prop. 11) será, também por essa razão, afetado de tristeza, que será tanto maior quanto maior tiver sido o amor. Isto é, além da tristeza que foi a causa do ódio, surge, por ter amado a coisa em questão, uma outra tristeza. Consequentemente, considerará a coisa amada com um afeto de tristeza maior, isto é (pelo esc. da prop. 13), terá para com ela um

hoc est (per schol. prop. 13 huius) maiore odio prosequetur, quam si eandem non amavisset, et eo maiore, quo amor maior fuerat. Q.E.D.

Propositio XXXIX**. **Qui aliquem odio habet, ei malum inferre conabitur, nisi ex eo maius sibi malum oriri timeat; et contra, qui aliquem amat, ei eadem lege benefacere conabitur.

Demonstratio. Aliquem odio habere est (per schol. prop. 13 huius) aliquem ut tristitiae causam imaginari; adeoque (per prop. 28 huius) is, qui aliquem odio habet, eundem amovere vel destruere conabitur. Sed si inde aliquid tristius sive (quod idem est) maius malum sibi timeat, idque se vitare posse credit non inferendo ei, quem odit, malum quod meditabatur, a malo inferendo (per eandem prop. 28 huius) abstinere cupiet; idque (per prop. 37 huius) maiore conatu, quam quo tenebatur inferendi malum, qui propterea praevalebit, ut volebamus. Secundae partis demonstratio eodem modo procedit. Ergo qui aliquem odio habet etc. Q.E.D.

Scholium. Per bonum hic intelligo omne genus laetitiae et quicquid porro ad eandem conducit, et praecipue id, quod desiderio qualecumque illud sit, satisfacit; per malum autem omne tristitiae genus et praecipue id, quod desiderium frustratur. Supra enim (in schol. prop. 9 huius) ostendimus, nos nihil cupere, quia id bonum esse iudicamus, sed contra id bonum vocamus, quod cupimus; et consequenter id, quod aversamur malum appellamus. Quare unusquisque ex suo affectu iudicat seu aestimat, quid bonum, quid malum, quid melius, quid peius et quid denique optimum quidve pessimum sit. Sic avarus argenti copiam optimum, eius autem inopiam pessimum iudicat. Ambitiosus autem nihil aeque ac gloriam cupit, et contra nihil aeque ac pudorem reformidat. Invido deinde nihil iucundius, quam alterius infelicitas, et nihil molestius, quam aliena felicitas; ac sic unusquisque ex suo affectu rem aliquam bonam aut malam, utilem aut inutilem esse iudicat. Ceterum hic affectus, quo homo ita disponitur, ut id quod vult nolit, vel ut id quod non vult velit, timor vocatur, qui proinde nihil aliud est quam metus quatenus homo ab eodem disponitur ad malum, quod futurum iudicat, minore vitandum (vide prop. 28 huius). Sed si malum, quod timet, pudor sit, tum timor appellatur verecundia. Denique si cupiditas malum futurum vitandi coercetur timore alterius mali, ita ut quid potius velit nesciat, tum metus vocatur consternatio praecipue si utrumque malum, quod timetur, ex maximis sit.

ódio maior do que o que teria se nunca a tivesse amado, o qual será tanto maior quanto maior tiver sido o amor anterior. C. Q. D.

Proposição 39. **Aquele que odeia alguém se esforçará por fazer-lhe mal, a menos que tema que disso advenha, para si próprio, um mal maior; e, inversamente, aquele que ama alguém, se esforçará, pela mesma lei, por fazer-lhe bem.**

Demonstração. Odiar alguém é (pelo esc. da prop. 13) imaginá-lo como causa de tristeza. Portanto (pela prop. 28), aquele que odeia alguém se esforçará por afastá-lo ou destruí-lo. Mas se teme que disso advenha, para si próprio, algo mais triste, ou, o que é o mesmo, um mal maior, e se julga poder evitá-lo, não infligindo àquele que odeia o mal que planejava, desejará (pela mesma prop. 28) abster-se de infligir-lhe o mal. E isso (pela prop. 37), com um esforço maior do que aquele que o levava a infligir o mal, razão pela qual o desejo por se abster prevalecerá, tal como queríamos demonstrar. A demonstração da segunda parte se faz da mesma maneira. Logo, aquele que odeia alguém, etc. C. Q. D.

Escólio. Por bem compreendo todo gênero de alegria e tudo o que a ela conduz e, especialmente, aquilo que aplaca uma saudade, qualquer que ela seja. Por mal, em troca, compreendo todo gênero de tristeza e, especialmente, aquilo que agrava uma saudade. Com efeito, demonstramos anteriormente (no esc. da prop. 9) que não desejamos uma coisa por julgá-la boa, mas, ao contrário, dizemos que é boa porque a desejamos. E, consequentemente, dizemos que é má a coisa que abominamos. Por isso, cada um julga ou avalia, de acordo com o seu afeto, o que é bom ou mau, o que é melhor ou pior e, finalmente, o que é ótimo ou péssimo. Assim, o avaro julga que o ótimo é a abundância de dinheiro e o pior, a sua falta. O ambicioso, por sua vez, nada deseja tanto quanto a glória e nada teme tanto quanto a vergonha. Ao invejoso, enfim, nada é tão agradável quanto a infelicidade de um outro e nada tão desagradável quanto a felicidade alheia. E, assim, cada um, de acordo com o seu afeto, julga uma coisa como boa ou má, útil ou inútil. De resto, o afeto que deixa o homem numa situação tal que ele não quer o que quer e quer o que não quer chama-se temor, o qual, portanto, não é senão o medo, à medida que deixa o homem numa situação tal que ele evita, em troca de um mal menor, um mal que julga estar por vir (veja-se a prop. 28). Mas se o mal que teme é a vergonha, então o temor chama-se pudor. Se o desejo, enfim, de evitar um mal que está por vir é refreado pelo temor de um outro mal, de maneira tal que ele não sabe qual preferir, então o medo chama-se pavor, principalmente se tanto um quanto outro dos males temidos são dos maiores.

Propositio XL. **Qui se odio haberi ab aliquo imaginatur, nec se ullam odii causam illi dedisse credit, eundem odio contra habebit.**

Demonstratio. Qui aliquem odio affectum imaginatur, eo ipso etiam odio afficietur (per prop. 27 huius), hoc est (per schol. prop. 13 huius) tristitia concomitante idea causae externae. At ipse (per hypothesin) nullam huius tristitiae causam imaginatur praeter illum, qui ipsum odio habet. Ergo ex hoc, quod se odio haberi ab aliquo imaginatur, tristitia afficietur concomitante idea eius, qui ipsum odio habet, sive (per idem schol.) eundem odio habebit. Q.E.D.

Scholium. Quod si se iustam odii causam praebuisse imaginatur, tum (per prop. 30 huius et eiusdem schol.) pudore afficietur. Sed hoc (per prop. 25 huius) raro contingit. Praeterea haec odii reciprocatio oriri etiam potest ex eo, quod odium sequatur conatus malum inferendi ei, qui odio habetur (per prop. 39 huius). Qui igitur se odio haberi ab aliquo imaginatur, eundem alicuius mali sive tristitiae causam imaginabitur; atque adeo tristitia afficietur, seu metu concomitante idea eius, qui ipsum odio habet, tamquam causa, hoc est, odio contra afficietur, ut supra.

Corollarium I. Qui, quem amat, odio erga se affectum imaginatur, odio et amore simul conflictabitur. Nam quatenus imaginatur, ab eodem se odio haberi, determinatur (per prop. praeced.) ad eundem contra odio habendum. At (per hypothesin) ipsum nihilominus amat. Ergo odio et amore simul conflictabitur.

Corollarium II. Si aliquis imaginatur, ab aliquo, quem antea nullo affectu prosecutus est, malum aliquod prae odio sibi illatum esse, statim idem malum eidem referre conabitur.

Demonstratio. Qui aliquem odio erga se affectum esse imaginatur, eum contra (per praeced. prop.) odio habebit et (per prop. 26 huius) id omne comminisci conabitur, quod eundem possit tristitia afficere; atque id eidem (per prop. 39 huius) inferre studebit. At (per hypothesin) primum, quod huiusmodi imaginatur, est malum sibi illatum. Ergo idem statim eidem inferre conabitur. Q.E.D.

Scholium. Conatus malum inferendi ei, quem odimus, ira vocatur; conatus autem malum nobis illatum referendi vindicta appellatur.

Propositio XLI. **Si quis ab aliquo se amari imaginatur, nec se ullam ad id causam dedisse credit (quod per coroll. prop. 15 et per prop. 16 huius fieri potest), eundem contra amabit.**

Proposição 40. **Aquele que imagina ser odiado por um outro, e julga não lhe ter dado qualquer causa para isso, terá, por sua vez, ódio desse outro.**

Demonstração. Quem imagina alguém afetado de ódio, será, por isso, igualmente afetado de ódio (pela prop. 27), isto é (pelo esc. da prop. 13), de tristeza, acompanhada da ideia de uma causa exterior. Ora, no caso em questão, ele (por hipótese) não imagina nenhuma outra causa dessa tristeza a não ser aquele que o odeia. Portanto, por imaginar ser odiado por um outro, será afetado de tristeza, acompanhada da ideia daquele que o odeia, ou seja (pelo mesmo esc.), ele terá ódio desse outro. C. Q. D.

Escólio. Se imagina, entretanto, ter dado justa causa de ódio, será, então (pela prop. 30 e seu esc.), afetado de vergonha. Mas isso (pela prop. 25) raramente ocorre. Além disso, essa reciprocidade do ódio também pode surgir porque ao ódio se segue um esforço por infligir mal àquele a quem se tem ódio (pela prop. 39). Assim, quem imagina ser odiado por alguém imaginará esse último como causa de um mal, ou seja, de tristeza. Portanto, será afetado de tristeza ou de medo, afetos que serão acompanhados, como causa, da ideia daquele que lhe tem ódio, isto é, será, por sua vez, afetado de ódio, como acima demonstramos.

Corolário 1. Quem imagina aquele que ama afetado de ódio para consigo, ficará dividido entre o ódio e o amor. Pois, enquanto imagina que é odiado por ele, está determinado (pela prop. prec.) a ter-lhe, por sua vez, ódio. Mas (por hipótese), nem por isso ama-o menos. Logo, ficará dividido entre o ódio e o amor.

Corolário 2. Se alguém imagina que, por ódio, algum mal foi-lhe infligido por um outro que não lhe tinha, anteriormente, provocado qualquer afeto, se esforçará, imediatamente, por infligir-lhe o mesmo mal.

Demonstração. Quem imagina alguém afetado de ódio para consigo, também lhe terá, por sua vez, ódio (pela prop. prec.), e (pela prop. 26) se esforçará por arquitetar todas aquelas coisas que possam afetá-lo de tristeza, dedicando-se a fazer com que lhe sejam infligidas (pela prop. 39). Mas (por hipótese), a primeira coisa desse tipo que imagina é o mal que lhe foi infligido. Logo, se esforçará, imediatamente, por infligir-lhe o mesmo mal. C. Q. D.

Escólio. O esforço por fazer o mal a quem odiamos chama-se ira, enquanto o esforço por devolver o mal que nos foi infligido chama-se vingança.

Proposição 41. **Se alguém imagina que é amado por um outro e julga não lhe ter dado qualquer causa para isso (o que, pelo corol. da prop. 15 e pela prop. 16, pode ocorrer) amará, por sua vez, esse outro.**

Demonstratio. Haec propositio eadem via demonstratur ac praeced., cuius etiam schol. vide.

Scholium. Quod si se iustam amoris causam praebuisse crediderit, gloriabitur (per prop. 30 huius cum eiusdem schol.); quod quidem (per prop. 25 huius) frequentius contingit, et cuius contrarium evenire diximus, quando aliquis ab aliquo se odio haberi imaginatur (vide schol. prop. praeced.). Porro hic reciprocus amor, et consequenter (per prop. 39 huius) conatus benefaciendi ei, qui nos amat, quique (per eandem prop. 39 huius) nobis benefacere conatur, gratia seu gratitudo vocatur. Atque adeo apparet, homines longe paratiores esse ad vindictam, quam ad referendum beneficium.

Corollarium. Qui ab eo, quem odio habet, se amari imaginatur, odio et amore simul conflictabitur. Quod eadem via, qua coroll. 1 prop. praeced. demonstratur.

Scholium. Quod si odium praevaluerit, ei, a quo amatur, malum inferre conabitur, qui quidem affectus crudelitas appellatur, praecipue si illum, qui amat, nullam odii communem causam praebuisse creditur.

Propositio XLII. **Qui in aliquem amore aut spe gloriae motus beneficium contulit, contristabitur, si viderit, beneficium ingrato animo accipi.**

Demonstratio. Qui rem aliquam sibi similem amat, conatur, quantum potest, efficere ut ab ipsa contra ametur (per prop. 33 huius). Qui igitur prae amore in aliquem beneficium contulit, id facit desiderio, quo tenetur, ut contra ametur, hoc est (per prop. 34 huius) spe gloriae sive (per schol. prop. 30 huius) laetitiae; adeoque (per prop. 12 huius) hanc gloriae causam, quantum potest, imaginari, sive ut actu existentem contemplari conabitur. At (per hypothesin) aliud imaginatur, quod eiusdem causae existentiam secludit. Ergo (per prop. 19 huius) eo ipso contristabitur. Q.E.D.

Propositio XLIII. **Odium reciproco odio augetur, et amore contra deleri potest.**

Demonstratio. Qui eum, quem odit, contra odio erga se affectum esse imaginatur, eo ipso (per prop. 40 huius) novum odium oritur durante (per hypothesin) adhuc primo. Sed si contra eundem amore erga se affectum esse imaginetur, quatenus hoc imaginatur, eatenus (per prop. 30 huius) se ipsum cum laetitia contemplatur, et eatenus (per prop. 29 huius) eidem placere conabitur, hoc est (per prop. 41 huius)

Demonstração. Demonstra-se esta prop. pelo mesmo procedimento da precedente, cujo esc. deve também ser consultado.

Escólio. Se acredita, entretanto, ter dado uma justa causa de amor, ele se gloriará (pela prop. 30 e seu esc.), o que (pela prop. 25), na verdade, ocorre muito frequentemente. O contrário se passa, como dissemos, quando alguém imagina ser odiado por um outro (veja-se o esc. da prop. prec.). Além disso, esse amor recíproco e, consequentemente (pela prop. 39), o esforço por fazer o bem àquele que nos ama e que (pela mesma prop. 39) se esforça por nos fazer o bem chama-se agradecimento ou gratidão. Parece, pois, que os homens estão muito mais dispostos à vingança que a retribuir um benefício.

Corolário. Aquele que imagina ser amado por quem odeia ficará dividido entre o amor e o ódio, o que se demonstra pelo mesmo procedimento do corol. 1 da prop. precedente.

Escólio. Se, entretanto, o ódio prevalecer, ele se esforçará por infligir o mal àquele por quem é amado. Este afeto chama-se crueldade, sobretudo se julga que aquele que ama não havia apresentado nenhuma das causas costumeiras de ódio.

Proposição 42. **Aquele que, movido pelo amor ou pela esperança de glória, fez a outro um benefício, se entristecerá se vê que seu benefício é ingratamente recebido.**

Demonstração. Aquele que ama uma coisa que lhe é semelhante esforça-se, tanto quanto pode, por fazer com que ela, por sua vez, o ame (pela prop. 33). Assim, aquele que, por amor, fez a outro um benefício foi por querer, por sua vez, ser amado, isto é (pela prop. 34), pela esperança de glória, ou seja (pelo esc. da prop. 30), de se alegrar. Portanto (pela prop. 12), ele se esforçará, tanto quanto pode, por imaginar essa causa de glória, ou seja, por considerá-la como existente em ato. Mas (por hipótese), ele imagina uma outra coisa, a qual exclui a existência dessa causa. Logo (pela prop. 19), se entristecerá por isso. C. Q. D.

Proposição 43. **O ódio é aumentado pelo ódio recíproco, podendo, inversamente, ser destruído pelo amor.**

Demonstração. Naquele que imagina que um outro, a quem odeia, está, por sua vez, afetado de ódio para consigo, surge, por isso mesmo (pela prop. 40), um novo ódio, enquanto ainda dura (por hipótese) o primeiro. Mas se, inversamente, ele imagina que esse outro está afetado de amor para consigo, à medida que imagina isso (pela prop. 30), considera a si mesmo com alegria e, dessa maneira (pela prop. 29), se esforçará por lhe agradar, isto é (pela prop. 41), se esforçará por não odiá-lo e por não afetá-lo

eatenus conatur ipsum odio non habere nullaque tristitia afficere; qui quidem conatus (per prop. 37 huius) maior vel minor erit pro ratione affectus, ex quo oritur. Atque adeo si maior fuerit illo, qui ex odio oritur, et quo rem, quam odit (per prop. 26 huius) tristitia afficere conatur, ei praevalebit, et odium ex animo delebit. Q.E.D.

Propositio XLIV. **Odium, quod amore plane vincitur, in amorem transit; et amor propterea maior est, quam si odium non praecessisset.**

Demonstratio. Eodem modo procedit, ac prop. 38 huius. Nam qui rem, quam odit, sive quam cum tristitia contemplari solebat, amare incipit, eo ipso, quod amat, laetatur et huic laetitiae, quam amor involvit (vide eius defin. in schol. prop. 13 huius), illa etiam accedit, quae ex eo oritur, quod conatus amovendi tristitiam, quam odium involvit (ut in prop. 37 huius ostendimus), prorsus iuvatur, concomitante idea eius, quem odio habuit, tamquam causa.

Scholium. Quamvis res ita se habeat, nemo tamen conabitur rem aliquam odio habere vel tristitia affici, ut maiore hac laetitia fruatur; hoc est, nemo spe damnum recuperandi damnum sibi inferri cupiet, nec aegrotare desiderabit spe convalescendi. Nam unusquisque suum esse conservare et tristitiam, quantum potest, amovere semper conabitur. Quod si contra concipi posset, hominem posse cupere aliquem odio habere, ut eum postea maiore amore prosequatur, tum eundem odio habere semper desiderabit. Nam quo odium maius fuerit, eo amor erit maior, atque adeo desiderabit semper, ut odium magis magisque augeatur, et eadem de causa homo magis ac magis aegrotare conabitur, ut maiore laetitia ex restauranda valetudine postea fruatur; atque adeo semper aegrotare conabitur, quod (per prop. 6 huius) est absurdum.

Propositio XLV. **Si quis aliquem sibi similem odio in rem sibi similem, quam amat, affectum esse imaginatur, eum odio habebit.**

Demonstratio. Nam res amata eum, qui ipsam odit, odio contra habet (per prop. 40 huius). Adeoque amans, qui aliquem imaginatur rem amatam odio habere, eo ipso rem amatam odio, hoc est (per schol. prop. 13 huius) tristitia affectam esse imaginatur, et consequenter (per prop. 21 huius) contristatur, idque concomitante idea eius, qui rem amatam odit, tamquam causa, hoc est (per schol. prop. 13 huius) ipsum odio habebit. Q.E.D.

de qualquer tristeza. E esse esforço (pela prop. 37) será diretamente proporcional ao afeto do qual provém. Consequentemente, se for maior do que aquele que provém do ódio pelo qual ele se esforça por afetar de tristeza a coisa que odeia (pela prop. 26), esse esforço prevalecerá e apagará o ódio do ânimo. C. Q. D.

Proposição 44. **O ódio que é inteiramente vencido pelo amor converte-se em amor; e o amor é, por isso, maior do que se o ódio não o tivesse precedido.**

Demonstração. Procede-se da mesma maneira que na prop. 38. Com efeito, aquele que começa a amar a coisa que odiava, ou seja, que costumava considerar com tristeza, por amá-la, alegra-se. E a essa alegria, que está envolvida no amor (veja-se a sua def. no esc. da prop. 13), acrescenta-se a alegria que surge porque o esforço por afastar a tristeza que está envolvida no ódio (como demonstramos na prop. 37) é plenamente estimulado, alegria que vem acompanhada, como causa, da ideia daquele a quem se teve ódio.

Escólio. Apesar disso, ninguém, entretanto, se esforçará por odiar uma coisa ou por ser afetado de tristeza, só para desfrutar dessa alegria maior. Isto é, ninguém desejará infligir a si mesmo um mal pela esperança de repará-lo, nem quererá ficar doente pela esperança de ficar curado. Pois cada um se esforçará sempre por conservar seu ser e por afastar, tanto quanto pode, a tristeza. Entretanto, se, contrariamente, fosse possível conceber um homem que desejasse odiar alguém só para ser, depois, tomado de um amor maior por ele, então iria desejar, sempre, odiá-lo. Pois quanto maior tiver sido o ódio, tanto maior será o amor. Consequentemente, ele desejaria, sempre, que o ódio aumentasse cada vez mais. E pela mesma razão, o homem se esforçaria por ficar cada vez mais doente, só para desfrutar, depois, de uma alegria maior por recuperar a saúde. Ele se esforçaria, assim, por estar sempre doente, o que (pela prop. 6) é absurdo.

Proposição 45. **Se alguém imagina que um outro que lhe é semelhante está afetado de ódio por uma coisa que lhe é semelhante e que ele ama, ele odiará esse outro.**

Demonstração. Com efeito, a coisa amada odeia, por sua vez, aquele que a odeia (pela prop. 40). Assim, o amante que imagina que um outro odeia a coisa amada, imagina, por isso, que a coisa amada é afetada de ódio, isto é (pelo esc. da prop. 13), de tristeza. Consequentemente (pela prop. 21), ficará triste, o que vem acompanhado, como causa, da ideia daquele que odeia a coisa amada, isto é (pelo esc. da prop. 13), ele odiará esse outro. C. Q. D.

Propositio XLVI. **Si quis ab aliquo cuiusdam classis, sive nationis a sua diversae, laetitia vel tristitia affectus fuerit, concomitante eius idea sub nomine universali classis vel nationis tamquam causa, is non tantum illum, sed omnes eiusdem classis vel nationis amabit vel odio habebit.**

Demonstratio. Huius rei demonstratio patet ex prop. 16 huius partis.

Propositio XLVII. **Laetitia, quae ex eo oritur, quod scilicet rem, quam odimus, destrui aut alio malo affici imaginamur, non oritur absque ulla animi tristitia.**

Demonstratio. Patet ex prop. 27 huius. Nam quatenus rem nobis similem tristitia affici imaginamur, eatenus contristamur.

Scholium. Potest haec propositio etiam demonstrari ex coroll. prop. 17 P. 2. Quoties enim rei recordamur, quamvis ipsa actu non existat, eandem tamen ut praesentem contemplamur, corpusque eodem modo afficitur. Quare quatenus rei memoria viget, eatenus homo determinatur ad eandem cum tristitia contemplandum; quae determinatio manente adhuc rei imagine, coercetur quidem memoria illarum rerum, quae huius existentiam secludunt, sed non tollitur. Atque adeo homo eatenus tantum laetatur, quatenus haec determinatio coercetur; et hinc fit, ut haec laetitia, quae ex rei, quam odimus malo oritur, toties repetatur, quoties eiusdem rei recordamur. Nam, uti diximus, quando eiusdem rei imago excitatur, quia haec ipsius rei existentiam involvit, hominem determinat ad rem cum eadem tristitia contemplandum, qua eandem contemplari solebat, cum ipsa existeret. Sed quia eiusdem rei imagini alias iunxit, quae eiusdem existentiam secludunt, ideo haec ad tristitiam determinatio statim coercetur, et homo de novo laetatur, et hoc toties, quoties haec repetitio fit. Atque haec eadem est causa, cur homines laetantur, quoties alicuius iam praeteriti mali recordantur, et cur pericula, a quibus liberati sunt, narrare gaudeant. Nam ubi aliquod periculum imaginantur, idem veluti adhuc futurum contemplantur, et ad id metuendum determinantur, quae determinatio de novo coercetur idea libertatis, quam huius periculi ideae iunxerunt, cum ab eodem liberati sunt, quaeque eos de novo securos reddit; atque adeo de novo laetantur.

Propositio XLVIII. **Amor et odium ex. gr. erga Petrum destruitur, si tristitia, quam hoc, et laetitia, quam ille involvit, ideae alterius**

※ *Proposição 46.* **Se alguém foi afetado, de alegria ou de tristeza, por um outro, cujo grupo social ou nacional é diferente do seu, alegria ou tristeza que vem acompanhada, como causa, da ideia desse outro, associada à designação genérica desse grupo, ele não apenas amará ou odiará esse outro, mas também todos os que pertencem ao mesmo grupo.**

Demonstração. A demonstração disso é evidente pela prop. 16.

※ *Proposição 47.* **A alegria que surge por imaginarmos que uma coisa que odiamos é destruída ou afetada de algum outro mal não surge sem alguma tristeza do ânimo.**

Demonstração. Isso é evidente pela prop. 27. Com efeito, à medida que imaginamos que uma coisa semelhante a nós é afetada de tristeza, nós nos entristecemos.

Escólio. Esta prop. pode também ser demonstrada pelo corol. da prop. 17 da P. 2. Com efeito, cada vez que nos recordamos de uma coisa, ainda que ela não exista em ato, nós a consideramos, entretanto, como presente, e o corpo é afetado da mesma maneira. Consequentemente, à medida que a recordação da coisa continua forte, o homem é determinado a considerá-la com tristeza. Essa determinação, enquanto ainda dura a imagem da coisa, é refreada, mas não suprimida, pela recordação das coisas que excluem a existência daquela primeira. Portanto, o homem só se alegra à medida que essa determinação é refreada, o que faz com que essa alegria que provém do mal sofrido pela coisa que odiamos se repita cada vez que dela nos recordamos. Pois, como dissemos, quando a imagem dessa coisa é reavivada, uma vez que envolve a sua existência, ela determina o homem a considerá-la com a mesma tristeza com que estava habituado quando ela existia. Mas como à imagem dessa coisa ele associa outras que excluem sua existência, essa determinação em direção à tristeza é imediatamente refreada, e o homem alegra-se novamente, o que ocorre cada vez que o processo se repete. É por essa mesma causa que os homens se alegram cada vez que se recordam de um mal já passado ou que se enchem de gáudio ao falar dos perigos de que se salvaram. Pois quando imaginam algum perigo, consideram-no como ainda por vir e são determinados a temê-lo. Mas essa determinação é novamente refreada pela ideia de salvação que associaram à de perigo quando dele se livraram, ideia que os torna novamente seguros e, portanto, alegram-se novamente.

※ *Proposição 48.* **O amor e o ódio, por exemplo, para com Pedro, são destruídos se a tristeza envolvida no último e a alegria envolvida no primeiro são associados à ideia de uma outra causa; e um e outro**

causae iungatur; et eatenus uterque diminuitur, quatenus imaginamur Petrum non solum fuisse alterutrius causam.

Demonstratio. Patet ex sola amoris et odii definitione, quam vide in schol. prop. 13 huius. Nam propter hoc solum laetitia vocatur amor, et tristitia odium erga Petrum, quia scilicet Petrus huius vel illius affectus causa esse consideratur. Hoc itaque prorsus vel ex parte sublato affectus quoque erga Petrum prorsus vel ex parte diminuitur. Q.E.D.

Propositio XLIX. **Amor et odium erga rem, quam liberam esse imaginamur, maior ex pari causa uterque debet esse, quam erga necessariam.**

Demonstratio. Res, quam liberam esse imaginamur, debet (per defin. 7 P. 1) per se absque aliis percipi. Si igitur eandem laetitiae vel tristitiae causam esse imaginemur, eo ipso (per schol. prop. 13 huius) eandem amabimus vel odio habebimus, idque (per prop. praeced.) summo amore vel odio, qui ex dato affectu oriri potest. Sed si rem, quae eiusdem affectus est causa, ut necessariam imaginemur, tum (per eandem defin. 7 P. 1) ipsam non solam, sed cum aliis eiusdem affectus causam esse imaginabimur; atque adeo (per prop. praeced.) amor et odium erga ipsam minor erit. Q.E.D.

Scholium. Hinc sequitur homines, quia se liberos esse existimant, maiore amore vel odio se invicem prosequi, quam alia; ad quod accedit affectuum imitatio, de qua vide prop. 27, 34, 40 et 43 huius.

Propositio L. **Res quaecumque potest esse per accidens spei aut metus causa.**

Demonstratio. Haec propositio eadem via demonstratur, qua prop. 15 huius, quam vide una cum schol. 2 prop. 18 huius.

Scholium. Res, quae per accidens spei aut metus sunt causae, bona aut mala omina vocantur. Deinde quatenus haec eadem omina sunt spei aut metus causa, eatenus (per defin. spei et metus, quam vide in schol. 2 prop. 18 huius) laetitiae aut tristitiae sunt causa, et consequenter (per coroll. prop. 15 huius) eatenus eadem amamus vel odio habemus, et (per prop. 28 huius) tamquam media ad ea, quae speramus, adhibere, vel tamquam obstacula aut metus causas amovere conamur. Praeterea ex prop. 25 huius sequitur, nos natura ita esse constitutos, ut ea quae speramus facile, quae autem timemus, difficile credamus, et ut de iis plus minusve iusto sentiamus. Atque ex his

são diminuídos à medida que imaginamos que Pedro não foi sua única causa.

Demonstração. Isso é evidente pelas próprias definições de amor e de ódio, que podem ser conferidas no esc. da prop. 13. Com efeito, a alegria é chamada de amor para com Pedro e a tristeza, de ódio, só porque Pedro é considerado como causa de um ou outro desses afetos. Suprimida, pois, total ou parcialmente, essa causa, o afeto para com Pedro é, total ou parcialmente, diminuído. C. Q. D.

Proposição 49. **A causa permanecendo igual, o amor e o ódio para com uma coisa que imaginamos ser livre devem ser maiores do que o amor e o ódio para com uma coisa necessária.**

Demonstração. Uma coisa que imaginamos ser livre deve (pela def. 7 da P. 1) ser percebida por si mesma, independentemente das outras. Se, portanto, imaginamos que ela é causa de alegria ou de tristeza, por causa dessa imaginação (pelo esc. da prop. 13), nós a amaremos ou a odiaremos, o que faremos (pela prop. prec.) com o maior dos amores ou com o maior dos ódios que possa surgir de um dado afeto. Mas se imaginarmos a coisa que é causa desse afeto como necessária, imaginaremos, então (pela mesma def. 7 da P. 1), como causa desse afeto, não ela sozinha, mas juntamente com outras e, portanto (pela prop. prec.), menores serão o amor e o ódio para com ela. C. Q. D.

Escólio. Disso se segue que os homens, por se julgarem livres, são tomados, uns para com os outros, de um amor ou de um ódio maiores do que os que têm para com as outras coisas. A isso se soma a imitação dos afetos, sobre a qual devem-se conferir as prop. 27, 34, 40 e 43.

Proposição 50. **Qualquer coisa pode, por acidente, ser causa de esperança ou de medo.**

Demonstração. Demonstra-se esta prop. pelo mesmo procedimento seguido na prop. 15, que deve ser conferida, juntamente com o esc. 2 da prop. 18.

Escólio. As coisas que são, por acidente, causas de esperança ou de medo são chamadas de bons ou de maus presságios. Além disso, à medida que esses presságios são causas de esperança ou de medo, eles são causas de alegria ou de tristeza (pelas def. de esperança e de medo, as quais podem ser conferidas no esc. 2 da prop. 18) e, consequentemente (pelo corol. da prop. 15), dessa maneira, nós os amamos ou os odiamos, e (pela prop. 28) nos esforçamos por utilizá-los como meios para obter as coisas que esperamos ou por afastá-los como obstáculos ou causas de medo. Ademais, segue-se da prop. 25 que, por natureza, somos constituídos de maneira a acreditarmos facilmente nas coisas que esperamos e, dificilmente, nas que tememos, e a estimá-las, respectivamente, acima ou abaixo do justo. É essa a origem das superstições que, em

ortae sunt superstitiones, quibus homines ubique conflictantur. Ceterum non puto operae esse pretium, animi hic ostendere fluctuationes, quae ex spe et metu oriuntur; quandoquidem ex sola horum affectuum definitione sequitur, non dari spem sine metu, neque metum sine spe (ut fusius suo loco explicabimus); et praeterea quandoquidem quatenus aliquid speramus aut metuimus, eatenus idem amamus vel odio habemus. Atque adeo quicquid de amore et odio diximus, facile unusquisque spei et metui applicare poterit.

Propositio LI. **Diversi homines ab uno eodemque obiecto diversimode affici possunt, et unus idemque homo ab uno eodemque obiecto potest diversis temporibus diversimode affici.**

Demonstratio. Corpus humanum (per postul. 3 P. 2) a corporibus externis plurimis modis afficitur. Possunt igitur eodem tempore duo homines diversimode esse affecti; atque adeo (per axiom. 1 quod est post lem. 3 quod vide post prop. 13 P. 2) ab uno eodemque obiecto possunt diversimode affici. Deinde (per idem postul.) corpus humanum potest iam hoc, iam alio modo esse affectum; et consequenter (per idem axiom.) ab uno eodemque obiecto diversis temporibus diversimode affici. Q.E.D.

Scholium. Videmus itaque fieri posse, ut quod hic amat, alter odio habeat; et quod hic metuit, alter non metuat; et ut unus idemque homo iam amet, quod antea oderit, et ut iam audeat, quod antea timuit etc. Deinde quia unusquisque ex suo affectu iudicat, quid bonum, quid malum, quid melius et quid peius sit (vide schol. prop. 39 huius), sequitur homines tam iudicio, quam affectu variare[2] posse; et hinc fit, ut, cum alios aliis comparamus, ex sola affectuum differentia a nobis distinguantur, et ut alios intrepidos, alios timidos, alios denique alio nomine appellemus. Ex. gr. illum ego intrepidum vocabo, qui malum contemnit, quod ego timere soleo; et si praeterea ad hoc attendam, quod eius cupiditas malum inferendi ei quem odit, et benefaciendi ei quem amat, non coercetur timore mali, a quo ego contineri soleo, ipsum audacem appellabo. Deinde ille mihi timidus videbitur, qui malum timet, quod ego contemnere soleo, et si insuper ad hoc attendam, quod eius cupiditas coercetur timore mali, quod me continere nequit, ipsum pusillanimem esse dicam, et sic unusquisque iudicabit. Denique ex hac hominis natura et iudicii inconstantia, ut et quod homo saepe ex solo affectu de rebus iudicat, et quod res, quas ad laetitiam vel tristitiam

---

[2] Posse hoc fieri, tametsi mens humana pars esset divini intellectus, ostendimus in schol. prop. 17 P. 2.

toda parte, afligem os homens. De resto, não creio que valha a pena mostrar aqui as flutuações de ânimo surgidas da esperança e do medo, pois se segue das próprias definições desses afetos que não há esperança sem medo, nem medo sem esperança (como explicaremos, mais detalhadamente, no momento oportuno). Além disso, à medida que esperamos ou tememos algo, nós o amamos ou o odiamos e, portanto, cada um poderá facilmente aplicar à esperança e ao medo tudo que o que dissemos sobre o amor e o ódio.

Proposição 51. **Homens diferentes podem ser afetados diferentemente por um só e mesmo objeto, e um só e mesmo homem pode, em momentos diferentes, ser afetado diferentemente por um só e mesmo objeto.**

Demonstração. O corpo humano (pelo post. 3 da P. 2) é afetado pelos corpos exteriores de muitas maneiras. Dois homens podem, portanto, ser afetados, no mesmo momento, de maneiras diferentes. Logo (pelo ax. 1, que se segue ao lema 3, após a prop. 13 da P. 2), podem ser afetados diferentemente por um só e mesmo objeto. Além disso (pelo mesmo post.), o corpo humano pode ser afetado, ora de uma maneira, ora de outra e, consequentemente (pelo mesmo ax.), pode, em momentos diferentes, ser afetado diferentemente por um só e mesmo objeto. C. Q. D.

Escólio. Vemos, assim, ser possível que um odeie o que o outro ama. E que um não tema o que o outro teme; e que um só e mesmo homem ame, agora, o que antes odiava e que enfrente, agora, o que antes temia, etc. Além disso, como cada um julga, de acordo com o seu afeto, o que é bom e o que é mau, o que é melhor e o que é o pior (veja-se o esc. da prop. 39), segue-se que os homens podem diferir[2] tanto no juízo quanto no afeto. Como consequência, quando comparamos os homens entre si, nós os distinguimos unicamente pela diferença dos afetos, chamando uns de intrépidos, outros de tímidos e outros ainda, enfim, por outro nome. Por exemplo, chamarei de intrépido aquele a quem não perturba o mal que eu, por minha vez, costumo temer. E se, além disso, observo que o seu desejo de infligir o mal a quem ele odeia e de fazer o bem a quem ele ama não é refreado pelo temor de um mal pelo qual eu, por minha vez, costumo ser contido, vou chamá-lo de audacioso. Enfim, me parecerá tímido aquele que teme um mal que costumo menosprezar. E se, além disso, observo que o seu desejo é refreado pelo temor de um mal que a mim não pode conter, direi que ele é pusilânime. E, assim, cada um fará seu julgamento. Enfim, em razão dessa natureza do homem e da inconstância de seu juízo; e também porque o homem frequentemente julga as coisas apenas por seu afeto; e porque as coisas que ele acredita conduzirem à alegria ou à tristeza, esforçando-se, por isso

---

[2] Mostramos, no esc. da prop. 17 da P. 2 que isso pode ocorrer, embora a mente humana seja uma parte do intelecto divino.

facere credit, quasque propterea (per prop. 28 huius) ut fiant, promovere vel amovere conatur, saepe non nisi imaginariae sint, ut iam taceam alia, quae in P. 2 ostendimus, de rerum incertitudine, facile concipimus hominem posse saepe in causa esse, tam ut contristetur, quam ut laetetur, sive ut tam tristitia, quam laetitia, afficiatur, concomitante idea sui tamquam causa. Atque adeo facile intelligimus, quid poenitentia et quid acquiescentia in se ipso sit. Nempe poenitentia est tristitia concomitante idea sui, et acquiescentia in se ipso est laetitia concomitante idea sui tamquam causa, et hi affectus vehementissimi sunt, quia homines se liberos esse credunt. (Vide prop. 49 huius.)

Propositio LII. **Obiectum, quod simul cum aliis antea vidimus, vel quod nihil habere imaginamur, nisi quod commune est pluribus, non tamdiu contemplabimur, ac illud, quod aliquid singulare habere imaginamur.**

Demonstratio. Simulatque obiectum, quod cum aliis vidimus, imaginamur, statim et aliorum recordamur (per prop. 18 P. 2, cuius etiam schol. vide), et sic ex unius contemplatione statim in contemplationem alterius incidimus. Atque eadem est ratio obiecti, quod nihil habere imaginamur, nisi quod commune est pluribus. Nam eo ipso supponimus, nos nihil in eo contemplari, quod antea cum aliis non viderimus. Verum cum supponimus, nos in obiecto aliquo aliquid singulare, quod antea nunquam vidimus, imaginari, nihil aliud dicimus, quam quod mens, dum illud obiectum contemplatur, nullum aliud in se habeat, in cuius contemplationem ex contemplatione illius incidere potest. Atque adeo ad illud solum contemplandum determinata est. Ergo obiectum etc. Q.E.D.

Scholium. Haec mentis affectio sive rei singularis imaginatio, quatenus sola in mente versatur, vocatur admiratio, quae si ab obiecto, quod timemus, moveatur, consternatio dicitur, quia mali admiratio hominem suspensum in sola sui contemplatione ita tenet, ut de aliis cogitare non valeat, quibus illud malum vitare posset. Sed si id, quod admiramur, sit hominis alicuius prudentia, industria vel aliquid huiusmodi, quia eo ipso hominem nobis longe antecellere contemplamur, tum admiratio vocatur veneratio; alias horror si hominis iram, invidiam etc. admiramur. Deinde, si hominis, quem amamus, prudentiam, industriam etc. admiramur, amor eo ipso (per prop. 12 huius) maior erit, et hunc amorem admirationi sive venerationi iunctum devotionem vocamus. Et ad hunc modum concipere etiam possumus odium, spem, securitatem et alios

(pela prop. 28), para realizá-las ou para afastá-las, não passam, muitas vezes, de imaginárias; por causa de tudo isso (sem falar do que mostramos na P. 2, sobre a incerteza das coisas), facilmente concebemos que o próprio homem possa ser, muitas vezes, a causa pela qual ele se entristece ou pela qual ele se alegra, ou seja, facilmente concebemos que ele é afetado de tristeza ou de alegria, acompanhada, uma ou outra, da ideia de si mesmo como causa. Compreendemos facilmente, portanto, o que é o arrependimento e o que é a satisfação consigo mesmo. Explicitamente, o arrependimento é a tristeza, acompanhada da ideia de si mesmo como causa, e a satisfação consigo mesmo é a alegria, acompanhada da ideia de si mesmo como causa, afetos esses que são extremamente fortes porque os homens se julgam livres. (Veja-se a prop. 49).

Proposição 52. **Um objeto que vimos, antes, juntamente com outros, ou que imaginamos nada ter que não seja comum a muitos outros, não será por nós considerado por tanto tempo quanto aquele que imaginamos ter algo de singular.**

Demonstração. Logo que imaginamos um objeto que vimos juntamente com outros, imediatamente nos recordamos também dos outros (pela prop. 18 da P. 2, cujo esc. deve também ser conferido) e, assim, da consideração de um somos levados imediatamente à consideração do outro. É também o caso de um objeto que imaginamos nada ter que não seja comum a muitos outros, pois, precisamente por isso, supomos que nada consideramos nele que não tenhamos visto, antes, em outros. Já supor que imaginamos nalgum objeto algo de singular que nunca tínhamos visto antes equivale a dizer que a mente, enquanto considera esse objeto, não tem em si nenhum outro à cuja consideração, por estar considerando o primeiro, ela possa ser levada. Por consequência, ela é determinada a considerar exclusivamente o objeto em questão. Logo, um objeto, etc. C. Q. D.

Escólio. Esta afecção da mente, ou essa imaginação de uma coisa singular que, sozinha, ocupa a mente, chama-se admiração. Se, entretanto, a admiração é provocada por um objeto que tememos, designamos por pavor, pois a admiração diante de um mal mantém o homem de tal maneira suspenso na sua exclusiva consideração que ele é incapaz de pensar em outras coisas que lhe permitiriam evitá-lo. Se, por outro lado, o que nos admira é a prudência de um homem, sua diligência ou algo deste gênero, então, como, precisamente por essa razão, consideramos que ele em muito nos supera, a admiração chama-se veneração. Chama-se, além disso, horror, se o que nos admira é a ira, a inveja, etc. de um homem. Ademais, se o que nos admira é a prudência, a diligência, etc., de um homem que amamos, precisamente por essa razão, o nosso amor será maior (pela prop. 12), e esse amor, ligado à admiração, ou seja, à veneração, chama-se adoração. Da mesma maneira podemos também conceber o ódio, a esperança, a segurança

affectus admirationi iunctos; atque adeo plures affectus deducere poterimus, quam qui receptis vocabulis indicari solent. Unde apparet, affectuum nomina inventa esse magis ex eorum vulgari usu, quam ex eorundem accurata cognitione.

Admirationi opponitur contemptus cuius tamen causa haec plerumque est, quod scilicet ex eo, quod aliquem rem aliquam admirari, amare, metuere etc. videmus, vel ex eo, quod res aliqua primo aspectu apparet similis rebus, quas admiramur, amamus, metuimus etc. (per prop. 15 cum eius coroll. et prop. 27 huius) determinamur ad eandem rem admirandum, amandum, metuendum etc. Sed si ex ipsius rei praesentia vel accuratiore contemplatione id omne de eadem negare cogamur, quod causa admirationis, amoris, metus etc. esse potest, tum mens ex ipsa rei praesentia magis ad ea cogitandum, quae in obiecto non sunt quam quae in ipso sunt, determinata manet; cum tamen contra ex obiecti praesentia id praecipue cogitare soleat, quod in obiecto est. Porro sicut devotio ex rei, quam amamus, admiratione; sic irrisio ex rei, quam odimus vel metuimus, contemptu oritur, et dedignatio ex stultitiae contemptu, sicuti veneratio ex admiratione prudentiae. Possumus denique amorem, spem, gloriam et alios affectus iunctos contemptui concipere, atque inde alios praeterea affectus deducere, quos etiam nullo singulari vocabulo ab aliis distinguere solemus.

Propositio LIII. **Cum mens se ipsam suamque agendi potentiam contemplatur, laetatur; et eo magis, quo se suamque agendi potentiam distinctius imaginatur.**

Demonstratio. Homo se ipsum non cognoscit, nisi per affectiones sui corporis earumque ideas (per prop. 19 et 23 P. 2). Cum ergo fit, ut mens se ipsam possit contemplari, eo ipso ad maiorem perfectionem transire, hoc est (per schol. prop. 11 huius) laetitia affici supponitur, et eo maiore quo se suamque agendi potentiam distinctius imaginari potest. Q.E.D.

Corollarium. Haec laetitia magis magisque fovetur, quo magis homo se ab aliis laudari imaginatur. Nam quo magis se ab aliis laudari imaginatur, eo maiore laetitia alios ab ipso affici imaginatur, idque concomitante idea sui (per schol. prop. 29 huius). Atque adeo (per prop. 27 huius) ipse maiore laetitia concomitante idea sui afficitur. Q.E.D.

Propositio LIV. **Mens ea tantum imaginari conatur, quae ipsius agendi potentiam ponunt.**

e outros afetos, em conexão com a admiração, o que permitiria, assim, deduzir muito mais afetos do que os que são designados pelos vocábulos habitualmente aceitos. É, pois, evidente que os nomes dos afetos foram cunhados muito mais por seu uso vulgar do que por seu conhecimento cuidadoso.

À admiração opõe-se o desprezo, cuja causa é, em geral, entretanto, a que se descreve a seguir. Por vermos que alguém admira, ama, teme, etc., alguma coisa, ou porque alguma coisa parece, à primeira vista, semelhante àquelas coisas que admiramos, amamos, tememos, etc. (pela prop. 15 e seu corol., e pela prop. 27), nós somos, inicialmente, determinados a admirá-la, amá-la, temê-la, etc. Mas se, depois, por sua presença ou por uma contemplação mais cuidadosa, somos forçados a recusar-lhe tudo aquilo que possa ser causa de admiração, amor, medo, etc., então a mente permanece determinada, pela própria presença dessa coisa, a pensar mais naquilo que o objeto não tem do que naquilo que ele tem, ao contrário do habitual, pois diante da presença de um objeto, pensa-se, sobretudo, naquilo que ele tem. Além disso, assim como a adoração provém da admiração por uma coisa que amamos, o escárnio provém do desprezo por uma coisa que odiamos ou tememos, e o desdém, do desprezo pela estupidez, da mesma maneira que a veneração provém da admiração pelo discernimento. Podemos, enfim, conceber o amor, a esperança, a glória e outros afetos, em conexão com o desprezo, e dessa conexão deduzir, por sua vez, outros afetos, os quais tampouco temos o hábito de distinguir de outros por qualquer vocábulo especial.

Proposição 53. **Quando a mente considera a si própria e sua potência de agir, ela se alegra, alegrando-se tanto mais quanto mais distintamente imagina a si própria e a sua potência de agir.**

Demonstração. O homem não se conhece a si próprio a não ser pelas afecções de seu corpo e pelas ideias dessas afecções (pelas prop. 19 e 23 da P. 2). Quando, pois, a mente encontra-se na situação de poder considerar a si própria, o suposto, por isso mesmo, é que ela passa a uma perfeição maior, isto é (pelo esc. da prop. 11), é afetada de alegria, a qual será tanto maior quanto mais distintamente ela puder imaginar a si própria e a sua potência de agir. C. Q. D.

Corolário. Essa alegria é tanto mais reforçada quanto mais o homem imagina ser louvado pelos outros. Com efeito, quanto mais ele imagina ser louvado pelos outros, tanto maior é a alegria com que, segundo ele imagina, os outros são afetados por ele, o que vem acompanhado da ideia de si próprio como causa (pelo esc. da prop. 29). Portanto (pela prop. 27), ele próprio é afetado de uma alegria maior, que vem acompanhada da ideia de si próprio. C. Q. D.

Proposição 54. **A mente esforça-se por imaginar apenas aquilo que põe sua própria potência de agir.**

Demonstratio. Mentis conatus sive potentia est ipsa ipsius mentis essentia (per prop. 7 huius). Mentis autem essentia (ut per se notum) id tantum, quod mens est et potest, affirmat; at non id, quod non est neque potest. Adeoque id tantum imaginari conatur, quod ipsius agendi potentiam affirmat sive ponit. Q.E.D.

Propositio LV. **Cum mens suam impotentiam imaginatur, eo ipso contristatur.**

Demonstratio. Mentis essentia id tantum, quod mens est et potest, affirmat, sive de natura mentis est ea tantummodo imaginari, quae ipsius agendi potentiam ponunt (per prop. praeced.). Cum itaque dicimus, quod mens, dum se ipsam contemplatur, suam imaginatur impotentiam, nihil aliud dicimus, quam quod, dum mens aliquid imaginari conatur, quod ipsius agendi potentiam ponit, hic eius conatus coercetur, sive (per schol. prop. 11 huius) quod ipsa contristatur. Q.E.D.

Corollarium I. Haec tristitia magis ac magis fovetur, si se ab aliis vituperari imaginatur; quod eodem modo demonstratur ac coroll. prop. 53 huius.

Scholium. Haec tristitia concomitante idea nostrae imbecillitatis humilitas appellatur; laetitia autem, quae ex contemplatione nostri oritur, philautia vel acquiescentia in se ipso vocatur. Et quoniam haec toties repetitur, quoties homo suas virtutes sive suam agendi potentiam contemplatur, hinc ergo etiam fit, ut unusquisque facta sua narrare, suique tam corporis, quam animi vires ostentare gestiat, et ut homines hac de causa sibi invicem molesti sint. Ex quibus iterum sequitur, homines natura esse invidos (vide schol. prop. 24 et schol. prop. 32 huius) sive ob suorum aequalium imbecillitatem gaudere, et contra propter eorundem virtutem contristari. Nam quoties unusquisque suas actiones imaginatur, toties laetitia (per prop. 53 huius) afficitur, et eo maiore, quo actiones plus perfectionis exprimere et easdem distinctius imaginatur, hoc est (per illa quae in schol. 1 prop. 40 P. 2 dicta sunt) quo magis easdem ab aliis distinguere et ut res singulares contemplari potest. Quare unusquisque ex contemplatione sui tunc maxime gaudebit, quando aliquid in se contemplatur, quod de reliquis negat. Sed si id, quod de se affirmat, ad universalem hominis vel animalis ideam refert, non tantopere gaudebit; et contra contristabitur, si suas ad aliorum actiones comparatas imbecilliores esse imaginetur, quam quidem tristitiam (per prop. 28 huius) amovere conabitur, idque suorum

Demonstração. O esforço ou a potência da mente é a sua própria essência (pela prop. 7). A essência da mente, entretanto, afirma (como é, por si mesmo, sabido) apenas aquilo que a mente é e pode, e não o que não é, nem pode. Consequentemente, ela se esforça por imaginar apenas o que afirma ou põe sua própria potência de agir. C. Q. D.

Proposição 55. Quando a mente imagina sua impotência, por isso mesmo, ela se entristece.

Demonstração. A essência da mente afirma apenas o que a mente é e pode, ou seja, é da natureza da mente imaginar tão somente o que assegura sua potência de agir (pela prop. prec.). Assim, quando dizemos que, ao considerar a si própria, a mente imagina sua impotência não dizemos nada mais do que, quando se esforça por imaginar algo que afirma sua própria potência de agir, esse seu esforço é refreado, ou seja (pelo esc. da prop. 11), ela se entristece. C. Q. D.

Corolário 1. Essa tristeza é ainda mais intensificada se a mente imagina ser desaprovada por outros, o que se demonstra da mesma maneira que o corol. da prop. 53.

Escólio. Essa tristeza, acompanhada da ideia de nossa debilidade, chama-se humildade. Em troca, a alegria que provém da consideração de nós mesmos chama-se amor-próprio ou satisfação consigo mesmo. E como essa alegria se renova cada vez que o homem considera suas próprias virtudes, ou seja, sua própria potência de agir, ocorre também que cada um se compraz em contar seus feitos e em exibir suas forças, tanto as do corpo quanto as do ânimo, o que torna os homens reciprocamente insuportáveis. Disso se segue ainda que os homens são, por natureza, invejosos (vejam-se o esc. da prop. 24 e o esc. da prop. 32), ou seja, eles se enchem de gáudio com as debilidades de seus semelhantes e, por outro lado, se entristecem com suas virtudes. Com efeito, cada vez que alguém imagina suas próprias ações é afetado de alegria (pela prop. 53), que será tanto maior quanto maior for o grau de perfeição que essas ações exprimem e quanto mais distintamente as imaginar, isto é (pelo que foi dito no esc. 1 da prop. 40 da P. 2), quanto mais puder distingui-las das outras e considerá-las como coisas singulares. É por isso que cada um extrai o máximo de gáudio de sua própria consideração quando considera em si algo que vê como em falta nos outros. Mas se relaciona o que afirma sobre si próprio à ideia genérica de homem ou de animal, já não se encherá tanto de gáudio. Se, por outro lado, imagina que suas ações, em comparação com as de outros, são inferiores, ele se entristecerá, mas se esforçará por afastar essa tristeza (pela prop. 28), o que

aequalium actiones perperam interpretando, vel suas quantum potest adornando. Apparet igitur homines natura proclives esse ad odium et invidiam, ad quam accedit ipsa educatio. Nam parentes solo honoris et invidiae stimulo liberos ad virtutem concitare solent. Sed scrupulus forsan remanet, quod non raro hominum virtutes admiremur eosque veneremur. Hunc ergo ut amoveam sequens addam corollarium.

Corollarium II. Nemo virtutem alicui nisi aequali invidet.

Demonstratio. Invidia est ipsum odium (vide schol. prop. 24 huius) sive (per schol. prop. 13 huius) tristitia hoc est (per schol. prop. 11 huius) affectio, qua hominis agendi potentia seu conatus coercetur. At homo (per schol. prop. 9 huius) nihil agere conatur, neque cupit, nisi quod ex data sua natura sequi potest. Ergo homo nullam de se agendi potentiam seu (quod idem est) virtutem praedicari cupiet, quae naturae alterius est propria et suae aliena. Adeoque eius cupiditas coerceri, hoc est (per schol. prop. 11 huius) ipse contristari nequit ex eo, quod aliquam virtutem in aliquo ipsi dissimili contemplatur, et consequenter neque ei invidere poterit; at quidem suo aequali qui cum ipso eiusdem naturae supponitur. Q.E.D.

Scholium. Cum igitur supra in schol. prop. 52 huius dixerimus, nos hominem venerari ex eo, quod ipsius prudentiam, fortitudinem etc. admiramur, id fit (ut ex ipsa prop. patet) quia has virtutes ei singulariter inesse, et non ut nostrae naturae communes imaginamur; adeoque easdem ipsi non magis invidebimus quam arboribus altitudinem et leonibus fortitudinem etc.

Propositio LVI. **Laetitiae, tristitiae et cupiditatis, et consequenter uniuscuiusque affectus, qui ex his componitur, ut animi fluctuationis, vel qui ab his derivatur, nempe amoris, odii, spei, metus etc. tot species dantur, quot sunt species obiectorum, a quibus afficimur.**

Demonstratio. Laetitia et tristitia, et consequenter affectus, qui ex his componuntur vel ex his derivantur, passiones sunt (per schol. prop. 11 huius); nos autem (per prop. 1 huius) necessario patimur, quatenus ideas habemus inadaequatas; et quatenus easdem habemus (per prop. 3 huius), eatenus tantum patimur, hoc est (vide schol. prop. 40 P. 2) eatenus tantum necessario patimur, quatenus imaginamur, sive (vide prop. 17 P. 2 cum eius schol.) quatenus afficimur affectu, qui naturam nostri corporis et naturam corporis externi involvit. Natura igitur

fará interpretando desfavoravelmente as ações de seus semelhantes ou exagerando as suas tanto quanto pode. Fica claro, pois, que os homens estão, por natureza, propensos ao ódio e à inveja, o que é reforçado pela própria educação. Com efeito, os pais têm o costume de incitar os filhos à virtude, tendo como únicos estímulos a busca de honrarias e a inveja. Subsiste, entretanto, talvez, alguma dúvida, pois não é raro admirarmos as virtudes dos homens e venerá-los. Para dissipá-la, acrescento o corol. que se segue.

Corolário 2. Ninguém inveja a virtude de um outro, a menos que se trate de alguém que lhe seja igual.

Demonstração. A inveja é o próprio ódio (veja-se o esc. da prop. 24), ou seja (pelo esc. da prop. 13), uma tristeza, isto é (pelo esc. da prop. 11), uma afecção pela qual a potência de agir do homem – ou o seu esforço – é refreada. Ora, o homem (pelo esc.da prop. 9) não se esforça por fazer nada nem deseja nada que não possa se seguir de sua natureza tal como ela é dada. Portanto, o homem não desejará que lhe seja atribuída nenhuma potência de agir ou, o que é o mesmo, nenhuma virtude que seja própria da natureza de um outro e alheia à sua. Portanto, o seu desejo não pode ser refreado, isto é (pelo esc. da prop. 11), ele não pode se entristecer por considerar alguma virtude em alguém que não lhe é semelhante e não poderá, consequentemente, invejá-lo. Invejará, entretanto, o seu igual, que, supostamente, é da mesma natureza. C. Q. D.

Escólio. Quando, portanto, anteriormente, no esc. da prop. 52, dissemos que veneramos um homem por admirarmos seu discernimento, sua força, etc., isso ocorre (como é evidente pela mesma prop.) porque imaginamos que essas virtudes se encontram nele de uma maneira singular e não como algo comum à nossa natureza. Consequentemente, não o invejaremos por essas virtudes, tal como não invejamos as árvores por sua altura, os leões por sua força, etc.

Proposição 56. **Há tantas espécies de alegria, de tristeza e de desejo e, consequentemente, tantas espécies de cada um dos afetos que desses são compostos (tal como a flutuação de ânimo) ou derivados (tais como o amor, o ódio, a esperança, o medo, etc.), quantas são as espécies de objetos pelos quais somos afetados.**

Demonstração. A alegria e a tristeza e, consequentemente, os afetos que deles são compostos ou derivados, são paixões (pelo esc. da prop. 11). Nós, por outro lado (pela prop. 1), à medida que temos ideias inadequadas, necessariamente padecemos, e isso somente à medida que as temos (pela prop. 3), isto é (vejam-se os esc. da prop. 40 da P. 2), só padecemos necessariamente à medida que imaginamos, ou seja (vejam-se a prop. 17 da P. 2 e seu esc.), à medida que somos afetados por um afeto que envolve a natureza de nosso corpo e a natureza de um corpo exterior. Portanto, a

uniuscuiusque passionis ita necessario debet explicari, ut obiecti a quo afficimur, natura exprimatur. Nempe laetitia, quae ex obiecto ex. gr. A oritur, naturam ipsius obiecti A, et laetitia, quae ex obiecto B oritur, ipsius obiecti B naturam involvit; atque adeo hi duo laetitiae affectus natura sunt diversi, quia ex causis diversae naturae oriuntur. Sic etiam tristitiae affectus, qui ex uno obiecto oritur, diversus natura est a tristitia, quae ab alia causa oritur; quod etiam de amore, odio, spe, metu, animi fluctuatione etc. intelligendum est, ac proinde laetitiae, tristitiae, amoris, odii etc. tot species necessario dantur, quot sunt species obiectorum, a quibus afficimur. At cupiditas est ipsa uniuscuiusque essentia seu natura, quatenus ex data quacumque eius constitutione determinata concipitur ad aliquid agendum (vide schol. prop. 9 huius); ergo, prout unusquisque a causis externis hac aut illa laetitiae, tristitiae, amoris, odii etc. specie afficitur, hoc est prout eius natura hoc aut alio modo constituitur, ita eius cupiditas alia atque alia esse et natura unius a natura alterius cupiditatis tantum differre necesse est, quantum affectus, a quibus unaquaeque oritur, inter se differunt. Dantur itaque tot species cupiditatis, quot sunt species laetitiae, tristitiae, amoris etc. et consequenter (per iam ostensa) quot sunt obiectorum species, a quibus afficimur. Q.E.D.

Scholium. Inter affectuum species, quae (per prop. praeced.) perplurimae esse debent, insignes sunt luxuria, ebrietas, libido, avaritia et ambitio, quae non nisi amoris vel cupiditatis sunt notiones, quae huius utriusque affectus naturam explicant per obiecta, ad quae referuntur. Nam per luxuriam, ebrietatem, libidinem, avaritiam et ambitionem nihil aliud intelligimus, quam convivandi, potandi, coeundi, divitiarum et gloriae immoderatum amorem vel cupiditatem. Praeterea hi affectus, quatenus eos per solum obiectum, ad quod referuntur, ab aliis distinguimus, contrarios non habent. Nam temperantia, quam luxuriae, et sobrietas, quam ebrietati, et denique castitas, quam libidini opponere solemus, affectus seu passiones non sunt; sed animi indicant potentiam, quae hos affectus moderatur. Ceterum reliquas affectuum species hic explicare nec possum (quia tot sunt quot obiectorum species), nec, si possem, necesse est. Nam ad id quod intendimus, nempe ad affectuum vires et mentis in eosdem potentiam determinandum, nobis sufficit, uniuscuiusque affectus generalem habere definitionem. Sufficit, inquam, nobis affectuum et mentis communes proprietates intelligere, ut determinare possimus, qualis et quanta sit mentis potentia in moderandis et coercendis affectibus. Quamvis itaque magna sit

natureza de cada paixão deve necessariamente ser explicada de maneira que exprima a natureza do objeto pelo qual somos afetados. Assim, a alegria que provém de um objeto, por exemplo, A, envolve a natureza desse objeto A, e a alegria que provém do objeto B envolve a natureza desse objeto B. Portanto, esses dois afetos de alegria são, por natureza, diferentes, pois provêm de causas de natureza diferente. Da mesma maneira, também o afeto de tristeza que provém de um dado objeto é, por natureza, diferente da tristeza que provém de uma outra causa. É assim que se devem compreender também o amor, o ódio, a esperança, o medo, a flutuação de ânimo, etc. Necessariamente existem, portanto, tantas espécies de alegria, de tristeza, de amor, de ódio, etc., quantas são as espécies de objetos pelos quais somos afetados. Quanto ao desejo, ele é a própria essência ou natureza de cada um, à medida que ela é concebida como determinada, em virtude de algum estado preciso de cada um, a realizar algo (veja-se o esc. da prop. 9). Portanto, dependendo de como cada um, em virtude de causas exteriores, é afetado desta ou daquela espécie de alegria, de tristeza, de amor, de ódio, etc., isto é, dependendo de qual é o estado de sua natureza, se este ou aquele, também o seu desejo será este ou aquele. E a natureza de um desejo diferirá necessariamente da natureza de um outro, tanto quanto diferirem entre si os afetos dos quais cada um deles provém. Existem, assim, tantas espécies de desejo quantas são as espécies de alegria, de tristeza, de amor, etc., e, consequentemente (pelo que foi agora demonstrado), quantas são as espécies de objetos pelos quais somos afetados. C. Q. D.

Escólio. Entre as espécies de afetos, as quais (pela prop. prec.) devem ser muitas, são notáveis a gula, a embriaguez, a luxúria, a avareza e a ambição, que não passam de designações do amor ou do desejo, as quais explicam a natureza de cada um desses afetos pelos objetos aos quais estão referidos. Com efeito, por gula, embriaguez, luxúria, avareza e ambição não compreendemos nada mais do que um amor ou um desejo imoderado de comer, de beber, de copular, de riquezas e de glória. Além disso, esses afetos, à medida que os distinguimos de outros apenas pelo objeto a que estão referidos, não têm afetos que lhes sejam opostos. Com efeito, a temperança, a sobriedade e, enfim, a castidade, que costumamos opor à gula, à embriaguez e à luxúria, não são afetos ou paixões: apenas manifestam a potência de ânimo que regula esses afetos. Não posso, de resto, explicar aqui as outras espécies de afetos (pois são tantas quantas são as espécies de objetos) e, ainda que pudesse, não seria necessário. De fato, para o que nos propomos, que é determinar a força dos afetos e a potência da mente sobre eles, basta-nos ter uma definição geral de cada afeto. Basta-nos, afirmo, compreender as propriedades comuns dos afetos e da mente para que possamos determinar qual e quão grande é a potência da mente na regulação e no refreio dos afetos. Portanto, embora haja uma grande diferença entre este e aquele

differentia inter hunc et illum amoris, odii vel cupiditatis affectum, ex. gr. inter amorem erga liberos et amorem erga uxorem, nobis tamen has differentias cognoscere et affectuum naturam et originem ulterius indagare non est opus.

Propositio LVII. **Quilibet uniuscuiusque individui affectus ab affectu alterius tantum discrepat, quantum essentia unius ab essentia alterius differt.**

Demonstratio. Haec propositio patet ex axiom. 1, quod vide post lem. 3 prop. 13 P. 2. At nihilominus eandem ex trium primitivorum affectuum definitionibus demonstrabimus.

Omnes affectus ad cupiditatem, laetitiam vel tristitiam referuntur, ut eorum quas dedimus definitiones ostendunt. At cupiditas est ipsa uniuscuiusque natura seu essentia (vide eius defin. in schol. prop. 9 huius); ergo uniuscuiusque individui cupiditas a cupiditate alterius tantum discrepat, quantum natura seu essentia unius ab essentia alterius differt. Laetitia deinde et tristitia passiones sunt, quibus uniuscuiusque potentia seu conatus in suo esse perseverandi augetur vel minuitur, iuvatur vel coercetur (per prop. 11 huius et eius schol.). At per conatum in suo esse perseverandi, quatenus ad mentem et corpus simul refertur, appetitum et cupiditatem intelligimus (vide schol. prop. 9 huius); ergo laetitia et tristitia est ipsa cupiditas sive appetitus quatenus a causis externis augetur vel minuitur, iuvatur vel coercetur, hoc est (per idem schol.) est ipsa cuiusque natura. Atque adeo uniuscuiusque laetitia vel tristitia a laetitia vel tristitia alterius tantum etiam discrepat, quantum natura seu essentia unius ab essentia alterius differt; et consequenter quilibet uniuscuiusque individui affectus ab affectu alterius tantum discrepat etc. Q.E.D.

Scholium. Hinc sequitur affectus animalium, quae irrationalia dicuntur (bruta enim sentire nequaquam dubitare possumus, postquam mentis novimus originem), ab affectibus hominum tantum differre, quantum eorum natura a natura humana differt. Fertur quidem equus et homo libidine procreandi; at ille libidine equina, hic autem humana. Sic etiam libidines et appetitus insectorum, piscium et avium alii atque alii esse debent. Quamvis itaque unumquodque individuum sua qua constat natura, contentum vivat eaque gaudeat; vita tamen illa, qua unumquodque est contentum, et gaudium nihil aliud est, quam idea seu anima eiusdem individui; atque adeo gaudium unius a gaudio alterius tantum natura discrepat, quantum essentia unius ab essentia alterius

afeto de amor, de ódio ou de desejo, por exemplo, entre o amor para com os filhos e o amor para com a esposa, não é preciso, entretanto, conhecer essas diferenças, nem investigar mais profundamente a natureza e a origem dos afetos.

Proposição 57. Um afeto qualquer de um indivíduo discrepa do afeto de um outro tanto quanto a essência de um difere da essência do outro.

Demonstração. Esta prop. é evidente pelo ax. 1, que vem após o lema 3 do esc. da prop. 13 da P. 2. Ela será demonstrada, apesar disso, pelas definições dos três afetos primitivos.

Todos os afetos estão relacionados ao desejo, à alegria ou à tristeza, como mostram as definições que deles foram dadas. Ora, o desejo é a própria natureza ou essência de cada um (veja-se a sua def. no esc. da prop. 9). Portanto, o desejo de um indivíduo discrepa do desejo de um outro, tanto quanto a natureza ou a essência de um difere da essência do outro. Além disso, a alegria e a tristeza são paixões pelas quais a potência de cada um – ou seja, seu esforço por perseverar no seu ser – é aumentada ou diminuída, estimulada ou refreada (pela prop. 11 e seu esc.). Ora, por esforço por perseverar em seu ser, enquanto esse esforço está referido ao mesmo tempo à mente e ao corpo, compreendemos o apetite e o desejo (veja-se o esc. da prop. 9). Portanto, a alegria e a tristeza são o próprio desejo ou o apetite, enquanto ele é aumentado ou diminuído, estimulado ou refreado por causas exteriores, isto é (pelo mesmo esc.), é a própria natureza de cada um. Logo, a alegria ou a tristeza de um discrepa da alegria ou da tristeza de outro tanto quanto a natureza ou a essência de um difere da essência do outro e, consequentemente, um afeto qualquer de um indivíduo discrepa do afeto de um outro, etc. C. Q. D.

Escólio. Disso se segue que os afetos dos animais chamados irracionais (pois, desde que conhecemos a origem da mente, não podemos, de maneira alguma, duvidar do fato de que os animais sentem) diferem dos afetos dos homens tanto quanto sua natureza difere da natureza humana. É verdade que tanto o cavalo quanto o homem são impelidos a procriar pelo desejo sexual, mas o primeiro por um desejo equino e o segundo por um desejo humano. Da mesma maneira, também os desejos sexuais e os apetites dos insetos, dos peixes e das aves devem diferir entre si. E, assim, embora cada indivíduo viva contente e se encha de gáudio com a natureza de que é constituído, a vida com a qual cada um está contente e o seu gáudio não são, entretanto, nada mais do que a ideia ou a alma desse indivíduo e, portanto, o gáudio de um discrepa do gáudio de um outro tanto quanto a natureza ou a essência de um difere da natureza ou da essência do outro.

differt. Denique ex praec. prop. sequitur, non parum etiam interesse inter gaudium, quo ebrius ex. gr. ducitur, et gaudium, quo potitur philosophus, quod hic in transitu monere volui. Atque haec de affectibus, qui ad hominem referuntur, quatenus patitur. Superest, ut pauca addam de iis, qui ad eundem referuntur, quatenus agit.

Propositio LVIII. **Praeter laetitiam et cupiditatem quae passiones sunt, alii laetitiae et cupiditatis affectus dantur, qui ad nos, quatenus agimus, referuntur.**

Demonstratio. Cum mens se ipsam suamque agendi potentiam concipit, laetatur (per prop. 53 huius). Mens autem se ipsam necessario contemplatur, quando veram sive adaequatam ideam concipit (per prop. 43 P. 2). At mens quasdam ideas adaequatas concipit (per schol. 2 prop. 40 P. 2). Ergo eatenus etiam laetatur, quatenus ideas adaequatas concipit, hoc est (per prop. 1 huius) quatenus agit. Deinde mens tam quatenus claras et distinctas, quam quatenus confusas habet ideas, in suo esse perseverare conatur (per prop. 9 huius). At per conatum cupiditatem intelligimus (per eiusdem schol.). Ergo cupiditas ad nos refertur etiam quatenus intelligimus, sive (per prop. 1 huius) quatenus agimus. Q.E.D.

Propositio LIX. **Inter omnes affectus, qui ad mentem, quatenus agit, referuntur, nulli alii sunt, quam qui ad laetitiam vel cupiditatem referuntur.**

Demonstratio. Omnes affectus ad cupiditatem, laetitiam vel tristitiam referuntur, ut eorum quas dedimus definitiones ostendunt. Per tristitiam autem intelligimus, quod mentis cogitandi potentia minuitur vel coercetur (per prop. 11 huius et eius schol.); adeoque mens quatenus contristatur, eatenus eius intelligendi, hoc est eius agendi potentia (per prop. 1 huius) minuitur vel coercetur. Adeoque nulli tristitiae affectus ad mentem referri possunt, quatenus agit, sed tantum affectus laetitiae et cupiditatis, qui (per prop. praeced.) eatenus etiam ad mentem referuntur. Q.E.D.

Scholium. Omnes actiones, quae sequuntur ex affectibus, qui ad mentem referuntur, quatenus intelligit, ad fortitudinem refero quam in animositatem et generositatem distinguo. Nam per animositatem intelligo cupiditatem, qua unusquisque conatur suum esse ex solo rationis dictamine conservare. Per generositatem autem cupiditatem intelligo, qua unusquisque ex solo rationis dictamine conatur reliquos homines iuvare et sibi amicitia iungere. Eas itaque actiones, quae solum agentis utile intendunt, ad animositatem, et quae alterius etiam utile intendunt, ad generositatem refero. Temperantia igitur, sobrietas et animi

Segue-se, enfim, da prop. prec., que tampouco é pequena a diferença entre, por exemplo, o gáudio que toma conta do ébrio e o gáudio de que goza o filósofo, observação que quis fazer aqui de passagem. Tudo isso quanto aos afetos que estão referidos ao homem, enquanto padece. Resta acrescentar algo sobre aqueles afetos que se referem ao homem, enquanto age.

Proposição 58. **Além da alegria e do desejo que são paixões, há outros afetos de alegria e de desejo que a nós estão relacionados à medida que agimos.**

Demonstração. Quando a mente concebe a si própria e à sua potência de agir, ela se alegra (pela prop. 53). E a mente necessariamente considera a si própria quando concebe uma ideia verdadeira, ou seja, uma ideia adequada (pela prop. 43 da P. 2). Ora, a mente concebe algumas ideias adequadas (pelo esc. 2 da prop. 40 da P. 2). Logo, ela se alegra também à medida que concebe ideias adequadas, isto é (pela prop. 1), à medida que age. Em segundo lugar, a mente, quer enquanto tem ideias claras e distintas, quer enquanto tem ideias confusas, esforça-se por perseverar em seu ser (pela prop. 9). Ora, por esforço entendemos o desejo (pelo esc. da mesma prop.). Logo, o desejo está a nós relacionado também à medida que compreendemos, ou seja (pela prop. 1), à medida que agimos. C. Q. D.

Proposição 59. **Entre todos os afetos que estão relacionados à mente à medida que ela age não há nenhum que não esteja relacionado à alegria ou ao desejo.**

Demonstração. Todos os afetos estão relacionados ao desejo, à alegria ou à tristeza, como mostram as definições que deles fornecemos. Ora, por tristeza compreendemos o que diminui ou refreia a potência de pensar (pela prop. 11 e seu esc.). Portanto, à medida que a mente se entristece, sua potência de pensar é diminuída ou refreada (pela prop. 1). Logo, nenhum afeto de tristeza pode estar relacionado à mente à medida que ela age, mas apenas afetos de alegria e de desejo, os quais (pela prop. prec.), à medida que ela age, relacionam-se também à mente. C. Q. D.

Escólio. Remeto todas as ações que se seguem dos afetos que estão relacionados à mente à medida que ela compreende, à fortaleza, que divido em firmeza e generosidade. Por firmeza compreendo o desejo pelo qual cada um se esforça por conservar seu ser, pelo exclusivo ditame da razão. Por generosidade, por sua vez, compreendo o desejo pelo qual cada um se esforça, pelo exclusivo ditame da razão, por ajudar os outros homens e para unir-se a eles pela amizade. Remeto, assim, à firmeza aquelas ações que têm por objetivo a exclusiva vantagem do agente, e à generosidade aquelas que têm por objetivo também a vantagem de um outro. Assim, a temperança,

in periculis praesentia etc. animositatis sunt species; modestia autem, clementia etc. species generositatis sunt. Atque his puto me praecipuos affectus animique fluctuationes, quae ex compositione trium primitivorum affectuum, nempe cupiditatis, laetitiae et tristitiae oriuntur, explicuisse perque primas suas causas ostendisse. Ex quibus apparet, nos a causis externis multis modis agitari, nosque perinde ut maris undae a contrariis ventis agitatae, fluctuari nostri eventus atque fati inscios. At dixi, me praecipuos tantum, non omnes, qui dari possunt, animi conflictus ostendisse. Nam eadem via, qua supra, procedendo facile possumus ostendere amorem esse iunctum poenitentiae, dedignationi, pudori etc. Imo unicuique ex iam dictis clare constare credo, affectus tot modis, alios cum aliis, posse componi, indeque tot variationes oriri, ut nullo numero definiri queant. Sed ad meum institutum praecipuos tantum enumeravisse sufficit; nam reliqui, quos omisi, plus curiositatis, quam utilitatis haberent. Attamen de amore hoc notandum restat, quod scilicet saepissime contingit, dum re, quam appetebamus, fruimur, ut corpus ex ea fruitione novam acquirat constitutionem, a qua aliter determinatur, et aliae rerum imagines in eo excitantur, et simul mens alia imaginari aliaque cupere incipit. Ex. gr. cum aliquid, quod nos sapore delectare solet, imaginamur, eodem frui, nempe comedere cupimus. At quamdiu eodem sic fruimur, stomachus adimpletur corpusque aliter constituitur. Si igitur corpore iam aliter disposito eiusdem cibi imago, quia ipse praesens adest, fomentetur, et consequenter conatus etiam sive cupiditas eundem comedendi huic cupiditati seu conatui nova illa constitutio repugnabit, et consequenter cibi, quem appetebamus, praesentia odiosa erit, et hoc est quod fastidium et taedium vocamus. Ceterum corporis affectiones externas, quae in affectibus observantur, ut sunt tremor, livor, singultus, risus etc. neglexi quia ad solum corpus absque ulla ad mentem relatione referuntur. Denique de affectuum definitionibus quaedam notanda sunt, quas propterea hic ordine repetam, et quid in unaquaque observandum est, iisdem interponam.

AFFECTUUM DEFINITIONES

I. Cupiditas est ipsa hominis essentia, quatenus ex data quacumque eius affectione determinata concipitur ad aliquid agendum.

a sobriedade, e a coragem diante do perigo, etc., são espécies de firmeza, enquanto a modéstia, a clemência, etc., são espécies de generosidade. Creio, com isso, ter explicado e mostrado, por suas causas primeiras, os principais afetos e as principais flutuações de ânimo que derivam da composição dos três afetos primitivos, a saber, o desejo, a alegria e a tristeza. Pelo que foi dito, fica evidente que somos agitados pelas causas exteriores de muitas maneiras e que, como ondas do mar agitadas por ventos contrários, somos jogados de um lado para o outro, ignorantes de nossa sorte e de nosso destino. Disse, entretanto, que mostrei apenas os principais conflitos de ânimo e não todos os que podem existir. Com efeito, pelo mesmo procedimento de antes, podemos facilmente mostrar que o amor está ligado ao arrependimento, ao desdém, à vergonha, etc. Mais que isso, creio, pelo que já foi dito, ter ficado claramente estabelecido que os afetos podem compor-se entre si de tantas maneiras, o que faz surgir tantas variações, que se torna impossível determinar seu número. É suficiente, entretanto, para o meu plano, ter enumerado apenas os afetos principais, pois os outros, aqueles que omiti, seriam mais curiosos que úteis. No entanto, resta ainda observar, sobre o amor, que ocorre, muitas vezes, que, quando desfrutamos de uma coisa que nos apetece, o corpo adquire, por causa desse desfrute, uma nova disposição, que o determina diferentemente e que nele desperta outras imagens de coisas, e, ao mesmo tempo, a mente começa a imaginar e a desejar outras coisas. Por exemplo, quando imaginamos algo que comumente nos agrada por seu sabor, desejamos desfrutá-lo, ou seja, comê-lo. Mas enquanto assim o desfrutamos, o estômago torna-se cheio e o corpo fica diferentemente disposto. Se, pois, com o corpo agora diferentemente disposto, por um lado, a imagem desse alimento é, por sua presença, intensificada, e, consequentemente, é também intensificado o esforço ou o desejo por comê-lo, por outro lado, a esse esforço ou desejo se oporá aquela nova disposição e, consequentemente, a presença do alimento que apetecíamos se tornará odiosa. É a isso que chamamos de fastio ou enfado. Quanto ao restante, deixei de lado as afecções exteriores que se observam em afetos como o tremor, a palidez, o soluço, o riso, etc., porque se referem exclusivamente ao corpo, sem qualquer relação com a mente. Enfim, é preciso fazer certos comentários sobre as definições dos afetos e, por isso, as repetirei aqui, ordenadamente, intercalando, em cada caso, as observações necessárias.

DEFINIÇÕES DOS AFETOS

1. O desejo é a própria essência do homem, enquanto esta é concebida como determinada, em virtude de uma dada afecção qualquer de si própria, a agir de alguma maneira.

Explicatio. Diximus supra in schol. prop. 9 huius partis, cupiditatem esse appetitum cum eiusdem conscientia; appetitum autem esse ipsam hominis essentiam, quatenus determinata est ad ea agendum, quae ipsius conservationi inserviunt. Sed in eodem schol. etiam monui, me revera inter humanum appetitum et cupiditatem nullam agnoscere differentiam. Nam sive homo sui appetitus sit conscius, sive non sit, manet tamen appetitus unus idemque; atque adeo ne tautologiam committere viderer, cupiditatem per appetitum explicare nolui, sed eandem ita definire studui, ut omnes humanae naturae conatus, quos nomine appetitus, voluntatis, cupiditatis vel impetus significamus, una comprehenderem. Potueram enim dicere, cupiditatem esse ipsam hominis essentiam, quatenus determinata concipitur ad aliquid agendum; sed ex hac definitione (per prop. 23 P. 2) non sequeretur, quod mens possit suae cupiditatis sive appetitus esse conscia. Igitur ut huius conscientiae causam involverem, necesse fuit (per eandem prop.) addere *quatenus ex data quacumque eius affectione determinata* etc. Nam per affectionem humanae essentiae quamcumque eiusdem essentiae constitutionem intelligimus, sive ea sit innata, sive quod ipsa per solum cogitationis, sive per solum extensionis attributum concipiatur, sive denique quod ad utrumque simul referatur. Hic igitur cupiditatis nomine intelligo hominis quoscumque conatus, impetus, appetitus et volitiones, qui pro varia eiusdem hominis constitutione varii et non raro adeo sibi invicem oppositi sunt, ut homo diversimode trahatur et quo se vertat, nesciat.

II. Laetitia est hominis transitio a minore ad maiorem perfectionem.

III. Tristitia est hominis transitio a maiore ad minorem perfectionem.

Explicatio. Dico transitionem. Nam laetitia non est ipsa perfectio. Si enim homo cum perfectione, ad quam transit, nasceretur, eiusdem absque laetitiae affectu compos esset; quod clarius apparet ex tristitiae affectu, qui huic est contrarius. Nam quod tristitia in transitione ad minorem perfectionem consistit, non autem in ipsa minore perfectione, nemo negare potest, quandoquidem homo eatenus contristari nequit, quatenus alicuius perfectionis est particeps. Nec dicere possumus, quod tristitia in privatione maioris perfectionis consistat; nam privatio nihil est. Tristitiae autem affectus actus est, qui propterea nullus alius esse potest, quam actus transeundi ad minorem perfectionem, hoc est, actus quo hominis agendi

Explicação. Dissemos, anteriormente, no esc. da prop. 9 que o apetite é o desejo juntamente com a consciência que dele se tem, e que o apetite é a própria essência do homem, enquanto determinada a agir de maneiras que contribuem para a sua conservação. Entretanto, no mesmo esc., também observei que, quanto a mim, não reconheço, na verdade, qualquer diferença entre o apetite humano e o desejo. Com efeito, quer esteja o homem consciente do seu apetite ou não, o apetite continua, entretanto, único e idêntico. Por isso, para não parecer que incorria em uma tautologia, não quis explicar o desejo pelo apetite, mas procurei dar-lhe uma definição que abrangesse todos os esforços da natureza humana que designamos pelos nomes de apetite, vontade, desejo ou impulso. Com efeito, poderia ter dito que o desejo é a própria essência do homem à medida que esta é concebida como determinada a agir de alguma maneira, mas de uma tal definição (pela prop. 23 da P. 2) não se seguiria que a mente pudesse estar consciente de seu desejo ou apetite. Foi necessário, pois, para envolver a causa dessa consciência (pela mesma prop.), incluir *enquanto esta é concebida como determinada, em virtude de uma dada afecção qualquer de si própria, etc.* Com efeito, por afecção da essência humana compreendemos qualquer estado dessa essência, quer seja inato ou adquirido, quer seja concebido apenas pelo atributo do pensamento ou apenas pelo da extensão, quer, enfim, esteja referido, ao mesmo tempo, a ambos os atributos. Compreendo, aqui, portanto, pelo nome de desejo todos os esforços, todos os impulsos, apetites e volições do homem, que variam de acordo com o seu variável estado e que, não raramente, são a tal ponto opostos entre si que o homem é arrastado para todos os lados e não sabe para onde se dirigir.

2. A alegria é a passagem do homem de uma perfeição menor para uma maior.

3. A tristeza é a passagem do homem de uma perfeição maior para uma menor.

Explicação. Digo *passagem* porque a alegria não é a própria perfeição. Pois se o homem já nascesse com a perfeição à qual passa, ele a possuiria sem ter sido afetado de alegria, o que se percebe mais claramente no afeto da tristeza, que é o seu contrário. Com efeito, ninguém pode negar que a tristeza consiste na passagem para uma perfeição menor e não na perfeição menor em si, pois o homem, à medida que participa de alguma perfeição, não pode se entristccer. Tampouco podemos dizer que a tristeza consiste na privação de uma perfeição maior, pois a privação nada é. A tristeza, entretanto, é um ato que, por isso, não pode ser senão o ato de passar para uma perfeição menor, isto é, o ato

potentia minuitur vel coercetur (vide schol. prop. 11 huius). Ceterum definitiones hilaritatis, titillationis, melancholiae et doloris omitto, quia ad corpus potissimum referuntur et non nisi laetitiae aut tristitiae sunt species.

IV. Admiratio est rei alicuius imaginatio, in qua mens defixa propterea manet, quia haec singularis imaginatio nullam cum reliquis habet connexionem. Vide prop. 52 cum eiusdem schol.

Explicatio. In schol. prop. 18 P. 2 ostendimus, quaenam sit causa, cur mens ex contemplatione unius rei statim in alterius rei cogitationem incidat, videlicet, quia earum rerum imagines invicem concatenatae et ita ordinatae sunt, ut alia aliam sequatur, quod quidem concipi nequit, quando rei imago nova est; sed mens in eiusdem rei contemplatione detinebitur, donec ab aliis causis ad alia cogitandum determinetur. Rei itaque novae imaginatio in se considerata eiusdem naturae est, ac reliquae, et hac de causa ego admirationem inter affectus non numero, nec causam video, cur id facerem, quandoquidem haec mentis distractio ex nulla causa positiva, quae mentem ab aliis distrahat, oritur, sed tantum ex eo, quod causa, cur mens ex unius rei contemplatione ad alia cogitandum determinatur, deficit.

Tres igitur (ut in schol. prop. 11 huius monui) tantum affectus primitivos seu primarios agnosco, nempe laetitiae, tristitiae et cupiditatis nec alia de causa verba de admiratione feci, quam quia usu factum est ut quidam affectus, qui ex tribus primitivis derivantur, aliis nominibus indicari soleant quando ad obiecta, quae admiramur, referuntur; quae quidem ratio me ex aequo movet, ut etiam contemptus defininitionem his adiungam.

V. Contemptus est rei alicuius imaginatio, quae mentem adeo parum tangit, ut ipsa mens ex rei praesentia magis moveatur ad ea imaginandum, quae in ipsa re non sunt, quam quae in ipsa sunt. Vide schol. prop. 52 huius.

Definitiones venerationis et dedignationis missas hic facio, quia nulli, quod sciam, affectus ex his nomen trahunt.

VI. Amor est laetitia concomitante idea causae externae.

Explicatio. Haec definitio satis clare amoris essentiam explicat. Illa vero auctorum, qui definiunt amorem esse voluntatem amantis se iungendi rei amatae, non amoris essentiam, sed eius proprietatem exprimit; et quia amoris essentia non satis ab auctoribus perspecta fuit, ideo neque eius proprietatis ullum clarum conceptum

pelo qual a potência de agir do homem é diminuída ou refreada (veja-se o esc. da prop. 11). De resto, omito as definições de contentamento, excitação, melancolia e dor, porque estão mais referidas ao corpo e não passam de espécies de alegria ou de tristeza.

4. A admiração é a imaginação de alguma coisa à qual a mente se mantém fixada porque essa imaginação singular não tem qualquer conexão com as demais. Vejam-se a prop. 52 e seu escólio.

Explicação. No esc. da prop. 18 da P. 2, mostramos qual a causa pela qual a mente passa imediatamente da consideração de uma coisa ao pensamento de outra: é porque as imagens dessas coisas então concatenadas entre si e ordenadas de tal maneira que de uma se segue a outra, o que, certamente não se pode conceber quando a imagem da coisa é nova. Pois, neste caso, a mente se deterá na consideração dessa coisa até que seja determinada, por outras causas, a pensar em outras coisas. Considerada em si mesma, a imaginação de uma coisa nova é, portanto, da mesma natureza que as outras e, por este motivo, não coloco a admiração na lista dos afetos, nem vejo razão para fazê-lo, pois esta distração da mente não provém de qualquer causa positiva que a distrairia das outras coisas, mas apenas porque falta uma causa que a determine a passar da consideração de uma coisa ao pensamento de outras.

Reconheço, pois (como adverti no esc. da prop. 11), apenas três afetos primitivos ou primários, a saber, a alegria, a tristeza e o desejo. Se falei da admiração, foi apenas porque se estabeleceu o costume de designar, por outros nomes, certos afetos que derivam dos três primitivos, quando estão referidos a objetos de que nos admiramos, razão que me leva igualmente a acrescentar aqui também a definição de desprezo.

5. O desprezo é a imaginação de alguma coisa que toca tão pouco a mente que esta, diante da presença dessa coisa, é levada a imaginar mais aquilo que a coisa não tem do que aquilo que ela tem. Veja-se o esc. da prop. 52.

Deixo de fora as definições de veneração e de desdém, porque nenhum afeto, que eu saiba, extrai delas seu nome.

6. O amor é uma alegria acompanhada da ideia de uma causa exterior.

Explicação. Esta definição explica muito claramente a essência do amor. Já a definição dada pelos autores que definem o amor como a vontade do amante de unir-se à coisa amada não exprime a sua essência, mas uma de suas propriedades. E como a essência do amor não foi suficientemente examinada por esses autores, tampouco puderam ter qualquer conceito claro dessa propriedade, o que fez com que todos julgassem a

habere potuerunt, et hinc factum, ut eorum definitionem admodum obscuram esse omnes iudicaverint. Verum notandum, cum dico, proprietatem esse in amante, se voluntate iungere rei amatae, me per voluntatem non intelligere consensum vel animi deliberationem seu liberum decretum (nam hoc fictitium esse demonstravimus prop. 48 P. 2), nec etiam cupiditatem sese iungendi rei amatae, quando abest, vel perseverandi in ipsius praesentia quando adest (potest namque amor absque hac aut illa cupiditate concipi; sed per voluntatem me acquiescentiam intelligere, quae est in amante ob rei amatae praesentiam, a qua laetitia amantis corroboratur aut saltem fovetur.

VII. Odium est tristitia concomitante idea causae externae.

Explicatio. Quae hic notanda sunt, ex dictis in praecedentis definitionis explicatione facile percipiuntur. Vide praeterea schol. prop. 13 huius.

VIII. Propensio est laetitia concomitante idea alicuius rei, quae per accidens causa est laetitiae.

IX. Aversio est tristitia concomitante idea alicuius rei, quae per accidens causa est tristitiae. De his vide schol. prop. 15 huius.

X. Devotio est amor erga eum, quem admiramur.

Explicatio. Admirationem oriri ex rei novitate, ostendimus prop. 52 huius. Si igitur contingat, ut id quod admiramur saepe imaginemur, idem admirari desinemus; atque adeo videmus, devotionis affectum facile in simplicem amorem degenerare.

XI. Irrisio est laetitia orta ex eo, quod aliquid, quod contemnimus in re, quam odimus, inesse imaginamur.

Explicatio. Quatenus rem, quam odimus, contemnimus, eatenus de eadem existentiam negamus (vide schol. prop. 52 huius), et eatenus (per prop. 20 huius) laetamur. Sed quoniam supponimus, hominem id quod irridet, odio tamen habere, sequitur, hanc laetitiam solidam non esse. Vide schol. prop. 47 huius.

XII. Spes est inconstans laetitia orta ex idea rei futurae vel praeteritae, de cuius eventu aliquatenus dubitamus.

XIII. Metus est inconstans tristitia orta ex idea rei futurae vel praeteritae, de cuius eventu aliquatenus dubitamus. Vide de his schol. 2 prop. 18 huius.

Explicatio. Ex his definitionibus sequitur, non dari spem sine metu, neque metum sine spe. Qui enim spe pendet et de rei eventu dubitat, is aliquid imaginari supponitur, quod rei futurae existentiam

sua definição extremamente obscura. É preciso observar, entretanto, que, quando digo que se trata de uma propriedade, no amante, de unir-se, por vontade, à coisa amada, não compreendo por vontade um consentimento, nem uma deliberação do ânimo, nem uma livre decisão (pois demonstramos, na prop. 48 da P. 2, que isto é uma ficção), nem tampouco o desejo de unir-se à coisa amada quando ela não está ali, nem de continuar em sua presença quando ela está ali, pois o amor pode ser concebido sem qualquer um desses desejos. Em vez disso, por vontade compreendo a satisfação que a presença da coisa amada produz no amante, satisfação que fortalece a alegria do amante ou, ao menos, intensifica-a.

7. O ódio é uma tristeza acompanhada da ideia de uma causa exterior.

Explicação. Percebe-se facilmente, pelo que foi dito na explicação da definição anterior, o que se deveria comentar aqui. Veja-se, além disso, o esc. da prop. 13.

8. A atração é uma alegria acompanhada da ideia de uma coisa que, por acidente, é causa de alegria.

9. A aversão é uma tristeza acompanhada da ideia de uma coisa que, por acidente, é causa de tristeza. Veja-se, a respeito, o esc. da prop. 15.

10. A adoração é o amor por aquele a quem admiramos.

Explicação. Mostramos, na prop. 52, que a admiração provém da novidade de uma coisa. Aquilo que imaginamos frequentemente deixará, portanto, de nos admirar. Percebemos, assim, que o afeto da adoração reduz-se, facilmente, ao simples amor.

11. O escárnio é uma alegria que surge por imaginarmos que há algo que desprezamos na coisa que odiamos.

Explicação. À medida que desprezamos a coisa que odiamos, negamos a sua existência (veja-se o esc. da prop. 52) e, dessa maneira (pela prop. 20), alegramo-nos. Como, entretanto, por hipótese, o homem, ainda assim, odeia o objeto de seu escárnio, segue-se que essa alegria não é sólida. Veja-se o esc. da prop. 47.

12. A esperança é uma alegria instável, surgida da ideia de uma coisa futura ou passada, de cuja realização temos alguma dúvida.

13. O medo é uma tristeza instável, surgida da ideia de uma coisa futura ou passada, de cuja realização temos alguma dúvida. Veja-se, a este respeito, o esc. 2 da prop. 18.

Explicação. Segue-se, dessas definições, que não há esperança sem medo, nem medo sem esperança. Com efeito, supõe-se que quem está apegado à esperança, e tem dúvida sobre a realização de uma coisa, imagina algo que exclui a existência da coisa futura e, portanto, dessa

secludit; atque adeo eatenus contristari (per prop. 19 huius) et consequenter, dum spe pendet, metuere, ut res eveniat. Qui autem contra in metu est, hoc est, de rei quam odit eventu dubitat, aliquid etiam imaginatur, quod eiusdem rei existentiam secludit; atque adeo (per prop. 20 huius) laetatur, et consequenter eatenus spem habet, ne eveniat.

XIV. Securitas est laetitia orta ex idea rei futurae vel praeteritae, de qua dubitandi causa sublata est.

XV. Desperatio est tristitia orta ex idea rei futurae vel praeteritae, de qua dubitandi causa sublata est.

Explicatio. Oritur itaque ex spe securitas et ex metu desperatio, quando de rei eventu dubitandi causa tollitur, quod fit, quia homo rem praeteritam vel futuram adesse imaginatur et ut praesentem contemplatur; vel quia alia imaginatur, quae existentiam earum rerum secludunt, quae ipsi dubium iniiciebant. Nam tametsi de rerum singularium eventu (per coroll. prop. 31 P. 2) nunquam possumus esse certi; fieri tamen potest, ut de earum eventu non dubitemus. Aliud enim esse ostendimus (vide schol. prop. 49 P. 2) de re non dubitare, aliud rei certitudinem habere; atque adeo fieri potest, ut ex imagine rei praeteritae aut futurae eodem laetitiae vel tristitiae affectu afficiamur ac ex rei praesentis imagine, ut in prop. 18 huius demonstravimus, quam cum eiusdem schol. 2 vide.

XVI. Gaudium est laetitia concomitante idea rei praeteritae, quae praeter spem evenit.

XVII. Conscientiae morsus est tristitia concomitante idea rei praeteritae, quae praeter spem evenit.

XVIII. Commiseratio est tristitia concomitante idea mali, quod alteri, quem nobis similem esse imaginamur, evenit. Vide schol. prop. 22 et schol. prop. 27 huius.

Explicatio. Inter commiserationem et misericordiam nulla videtur esse differentia, nisi forte, quod commiseratio singularem affectum respiciat, misericordia autem eius habitum.

XIX. Favor est amor erga aliquem, qui alteri benefecit.

XX. Indignatio est odium erga aliquem, qui alteri malefecit.

Explicatio. Haec nomina ex communi usu aliud significare scio. Sed meum institutum non est, verborum significationem, sed rerum naturam explicare, easque iis vocabulis indicare, quorum significatio,

maneira, entristece-se (pela prop. 19). Como consequência, enquanto está apegado à esperança, tem medo de que a coisa não se realize. Quem, contrariamente, tem medo, isto é, quem tem dúvida sobre a realização de uma coisa que odeia, também imagina algo que exclui a existência dessa coisa e, portanto (pela prop. 20), alegra-se. E, como consequência, dessa maneira, tem esperança de que essa coisa não se realize.

14. A segurança é uma alegria surgida da ideia de uma coisa futura ou passada, da qual foi afastada toda causa de dúvida.

15. O desespero é uma tristeza surgida da ideia de uma coisa futura ou passada da qual foi afastada toda causa de dúvida.

Explicação. Assim, quando é afastada toda causa de dúvida sobre a realização de uma coisa, da esperança provém a segurança, e do medo, o desespero, o que ocorre porque o homem imagina que a coisa passada ou futura está ali e a considera como presente, ou porque imagina outras coisas que excluem a existência daquelas que a colocavam em dúvida. Pois, embora jamais possamos estar certos da realização das coisas singulares (pelo corol. da prop. 31 da P. 2), pode ocorrer, entretanto, que não duvidemos de sua realização. Com efeito, mostramos (veja-se o esc. da prop. 49 da P. 2) que não duvidar de uma coisa é diferente de ter certeza sobre ela. Pode, pois, ocorrer que sejamos afetados pela imagem de uma coisa passada ou futura pelo mesmo afeto de alegria ou de tristeza com que somos afetados pela imagem de uma coisa presente, como demonstramos na prop. 18, a qual deve ser conferida, juntamente com seus escólios.

16. O gáudio é uma alegria acompanhada da ideia de uma coisa passada que se realizou contrariamente ao esperado.

17. A decepção é uma tristeza acompanhada da ideia de uma coisa passada que se realizou contrariamente ao esperado.

18. A comiseração é uma tristeza acompanhada da ideia de um mal que atingiu um outro que imaginamos ser nosso semelhante. Vejam-se o esc. da prop. 22 e o esc. da prop. 27.

Explicação. Entre a comiseração e a misericórdia parece não haver qualquer diferença, a não ser, talvez, a de que a comiseração diz respeito a um afeto singular e a misericórdia a esse afeto tornado habitual.

19. O reconhecimento é o amor por alguém que fez bem a um outro.

20. A indignação é o ódio por alguém que fez mal a um outro.

Explicação. Sei que esses nomes significam outra coisa no uso corrente. Meu objetivo não é, entretanto, o de explicar o significado das palavras, mas de explicar a natureza das coisas, designando-as por vocábulos que tenham, no uso corrente, um significado que não se afaste inteiramente

quam ex usu habent, a significatione, qua eadem usurpare volo, non omnino abhorret, quod semel monuisse sufficiat. Ceterum horum affectuum causam vide in coroll. 1 prop. 27 et schol. prop. 22 huius.

XXI. Existimatio est de aliquo prae amore plus iusto sentire.

XXII. Despectus est de aliquo prae odio minus iusto sentire.

Explicatio. Est itaque existimatio, amoris et despectus odii effectus sive proprietas; atque adeo potest existimatio etiam definiri, quod sit amor, quatenus hominem ita afficit, ut de re amata plus iusto sentiat, et contra despectus, quod sit odium, quatenus hominem ita afficit, ut de eo quem odio habet, minus iusto sentiat. Vide de his schol. prop. 26 huius.

XXIII. Invidia est odium, quatenus hominem ita afficit, ut ex alterius felicitate contristetur, et contra ut ex alterius malo gaudeat.

Explicatio. Invidiae opponitur communiter misericordia, quae proinde invita vocabuli significatione sic definiri potest:

XXIV. Misericordia est amor, quatenus hominem ita afficit, ut ex bono alterius gaudeat, et contra ut ex alterius malo contristetur.

Explicatio. Ceterum de invidia vide schol. prop. 24 et schol. prop. 32 huius. Atque hi affectus laetitiae et tristitiae sunt, quos idea rei externae comitatur tamquam causa per se vel per accidens. Hinc ad alios transeo, quos idea rei internae comitatur tamquam causa.

XXV. Acquiescentia in se ipso est laetitia orta ex eo, quod homo se ipsum suamque agendi potentiam contemplatur.

XXVI. Humilitas est tristitia orta ex eo, quod homo suam impotentiam sive imbecillitatem contemplatur.

Explicatio. Acquiescentia in se ipso humilitati opponitur, quatenus per eandem intelligimus laetitiam, quae ex eo oritur, quod nostram agendi potentiam contemplamur. Sed quatenus per ipsam etiam intelligimus laetitiam concomitante idea alicuius facti, quod nos ex mentis libero decreto fecisse credimus, tum poenitentiae opponitur, quae a nobis sic definitur:

XXVII. Poenitentia est tristitia concomitante idea alicuius facti, quod nos ex libero mentis decreto fecisse credimus.

daquele que quero atribuir-lhes, advertência que basta fazer uma única vez. De resto, quanto à causa desses afetos, vejam-se o corol. 1 da prop. 27 e o esc. da prop. 22.

21. A consideração consiste em, por amor, ter sobre alguém uma opinião acima da justa.

22. A desconsideração consiste em, por ódio, ter sobre alguém uma opinião abaixo da justa.

Explicação. A consideração é, pois, um efeito ou uma propriedade do amor e a desconsideração, do ódio. A consideração pode, portanto, ser também definida como o amor, à proporção que afeta o homem de tal maneira que ele tem, sobre a coisa amada, uma opinião acima da justa e a desconsideração, contrariamente, pode ser também definida como o ódio, à proporção que afeta o homem de tal maneira que ele tem, sobre quem odeia, uma opinião abaixo da justa. Veja-se, sobre isto, o esc. da prop. 26.

23. A inveja é o ódio à medida que afeta o homem de tal maneira que ele se entristece com a felicidade de um outro e, contrariamente, se enche de gáudio com o mal de um outro.

Explicação. À inveja se opõe, em geral, a misericórdia, a qual, portanto, contrariando o significado do vocábulo, pode ser definida como se segue.

24. A misericórdia é o amor à medida que o homem é afetado de tal maneira que se enche de gáudio com o bem de um outro e, contrariamente, se entristece com o mal de um outro.

Explicação. Quanto à inveja, vejam-se também o esc. da prop. 24 e o esc. da prop. 32. Falei, até aqui, dos afetos de alegria e de tristeza que são acompanhados da ideia de uma coisa exterior como causa, quer por si mesma, quer por acidente. Passo, agora, aos afetos que são acompanhados da ideia de uma coisa interior como causa.

25. A satisfação consigo mesmo é uma alegria que surge porque o homem considera a si próprio e a sua potência de agir.

26. A humildade é uma tristeza que surge porque o homem considera a sua impotência ou debilidade.

Explicação. A satisfação consigo mesmo opõe-se à humildade, à medida que compreendemos a satisfação consigo mesmo como a alegria que surge quando consideramos nossa potência de agir. Mas, à medida que compreendemos a satisfação consigo mesmo também como a alegria acompanhada pela ideia de uma ação que acreditamos ter praticado por uma livre decisão da mente, então, ela opõe-se ao arrependimento, que definimos como se segue.

27. O arrependimento é uma tristeza acompanhada da ideia de uma ação que acreditamos ter praticado por uma livre decisão da mente.

Explicatio. Horum affectuum causas ostendimus in schol. prop. 51 huius et prop. 53, 54 et 55 huius eiusque schol. De libero autem mentis decreto vide schol. prop. 35 P. 2. Sed hic praeterea notandum venit, mirum non esse, quod omnes omnino actus, qui ex consuetudine pravi vocantur, sequatur tristitia, et illos, qui recti dicuntur, laetitia. Nam hoc ab educatione potissimum pendere, facile ex supra dictis intelligimus. Parentes nimirum illos exprobrando liberosque propter eosdem saepe obiurgando, hos contra suadendo et laudando effecerunt, ut tristitiae commotiones illis, laetitiae vero his iungerentur. Quod ipsa etiam experientia comprobatur. Nam consuetudo et religio non est omnibus eadem; sed contra, quae apud alios sacra, apud alios profana, et quae apud alios honesta, apud alios turpia sunt. Prout igitur unusquisque educatus est, ita facti alicuius poenitet vel eodem gloriatur.

XXVIII. Superbia est de se prae amore sui plus iusto sentire.

Explicatio. Differt igitur superbia ab existimatione, quod haec ad obiectum externum, superbia autem ad ipsum hominem de se plus iusto sentientem referatur. Ceterum ut existimatio amoris sic superbia philautiae effectus vel proprietas est, quae propterea etiam definiri potest, quod sit amor sui sive acquiescentia in se ipso, quatenus hominem ita afficit, ut de se plus iusto sentiat (vide schol. prop. 26 huius). Huic affectui non datur contrarius. Nam nemo de se prae odio sui minus iusto sentit; imo nemo de se minus iusto sentit, quatenus imaginatur, se hoc vel illud non posse. Nam quicquid homo imaginatur se non posse, id necessario imaginatur, et hac imaginatione ita disponitur, ut id agere revera non possit, quod se non posse imaginatur. Quamdiu enim imaginatur se hoc vel illud non posse, tamdiu ad agendum non est determinatus; et consequenter tamdiu impossibile ei est, ut id agat. Verumenimvero si ad illa attendamus, quae a sola opinione pendent, concipere poterimus fieri posse, ut homo de se minus iusto sentiat. Fieri enim potest, ut aliquis, dum tristis imbecillitatem contemplatur suam, imaginetur, se ab omnibus contemni; idque, dum reliqui nihil minus cogitant, quam ipsum contemnere. Potest praeterea homo de se minus iusto sentire, si aliquid de se in praesenti neget cum relatione ad futurum tempus, cuius est incertus; ut quod neget, se nihil certi posse concipere nihilque nisi prava vel turpia posse cupere vel agere etc. Possumus deinde dicere, aliquem de se minus iusto

Explicação. Mostramos as causas desses afetos no esc. da prop. 51 e nas prop. 53, 54, e na 55, com seu escólio. Sobre a livre decisão da mente, veja-se, entretanto, o esc. da prop. 35 da P. 2. Mas é preciso observar, aqui, além disso, que não é nada surpreendente que a tristeza resulte, em geral, de todos os atos que, habitualmente, são chamados de perversos e a alegria daqueles que são ditos retos. Na verdade, isso depende sobretudo da educação, como facilmente se compreende pelo que anteriormente foi dito. Com efeito, foram os pais que, ao desaprovar os primeiros e ao repreender, frequentemente, seus filhos a respeito deles, e, contrariamente, ao exaltar os segundos e ao encorajá-los a praticá-los, acabaram por fazer com que as comoções de tristeza fossem associados a uns e as de alegria aos outros, o que é também confirmado pela própria experiência. Na verdade, o costume e a religião não são os mesmos para todos. Pelo contrário, o que para uns é sagrado, para outros é profano, e o que para uns é respeitoso, para outros é desrespeitoso. Assim, dependendo de como cada um foi educado, arrepende-se de uma ação ou gloria-se por tê-la praticado.

28. A soberba consiste em fazer de si mesmo, por amor próprio, uma estimativa acima da justa.

Explicação. A soberba difere, portanto, da consideração, porque esta última está referida a um objeto exterior, enquanto a soberba está referida ao próprio homem que faz de si uma estimativa acima da justa. Além disso, assim como a consideração é um efeito ou uma propriedade do amor, a soberba o é do amor próprio, o qual, por isso, também pode definir-se como o amor de si próprio, ou seja, a satisfação consigo mesmo, à proporção que afeta o homem de tal maneira que ele faz de si mesmo uma estimativa acima da justa (veja-se o esc. da prop. 26). Não há afeto oposto a este, pois ninguém, por ódio de si próprio, faz de si mesmo uma estimativa abaixo da justa. Mais do que isso: ninguém faz de si mesmo uma estimativa abaixo da justa por imaginar que não pode fazer isto ou aquilo. Pois tudo o que um homem imagina não poder fazer, ele imagina-o necessariamente, e esta imaginação o dispõe de tal maneira que ele realmente não pode fazer o que imagina não poder. Com efeito, durante todo o tempo em que imagina não poder fazer isto ou aquilo, não é determinado a fazê-lo e, consequentemente, é-lhe impossível fazê-lo. Se, entretanto, tomamos em consideração aquilo que depende apenas da opinião, poderemos conceber que pode ocorrer que um homem faça de si mesmo uma estimativa abaixo da justa. Com efeito, pode ocorrer que alguém, ao considerar, com tristeza, a sua debilidade, imagine ser desprezado por todos, quando, na verdade, os outros o que menos pensam é em desprezá-lo. Além disso, um homem pode fazer de si mesmo uma estimativa abaixo da justa quando, no momento presente, nega, a seu respeito, algo, relativamente a um tempo futuro, do qual ele está inseguro, como, por exemplo, quando nega que possa conceber qualquer coisa com certeza ou que possa desejar ou fazer qualquer coisa que não seja má ou

sentire, cum videmus, ipsum ex nimio pudoris metu ea non audere, quae alii ipsi aequales audent. Hunc igitur affectum possumus superbiae opponere, quem abiectionem vocabo. Nam ut ex acquiescentia in se ipso superbia, sic ex humilitate abiectio oritur; quae proinde a nobis sic definitur:

XXIX. Abiectio est de se prae tristitia minus iusto sentire.

Explicatio. Solemus tamen saepe superbiae humilitatem opponere; sed tum magis ad utriusque effectus, quam naturam attendimus. Solemus namque illum superbum vocare, qui nimis gloriatur (vide schol. prop. 30 huius), qui non nisi virtutes suas et aliorum non nisi vitia narrat, qui omnibus praeferri vult, et qui denique ea gravitate et ornatu incedit, quo solent alii, qui longe supra ipsum sunt positi. Contra illum humilem vocamus, qui saepius erubescit, qui sua vitia fatetur et aliorum virtutes narrat, qui omnibus cedit, et qui denique submisso capite ambulat et se ornare negligit. Ceterum hi affectus, nempe humilitas et abiectio, rarissimi sunt. Nam natura humana in se considerata contra eosdem, quantum potest nititur (vide prop. 13 et 54 huius); et ideo qui maxime creduntur abiecti et humiles esse, maxime plerumque ambitiosi et invidi sunt.

XXX. Gloria est laetitia concomitante idea alicuius nostrae actionis, quam alios laudare imaginamur.

XXXI. Pudor est tristitia concomitante idea alicuius nostrae actionis, quam alios vituperare imaginamur.

Explicatio. De his vide schol. prop. 30 huius. Sed hic notanda est differentia, quae est inter pudorem et verecundiam. Est enim pudor tristitia, quae sequitur factum cuius pudet; verecundia autem metus seu timor pudoris, quo homo continetur, ne aliquid turpe committat. Verecundiae opponi solet impudentia, quae revera affectus non est, ut suo loco ostendam; sed affectuum nomina (ut iam monui) magis eorum usum, quam naturam respiciunt. Atque his laetitiae et tristitiae affectus, quos explicare proposueram, absolvi. Pergo itaque ad illos, quos ad cupiditatem refero.

XXXII. Desiderium est cupiditas sive appetitus re aliqua potiundi, quae eiusdem rei memoria fovetur, et simul aliarum rerum memoria, quae eiusdem rei appetendae existentiam secludunt, coercetur.

desonesta, etc. Podemos, enfim, dizer que alguém faz de si mesmo uma estimativa abaixo da justa quando vemos que, por exagerado receio da vergonha, não ousa fazer o que seus semelhantes ousam. Podemos, portanto, opor à soberba este afeto que chamarei de rebaixamento. Com efeito, assim como da satisfação consigo mesmo provém a soberba, da humildade provém o rebaixamento, o qual, portanto, definimos como se segue.

29. O rebaixamento consiste em fazer de si mesmo, por tristeza, uma estimativa abaixo da justa.

Explicação. É, entretanto, a humildade que costumamos, em geral, opor à soberba, mas é porque tomamos em consideração mais os efeitos do que a natureza desses afetos. Com efeito, costumamos chamar de soberbo aquele que se gloria em demasia (veja-se o esc. da prop. 30); que, de si, não realça senão as virtudes e, dos outros, senão os defeitos; que, dentre todos, deseja ser o preferido; e que, finalmente, se apresenta com a gravidade e a aparência a que estão habituados os que se situam em uma posição muito superior à sua. Contrariamente, chamamos de humilde aquele que enrubesce facilmente; que, de si, não admite senão os defeitos e, dos outros, não realça senão as virtudes; que a todos dá a precedência; e que, finalmente, anda de cabeça baixa e não se preocupa com a aparência. Estes afetos, a saber, a humildade e o rebaixamento, são, aliás, raríssimos. Pois, a natureza humana, considerada em si mesma, luta contra eles tanto quanto pode (vejam-se as prop. 13 e 54). Assim, aqueles que se julgam os mais baixos e humildes de todos são, em geral, os mais ambiciosos e invejosos.

30. A glória é uma alegria acompanhada da ideia de alguma ação nossa que imaginamos ser elogiada pelos outros.

31. A vergonha é uma tristeza acompanhada da ideia de alguma ação nossa que imaginamos ser desaprovada pelos outros.

Explicação. Sobre esses afetos, veja-se o esc. da prop. 30. É preciso, entretanto, registrar, aqui, a diferença que existe entre vergonha e pudor. Pois a vergonha é uma tristeza que se segue a um fato de que se sente vergonha, enquanto o pudor é o medo ou temor da vergonha, medo ou temor que impede um homem de fazer algo desonesto. Ao pudor costuma-se opor a impudência, que, na verdade, não é um afeto, como oportunamente mostrarei. Como já adverti, os nomes dos afetos estão ligados mais ao seu uso corrente do que à sua natureza. Com isso, concluo o que me tinha proposto explicar sobre os afetos da alegria e da tristeza. Passo, pois, a tratar dos que refiro ao desejo.

32. A saudade é o desejo, ou seja, o apetite por desfrutar de uma coisa, intensificado pela recordação desta coisa e, ao mesmo tempo, refreado pela recordação de outras coisas, as quais excluem a existência da coisa apetecida.

Explicatio. Cum alicuius rei recordamur, ut iam saepe diximus, eo ipso disponimur ad eandem eodem affectu contemplandum, ac si res praesens adesset; sed haec dispositio seu conatus, dum vigilamus, plerumque cohibetur ab imaginibus rerum, quae existentiam eius, cuius recordamur, secludunt. Quando itaque rei meminimus, quae nos aliquo laetitiae genere afficit, eo ipso conamur eandem cum eodem laetitiae affectu ut praesentem contemplari; qui quidem conatus statim cohibetur memoria rerum, quae illius existentiam secludunt. Quare desiderium revera tristitia est, quae laetitiae opponitur illi, quae ex absentia rei, quam odimus, oritur, de qua vide schol. prop. 47 huius. Sed quia nomen desiderium cupiditatem respicere videtur, ideo hunc affectum ad cupiditatis affectus refero.

XXXIII. Aemulatio est alicuius rei cupiditas, quae nobis ingeneratur ex eo, quod alios eandem cupiditatem habere imaginamur.

Explicatio. Qui fugit, quia alios fugere, vel qui timet, quia alios timere videt, vel etiam ille, qui ex eo, quod aliquem manum suam combussisse videt, manum ad se contrahit corpusque movet, quasi ipsius manus combureretur, eum imitari quidem alterius affectum, sed non eundem aemulari dicemus; non quia aliam aemulationis, aliam imitationis novimus causam, sed quia usu factum est, ut illum tantum vocemus aemulum, qui id, quod honestum, utile vel iucundum esse iudicamus, imitatur. Ceterum de aemulationis causa vide prop. 27 huius cum eius schol. Cur autem huic affectui plerumque iuncta sit invidia, de eo vide prop. 32 huius cum eiusdem schol.

XXXIV. Gratia seu gratitudo est cupiditas seu amoris studium, quo ei benefacere conamur, qui in nos pari amoris affectu beneficium contulit. Vide prop. 39 cum schol. prop. 41 huius.

XXXV. Benevolentia est cupiditas benefaciendi ei, cuius nos miseret. Vide schol. prop. 27 huius.

XXXVI. Ira est cupiditas, qua ex odio incitamur ad illi quem odimus malum inferendum. Vide prop. 39 huius.

XXXVII. Vindicta est cupiditas, qua ex reciproco odio concitamur ad malum inferendum ei, qui nobis pari affectu damnum intulit. Vide coroll. 2 prop. 40 huius cum eiusdem schol.

XXXVIII. Crudelitas seu saevitia est cupiditas, qua aliquis concitatur ad malum inferendum ei, quem amamus, vel cuius nos miseret.

Explicação. Como já muitas vezes dissemos, quando nos recordamos de uma coisa, estamos dispostos, por essa razão, a considerá-la com o mesmo afeto com que a consideraríamos se ela estivesse ali presente. Entretanto, esta disposição – ou este esforço – é, em geral, coibida, quando estamos acordados, pelas imagens das coisas que excluem a existência daquela coisa que recordamos. Quando, portanto, nos recordamos de uma coisa que nos afetou com um certo tipo de alegria, nos esforçamos, por essa razão, por considerá-la com o mesmo afeto de alegria com que a consideraríamos se ela estivesse presente, esforço que é imediatamente coibido pela recordação das coisas que excluem a existência da primeira. É por isso que a saudade é, na verdade, uma tristeza que se opõe à alegria proveniente da ausência da coisa que odiamos, tema sobre o qual se pode consultar o esc. da prop. 47. Como, entretanto, o nome saudade parece dizer respeito ao desejo, relaciono este afeto aos afetos de desejo.

33. A emulação é o desejo de uma coisa que se produz em nós por imaginarmos que outros têm o mesmo desejo.

Explicação. Quando alguém foge porque vê outros fugirem, ou sente medo porque vê outros sentirem o mesmo, ou, ainda, quando, ao ver um outro queimar a mão, recolhe a sua e afasta o corpo, como se ele próprio tivesse a mão queimada, dizemos que imita o afeto de um outro e não que o emula. Não porque conheçamos uma causa para a emulação que seja diferente da causa da imitação, mas porque se estabeleceu o uso de chamar de êmulo apenas aquele que imita o que julgamos ser respeitoso, útil ou agradável. De resto, sobre a causa da emulação, vejam-se a prop. 27, juntamente com o seu escólio. Quanto à razão pela qual a inveja está, em geral, ligada a este afeto, vejam-se a prop. 32, juntamente com o seu escólio.

34. O agradecimento ou a gratidão é o desejo ou o empenho de amor pelo qual nos esforçamos por fazer bem a quem, com igual afeto de amor, nos fez bem. Vejam-se a prop. 39, juntamente com o esc. da prop. 41.

35. A benevolência é o desejo de fazer bem àquele por quem temos comiseração. Veja-se o esc. da prop. 27.

36. A ira é o desejo que nos incita, por ódio, a fazer mal a quem odiamos. Veja-se a prop. 39.

37. A vingança é o desejo que nos impele, por ódio recíproco, a fazer mal a quem, com igual afeto, nos causou dano. Vejam-se o corol. 2 da prop. 40, juntamente com o seu escólio.

38. A crueldade ou sevícia é o desejo que impele alguém a fazer mal a quem amamos ou por quem sentimos comiseração.

Explicatio. Crudelitati opponitur clementia, quae passio non est, sed animi potentia, qua homo iram et vindictam moderatur.

XXXIX. Timor est cupiditas maius quod metuimus malum minore vitandi. Vide schol. prop. 39 huius.

XL. Audacia est cupiditas, qua aliquis incitatur ad aliquid agendum cum periculo, quod eius aequales subire metuunt.

XLI. Pusillanimitas dicitur de eo, cuius cupiditas coercetur timore periculi, quod eius aequales subire audent.

Explicatio. Est igitur pusillanimitas nihil aliud, quam metus alicuius mali quod plerique non solent metuere; quare ipsam ad cupiditatis affectus non refero. Eandem tamen hic explicare volui, quia quatenus ad cupiditatem attendimus, affectui audaciae revera opponitur.

XLII. Consternatio dicitur de eo, cuius cupiditas malum vitandi coercetur admiratione mali, quod timet.

Explicatio. Est itaque consternatio pusillanimitatis species. Sed quia consternatio ex duplici timore oritur, ideo commodius definiri potest, quod sit metus, qui hominem stupefactum aut fluctuantem ita continet, ut is malum amovere non possit. Dico stupefactum, quatenus eius cupiditatem malum amovendi admiratione coerceri intelligimus. Fluctuantem autem dico, quatenus concipimus eandem cupiditatem coerceri timore alterius mali, quod ipsum aeque cruciat; unde fit ut quodnam ex duobus avertat, nesciat. De his vide schol. prop. 39 et schol. prop. 52 huius. Ceterum de pusillanimitate et audacia vide schol. prop. 51 huius.

XLIII. Humanitas seu modestia est cupiditas ea faciendi quae hominibus placent, et omittendi quae displicent.

XLIV. Ambitio est immodica gloriae cupiditas.

Explicatio. Ambitio est cupiditas, qua omnes affectus (per prop. 27 et 31 huius) foventur et corroborantur; et ideo hic affectus vix superari potest. Nam quamdiu homo aliqua cupiditate tenetur, hac simul necessario tenetur. *Optimus quisque*, inquit Cicero, *maxime gloria ducitur. Philosophi etiam libris, quos de contemnenda gloria scribunt, nomen suum inscribunt* etc.

XLV. Luxuria est immoderata convivandi cupiditas vel etiam amor.

XLVI. Ebrietas est immoderata potandi cupiditas et amor.

XLVII. Avaritia est immoderata divitiarum cupiditas et amor.

Explicação. À crueldade opõe-se a clemência, que não é uma paixão, mas uma potência do ânimo, pela qual o homem controla a ira e a vingança.

39. O temor é o desejo de evitar, mediante um mal menor, um mal maior, que tememos. Veja-se o esc. da prop. 39.

40. A audácia é o desejo pelo qual alguém é incitado a fazer algo arriscado ao qual seus semelhantes temem se expor.

41. A covardia diz-se daquele cujo desejo é refreado pelo temor de um risco ao qual seus semelhantes ousam se expor.

Explicação. A covardia não é, pois, senão o medo de um mal que a maioria não costuma temer. É por isso que não a refiro aos afetos de desejo. Preferi, entretanto, explicá-la, porque à medida que tomamos em consideração o desejo, ela se opõe, realmente, ao afeto da audácia.

42. O pavor diz-se daquele cujo desejo de evitar um mal é refreado pela admiração pelo mal que teme.

Explicação. O pavor é, assim, uma espécie de covardia. Como, entretanto, provém de um duplo temor, pode ser mais precisamente definido como o medo que mantém o homem tão estupefato ou hesitante que ele não pode evitá-lo. Digo *estupefato*, à medida que compreendemos que seu desejo de evitar o mal é refreado pela admiração. Digo, por outro lado, *hesitante*, à medida que seu desejo é refreado pelo temor de outro mal que também o atormenta. Como resultado, ele não sabe qual dos dois evitar. Vejam-se, sobre isso, o esc. da prop. 39 e o esc. da prop. 52. De resto, sobre a covardia e a audácia, veja-se o esc. da prop. 51.

43. A cortesia e a polidez é o desejo de fazer o que agrada os homens e deixar de fazer o que lhes desagrada.

44. A ambição é o desejo imoderado de glória.

Explicação. A ambição é um desejo que intensifica e reforça todos os afetos (pelas prop. 27 e 31) e, por isso, este afeto dificilmente pode ser superado. Com efeito, sempre que um homem é tomado por algum desejo, ele é necessariamente tomado, ao mesmo tempo, pela ambição. Como diz Cícero, *Os melhores dos homens são inteiramente governados pela glória. Até mesmo os filósofos que escrevem, nos seus livros, sobre a necessidade de se desprezar a glória não deixam de aí inscrever o seu nome*, etc.

45. A gula é o desejo imoderado pelos prazeres da mesa ou também o amor por esses prazeres.

46. A embriaguez é o desejo imoderado e o amor pela bebida.

47. A avareza é o desejo imoderado e o amor por riquezas.

XLVIII. Libido est etiam cupiditas et amor in commiscendis corporibus.

Explicatio. Sive haec coeundi cupiditas moderata sit sive non sit, libido appellari solet. Porro hi quinque affectus (ut in schol. prop. 56 huius monui) contrarios non habent. Nam modestia species est ambitionis, de qua vide schol. prop. 29 huius. Temperantiam deinde, sobrietatem et castitatem mentis potentiam, non autem passionem indicare, iam etiam monui. Et tametsi fieri potest ut homo avarus, ambitiosus vel timidus a nimio cibo, potu et coitu abstineat, avaritia tamen, ambitio et timor luxuriae, ebrietati vel libidini non sunt contrarii. Nam avarus in cibum et potum alienum se ingurgitare plerumque desiderat. Ambitiosus autem, modo speret fore clam, in nulla re sibi temperabit, et si inter ebrios vivat et libidinosos, ideo quia ambitiosus est, proclivior erit ad eadem vitia. Timidus denique id quod non vult, facit. Nam quamvis mortis vitandae causa divitias in mare proiiciat, manet tamen avarus; et si libidinosus tristis est, quod sibi morem gerere nequeat, non desinit propterea libidinosus esse. Et absolute hi affectus non tam ipsos actus convivandi, potandi etc. respiciunt, quam ipsum appetitum et amorem. Nihil igitur his affectibus opponi potest praeter generositatem et animositatem, de quibus in seqq.

Definitiones zelotypiae et reliquarum animi fluctuationum silentio praetermitto, tam quia ex compositione affectuum, quos iam definivimus, oriuntur, quam quia pleraeque nomina non habent, quod ostendit ad usum vitae sufficere, easdem in genere tantummodo noscere. Ceterum ex definitionibus affectuum, quos explicuimus, liquet eos omnes a cupiditate, laetitia vel tristitia oriri, seu potius nihil praeter hos tres esse, quorum unusquisque variis nominibus appellari solet propter varias eorum relationes et denominationes extrinsecas. Si iam ad hos primitivos et ad eam, quae de natura mentis supra diximus, attendere velimus, affectus, quatenus ad solam mentem referuntur, sic definire poterimus.

AFFECTUUM GENERALIS DEFINITIO

Affectus, qui animi pathema dicitur, est confusa idea, qua mens maiorem vel minorem sui corporis vel alicuius eius partis existendi vim, quam antea, affirmat, et qua data ipsa mens ad hoc potius, quam ad illud cogitandum determinatur.

48. A luxúria é o desejo e o amor imoderado pela conjunção dos corpos.

Explicação. Entretanto, moderado ou não, o costume designa esse desejo de conjunção por luxúria. Além disso, esses cinco afetos (como observei no esc. da prop. 56) não têm opostos. Com efeito, a modéstia é uma espécie de ambição, sobre a qual pode-se consultar o esc. da prop. 29. Já observei também que a temperança, a sobriedade e a castidade indicam uma potência da mente e não uma paixão. E embora possa ocorrer que um homem avaro, invejoso ou temeroso se abstenha de excessos na comida, na bebida ou na conjunção de corpos, isso não significa, entretanto, que a avareza, a ambição e o temor sejam opostos à gula, à embriaguez e à luxúria. Pois o avaro deseja, em geral, se exceder com a comida e a bebida alheias. O ambicioso, por sua vez, desde que conte com o segredo, não se moderará em nada, e se vive entre os ébrios e os luxuriosos, precisamente porque é ambicioso, estará mais inclinado a esses vícios. O temeroso, enfim, faz o que não quer. Pois, ainda que, para evitar a morte, lance suas riquezas ao mar, permanece, entretanto, avaro. E se o luxurioso se entristece por não poder satisfazer seu prazer, nem por isso deixa de ser luxurioso. De maneira geral, esses afetos não dizem respeito tanto aos atos de comer, beber, etc., quanto ao apetite e ao amor em si. Nada pode, portanto, opor-se a esses afetos, exceto a generosidade e a firmeza, sobre as quais falarei adiante.

Passo em silêncio as definições do ciúme e das outras flutuações de ânimo, tanto porque provêm de uma composição dos afetos já definidos, quanto porque a maioria delas não têm nome, o que mostra que, para a prática da vida corrente, basta conhecê-las de uma maneira geral. De resto, pelas definições dos afetos que acabamos de explicar, fica claro que todos eles provêm do desejo, da alegria ou da tristeza, ou melhor, que não são senão estes três afetos, designados habitualmente por nomes diferentes, em função de suas diferentes relações e denominações extrínsecas. Se, agora, quisermos tomar em consideração estes três afetos primitivos e o que antes dissemos sobre a natureza da mente, podemos definir os afetos, enquanto relacionados apenas à mente, tal como se segue.

DEFINIÇÃO GERAL DOS AFETOS

O afeto, que se diz *pathema* [paixão] do ânimo, é uma ideia confusa, pela qual a mente afirma a força de existir, maior ou menor do que antes, de seu corpo ou de uma parte dele, ideia pela qual, se presente, a própria mente é determinada a pensar uma coisa em vez de outra.

Explicatio. Dico primo affectum seu passionem animi esse *confusam ideam*. Nam mentem eatenus tantum pati ostendimus (vide prop. 3 huius), quatenus ideas inadaequatas sive confusas habet. Dico deinde *qua mens maiorem vel minorem sui corporis vel alicuius eius partis existendi vim quam antea affirmat*. Omnes enim corporum ideae, quas habemus, magis nostri corporis actualem constitutionem (per coroll. 2 prop. 16 P. 2), quam corporis externi naturam indicant; at haec, quae affectus formam constituit, corporis vel alicuius eius partis constitutionem indicare vel exprimere debet, quam ipsum corpus vel aliqua eius pars habet, ex eo, quod ipsius agendi potentia sive existendi vis augetur vel minuitur, iuvatur vel coercetur. Sed notandum cum dico *maiorem vel minorem existendi vim, quam antea*, me non intelligere, quod mens praesentem corporis constitutionem cum praeterita comparat, sed quod idea, quae affectus formam constituit, aliquid de corpore affirmat, quod plus minusve realitatis revera involvit, quam antea. Et quia essentia mentis in hoc consistit (per prop. 11 et 13 P. 2), quod sui corporis actualem existentiam affirmat, et nos per perfectionem ipsam rei essentiam intelligimus; sequitur ergo, quod mens ad maiorem minoremve perfectionem transit, quando ei aliquid de suo corpore vel aliqua eius parte affirmare contingit, quod plus minusve realitatis involvit, quam antea. Cum igitur supra dixerim mentis cogitandi potentiam augeri vel minui, nihil aliud intelligere volui, quam quod mens ideam sui corporis vel alicuius eius partis formaverit, quae plus minusve realitatis exprimit, quam de suo corpore affirmaverat. Nam idearum praestantia et actualis cogitandi potentia ex obiecti praestantia aestimatur. Addidi denique *et qua data ipsa mens ad hoc potius quam ad illud cogitandum determinatur, ut praeter laetitiae et tristitiae naturam, quam prima definitionis pars explicat, cupiditatis etiam naturam exprimerem*.

Explicação. Digo, em primeiro lugar, que o afeto ou a paixão do ânimo *é uma ideia confusa*. Mostramos, com efeito, que a mente padece apenas à medida que tem ideias inadequadas, ou seja, confusas (veja-se a prop. 3). Digo, além disso, *pela qual a mente afirma a força de existir, maior ou menor do que antes, de seu corpo ou de uma parte dele*. Com efeito, todas as ideias que temos dos corpos indicam antes o estado atual de nosso corpo (pelo corol. 2 da prop. 16 da P. 2) do que a natureza do corpo exterior. Ora, a ideia que constitui a forma de um afeto deve indicar ou exprimir o estado do corpo ou de alguma de suas partes, estado que o próprio corpo ou alguma de suas partes tem porque sua potência de agir ou sua força de existir é aumentada ou diminuída, estimulada ou refreada. É preciso observar, entretanto, que, quando digo *força de existir, maior ou menor do que antes*, não compreendo com isso que a mente compara o estado presente do corpo com os anteriores, mas, sim, que a ideia que constitui a forma de um afeto afirma, a respeito do corpo, algo que envolve, de fato, mais ou menos realidade do que antes. E como a essência da mente consiste (pelas prop. 11 e 13 da P. 2) em afirmar a existência atual de seu corpo, e como por perfeição compreendemos a própria essência de uma coisa, segue-se que a mente passa a uma maior ou menor perfeição quando lhe acontece afirmar, de seu corpo ou de qualquer de suas partes, algo que envolve mais ou menos realidade do que antes. Quando, pois, disse, anteriormente, que a potência de pensar da mente era aumentada ou diminuída, não quis dizer senão que a mente formava, de seu corpo ou de alguma de suas partes, uma ideia que expressava mais ou menos realidade do que a que antes afirmava a respeito de seu corpo. Pois a superioridade das ideias e a potência atual de pensar avaliam-se pela superioridade do objeto. Acrescentei, enfim, pela qual, se presente, a mente é determinada a pensar uma coisa em vez de outra, a fim de exprimir também, além da natureza da alegria e da tristeza, que é explicada na primeira parte da definição, a natureza do desejo.

PARS QUARTA
DE SERVITUTE HUMANA
SEU DE AFFECTUUM VIRIBUS

QUARTA PARTE
A SERVIDÃO HUMANA
OU A FORÇA DOS AFETOS

PRAEFATIO

Humanam impotentiam in moderandis et coercendis affectibus servitutem voco. Homo enim affectibus obnoxius sui iuris non est, sed fortunae, in cuius potestate ita est, ut saepe coactus sit, quamquam meliora sibi videat, deteriora tamen sequi. Huius rei causam, et quid praeterea affectus boni vel mali habent, in hac parte demonstrare proposui. Sed antequam incipiam, pauca de perfectione et imperfectione, deque bono et malo praefari lubet.

Qui rem aliquam facere constituit eamque perfecit, rem suam perfectam esse non tantum ipse, sed etiam unusquisque, qui mentem auctoris illius operis et scopum recte noverit aut se novisse crediderit, dicet. Ex. gr. si quis aliquod opus (quod suppono nondum esse peractum) viderit, noveritque scopum auctoris illius operis esse domum aedificare, is domum imperfectam esse dicet, et contra perfectam, simulatque opus ad finem, quem eius auctor eidem dare constituerat, perductum viderit. Verum si quis opus aliquod videt, cuius simile nunquam viderat, nec mentem opificis novit, is sane scire non poterit, opusne illud perfectum, an imperfectum sit. Atque haec videtur prima fuisse horum vocabulorum significatio. Sed postquam homines ideas universales formare, et domuum, aedificiorum, turrium etc. exemplaria excogitare, et alia rerum exemplaria aliis praeferre inceperunt, factum est, ut unusquisque id perfectum vocaret, quod cum universali idea, quam eiusmodi rei formaverat, videret convenire, et id contra imperfectum, quod cum concepto suo exemplari minus convenire videret, quamquam ex opificis sententia consummatum plane esset. Nec alia videtur esse ratio, cur res naturales etiam, quae scilicet humana manu non sunt factae, perfectas aut imperfectas vulgo appellent; solent namque homines tam rerum naturalium, quam artificialium ideas formare universales, quas rerum veluti exemplaria habent et quas

PREFÁCIO

Chamo de servidão a impotência humana para regular e refrear os afetos. Pois o homem submetido aos afetos não está sob seu próprio comando, mas sob o do acaso, a cujo poder está a tal ponto sujeitado que é, muitas vezes, forçado, ainda que perceba o que é melhor para si, a fazer, entretanto, o pior. Propus-me, nesta parte, demonstrar a causa disso e, também, o que os afetos têm de bom ou de mau. Mas antes de começar, gostaria de dizer algumas breves e preliminares palavras sobre a perfeição e a imperfeição, sobre o bem e o mal.

Quem decidiu fazer alguma coisa e a concluiu, dirá que ela está perfeita, e não apenas ele, mas também qualquer um que soubesse o que autor tinha em mente e qual era o objetivo de sua obra ou que acreditasse sabê-lo. Por exemplo, se alguém observa uma obra (que suponho estar ainda inconclusa) e sabe que o objetivo do seu autor é o de edificar uma casa, dirá que a casa é imperfeita e, contrariamente, dirá que é perfeita se perceber que a obra atingiu o fim que seu autor havia decidido atribuir-lhe. Mas se alguém observa uma obra que não se parece com nada que tenha visto e, além disso, não está ciente da ideia do artífice, não saberá, certamente, se a obra é perfeita ou imperfeita. Este parece ter sido o significado original desses vocábulos. Mas, desde que os homens começaram a formar ideias universais e a inventar modelos de casas, edifícios, torres, etc., e a dar preferência a certos modelos em detrimento de outros, o que resultou foi que cada um chamou de perfeito aquilo que via estar de acordo com a ideia universal que tinha formado das coisas do mesmo gênero, e chamou de imperfeito aquilo que via estar menos de acordo com o modelo que tinha concebido, ainda que, na opinião do artífice, a obra estivesse plenamente concluída. E não parece haver outra razão para chamar, vulgarmente, de perfeitas ou imperfeitas também as coisas da natureza, isto é, as que não são feitas pela mão humana. Pois os homens têm o hábito de formar ideias universais tanto das coisas naturais quanto das artificiais, ideias que tomam como modelos das coisas, e acreditam que a natureza (que pensam nada fazer

naturam (quam nihil nisi alicuius finis causa agere existimant) intueri credunt sibique exemplaria proponere. Cum itaque aliquid in natura fieri vident, quod cum concepto exemplari, quod rei eiusmodi habent, minus convenit, ipsam naturam tum defecisse vel peccavisse, remque illam imperfectam reliquisse credunt. Videmus itaque homines consuevisse, res naturales perfectas aut imperfectas vocare magis ex praeiudicio, quam ex earum vera cognitione. Ostendimus enim in primae partis appendice naturam propter finem non agere; aeternum namque illud et infinitum ens, quod Deum seu naturam appellamus, eadem, qua existit necessitate agit. Ex qua enim naturae necessitate existit, ex eadem ipsum agere ostendimus (prop.16 P. 1). Ratio igitur seu causa, cur Deus seu natura agit et cur existit, una eademque est. Ut ergo nullius finis causa existit, nullius etiam finis causa agit; sed ut existendi, sic et agendi principium vel finem habet nullum. Causa autem, quae finalis dicitur, nihil est praeter ipsum humanum appetitum, quatenus is alicuius rei veluti principium seu causa primaria consideratur. Ex. gr. cum dicimus habitationem causam fuisse finalem huius aut illius domus, nihil tum sane intelligimus aliud, quam quod homo ex eo, quod vitae domesticae commoda imaginatus est, appetitum habuit aedificandi domum. Quare habitatio, quatenus ut finalis causa consideratur, nihil est praeter hunc singularem appetitum, qui revera causa est efficiens, quae ut prima consideratur, quia homines suorum appetituum causas communiter ignorant. Sunt namque, ut iam saepe dixi, suarum quidem actionum et appetituum conscii, sed ignari causarum, a quibus ad aliquid appetendum determinantur. Quod praeterea vulgo aiunt, naturam aliquando deficere vel peccare, resque imperfectas producere, inter commenta numero, de quibus in app. P. 1 egi. Perfectio igitur et imperfectio revera modi solummodo cogitandi sunt, nempe notiones, quas fingere solemus ex eo, quod eiusdem speciei aut generis individua ad invicem comparamus. Et hac de causa supra (def. 6 P. 2) dixi me per realitatem et perfectionem idem intelligere; solemus enim omnia naturae individua ad unum genus, quod generalissimum appellatur, revocare; nempe ad notionem entis, quae ad omnia absolute naturae individua pertinet. Quatenus itaque naturae individua ad hoc genus revocamus, et ad invicem comparamus, et alia plus entitatis seu realitatis, quam alia habere comperimus, eatenus alia aliis perfectiora esse dicimus; et quatenus iisdem aliquid tribuimus, quod negationem involvit, ut terminus, finis, impotentia etc., eatenus ipsa imperfecta appellamus, quia nostram mentem non aeque afficiunt, ac illa, quae perfecta vocamus, et non quod

senão em função de algum fim) observa essas ideias e as estabelece para si própria como modelos. Quando, pois, veem que na natureza ocorre algo que esteja menos de acordo com o que concebem como modelo das coisas desse gênero, acreditam que a própria natureza fracassou ou errou e que deixou essa coisa imperfeita. Vemos, assim, que, mais por preconceito do que por um verdadeiro conhecimento delas, os homens adquiriram o hábito de chamar de perfeitas ou de imperfeitas as coisas naturais. Com efeito, mostramos, no apêndice da primeira parte, que a natureza não age em função de um fim, pois o ente eterno e infinito que chamamos Deus ou natureza age pela mesma necessidade pela qual existe. Mostramos, com efeito, que ele age pela mesma necessidade da natureza pela qual existe (prop. 16 da P. 1). Portanto, a razão ou a causa pela qual Deus ou a natureza age e aquela pela qual existe é uma só e a mesma. Logo, assim como não existe em função de qualquer fim, ele também não age dessa maneira. Em vez disso, assim como não tem qualquer fim em função do qual existir, tampouco tem qualquer princípio ou fim em função do qual agir. Quanto à causa que chamam final, não se trata senão do próprio apetite humano, enquanto considerado como princípio ou causa primeira de alguma coisa. Por exemplo, quando dizemos que a causa final desta ou daquela casa foi a habitação, certamente não devemos compreender, por isso, senão que um homem, por ter imaginado as vantagens da vida doméstica, teve o apetite de construir uma casa. É por isso que a habitação, enquanto considerada como uma causa final, nada mais é do que este apetite singular, que, na realidade, é uma causa eficiente, mas que é considerada como primeira, porque, em geral, os homens desconhecem as causas de seus apetites. Pois, como já disse muitas vezes, os homens estão, de fato, conscientes de suas ações e de seus apetites, mas desconhecem as causas pelas quais são determinados a apetecer algo. Além disso, quanto ao que vulgarmente se diz, que a natureza, às vezes, fracassa ou erra, e que produz coisas imperfeitas, coloco na conta das ficções de que tratei no apêndice da P. 1. Portanto, a perfeição e a imperfeição são, na realidade, apenas modos do pensar, isto é, noções que temos o hábito de inventar, por compararmos entre si indivíduos da mesma espécie ou do mesmo gênero. Foi por esta razão que disse, anteriormente (def. 6 da P. 2), que por realidade e perfeição compreendia a mesma coisa. Pois temos o hábito de reduzir todos os indivíduos da natureza a um único gênero, que dizemos ser o gênero supremo, ou seja, à noção de ente, que pertence, sem exceção, a todos os indivíduos da natureza. Assim, à medida que reduzimos todos os indivíduos da natureza a esse gênero, comparando-os entre si, e verificamos que uns têm mais entidade ou realidade que outros, dizemos que, sob esse aspecto, uns são mais perfeitos que outros. E à medida que lhes atribuímos algo que envolve negação, tal como limite, fim, impotência, etc., dizemos que, sob esse aspecto, são imperfeitos, porque não afetam nossa mente da mesma maneira que aqueles que

ipsis aliquid, quod suum sit, deficiat vel quod natura peccaverit. Nihil enim naturae alicuius rei competit, nisi id quod ex necessitate naturae causae efficientis sequitur; et quicquid ex necessitate naturae causae efficientis sequitur, id necessario fit.

Bonum et malum quod attinet, nihil etiam positivum in rebus, in se scilicet consideratis, indicant, nec aliud sunt praeter cogitandi modos seu notiones, quas formamus ex eo, quod res ad invicem comparamus. Nam una eademque res potest eodem tempore bona et mala, et etiam indifferens esse. Ex. gr. musica bona est melancholico, mala lugenti; surdo autem neque bona neque mala. Verum quamvis se res ita habeat, nobis tamen haec vocabula retinenda sunt. Nam quia ideam hominis, tamquam naturae humanae exemplar, quod intueamur, formare cupimus, nobis ex usu erit, haec eadem vocabula eo, quo dixi, sensu retinere. Per bonum itaque in seqq. intelligam id, quod certo scimus medium esse, ut ad exemplar humanae naturae, quod nobis proponimus, magis magisque accedamus; per malum autem id, quod certo scimus impedire, quominus idem exemplar referamus. Deinde homines perfectiores aut imperfectiores dicemus, quatenus ad hoc idem exemplar magis aut minus accedunt. Nam apprime notandum est, cum dico, aliquem a minore ad maiorem perfectionem transire, et contra, me non intelligere quod ex una essentia seu forma in aliam mutatur (equus namque ex. gr. tam destruitur, si in hominem, quam si in insectum mutetur); sed quod eius agendi potentiam, quatenus haec per ipsius naturam intelligitur, augeri vel minui concipimus. Deinde per perfectionem in genere realitatem, uti dixi, intelligam, hoc est rei cuiuscumque essentiam, quatenus certo modo existit et operatur, nulla ipsius durationis habita ratione. Nam nulla res singularis potest ideo dici perfectior, quia plus temporis in existendo perseveravit; quippe rerum duratio ex earum essentia determinari nequit, quandoquidem rerum essentia nullum certum et determinatum existendi tempus involvit; sed res quaecumque, sive ea perfectior sit sive minus, eadem vi, qua existere incipit, semper in existendo perseverare poterit, ita ut omnes hac in re aequales sint.

DEFINITIONES

I. Per bonum id intelligam, quod certo scimus nobis esse utile.

II. Per malum autem id, quod certo scimus impedire, quominus boni alicuius simus compotes.

dizemos que são perfeitos, e não porque lhes falte algo que lhes seja próprio ou porque a natureza tenha errado. Com efeito, não pertence à natureza de alguma coisa senão aquilo que se segue da necessidade da natureza de sua causa eficiente. E tudo o que se segue da necessidade da causa eficiente acontece necessariamente.

Quanto ao bem e ao mal, também não designam nada de positivo a respeito das coisas, consideradas em si mesmas, e nada mais são do que modos do pensar ou de noções, que formamos por compararmos as coisas entre si. Com efeito, uma única e mesma coisa pode ser boa e má ao mesmo tempo e ainda indiferente. Por exemplo, a música é boa para o melancólico; má para o aflito; nem boa, nem má, para o surdo. Entretanto, mesmo assim, devemos ainda conservar esses vocábulos. Pois como desejamos formar uma ideia de homem que seja visto como um modelo da natureza humana, nos será útil conservar esses vocábulos no sentido que mencionei. Assim, por bem compreenderei aquilo que sabemos, com certeza, ser um meio para nos aproximarmos, cada vez mais, do modelo de natureza humana que estabelecemos. Por mal, por sua vez, compreenderei aquilo que, com certeza, sabemos que nos impede de atingir esse modelo. Além disso, dizemos que os homens são mais perfeitos ou mais imperfeitos, à medida que se aproximem mais ou menos desse modelo. Com efeito, deve-se, sobretudo, observar que, quando digo que alguém passa de uma perfeição menor para uma maior, ou faz a passagem contrária, não quero dizer que de uma essência ou forma se transforme em outra (com efeito, um cavalo, por exemplo, aniquila-se, quer se transforme em homem, quer em inseto). Quero dizer, em vez disso, que é a sua potência de agir, enquanto compreendida como sua própria natureza, que nós concebemos como tendo aumentado ou diminuído. Finalmente, por perfeição em geral compreenderei, como disse, a realidade, isto é, a essência de uma coisa qualquer, enquanto existe e opera de uma maneira definida, sem qualquer relação com sua duração. Com efeito, de nenhuma coisa singular se pode dizer que é mais perfeita por perseverar mais tempo no existir. Pois, a duração das coisas não pode ser determinada por sua essência, porque a essência das coisas não envolve qualquer tempo definido e determinado de existência. Uma coisa qualquer, entretanto, seja ela mais perfeita ou menos perfeita, sempre poderá perseverar no existir, com a mesma força com que começa a existir, razão pela qual, sob esse aspecto, todas as coisas são iguais.

DEFINIÇÕES

1. Por bem compreenderei aquilo que sabemos, com certeza, nos ser útil.
2. Por mal compreenderei, por sua vez, aquilo que sabemos, com certeza, nos impedir que desfrutemos de algum bem.

De his praecedentem vide praefationem sub finem.

III. Res singulares voco contingentes, quatenus, dum ad earum solam essentiam attendimus, nihil invenimus, quod earum existentiam necessario ponat, vel quod ipsam necessario secludat.

IV. Easdem res singulares voco possibiles, quatenus, dum ad causas, ex quibus produci debent, attendimus, nescimus, an ipsae determinatae sint ad easdem producendum.

> In schol. 1 prop. 33 P. 1 inter possibile et contingens nullam feci differentiam, quia ibi non opus erat haec accurate distinguere.

V. Per contrarios affectus in seqq. intelligam eos, qui hominem diversum trahunt, quamvis eiusdem sint generis, ut luxuries et avaritia, quae amoris sunt species; nec natura, sed per accidens sunt contrarii.

VI. Quid per affectum erga rem futuram, praesentem et praeteritam intelligam, explicui in schol. 1 et 2 prop. 18 P. 3, quod vide.

> Sed venit hic praeterea notandum, quod ut loci, sic etiam temporis, distantiam non nisi usque ad certum quendam limitem possumus distincte imaginari, hoc est, sicut omnia illa obiecta, quae ultra ducentos pedes a nobis distant, seu quorum distantia a loco, in quo sumus, illam superat, quam distincte imaginamur, aeque longe a nobis distare, et perinde ac si in eodem plano essent, imaginari solemus; sic etiam obiecta, quorum existendi tempus longiore a praesenti intervallo abesse imaginamur, quam quod distincte imaginari solemus, omnia aeque longe a praesenti distare imaginamur et ad unum quasi temporis momentum referimus.

VII. Per finem, cuius causa aliquid facimus, appetitum intelligo.

VIII. Per virtutem et potentiam idem intelligo, hoc est (per prop. 7 P. 3) virtus, quatenus ad hominem refertur, est ipsa hominis essentia seu natura, quatenus potestatem habet quaedam efficiendi, quae per solas ipsius naturae leges possunt intelligi.

AXIOMA

Nulla res singularis in rerum natura datur, qua potentior et fortior non detur alia. Sed quacumque data datur alia potentior, a qua illa data potest destrui.

Sobre isso, veja-se o final do prefácio anterior.

3. Chamo de contingentes as coisas singulares, à medida que, quando tomamos em consideração apenas sua essência, nada encontramos que necessariamente ponha ou exclua sua existência.

4. Chamo de possíveis as mesmas coisas singulares, à medida que, quando consideramos as causas pelas quais devem ser produzidas, não sabemos se essas causas estão determinadas a produzi-las.

No esc. 1 da prop. 33 da P. 1 não fiz qualquer distinção entre possível e contingente, porque, naquele caso, não era necessário distingui-las precisamente.

5. Por afetos contrários compreenderei, no que se seguirá, aqueles que arrastam o homem para direções diferentes, ainda que sejam do mesmo gênero, como a gula e a avareza, que são espécies de amor, e que são contrários não por natureza, mas por acidente.

6. Expliquei, nos esc. 1 e 2 da prop. 18 da P. 3, o que compreendo por afeto para com uma coisa futura, presente ou passada, escólios que podem ser conferidos.

É preciso, entretanto, observar, além disso, que assim como não podemos imaginar distintamente a distância de um lugar além de um certo limite, tampouco podemos imaginar distintamente uma distância temporal além de um certo limite. Isto é, assim como estamos habituados a imaginar todos os objetos que estão a uma distância de mais de duzentos pés – ou seja, cuja distância do lugar em que estamos é maior do que a que podemos imaginar distintamente – como se estivessem igualmente distantes de nós e num mesmo plano, também imaginamos, como se estivessem a igual distância do presente, e referimos, praticamente, a um mesmo momento do tempo, todos os objetos que existiram em um período que está separado do presente por um intervalo maior do que o que estamos habituados a imaginar distintamente.

7. Por fim – isto é, aquilo por cuja causa fazemos alguma coisa – compreendo o apetite.

8. Por virtude e potência compreendo a mesma coisa, isto é (pela prop. 7 da P. 3), a virtude, enquanto referida ao homem, é sua própria essência ou natureza, à medida que ele tem o poder de realizar coisas que podem ser compreendidas exclusivamente por meio das leis de sua natureza.

AXIOMA

Não existe, na natureza das coisas, nenhuma coisa singular relativamente à qual não exista outra mais potente e mais forte. Dada uma coisa qualquer, existe uma outra, mais potente, pela qual a primeira pode ser destruída.

PROPOSITIONES

Propositio I. **Nihil, quod idea falsa positivum habet, tollitur praesentia veri, quatenus verum.**

Demonstratio. Falsitas in sola privatione cognitionis, quam ideae inadaequatae involvunt, consistit (per prop. 35 P. 2), nec ipsae aliquid habent positivum, propter quod falsae dicuntur (per prop. 33 P. 2); sed contra, quatenus ad Deum referuntur, verae sunt (per prop. 32 P. 2). Si igitur id quod idea falsa positivum habet, praesentia veri, quatenus verum est, tolleretur, tolleretur ergo idea vera a se ipsa, quod (per prop. 4 P. 3) est absurdum. Ergo nihil, quod idea etc. Q.E.D.

Scholium. Intelligitur haec propositio clarius ex coroll. 2 prop. 16 P. 2. Nam imaginatio idea, est quae magis corporis humani praesentem constitutionem, quam corporis externi naturam indicat, non quidem distincte, sed confuse; unde fit, ut mens errare dicatur. Ex. gr. cum solem intuemur, eundem ducentos circiter pedes a nobis distare imaginamur; in quo tamdiu fallimur, quamdiu veram eius distantiam ignoramus. Cognita eiusdem distantia tollitur quidem error, sed non imaginatio, hoc est, idea solis, quae eiusdem naturam eatenus tantum explicat, quatenus corpus ab eodem afficitur; adeoque quamvis veram eiusdem distantiam noscamus, ipsum nihilominus prope nobis adesse imaginabimur. Nam ut in schol. prop. 35 P. 2 diximus, non ea de causa solem adeo propinquum imaginamur, quia eius veram distantiam ignoramus, sed quia mens eatenus magnitudinem solis concipit, quatenus corpus ab eodem afficitur. Sic cum solis radii aquae superficiei incidentes ad nostros oculos reflectuntur, eundem perinde, ac si in aqua esset, imaginamur; tametsi verum eius locum noverimus. Et sic reliquae imaginationes, quibus mens fallitur, sive eae naturalem corporis constitutionem, sive quod eiusdem agendi potentiam augeri vel minui indicant, vero non sunt contrariae, nec eiusdem praesentia evanescunt. Fit quidem, cum falso aliquod malum timemus, ut timor evanescat audito vero nuntio; sed contra etiam fit, cum malum quod certe venturum est, timemus, ut timor etiam evanescat audito falso nuntio. Atque adeo imaginationes non praesentia veri, quatenus verum, evanescunt; sed quia aliae occurrunt iis fortiores, quae rerum, quas imaginamur, praesentem existentiam secludunt, ut prop. 17 P. 2 ostendimus.

QUARTA PARTE A SERVIDÃO HUMANA OU A FORÇA DOS AFETOS

PROPOSIÇÕES

Proposição 1. **Nada do que uma ideia falsa tem de positivo é suprimido pela presença do verdadeiro enquanto verdadeiro.**

Demonstração. A falsidade consiste apenas na privação de conhecimento que as ideias inadequadas envolvem (pela prop. 35 da P. 2), e essas ideias não têm nada de positivo pelo qual se digam falsas (pela prop. 33 da P. 2). Em vez disso, elas são, enquanto estão referidas a Deus, verdadeiras (pela prop. 32 da P. 2). Se, portanto, aquilo que uma ideia falsa tem de positivo fosse suprimido pela presença do verdadeiro, enquanto verdadeiro, então uma ideia verdadeira seria suprimida por si própria, o que é absurdo (pela prop. 4 da P. 3). Logo, nada do que uma ideia, etc. C. Q. D.

Escólio. Esta prop. pode ser mais claramente compreendida pelo corol. 2 da prop. 16 da P. 2. Pois uma imaginação é uma ideia que indica mais o estado presente do corpo humano do que a natureza do corpo exterior, não distintamente, é verdade, mas confusamente. Diz-se, por isso, que a mente erra. Por exemplo, quando contemplamos o sol, imaginamos que está a uma distância aproximada de duzentos pés, no que nos enganamos, enquanto não soubermos qual é a distância verdadeira. Conhecida a distância, suprime-se, é verdade, o erro, mas não a imaginação, isto é, a ideia do sol, a qual explica sua natureza apenas à medida que o corpo é por ele afetado. E, assim, embora saibamos a verdadeira distância, continuaremos, entretanto, a imaginar que ele está perto de nós. Pois, como dissemos no esc. da prop. 35 da P. 2, imaginamos que o sol está tão próximo não por ignorarmos a distância verdadeira, mas porque a mente concebe o tamanho do sol apenas à medida que o corpo é por ele afetado. Assim também, quando os raios do sol, ao incidirem sobre a superfície da água, são refletidos em direção aos nossos olhos, nós o imaginamos como se estivesse na água, embora saibamos qual é sua localização verdadeira. E, igualmente, as outras imaginações que enganam a mente, quer indiquem o estado natural do corpo, quer indiquem um aumento ou uma diminuição de sua potência de agir, não são contrárias ao verdadeiro, nem se desvanecem por sua presença. É verdade que acontece, quando erroneamente temermos algum mal, que o temor se desvanece quando ouvimos a notícia verdadeira, mas, inversamente, também acontece, quando tememos algum mal que certamente virá, que o temor se desvanece quando ouvimos uma notícia falsa. Portanto, as imaginações não se desvanecem pela presença do verdadeiro, enquanto verdadeiro, mas porque se apresentam outras imaginações mais fortes que excluem a existência presente das coisas que imaginamos, como mostramos na prop. 17 da P. 2.

Propositio II. **Nos eatenus patimur, quatenus naturae sumus pars, quae per se absque aliis non potest concipi.**

Demonstratio. Nos tum pati dicimus, cum aliquid in nobis oritur, cuius non nisi partialis sumus causa (per defin. 2 P. 3), hoc est (per defin. 1 P. 3) aliquid, quod ex solis legibus nostrae naturae deduci nequit. Patimur igitur, quatenus naturae sumus pars, quae per se absque aliis nequit concipi. Q.E.D.

Propositio III. **Vis, qua homo in existendo perseverat, limitata est et a potentia causarum externarum infinite superatur.**

Demonstratio. Patet ex axiom. huius partis. Nam dato homine datur aliquid aliud, puta A potentius, et dato A datur deinde aliud, puta B, ipso A potentius et hoc in infinitum. Ac proinde potentia hominis potentia alterius rei definitur, et a potentia causarum externarum infinite superatur. Q.E.D.

Propositio IV. **Fieri non potest, ut homo non sit naturae pars et ut nullas possit pati mutationes, nisi quae per solam suam naturam possint intelligi, quarumque adaequata sit causa.**

Demonstratio. Potentia, qua res singulares, et consequenter homo suum esse conservat, est ipsa Dei sive naturae potentia (per coroll. prop. 24 P. 1), non quatenus infinita est, sed quatenus per humanam actualem essentiam explicari potest (per prop. 7 P. 3). Potentia itaque hominis, quatenus per ipsius actualem essentiam explicatur, pars est infinitae Dei seu naturae potentiae, hoc est (per prop. 34 P. 1), essentiae. Quod erat primum. Deinde si fieri posset, ut homo nullas possit pati mutationes, nisi quae per solam ipsius hominis naturam possint intelligi, sequeretur (per prop. 4 et 6 P. 3) ut non posset perire, sed ut semper necessario existeret. Atque hoc sequi deberet ex causa, cuius potentia finita aut infinita sit, nempe vel ex sola hominis potentia, qui scilicet potis esset, ut a se removeret reliquas mutationes, quae a causis externis oriri possent; vel infinita naturae potentia, a qua omnia singularia ita dirigerentur, ut homo nullas alias posset pati mutationes, nisi quae ipsius conservationi inserviunt. At primum (per prop. praeced. cuius demonstratio universalis est et ad omnes res singulares applicari potest) est absurdum. Ergo si fieri posset, ut homo nullas pateretur mutationes, nisi quae per solam ipsius hominis naturam possent intelligi, et consequenter (sicut iam ostendimus) ut semper

QUARTA PARTE   A SERVIDÃO HUMANA OU A FORÇA DOS AFETOS

Proposição 2. **Padecemos à medida que somos uma parte da natureza, parte que não pode ser concebida por si mesma, sem as demais.**

Demonstração. Diz-se que padecemos quando algo surge em nós de que não somos senão causa parcial (pela def. 2 da P. 3), isto é (pela def. 1 da P. 3), algo que não pode ser deduzido exclusivamente das leis de nossa natureza. Padecemos, portanto, à medida que somos uma parte da natureza, parte que não pode ser concebida por si mesma, sem as demais. C. Q. D.

Proposição 3. **A força pela qual o homem persevera no existir é limitada e é superada, infinitamente, pela potência das causas exteriores.**

Demonstração. É evidente pelo axioma desta parte. Com efeito, dado um homem, existe outra coisa, digamos, *A*, mais potente. E dado *A*, existe ainda outra, digamos, *B*, mais potente que *A*, e assim até o infinito. Portanto, a potência do homem é definida pela potência de uma outra coisa e é superada, infinitamente, pela potência das causas exteriores. C. Q. D.

Proposição 4. **Não pode ocorrer que o homem não seja uma parte da natureza, e que não possa sofrer outras mudanças que não aquelas que podem ser compreendidas exclusivamente por meio de sua própria natureza e das quais é causa adequada.**

Demonstração. A potência pela qual as coisas singulares e, consequentemente, o homem, conservam seu ser, é a própria potência de Deus, ou seja, da natureza (pelo corol. da prop. 24 da P. 1), não enquanto é infinita, mas enquanto pode ser explicada por uma essência humana atual (pela prop. 7 da P. 3). Assim, a potência do homem, enquanto é explicada por sua essência atual, é uma parte da potência infinita de Deus ou da natureza, isto é (pela prop. 34 da P. 1), de sua essência. Era o primeiro ponto a ser demonstrado. Em segundo lugar, se fosse possível ocorrer que o homem não pudesse sofrer quaisquer outras mudanças que não aquelas que podem ser explicadas exclusivamente por meio de sua natureza de homem, se seguiria (pelas prop. 4 e 6 da P. 3) que ele não poderia perecer, mas que necessariamente existiria sempre. E isso deveria se seguir de uma causa cuja potência fosse ou finita ou infinita, ou seja: ou da exclusiva potência do homem, a qual seria, neste caso, capaz de afastar de si as outras mudanças que pudessem provir de causas exteriores; ou da potência infinita da natureza, pela qual seriam dirigidas todas as coisas singulares, de tal maneira que o homem não poderia sofrer quaisquer outras mudanças que não aquelas que fossem úteis para sua conservação. A primeira hipótese (pela prop. prec., cuja demonstração é universal e pode ser aplicada a todas as coisas singulares) é absurda. Logo, se pudesse ocorrer que o homem não sofresse outras mudanças que não as que podem ser compreendidas exclusivamente por meio de sua própria natureza e, como consequência (como já demonstramos), que

necessario existeret, id sequi deberet ex Dei infinita potentia; et consequenter (per prop. 16 P. 1) ex necessitate divinae naturae, quatenus alicuius hominis idea affectus consideratur, totius naturae ordo, quatenus ipsa sub extensionis et cogitationis attributis concipitur, deduci deberet. Atque adeo (per prop. 21 P. 1) sequeretur, ut homo esset infinitus, quod (per primam partem huius demonstrationis) est absurdum. Fieri itaque nequit, ut homo nullas alias patiatur mutationes, nisi quarum ipse adaequata sit causa. Q.E.D.

Corollarium. Hinc sequitur, hominem necessario passionibus esse semper obnoxium, communemque naturae ordinem sequi et eidem parere, seseque eidem, quantum rerum natura exigit, accommodare.

Propositio V. **Vis et incrementum cuiuscumque passionis, eiusque in existendo perseverantia non definitur potentia, qua nos in existendo perseverare conamur, sed causae externae potentia cum nostra comparata.**

Demonstratio. Passionis essentia non potest per solam nostram essentiam explicari (per defin. 1 et 2 P. 3), hoc est (per prop. 7 P. 3), passionis potentia definiri nequit potentia, qua in nostro esse perseverare conamur; sed (ut prop. 16 P. 2 ostensum est) definiri necessario debet potentia causae externae cum nostra comparata. Q.E.D.

Propositio VI. **Vis alicuius passionis seu affectus reliquas hominis actiones seu potentiam superare potest, ita ut affectus pertinaciter homini adhaereat.**

Demonstratio. Vis et incrementum cuiuscumque passionis eiusque in existendo perseverantia definitur potentia causae externae cum nostra comparata (per prop. praec.); adeoque (per prop. 3 huius) hominis potentiam superare potest etc. Q.E.D.

Propositio VII. **Affectus nec coerceri nec tolli potest, nisi per affectum contrarium et fortiorem affectu coercendo.**

Demonstratio. Affectus, quatenus ad mentem refertur, est idea qua mens maiorem vel minorem sui corporis existendi vim, quam antea, affirmat (per gener. aff. defin. quae reperitur sub finem P. 3). Cum igitur mens aliquo affectu conflictatur, corpus afficitur simul affectione, qua eius agendi potentia augetur vel minuitur. Porro haec corporis affectio (per prop. 5 huius) vim a sua causa accipit perseverandi in

necessariamente o homem existisse sempre, isso deveria seguir-se da potência infinita de Deus e, consequentemente (pela prop. 16 da P. 1), da necessidade da natureza divina – enquanto considerada como afetada da ideia de algum homem – deveria ser deduzida a ordem de toda a natureza, enquanto concebida segundo os atributos da extensão e do pensamento. E, portanto (pela prop. 21 da P. 1), se seguiria que o homem seria infinito, o que (pela primeira parte desta demonstração) é absurdo. Não pode, pois, ocorrer que o homem não sofra quaisquer outras mudanças que não aquelas de que é causa adequada. C. Q. D.

Corolário. Disso se segue que o homem está sempre, necessariamente, submetido às paixões, que segue a ordem comum da natureza, que a obedece e que, tanto quanto o exige a natureza das coisas, a ela se adapta.

Proposição 5. **A força e a expansão de uma paixão qualquer, assim como sua perseverança no existir, são definidas não pela potência com que nos esforçamos por perseverar no existir, mas pela potência, considerada em comparação com a nossa, da causa exterior.**

Demonstração. A essência de uma paixão não pode ser explicada exclusivamente por meio de nossa essência (pelas def. 1 e 2 da P. 3), isto é (pela prop. 7 da P. 3), a potência de uma paixão não pode ser definida pela potência com que nos esforçamos por perseverar em nosso ser, mas (como se demonstrou na prop. 16 da P. 2) deve ser definida, necessariamente, pela potência, considerada em comparação com a nossa, da causa exterior. C. Q. D.

Proposição 6. **A força de uma paixão ou de um afeto pode superar as outras ações do homem, ou sua potência, de tal maneira que este afeto permanece, obstinadamente, nele fixado.**

Demonstração. A força e a expansão de uma paixão qualquer, assim como sua perseverança no existir, são definidas pela potência, considerada em comparação com a nossa, da causa exterior (pela prop. prec.). Logo (pela prop. 3), essa força pode superar a potência do homem, etc. C. Q. D.

Proposição 7. **Um afeto não pode ser refreado nem anulado senão por um afeto contrário e mais forte do que o afeto a ser refreado.**

Demonstração. Um afeto, enquanto está referido à mente, é uma ideia pela qual a mente afirma a força de existir, maior ou menos que antes, de seu corpo (pela def. geral dos afetos, que se encontra no final da P. 3). Assim, quando a mente é tomada de algum afeto, o corpo é, simultaneamente, afetado de uma afecção por meio da qual sua potência de agir é aumentada ou diminuída. Além disso, esta afecção do corpo (pela prop. 5)

suo esse; quae proinde nec coerceri nec tolli potest, nisi a causa corporea (per prop. 6 P. 2), quae corpus afficiat affectione illi contraria (per prop. 5 P. 3) et fortiore (per axiom. huius). Atque adeo (per prop. 12 P. 2) mens afficitur idea affectionis fortioris et contrariae priori, hoc est (per gener. aff. defin.) mens afficietur affectu fortiori et contrario priori, qui scilicet prioris existentiam secludet vel tollet; ac proinde affectus nec tolli nec coerceri potest, nisi per affectum contrarium et fortiorem. Q.E.D.

Corollarium. Affectus, quatenus ad mentem refertur, nec coerceri nec tolli potest nisi per ideam corporis affectionis contrariae et fortioris affectione, qua patimur. Nam affectus, quo patimur, nec coerceri nec tolli potest, nisi per affectum eodem fortiorem eique contrarium (per prop. praec.), hoc est (per gener. aff. defin.), nisi per ideam corporis affectionis fortioris et contrariae affectioni, qua patimur.

Propositio VIII. **Cognitio boni et mali nihil aliud est, quam laetitiae vel tristitiae affectus, quatenus eius sumus conscii.**

Demonstratio. Id bonum aut malum vocamus, quod nostro esse conservando prodest vel obest (per defin. 1 et 2 huius), hoc est (per prop. 7 P. 3), quod nostram agendi potentiam auget vel minuit, iuvat vel coercet. Quatenus itaque (per defin. laetitiae et tristitiae, quas vide in schol. prop. 11 P. 3) rem aliquam nos laetitia vel tristitia afficere percipimus, eandem bonam aut malam vocamus; atque adeo boni et mali cognitio nihil aliud, est quam laetitiae vel tristitiae idea, quae ex ipso laetitiae vel tristitiae affectu necessario sequitur (per prop. 22 P. 2). At haec idea eodem modo unita est affectui, ac mens unita est corpori (per prop. 21 P. 2), hoc est (ut in schol. eiusdem prop. ostensum), haec idea ab ipso affectu, sive (per gener. aff. defin.) ab idea corporis affectionis revera non distinguitur nisi solo conceptu. Ergo haec cognitio boni et mali nihil est aliud, quam ipse affectus, quatenus eiusdem sumus conscii. Q.E.D.

Propositio IX. **Affectus, cuius causam in praesenti nobis adesse imaginamur, fortior est, quam si eandem non adesse imaginaremur.**

Demonstratio. Imaginatio est idea, qua mens rem ut praesentem contemplatur (vide eius defin. in schol. prop. 17 P. 2), quae tamen magis corporis humani constitutionem, quam rei externae naturam indicat (per coroll. 2 prop. 16 P. 2). Est igitur affectus (per gener.

QUARTA PARTE A SERVIDÃO HUMANA OU A FORÇA DOS AFETOS

recebe de sua própria causa a força para perseverar em seu ser, a qual, portanto, não pode ser refreada nem anulada senão por uma causa corpórea (pela prop. 6 da P. 2) que afete o corpo de uma afecção contrária à primeira (pela prop. 5 da P. 3) e mais forte que ela (pelo axioma desta parte). A mente é, portanto (pela prop. 12 da P. 2), afetada da ideia de uma afecção mais forte e contrária à primeira, isto é (pela def. geral dos afetos), a mente será afetada do afeto mais forte e contrário ao primeiro, o qual, pois, excluirá ou anulará a existência do primeiro. Por isso, um afeto não pode ser anulado nem refreado senão por um afeto contrário e mais forte. C. Q. D.

Corolário. Um afeto, enquanto está referido à mente, não pode ser refreado nem anulado senão pela ideia de uma afecção do corpo contrária àquela da qual padecemos e mais forte que ela. Com efeito, o afeto de que padecemos não pode ser refreado nem anulado senão por um afeto mais forte que o primeiro e contrário a ele (pela prop. prec.), isto é (pela def. geral dos afetos), senão pela ideia de uma afecção do corpo contrária àquela da qual padecemos e mais forte do que ela.

Proposição 8. **O conhecimento do bem e do mal nada mais é do que o afeto de alegria ou de tristeza, à medida que dele estamos conscientes.**

Demonstração. Chamamos de bem ou de mal aquilo que estimula ou refreia a conservação de nosso ser (pelas def. 1 e 2), isto é (pela prop. 7 da P. 3), aquilo que aumenta ou diminui, estimula ou refreia nossa potência de agir. Assim (pelas def. de alegria e de tristeza, que se podem conferir no esc. da prop. 11 da P. 3), é à medida que percebemos que uma coisa nos afeta de alegria ou de tristeza que nós a chamamos de boa ou de má. Portanto, o conhecimento do bem e do mal nada mais é do que a ideia de alegria ou de tristeza que se segue necessariamente desse afeto de alegria ou de tristeza (pela prop. 22 da P. 2). Ora, essa ideia está unida ao afeto da mesma maneira que a mente está unida ao corpo (pela prop. 21 da P. 2), isto é (como se demonstrou no esc. da mesma prop.), ela não se distingue efetivamente do próprio afeto, ou seja (pela def. geral dos afetos), não se distingue da ideia da afecção do corpo senão conceitualmente. Logo, o conhecimento do bem e do mal nada mais é do que o próprio afeto, à medida que dele estamos conscientes. C. Q. D.

Proposição 9. **Um afeto cuja causa imaginamos, neste momento, nos estar presente, é mais forte do que se imaginássemos que ela não está presente.**

Demonstração. Uma imaginação é uma ideia pela qual a mente considera uma coisa como presente (veja-se sua def. no esc. da prop. 17 da P. 2), a qual, entretanto, indica mais o estado do corpo humano do que a natureza da coisa exterior (pelo corol. 2 da prop. 16 da P. 2). Enquanto indica o

aff. defin.) imaginatio, quatenus corporis constitutionem indicat. At imaginatio (per prop. 17 P. 2) intensior est, quamdiu nihil imaginamur, quod rei externae praesentem existentiam secludit. Ergo etiam affectus, cuius causam in praesenti nobis adesse imaginamur, intensior seu fortior est, quam si eandem non adesse imaginaremur. Q.E.D.

Scholium. Cum supra in prop. 18 P. 3 dixerim, nos ex rei futurae vel praeteritae imagine eodem affectu affici, ac si res, quam imaginamur, praesens esset, expresse monui, id verum esse, quatenus ad solam ipsius rei imaginem attendimus (est enim eiusdem naturae, sive res ut praesentes imaginati simus, sive non simus); sed non negavi eandem debiliorem reddi, quando alias res nobis praesentes contemplamur, quae rei futurae praesentem existentiam secludunt, quod tum monere neglexi, quia in hac parte de affectuum viribus agere constitueram.

Corollarium. Imago rei futurae vel praeteritae, hoc est, rei, quam cum relatione ad tempus futurum vel praeteritum secluso praesenti contemplamur, ceteris paribus debilior est imagine rei praesentis, et consequenter affectus erga rem futuram vel praeteritam, ceteris paribus remissior est affectu erga rem praesentem.

Propositio X. **Erga rem futuram, quam cito affuturam imaginamur, intensius afficimur quam si eius existendi tempus longius a praesenti distare imaginaremur; et memoria rei, quam non diu praeteriisse imaginamur, intensius etiam afficimur, quam si eandem diu praeteriisse imaginaremur.**

Demonstratio. Quatenus enim rem cito affuturam, vel non diu praeteriisse imaginamur, eo ipso aliquid imaginamur, quod rei praesentiam minus secludit, quam si eiusdem futurum existendi tempus longius a praesenti distare, vel quod dudum praeterierit, imaginaremur (ut per se notum); adeoque (per praec. prop.) eatenus intensius erga eandem afficiemur. Q.E.D.

Scholium. Ex iis, quae ad defin. 6 huius partis notavimus, sequitur nos erga obiecta, quae a praesenti longiore temporis intervallo distant, quam quod imaginando determinare possumus, quamvis ab invicem longo temporis intervallo distare intelligamus, aeque tamen remisse affici.

estado do corpo, um afeto é, portanto (pela def. geral dos afetos), uma imaginação. Ora, uma imaginação (pela prop. 17 da P. 2) é mais intensa enquanto não imaginamos nada que exclui a existência presente da coisa exterior. Logo, igualmente, um afeto cuja causa imaginamos, neste momento, nos estar presente, é mais intenso ou mais forte do que se imaginássemos que ela não está presente. C. Q. D.

Escólio. Quando disse, anteriormente, na prop. 18 da P. 3, que somos afetados pela imagem de uma coisa futura ou passada do mesmo afeto de que seríamos afetados se a coisa que imaginamos estivesse presente, adverti expressamente que isso é verdade à medida que consideramos apenas a imagem dessa coisa. Com efeito, a natureza da imagem é a mesma, tenhamos ou não imaginado a coisa como presente. Não neguei, entretanto, que essa imagem se torna mais débil quando consideramos outras coisas que nos estão presentes e que excluem a existência presente da coisa futura, o que, naquela passagem, deixei de enfatizar, porque havia decidido tratar das forças dos afetos nesta parte.

Corolário. A imagem de uma coisa futura ou passada, isto é, de uma coisa que consideramos relativamente a um tempo futuro ou passado, com exclusão do presente, é mais débil, em igualdade de circunstâncias, do que a imagem de uma coisa presente. Como consequência, o afeto relativo a uma coisa futura ou passada é mais brando, em igualdade de circunstâncias, que o afeto relativo a uma coisa presente.

Proposição 10. **Somos mais intensamente afetados, relativamente a uma coisa futura, se a imaginamos bem próxima de ocorrer do que se imaginássemos que o momento de ela vir a existir está ainda muito longe do presente. Somos, igualmente, mais intensamente afetados pela lembrança de uma coisa que imaginamos não ter se passado há muito tempo do que se imaginássemos que ela se passou há muito tempo.**

Demonstração. Com efeito, à medida que imaginamos que uma coisa está bem próxima de ocorrer ou, então, que não se passou há muito tempo, imaginamos, por isso mesmo, algo que exclui menos a presença dessa coisa do que se imaginássemos que o momento de ela vir a existir ainda está muito longe do presente ou que já se passou há muito tempo (como é, por si mesmo, sabido). Portanto (pela prop. prec.), relativamente a ela, seremos, sob essas condições, mais intensamente afetados. C. Q. D.

Escólio. Do que observamos na def. 6, segue-se que somos afetados, de maneira igualmente branda, relativamente a objetos que estão distantes do presente por um intervalo de tempo maior do que aquele que podemos determinar pela imaginação, ainda que compreendamos que esses objetos estão separados entre si por um longo intervalo de tempo.

Propositio XI. **Affectus erga rem, quam ut necessariam imaginamur, ceteris paribus intensior est, quam erga possibilem vel contingentem, sive non necessariam.**

Demonstratio. Quatenus rem aliquam necessariam esse imaginamur, eatenus eius existentiam affirmamus, et contra rei existentiam negamus, quatenus eandem non necessariam esse imaginamur (per schol. 1 prop. 33 P. 1); ac proinde (per prop. 9 huius) affectus erga rem necessariam ceteris paribus intensior est, quam erga non necessariam. Q.E.D.

Propositio XII. **Affectus erga rem, quam scimus in praesenti non existere et quam ut possibilem imaginamur, ceteris paribus intensior est, quam erga contingentem.**

Demonstratio. Quatenus rem ut contingentem imaginamur, nulla alterius rei imagine afficimur, quae rei existentiam ponat (per defin. 3 huius); sed contra (secundum hypothesin) quaedam imaginamur, quae eiusdem praesentem existentiam secludunt. At quatenus rem in futurum possibilem esse imaginamur, eatenus quaedam imaginamur, quae eiusdem existentiam ponunt (per defin. 4 huius), hoc est (per prop. 18 P. 3) quae spem vel metum fovent; atque adeo affectus erga rem possibilem vehementior est. Q.E.D.

Corollarium. Affectus erga rem, quam scimus in praesenti non existere et quam ut contingentem imaginamur, multo remissior est, quam si rem in praesenti nobis adesse imaginaremur.

Demonstratio. Affectus erga rem, quam in praesenti existere imaginamur, intensior est, quam si eandem ut futuram imaginaremur (per coroll. prop. 9 huius), et multo vehementior est, quam si tempus futurum a praesenti multum distare imaginaremur (per prop. 10 huius). Est itaque affectus erga rem, cuius existendi tempus longe a praesenti distare imaginamur, multo remissior, quam si eandem ut praesentem imaginaremur et nihilominus (per prop. praec.) intensior est quam si eandem rem ut contingentem imaginaremur. Atque adeo affectus erga rem contingentem multo remissior erit, quam si rem in praesenti nobis adesse imaginaremur. Q.E.D.

Propositio XIII. **Affectus erga rem contingentem, quam scimus in praesenti non existere, ceteris paribus remissior est, quam affectus erga rem praeteritam.**

Demonstratio. Quatenus rem ut contingentem imaginamur, nulla alterius rei imagine afficimur, quae rei existentiam ponat (per defin. 3

Proposição 11. **O afeto relativamente a uma coisa que imaginamos como necessária é, em igualdade de circunstâncias, mais intenso do que o afeto relativo a uma coisa possível ou contingente, ou seja, não necessária.**

Demonstração. À medida que imaginamos que uma coisa é necessária, afirmamos a sua existência; e, inversamente, à medida que imaginamos que uma coisa não é necessária (pelo esc. 1 da prop. 33 da P. 1), negamos a sua existência. Por isso (pela prop. 9), o afeto relativamente a uma coisa necessária é, em igualdade de circunstâncias, mais intenso do que o afeto relativo a uma coisa não necessária. C. Q. D.

Proposição 12. **O afeto relativamente a uma coisa que sabemos não existir no momento e que imaginamos como possível, é, em igualdade de circunstâncias, mais intenso do que o afeto relativo a uma coisa contingente.**

Demonstração. À medida que imaginamos uma coisa como contingente, não somos afetados por nenhuma imagem de outra coisa que ponha a existência dessa coisa (pela def. 3). Pelo contrário (conforme a hipótese), imaginamos certas coisas que excluem a sua existência presente. Ora, à medida que imaginamos uma coisa como sendo possível, no futuro, imaginamos certas coisas que põem a sua existência (pela def. 4), isto é (pela prop. 18 da P. 3), que reforçam a esperança ou o medo. Portanto, o afeto relativo a uma coisa possível é mais veemente. C. Q. D.

Corolário. O afeto relativo a uma coisa que sabemos não existir no presente, e que imaginamos como contingente, é muito mais brando do que se imaginássemos que tal coisa, neste momento, nos está presente.

Demonstração. O afeto relativo a uma coisa que imaginamos presentemente existir é mais intenso do que se a imaginássemos como futura (pelo corol. da prop. 9), e é muito mais veemente do que se imaginássemos que esse tempo futuro está muito distante do presente (pela prop.10). Assim, o afeto relativo a uma coisa cujo momento de vir a existir nós imaginamos estar muito longe do presente é muito mais brando do que se a imaginássemos como presente e, contudo (pela prop. prec.), é mais intenso do que se a imaginássemos como contingente. Portanto, o afeto relativo a uma coisa contingente será muito mais brando do que se imaginássemos que a coisa, neste momento, nos está presente. C. Q. D.

Proposição 13. **O afeto relativo a uma coisa contingente que sabemos não existir no momento é, em igualdade de circunstâncias, mais brando do que o afeto relativo a uma coisa passada.**

Demonstração. À medida que imaginamos uma coisa como contingente, não somos afetados por qualquer imagem de uma outra coisa que ponha a

huius). Sed contra (secundum hypothesin) quaedam imaginamur, quae eiusdem praesentem existentiam secludunt. Verum quatenus eandem cum relatione ad tempus praeteritum imaginamur, eatenus aliquid imaginari supponimur, quod ipsam ad memoriam redigit sive quod rei imaginem excitat (vide prop. 18 P. 2 cum eiusdem schol.), ac proinde eatenus efficit, ut ipsam ac si praesens esset contemplemur (per coroll. prop. 17 P. 2). Atque adeo (per prop. 9 huius) affectus erga rem contingentem, quam scimus in praesenti non existere, ceteris paribus remissior erit, quam affectus erga rem praeteritam. Q.E.D.

Propositio XIV. **Vera boni et mali cognitio, quatenus vera, nullum affectum coercere potest; sed tantum quatenus ut affectus consideratur.**

Demonstratio. Affectus est idea, qua mens maiorem vel minorem sui corporis existendi vim, quam antea, affirmat (per gener. aff. defin.); atque adeo (per prop. 1 huius) nihil positivum habet, quod praesentia veri tolli possit; et consequenter vera boni et mali cognitio, quatenus vera, nullum affectum coercere potest. At quatenus affectus est (vide prop. 8 huius), si fortior affectu coercendo sit, eatenus tantum (per prop. 7 huius) affectum coercere poterit. Q.E.D.

Propositio XV. **Cupiditas, quae ex vera boni et mali cognitione oritur, multis aliis cupiditatibus, quae ex affectibus, quibus conflictamur, oriuntur, restingui vel coerceri potest.**

Demonstratio. Ex vera boni et mali cognitione, quatenus haec (per prop. 8 huius) affectus est, oritur necessario cupiditas (per aff. defin. 1), quae eo est maior, quo affectus, ex quo oritur, maior est (per prop. 37 P. 3). Sed quia haec cupiditas (per hypothesin) ex eo, quod aliquid vere intelligimus, oritur, sequitur ergo ipsa in nobis, quatenus agimus (per prop. 3 P. 3). Atque adeo per solam nostram essentiam debet intelligi (per defin. 2 P. 3); et consequenter (per prop. 7 P. 3) eius vis et incrementum sola humana potentia definiri debet. Porro cupiditates, quae ex affectibus, quibus conflictamur oriuntur, eo etiam maiores sunt, quo hi affectus vehementiores erunt; atque adeo earum vis et incrementum (per prop. 5 huius) potentia causarum externarum definiri debet, quae, si cum nostra comparetur, nostram potentiam indefinite superat (per prop. 3 huius). Atque adeo cupiditates, quae ex similibus affectibus oriuntur, vehementiores esse possunt illa, quae ex vera boni et mali cognitione oritur; ac proinde (per prop. 7 huius) eandem coercere vel restinguere poterunt. Q.E.D.

existência dessa coisa (pela def. 3). Pelo contrário (conforme a hipótese), imaginamos, em vez disso, certas coisas que excluem sua existência presente. À medida, entretanto, que a imaginamos em relação com um tempo passado, supõe-se que imaginamos algo que a traz à lembrança, ou seja, que provoca a imagem dessa coisa (vejam-se a prop. 18 da P. 2, juntamente com seu esc.), o que faz, assim, com que a consideremos como se estivesse presente (pelo corol. da prop. 17 da P. 2). Portanto (pela prop. 9), o afeto relativo a uma coisa contingente que sabemos não existir no momento será, em igualdade de condições, mais brando do que o afeto relativo a uma coisa passada. C. Q. D.

Proposição 14. **O conhecimento verdadeiro do bem e do mal, enquanto verdadeiro, não pode refrear qualquer afeto; poderá refreá-lo apenas enquanto considerado como afeto.**

Demonstração. Um afeto é uma ideia pela qual a mente afirma a força de existir, maior ou menos que antes, do seu corpo (pela def. geral dos afetos). Portanto (pela prop. 1), nada do que tem de positivo pode ser suprimido pela presença do verdadeiro. Consequentemente, o conhecimento verdadeiro do bem e do mal, enquanto verdadeiro, não pode refrear qualquer afeto. Mas, enquanto afeto (veja-se a prop. 8), e apenas enquanto tal (pela prop. 7), se é mais forte que o afeto a ser refreado, esse conhecimento poderá refreá-lo. C. Q. D.

Proposição 15. **O desejo que surge do conhecimento verdadeiro do bem e do mal pode ser extinto ou refreado por muitos outros desejos que provêm dos afetos pelos quais somos afligidos.**

Demonstração. Do conhecimento verdadeiro do bem e do mal, enquanto afeto (pela prop. 8), surge necessariamente um desejo (pela def. 1 dos afetos), que é tanto maior quanto maior é o afeto do qual surge (pela prop. 37 da P. 3). Como, entretanto, este desejo (por hipótese) surge por compreendermos algo verdadeiramente, ele segue-se, portanto, em nós, enquanto agimos (pela prop. 3 da P. 3). E deve, por isso, ser compreendido exclusivamente por meio de nossa essência (pela def. 2 da P. 3) e, como consequência (pela prop. 7 da P. 3), sua força e expansão devem ser definidas exclusivamente pela potência humana. Além disso, os desejos que surgem dos afetos pelos quais somos afligidos também são tanto maiores quanto mais veementes forem esses afetos. Sua força e expansão devem, pois (pela prop. 5), ser definidas pela potência das causas exteriores, a qual, em comparação, supera indefinidamente a nossa potência (pela prop. 3). Assim, os desejos que surgem de tais afetos podem ser mais veementes do que aquele que surge do conhecimento verdadeiro do bem e do mal e poderão, portanto (pela prop. 7), refreá-lo ou extingui-lo. C. Q. D.

Propositio XVI. **Cupiditas, quae ex cognitione boni et mali, quatenus haec cognitio futurum respicit, oritur, facilius rerum cupiditate, quae in praesentia suaves sunt, coerceri vel restingui potest.**

Demonstratio. Affectus erga rem, quam futuram imaginamur, remissior est, quam erga praesentem (per coroll. prop. 9 huius). At cupiditas, quae ex vera boni et mali cognitione oritur, tametsi haec cognitio circa res, quae in praesentia bonae sunt, versetur, restingui vel coerceri potest aliqua temeraria cupiditate (per prop. praeced. cuius demonstratio universalis est). Ergo cupiditas, quae ex eadem cognitione, quatenus haec futurum respicit, oritur, facilius coerceri vel restingui poterit etc. Q.E.D.

Propositio XVII. **Cupiditas, quae oritur ex vera boni et mali cognitione, quatenus haec circa res contingentes versatur, multo adhuc facilius coerceri potest cupiditate rerum, quae praesentes sunt.**

Demonstratio. Propositio haec eodem modo, ac prop. praeced. demonstratur ex coroll. prop. 12 huius.

Scholium. His me causam ostendisse credo, cur homines opinione magis, quam vera ratione commoveantur, et cur vera boni et mali cognitio animi commotiones excitet et saepe omni libidinis generi cedat. Unde illud poetae natum: *Video meliora proboque, deteriora sequor.* Quod idem etiam *Ecclesiastes* in mente habuisse videtur, cum dixit: *Qui auget scientiam, auget dolorem.* Atque haec non eum in finem dico, ut inde concludam, praestabilius esse ignorare, quam scire, vel quod stulto intelligens in moderandis affectibus nihil intersit; sed ideo quia necesse est, nostrae naturae tam potentiam, quam impotentiam noscere, ut determinare possimus, quid ratio in moderandis affectibus possit et quid non possit; et in hac parte de sola humana impotentia me acturum dixi. Nam de rationis in affectus potentia separatim agere constitui.

Propositio XVIII. **Cupiditas, quae ex laetitia oritur, ceteris paribus fortior est cupiditate, quae ex tristitia oritur.**

Demonstratio. Cupiditas est ipsa hominis essentia (per aff. defin. 1) hoc est (per prop. 7 P. 3) conatus, quo homo in suo esse perseverare conatur. Quare cupiditas, quae ex laetitia oritur, ipso laetitiae affectu (per defin. laetitiae, quam vide in schol. prop. 11 P. 3) iuvatur vel

◈ *Proposição 16.* **O desejo que surge do conhecimento verdadeiro do bem e do mal, enquanto tal conhecimento diz respeito ao futuro, pode ser mais facilmente refreado ou extinto pelo desejo de coisas que são presentemente atrativas.**

Demonstração. O afeto relativo a uma coisa que imaginamos como futura é mais brando que o afeto relativo a uma coisa presente (pelo corol. da prop. 9). Ora, o desejo que surge do conhecimento verdadeiro do bem e do mal pode ser extinto ou refreado, até mesmo se diz respeito a coisas que são presentemente boas, por algum desejo fortuito (pela prop. prec., cuja demonstração é universalmente válida). Logo, o desejo que surge de tal conhecimento, enquanto diz respeito ao futuro, poderá ser mais facilmente refreado ou extinto, etc. C. Q. D.

◈ *Proposição 17.* **O desejo que surge do conhecimento verdadeiro do bem e do mal, enquanto tal conhecimento diz respeito a coisas contingentes, pode ser ainda mais facilmente refreado pelo desejo de coisas que estão presentes.**

Demonstração. Esta proposição demonstra-se, da mesma maneira que a precedente, pelo corol. da prop. 12.

Escólio. Julgo, com isso, ter demonstrado por que os homens são movidos mais pela opinião do que pela verdadeira razão, e por que o conhecimento verdadeiro do bem e do mal provoca perturbações do ânimo e leva, muitas vezes, a todo tipo de licenciosidade. Vem daí o que disse o poeta: *Vejo o que é melhor e o aprovo, mas sigo o que é pior.* Parece que o *Eclesiastes* tinha em mente a mesma coisa quando disse: *Quem aumenta seu saber, aumenta sua dor.* Não digo isso para chegar à conclusão de que é preferível ignorar do que saber, ou de que não há nenhuma diferença entre o ignorante e o inteligente quando se trata de regular os afetos, mas porque é preciso conhecer tanto a potência de nossa natureza quanto a sua impotência, para que possamos determinar, quanto à regulação dos afetos, o que pode a razão e o que não pode. Disse que iria tratar, nesta parte, apenas da impotência humana, pois decidi tratar separadamente a questão do poder da razão sobre os afetos.

◈ *Proposição 18.* **O desejo que surge da alegria é, em igualdade de circunstâncias, mais forte que o desejo que surge da tristeza.**

Demonstração. O desejo é a própria essência do homem (pela def. 1 dos afetos), isto é (pela prop. 7 da P. 3), o esforço pelo qual o homem se esforça por perseverar em seu ser. Por isso, o desejo que surge da alegria é estimulado ou aumentado pelo próprio afeto de alegria (pela def. de alegria, que se pode conferir no esc. da prop. 11 da P. 3). Em troca, o afeto que surge da

augetur; quae autem contra ex tristitia oritur, ipso tristitiae affectu (per idem schol.) minuitur vel coercetur. Atque adeo vis cupiditatis, quae ex laetitia oritur, potentia humana, simul et potentia causae externae, quae autem ex tristitia, sola humana potentia definiri debet; ac proinde hac illa fortior est. Q.E.D.

Scholium. His paucis humanae impotentiae et inconstantiae causas, et cur homines rationis praecepta non servent, explicui. Superest iam, ut ostendam, quid id, sit quod ratio nobis praescribit, et quinam affectus cum rationis humanae regulis conveniant, quinam contra iisdem contrarii sint. Sed antequam haec prolixo nostro geometrico ordine demonstrare incipiam, lubet ipsa rationis dictamina hic prius breviter ostendere, ut ea, quae sentio, facilius ab unoquoque percipiantur. Cum ratio nihil contra naturam postulet, postulat ergo ipsa, ut unusquisque seipsum amet, suum utile, quod revera utile est, quaerat, et id omne, quod hominem ad maiorem perfectionem revera ducit, appetat, et absolute ut unusquisque suum esse, quantum in se est, conservare conetur. Quod quidem tam necessario verum est, quam quod totum sit sua parte maius (vide prop. 4 P. 3). Deinde quandoquidem virtus (per defin. 8 huius) nihil aliud est, quam ex legibus propriae naturae agere, et nemo suum esse (per prop. 7 P. 3) conservare conetur, nisi ex propriae suae naturae legibus, hinc sequitur primo, virtutis fundamentum esse ipsum conatum proprium esse conservandi, et felicitatem in eo consistere quod homo suum esse conservare potest. Secundo sequitur, virtutem propter se esse appetendam, nec quicquam, quod ipsa praestabilius aut quod utilius nobis sit, dari, cuius causa deberet appeti. Tertio denique sequitur, eos, qui se interficiunt, animo esse impotentes, eosque a causis externis suae naturae repugnantibus prorsus vinci. Porro ex postul. 4 P. 2 sequitur, nos efficere nunquam posse, ut nihil extra nos indigeamus ad nostrum esse conservandum, et ut ita vivamus, ut nullum commercium cum rebus quae extra nos sunt, habeamus; et si praeterea nostram mentem spectemus, sane noster intellectus imperfectior esset, si mens sola esset, nec quicquam praeter se ipsam intelligeret. Multa igitur extra nos dantur, quae nobis utilia quaeque propterea appetenda sunt. Ex his nulla praestantiora excogitari possunt, quam ea quae cum nostra natura prorsus conveniunt. Si enim duo ex. gr. eiusdem prorsus naturae individua invicem iunguntur, individuum componunt singulo duplo potentius. Homini igitur nihil homine utilius; nihil, inquam, homines praestantius ad suum

tristeza é diminuído ou refreado pelo próprio afeto de tristeza (pelo mesmo esc.). Assim, a força do desejo que surge da alegria deve ser definida pela potência humana e, ao mesmo tempo, pela potência da causa exterior, enquanto a força do desejo que surge da tristeza deve ser definida exclusivamente pela potência humana. O primeiro desejo é, portanto, mais forte que o último. C. Q. D.

Escólio. Expliquei, nessas poucas proposições, as causas da impotência e da inconstância humanas, e por que os homens não observam os preceitos da razão. Falta agora mostrar o que a razão nos prescreve, e quais afetos estão de acordo com as regras da razão humana e quais, em troca, lhe são contrários. Mas antes de começar a fazer essas demonstrações segundo nossa meticulosa ordem geométrica, convém apresentar, aqui, brevemente, os próprios ditames da razão, para que as coisas que penso sejam mais facilmente percebidas por todos. Como a razão não exige nada que seja contra a natureza, ela exige que cada qual ame a si próprio; que busque o que lhe seja útil, mas efetivamente útil; que deseje tudo aquilo que, efetivamente, conduza o homem a uma maior perfeição; e, mais geralmente, que cada qual se esforce por conservar, tanto quanto está em si, o seu ser. Tudo isso é tão necessariamente verdadeiro quanto é verdadeiro que o todo é maior que qualquer uma de suas partes (veja-se a prop. 4 da P. 3). Além disso, uma vez que a virtude (pela def. 8) não consiste senão em agir pelas leis da própria natureza, e que ninguém se esforça por conservar o seu ser (pela prop. 7 da P. 3) senão pelas leis de sua natureza, segue-se: 1. Que o fundamento da virtude é esse esforço por conservar o próprio ser e que a felicidade consiste em o homem poder conservá-lo. 2. Que a virtude deve ser apetecida por si mesma, não existindo nenhuma outra coisa que lhe seja preferível ou que nos seja mais útil e por cuja causa ela deveria ser apetecida. 3. Finalmente, que aqueles que se suicidam têm o ânimo impotente e estão inteiramente dominados por causas exteriores e contrárias à sua natureza. Segue-se, ainda, pelo post. 4 da P. 2, que é totalmente impossível que não precisemos de nada que nos seja exterior para conservar o nosso ser, e que vivamos de maneira que não tenhamos nenhuma troca com as coisas que estão fora de nós. Se, além disso, levamos em consideração a nossa mente, certamente o nosso intelecto seria mais imperfeito se a mente existisse sozinha e não compreendesse nada além dela própria. Existem, pois, muitas coisas, fora de nós, que nos são úteis e que, por isso, devem ser apetecidas. Dentre elas, não se pode cogitar nenhuma outra melhor do que aquelas que estão inteiramente de acordo com a nossa natureza. Com efeito, se, por exemplo, dois indivíduos de natureza inteiramente igual se juntam, eles compõem um indivíduo duas vezes mais potente do que cada um deles considerado separadamente. Portanto, nada é mais útil ao homem do

esse conservandum optare possunt, quam quod omnes in omnibus ita conveniant, ut omnium mentes et corpora unam quasi mentem, unumque corpus componant, et omnes simul, quantum possunt, suum esse conservare conentur, omnesque simul omnium commune utile sibi quaerant. Ex quibus sequitur, homines, qui ratione gubernantur, hoc est, homines qui ex ductu rationis suum utile quaerunt, nihil sibi appetere, quod reliquis hominibus non cupiant, atque adeo eosdem iustos, fidos atque honestos esse.

Haec illa rationis dictamina sunt, quae hic paucis ostendere proposueram, antequam eadem prolixiore ordine demonstrare inciperem, quod ea de causa feci, ut, si fieri posset, eorum attentionem mihi conciliarem, qui credunt, hoc principium, quod scilicet unusquisque suum utile quaerere tenetur, impietatis, non autem virtutis et pietatis esse fundamentum. Postquam igitur rem sese contra habere breviter ostenderim, pergo ad eandem eadem via, qua hucusque progressi sumus, demonstrandum.

Propositio XIX. **Id unusquisque ex legibus suae naturae necessario appetit vel aversatur, quod bonum vel malum esse iudicat.**

Demonstratio. Boni et mali cognitio est (per prop. 8 huius) ipse laetitiae vel tristitiae affectus quatenus eiusdem sumus conscii; ac proinde (per prop. 28 P. 3) id unusquisque necessario appetit, quod bonum, et contra id aversatur, quod malum esse iudicat. Sed hic appetitus nihil aliud est, quam ipsa hominis essentia seu natura (per defin. appetitus, quam vide in schol. prop. 9 P. 3 et aff. defin. 1). Ergo unusquisque ex solis suae naturae legibus id necessario appetit vel aversatur etc. Q.E.D.

Propositio XX. **Quo magis unusquisque suum utile quaerere, hoc est, suum esse conservare conatur et potest, eo magis virtute praeditus est; et contra, quatenus unusquisque suum utile, hoc est, suum esse conservare negligit, eatenus est impotens.**

Demonstratio. Virtus est ipsa humana potentia, quae sola hominis essentia definitur (per defin. 8 huius), hoc est (per prop. 7 P. 3), quae solo conatu, quo homo in suo esse perseverare conatur, definitur. Quo ergo unusquisque magis suum esse conservare conatur et potest, eo magis virtute praeditus, est et consequenter (per prop. 4 et 6 P. 3), quatenus aliquis suum esse conservare negligit, eatenus est impotens. Q.E.D.

que o próprio homem. Quero com isso dizer que os homens não podem aspirar nada que seja mais vantajoso para conservar o seu ser do que estarem, todos, em concordância em tudo, de maneira que as mentes e os corpos de todos componham como que uma só mente e um só corpo, e que todos, em conjunto, se esforcem, tanto quanto possam, por conservar o seu ser, e que busquem, juntos, o que é de utilidade comum para todos. Disso se segue que os homens que se regem pela razão, isto é, os homens que buscam, sob a condução da razão, o que lhes é útil, nada apetecem para si que não desejem também para os outros e são, por isso, justos, confiáveis e leais.

São esses os ditames da razão que me tinha a proposto a mostrar brevemente, aqui, antes de começar a demonstrá-los por meio de uma ordem mais meticulosa. Assim procedi para, se for possível, ganhar a atenção dos que julgam que este princípio, a saber, o de que cada qual tem que buscar o que lhe é útil, é o fundamento da impiedade e não da virtude e da piedade. Assim, após ter mostrado brevemente que a verdade é o contrário dessa opinião, passo a demonstrar tudo isso pelo mesmo procedimento utilizado até aqui.

Proposição 19. **Cada um necessariamente apetece ou rejeita, pelas leis de sua natureza, aquilo que julga ser bom ou mau.**

Demonstração. O conhecimento do bem e do mal é (pela prop. 8) o próprio afeto de alegria ou de tristeza, à medida que dele estamos conscientes. Portanto (pela prop. 28 da P. 3), cada um necessariamente apetece o que julga ser bom e, inversamente, rejeita o que julga ser mau. Mas esse apetite nada mais é do que a própria essência ou natureza do homem (pela def. de apetite, que pode ser conferida no esc. da prop. 9 da P. 3 e na def. 1 dos afetos). Logo, cada um necessariamente apetece ou rejeita, exclusivamente pelas leis de sua natureza, aquilo, etc. C. Q. D.

Proposição 20. **Quanto mais cada um busca o que lhe é útil, isto é, quanto mais se esforça por conservar o seu ser, e é capaz disso, tanto mais é dotado de virtude; e, inversamente, à medida que cada um se descuida do que lhe é útil, isto é, à medida que se descuida de conservar o seu ser, é impotente.**

Demonstração. A virtude é a própria potência humana, que é definida exclusivamente pela essência do homem (pela def. 8), isto é (pela prop. 7 da P. 3), que é definida exclusivamente pelo esforço pelo qual o homem se esforça por perseverar em seu ser. Logo, quanto mais cada um se esforça por conservar o seu ser, e é capaz disso, tanto mais é dotado de virtude e, consequentemente (pelas prop. 4 e 6 da P. 3), à medida que alguém se descuida de conservar o seu ser, é impotente. C. Q. D.

Scholium. Nemo igitur nisi a causis externis et suae naturae contrariis victus suum utile appetere sive suum esse conservare negligit. Nemo, inquam, ex necessitate suae naturae, sed a causis externis coactus alimenta aversatur vel se ipsum interficit, quod multis modis fieri potest. Nempe interficit aliquis se ipsum coactus ab alio, qui eius dexteram, qua ensem casu prehenderat, contorquet et cogit versus cor ipsum gladium dirigere; vel quod ex mandato tyranni, ut Seneca, cogatur venas aperire suas, hoc est maius malum minore vitare cupiat; vel denique ex eo, quod causae latentes externae eius imaginationem ita disponunt et corpus ita afficiunt, ut id aliam naturam priori contrariam induat et cuius idea in mente dari nequit (per prop. 10 P. 3). At quod homo ex necessitate suae naturae conetur non existere vel in aliam formam mutari, tam est impossibile, quam quod ex nihilo aliquid fiat, ut unusquisque mediocri meditatione videre potest.

Propositio XXI. **Nemo potest cupere beatum esse, bene agere et bene vivere, qui simul non cupiat esse, agere et viverem hoc est, actu existere.**

Demonstratio. Huius propositionis demonstratio seu potius res ipsa per se patet, et etiam ex cupiditatis definitione. Est enim cupiditas (per aff. defin. 1) beate seu bene vivendi, agendi etc. ipsa hominis essentia, hoc est (per prop. 7 P. 3), conatus, quo unusquisque suum esse conservare conatur. Ergo nemo potest cupere etc. Q.E.D.

Propositio XXII. **Nulla virtus potest prior hac (nempe conatu sese conservandi) concipi.**

Demonstratio. Conatus sese conservandi est ipsa rei essentia (per prop. 7 P. 3). Si igitur aliqua virtus posset hac, nempe hoc conatu, prior concipi, conciperetur ergo (per defin. 8 huius) ipsa rei essentia se ipsa prior; quod (ut per se notum) est absurdum. Ergo nulla virtus etc. Q.E.D.

Corollarium. Conatus sese conservandi primum et unicum virtutis est fundamentum. Nam hoc principio nullum aliud potest prius concipi (per prop. praeced.), et absque ipso (per prop. 21 huius) nulla virtus potest concipi.

Propositio XXIII. **Homo quatenus ad aliquid agendum determinatur ex eo, quod ideas habet inadaequatas, non potest absolute dici ex virtute agere; sed tantum quatenus determinatur ex eo, quod intelligit.**

Escólio. Ninguém, portanto, a não ser que seja dominado por causas exteriores e contrárias à sua natureza, descuida-se de desejar o que lhe é útil, ou seja, de conservar o seu ser. Quero, com isso, dizer que não é pela necessidade de sua natureza, mas coagido por causas exteriores, que alguém se recusa a se alimentar ou se suicida, o que pode ocorrer de muitas maneiras. Assim, alguém se suicida coagido por outro, que lhe torce a mão direita, a qual, por acaso, segurava uma espada, obrigando-o a dirigi-la contra o próprio coração. Ou, se é obrigado, como Sêneca, pelo mandato de um tirano, a abrir as próprias veias, por desejar evitar, por meio de um mal menor, um mal maior. Ou, enfim, porque causas exteriores ocultas dispõem sua imaginação e afetam seu corpo de tal maneira que este assume uma segunda natureza, contrária à primeira, natureza cuja ideia não pode existir na mente (pela prop. 10 da P. 3). Que o homem, entretanto, se esforce, pela necessidade de sua natureza, a não existir ou a adquirir outra forma, é algo tão impossível quanto fazer que alguma coisa se faça do nada, como qualquer um, com um mínimo de reflexão, pode ver.

Proposição 21. **Ninguém pode desejar ser feliz, agir e viver bem sem, ao mesmo tempo, desejar ser, agir e viver, isto é, existir em ato.**

Demonstração. A demonstração desta prop., ou melhor, a própria coisa é evidente por si mesma, e também pela def. de desejo. Com efeito, o desejo (pela def. 1 dos afetos) de viver feliz ou de viver e agir bem, etc. é a própria essência do homem, isto é (pela prop. 7 da P. 3), o esforço pelo qual cada um se esforça por conservar o seu ser. Logo, ninguém pode desejar, etc. C. Q. D.

Proposição 22. **Não se pode conceber nenhuma virtude que seja primeira relativamente a esta (quer dizer, ao esforço por se conservar).**

Demonstração. O esforço por se conservar é a própria essência de uma coisa (pela prop. 7 da P. 3). Se, portanto, fosse possível conceber alguma virtude que fosse primeira relativamente a essa, isto é, a esse esforço, então (pela def. 8), a essência de uma coisa seria concebida como sendo primeira relativamente a si própria, o que é absurdo (como é, por si mesmo, sabido). Logo, não se pode conceber nenhuma virtude, etc. C. Q. D.

Corolário. O esforço por se conservar é o primeiro e único fundamento da virtude. Com efeito, não se pode conceber nenhum outro princípio que seja primeiro relativamente a este (pela prop. prec.) e, sem ele (pela prop. 21), não se pode conceber virtude alguma.

Proposição 23. **Não se pode absolutamente dizer que o homem, à medida que é determinado a fazer algo porque tem ideias inadequadas, age por virtude, o que só ocorre à medida que ele é determinado a fazer algo porque compreende.**

Demonstratio. Quatenus homo ad agendum determinatur ex eo, quod inadaequatas habet ideas, eatenus (per prop. 1 P. 3) patitur, hoc est (per defin. 1 et 2 P. 3) aliquid agit, quod per solam eius essentiam non potest percipi; hoc est (per defin. 8 huius), quod ex ipsius virtute non sequitur. At quatenus ad aliquid agendum determinatur ex eo, quod intelligit, eatenus (per eandem prop. 1 P. 3) agit, hoc est (per defin. 2 P. 3) aliquid agit, quod per solam ipsius essentiam percipitur, sive (per defin. 8 huius) quod ex ipsius virtute adaequate sequitur. Q.E.D.

Propositio XXIV. **Ex virtute absolute agere nihil aliud in nobis est, quam ex ductu rationis agere, vivere, suum esse conservare (haec tria idem significant) idque ex fundamento proprium utile quaerendi.**

Demonstratio. Ex virtute absolute agere nihil aliud est (per defin. 8 huius), quam ex legibus propriae naturae agere. At nos eatenus tantummodo agimus, quatenus intelligimus (per prop. 3 P. 3). Ergo ex virtute agere nihil aliud in nobis est, quam ex ductu rationis agere, vivere, suum esse conservare idque (per coroll. prop. 22 huius) ex fundamento suum utile quaerendi. Q.E.D.

Propositio XXV. **Nemo suum esse alterius rei causa conservare conatur.**

Demonstratio. Conatus, quo unaquaeque res in suo esse perseverare conatur, sola ipsius rei essentia definitur (per prop. 7 P. 3), eaque sola data, non autem ex alterius rei essentia necessario sequitur (per prop. 6 P. 3), ut unusquisque suum esse conservare conetur. Patet praeterea haec propositio ex coroll. prop. 22 huius partis. Nam si homo alterius rei causa suum esse conservare conaretur, tum res illa primum esset virtutis fundamentum (ut per se notum), quod (per praedict. coroll.) est absurdum. Ergo nemo suum esse etc. Q.E.D.

Propositio XXVI. **Quicquid ex ratione conamur, nihil aliud est quam intelligere; nec mens quatenus ratione utitur, aliud sibi utile esse iudicat nisi id quod ad intelligendum conducit.**

Demonstratio. Conatus sese conservandi nihil est praeter ipsius rei essentiam (per prop. 7 P. 3), quae quatenus talis existit, vim habere concipitur ad perseverandum in existendo (per prop. 6 P. 3), et ea agendum, quae ex data sua natura necessario sequuntur (vide defin. appetitus in schol. prop. 9 P. 3). At rationis essentia nihil aliud est

Demonstração. À medida que é determinado a agir porque tem ideias inadequadas, o homem padece (pela prop. 1 da P. 3), isto é (pelas def. 1 e 2 da P. 3), faz algo que não pode ser percebido exclusivamente por meio de sua essência, isto é (pela def. 8), que não se segue de sua própria virtude. Mas à medida que é determinado a fazer algo porque compreende, então, dessa maneira (pela mesma prop. 1 da P. 3), ele age, isto é (pela def. 2 da P. 3), faz algo que é percebido exclusivamente por meio de sua essência, ou seja (pela def. 8), que se segue adequadamente de sua própria virtude. C. Q. D.

Proposição 24. **Agir absolutamente por virtude nada mais é, em nós, do que agir, viver, conservar o seu ser (estas três coisas têm o mesmo significado), sob a condução da razão, e isso de acordo com o princípio de buscar o que é útil para si próprio.**

Demonstração. Agir absolutamente por virtude nada mais é (pela def. 8) do que agir segundo as leis da própria natureza. Mas nós só agimos à medida que compreendemos (pela prop. 3 da P. 3). Logo, agir por virtude nada mais é, em nós, do que agir, viver, conservar o seu ser sob a condução da razão, e isso (pelo corol. da prop. 22) de acordo com o princípio de buscar o que é útil para si próprio. C. Q. D.

Proposição 25. **Ninguém se esforça por conservar o seu ser por causa de uma outra coisa.**

Demonstração. O esforço pelo qual cada coisa se esforça por perseverar em seu ser é definido exclusivamente pela essência da própria coisa (pela prop. 7 da P. 3). E exclusivamente dessa dada essência, e não da essência de outra coisa, segue-se (pela prop. 6 da P. 3) necessariamente que cada um se esforça por conservar o seu ser. Esta proposição é, além disso, evidente pelo corol. da prop. 22. Com efeito, se o homem se esforçasse por conservar o seu ser por causa de uma outra coisa, então essa coisa seria o primeiro fundamento da virtude (como é, por si mesmo, sabido), o que (pelo corol. mencionado) é absurdo. Logo, ninguém se esforça por conservar o seu ser, etc. C. Q. D.

Proposição 26. **Tudo aquilo pelo qual, em virtude da razão, nós nos esforçamos, não é senão compreender; e a mente, à medida que utiliza a razão, não julga ser-lhe útil senão aquilo que a conduz ao compreender.**

Demonstração. O esforço por se conservar nada mais é do que a essência da própria coisa (pela prop. 7 da P. 3), a qual, à medida que existe como tal, é concebida como tendo força para perseverar no existir (pela prop. 6 da P. 3) e para fazer aquilo que se segue, necessariamente, de sua dada natureza (veja-se a def. de apetite no esc. da prop. 9 da P. 3). Mas a

quam mens nostra quatenus clare et distincte intelligit (vide eius defin. in schol. 2. prop. 40 P. 2). Ergo (per prop. 40 P. 2) quicquid ex ratione conamur, nihil aliud est quam intelligere. Deinde quoniam hic mentis conatus, quo mens quatenus ratiocinatur, suum esse conatur conservare, nihil aliud est quam intelligere (per primam partem huius). Est ergo hic intelligendi conatus (per coroll. prop. 22 huius) primum et unicum virtutis fundamentum, nec alicuius finis causa (per prop. 25 huius) res intelligere conabimur; sed contra mens quatenus ratiocinatur, nihil sibi bonum esse concipere poterit, nisi id quod ad intelligendum conducit (per defin. 1 huius). Q.E.D.

Propositio XXVII. **Nihil certo scimus bonum aut malum esse, nisi id quod ad intelligendum revera conducit, vel quod impedire potest quominus intelligamus.**

Demonstratio. Mens quatenus ratiocinatur, nihil aliud appetit quam intelligere, nec aliud sibi utile esse iudicat, nisi id quod ad intelligendum conducit (per prop. praeced.). At mens (per prop. 41 et 43 P. 2, cuius etiam schol. vide) rerum certitudinem non habet, nisi quatenus ideas habet adaequatas, sive (quod per schol. prop. 40 P. 2 idem est) quatenus ratiocinatur. Ergo nihil certo scimus bonum esse, nisi id quod ad intelligendum revera conducit; et contra id malum, quod impedire potest quominus intelligamus. Q.E.D.

Propositio XXVIII. **Summum mentis bonum est Dei cognitio, et summa mentis virtus Deum cognoscere.**

Demonstratio. Summum, quod mens intelligere potest, Deus est, hoc est (per defin. 6 P. 1) ens absolute infinitum, et sine quo (per prop. 15 P. 1) nihil esse neque concipi potest. Adeoque (per prop. 26 et 27 huius) summum mentis utile sive (per defin. 1 huius) bonum est Dei cognitio. Deinde mens quatenus intelligit, eatenus tantum agit (per prop. 1 et 3 P. 3), et eatenus tantum (per prop. 23 huius) potest absolute dici, quod ex virtute agit. Est igitur mentis absoluta virtus intelligere. At summum, quod mens intelligere potest, Deus est (ut iam iam demonstravimus). Ergo mentis summa virtus est Deum intelligere seu cognoscere. Q.E.D.

Propositio XXIX. **Res quaecumque singularis, cuius natura a nostra prorsus est diversa, nostram agendi potentiam nec iuvare nec coercere potest, et absolute res nulla potest nobis bona aut mala esse, nisi commune aliquid nobiscum habeat.**

essência da razão não é senão a nossa mente, à medida que compreende clara e distintamente (veja-se a sua def. no esc. 2 da prop. 40 da P. 2). Logo (pela prop. 40 da P. 2), tudo aquilo pelo qual, em virtude da razão, nós nos esforçamos, não é senão compreender. Por outro lado, como esse esforço pelo qual a mente, à medida que raciocina, esforça-se por conservar o seu ser, não é senão compreender (pela primeira parte desta dem.), então, esse esforço por compreender (pelo corol. da prop. 22) é o primeiro e único fundamento da virtude. E não é por causa de algum fim (pela prop. 25) que nos esforçaremos por compreender as coisas, mas, pelo contrário, a mente, à medida que raciocina, não poderá conceber como sendo bom para si senão aquilo que a conduz ao compreender (pela def. 1). C. Q. D.

Proposição 27. **Não há nada que saibamos, com certeza, ser bom ou mau, exceto aquilo que nos leva efetivamente a compreender ou que possa impedir que compreendamos.**

Demonstração. A mente, à medida que raciocina, nada mais apetece do que compreender, nem nada mais julga ser-lhe útil senão aquilo que a conduz ao compreender (pela prop. prec.). Mas a mente (pelas prop. 41 e 43 da P. 2; confira-se também o esc. da última) não tem certeza das coisas senão à medida que tem ideias adequadas, ou (o que, pelo esc. da prop. 40 da P. 2, é o mesmo), à medida que raciocina. Logo, não há nada que saibamos, com certeza, ser bom, exceto aquilo que nos leva efetivamente a compreender e, inversamente, não há nada que saibamos, com certeza, ser mau, exceto aquilo que possa impedir que compreendamos. C. Q. D.

Proposição 28. **O bem supremo da mente é o conhecimento de Deus e a sua virtude suprema é conhecer Deus.**

Demonstração. A suprema coisa que a mente pode compreender é Deus, isto é (pela def. 6 da P. 1), um ente absolutamente infinito, e sem o qual (pela prop. 15 da P. 1) nada pode existir nem ser concebido. Portanto (pelas prop. 26 e 27), o que é supremamente útil para a mente, ou seja (pela def. 1), o seu bem supremo, é o conhecimento de Deus. Por outro lado, a mente age apenas à medida que compreende (pelas prop. 1 e 3 da P. 3), e apenas sob tal condição (pela prop. 23), pode-se dizer que ela age absolutamente por virtude. Compreender é, pois, a virtude absoluta da mente. Mas a coisa suprema que a mente pode compreender é Deus (como já demonstramos). Logo, a virtude suprema da mente é compreender ou conhecer Deus. C. Q. D.

Proposição 29. **Uma coisa singular qualquer, cuja natureza é inteiramente diferente da nossa, não pode estimular nem refrear a nossa potência de agir e, absolutamente, nenhuma coisa pode ser, para nós, boa ou má, a não ser que tenha algo em comum conosco.**

Demonstratio. Cuiuscumque rei singularis, et consequenter (per coroll. prop. 10 P. 2) hominis potentia, qua existit et operatur, non determinatur nisi ab alia re singulari (per prop. 28 P. 1), cuius natura (per prop. 6 P. 2) per idem attributum debet intelligi, per quod natura humana concipitur. Nostra igitur agendi potentia, quomodocumque ea concipiatur, determinari et consequenter iuvari vel coerceri potest potentia alterius rei singularis, quae aliquid commune nobiscum habet, et non potentia rei, cuius natura a nostra prorsus est diversa; et quia id bonum aut malum vocamus, quod causa est laetitiae aut tristitiae (per prop. 8 huius), hoc est (per schol. prop. 11 P. 3) quod nostram agendi potentiam auget vel minuit, iuvat vel coercet; ergo res, cuius natura a nostra prorsus est diversa, nobis neque bona neque mala esse potest. Q.E.D.

Propositio XXX. **Res nulla per id, quod cum nostra natura commune habet, potest esse mala; sed quatenus nobis mala est, eatenus est nobis contraria.**

Demonstratio. Id malum vocamus, quod causa est tristitiae (per prop. 8 huius), hoc est (per eius defin., quam vide in schol. prop. 11 P. 3) quod nostram agendi potentiam minuit vel coercet. Si igitur res aliqua per id, quod nobiscum habet commune, nobis esset mala, posset ergo res id ipsum, quod nobiscum commune habet, minuere vel coercere; quod (per prop. 4 P. 3) est absurdum. Nulla igitur res per id, quod nobiscum commune habet, potest nobis esse mala; sed contra quatenus mala est, hoc est (ut iam iam ostendimus) quatenus nostram agendi potentiam minuere vel coercere potest, eatenus (per prop. 5 P. 3) nobis est contraria. Q.E.D.

Propositio XXXI. **Quatenus res aliqua cum nostra natura convenit, eatenus necessario bona est.**

Demonstratio. Quatenus enim res aliqua cum nostra natura convenit, non potest (per prop. praeced.) esse mala. Erit ergo necessario vel bona vel indifferens. Si hoc ponatur, nempe quod neque bona sit neque mala, nihil ergo (per defin. 1 huius) ex ipsius natura sequetur, quod nostrae naturae conservationi inservit, hoc est (per hypothesin) quod ipsius rei naturae conservationi inservit. Sed hoc est absurdum (per prop. 6 P. 3). Erit ergo, quatenus cum nostra natura convenit, necessario bona. Q.E.D.

Corollarium. Hinc sequitur, quod quo res aliqua magis cum nostra natura convenit, eo nobis est utilior seu magis bona, et contra quo res

Demonstração. A potência de qualquer coisa singular e, consequentemente (pelo corol. da prop. 10 da P. 2), a do homem, potência pela qual essa coisa existe e opera, não é determinada senão por outra coisa singular (pela prop. 28 da P. 1), cuja natureza (pela prop. 6 da P. 2) deve ser compreendida pelo mesmo atributo pelo qual se concebe a natureza humana. Assim, nossa potência de agir, de qualquer maneira que seja concebida, pode ser determinada e, consequentemente, estimulada ou refreada pela potência de outra coisa singular que tem algo em comum conosco, e não pela potência de uma coisa cuja natureza é inteiramente diferente da nossa. E como chamamos de bem ou de mal o que é causa de alegria ou de tristeza (pela prop. 8), isto é (pelo esc. da prop. 11 da P. 3), o que aumenta ou diminui, estimula ou refreia nossa potência de agir, então, uma coisa cuja natureza é inteiramente diferente da nossa não pode ser, para nós, nem boa nem má. C. Q. D.

Proposição 30. **Nenhuma coisa pode ser má por aquilo que tem de comum com a nossa natureza; em vez disso, é à medida que nos é contrária que ela é má para nós.**

Demonstração. Chamamos de mal o que é causa de tristeza (pela prop. 8), isto é (pela def. de tristeza, que pode ser conferida no esc. da prop. 11 da P. 3), o que diminui ou refreia nossa potência de agir. Assim, se uma coisa fosse má para nós por aquilo mesmo que tem de comum conosco, ela poderia, então, diminuir ou refrear aquilo que tem de comum conosco, o que (pela prop. 4 da P. 3) é absurdo. Portanto, nenhuma coisa pode ser má para nós por aquilo que tem de comum conosco; em vez disso, é à medida que (pela prop. 5 da P. 3) nos é contrária que ela é má, isto é (como acabamos de demonstrar), que ela diminui ou refreia a nossa potência de agir. C. Q. D.

Proposição 31. **À medida que uma coisa concorda com a nossa natureza, ela é necessariamente boa.**

Demonstração. À medida que uma coisa concorda com a nossa natureza, ela não pode (pela prop. prec.) ser má. Necessariamente será, então, ou boa ou indiferente. Se consideramos a última hipótese, isto é, que ela não é nem boa nem má, então (pela def. 1), nada se seguirá de sua natureza que sirva para a conservação da nossa, isto é (por hipótese), que sirva para a conservação da natureza da própria coisa. Mas isso é absurdo (pela prop. 6 da P. 3). Logo, será, à medida que concorda com a nossa natureza, necessariamente boa. C. Q. D.

Corolário. Disso se segue que quanto mais uma coisa concorda com a nossa natureza, tanto mais útil ou melhor é para nós; e, inversamente, quanto

aliqua nobis est utilior, eatenus cum nostra natura magis convenit. Nam quatenus cum nostra natura non convenit, erit necessario a nostra natura diversa vel eidem contraria. Si diversa, tum (per prop. 29 huius) neque bona neque mala esse poterit; si autem contraria, erit ergo etiam ei contraria, quae cum nostra natura convenit, hoc est (per prop. praeced.) contraria bono seu mala. Nihil igitur nisi quatenus cum nostra natura convenit, potest esse bonum; atque adeo quo res aliqua magis cum nostra natura convenit, eo est utilior et contra. Q.E.D.

Propositio XXXII. **Quatenus homines passionibus sunt obnoxii, non possunt eatenus dici, quod natura conveniant.**

Demonstratio. Quae natura convenire dicuntur, potentia convenire intelliguntur (per prop. 7 P. 3); non autem impotentia seu negatione, et consequenter (vide schol. prop. 3 P. 3) neque etiam passione. Quare homines quatenus passionibus sunt obnoxii, non possunt dici, quod natura conveniant. Q.E.D.

Scholium. Res etiam per se patet. Qui enim ait, album et nigrum in eo solummodo convenire, quod neutrum sit rubrum, is absolute affirmat album et nigrum nulla in re convenire. Sic etiam si quis ait, lapidem et hominem in hoc tantum convenire, quod uterque sit finitus, impotens vel quod ex necessitate suae naturae non existit, vel denique quod a potentia causarum externarum indefinite superatur, is omnino affirmat lapidem et hominem nulla in re convenire. Quae enim in sola negatione sive in eo, quod non habent, conveniunt, ea revera nulla in re conveniunt.

Propositio XXXIII. **Homines natura discrepare possunt, quatenus affectibus, qui passiones sunt, conflictantur, et eatenus etiam unus idemque homo varius est et inconstans.**

Demonstratio. Affectuum natura seu essentia non potest per solam nostram essentiam seu naturam explicari (per defin. 1 et 2 P. 3); sed potentia, hoc est (per prop. 7 P. 3) natura causarum externarum cum nostra comparata definiri debet. Unde fit, ut uniuscuiusque affectus tot species dentur, quot sunt species obiectorum, a quibus afficimur (vide prop. 56 P. 3), et ut homines ab uno eodemque obiecto diversimode afficiantur (vide prop. 51 P. 3), atque eatenus natura discrepent, et denique ut unus idemque homo (per eandem prop. 51 P. 3) erga idem obiectum diversimode afficiatur, atque eatenus varius sit etc. Q.E.D.

mais uma coisa nos é útil, tanto mais concorda com a nossa natureza. Com efeito, à medida que não concorda com a nossa natureza, será, necessariamente, diferente da nossa natureza ou contrária a ela. Se for diferente, então (pela prop. 29), não poderá ser nem boa, nem má. Se, por outro lado, for contrária, será, então, também contrária à natureza que concorda com a nossa, isto é (pela prop. prec.), contrária ao bem, ou seja, má. Assim, nada pode ser bom senão à medida que concorda com a nossa natureza. Portanto, quanto mais uma coisa concorda com a nossa natureza, tanto mais útil é, e inversamente. C. Q. D.

Proposição 32. **À medida que os homens estão submetidos às paixões, não se pode dizer que concordem em natureza.**

Demonstração. Quando se diz que as coisas concordam em natureza, compreende-se que concordam em potência (pela prop. 7 da P. 3), e não em impotência ou em negação e, consequentemente (veja-se o esc. da prop. 3 da P. 3), tampouco em paixão. Por isso, à medida que os homens estão submetidos às paixões, não se pode dizer que concordem em natureza. C. Q. D.

Escólio. Isto é, aliás, evidente por si mesmo. Com efeito, quem diz que o branco e o preto concordam apenas porque nenhum deles é vermelho, está afirmando, simplesmente, que o branco e o preto não concordam em coisa alguma. Da mesma maneira, quem diz que a pedra e o homem concordam apenas porque são, ambos, finitos, impotentes, ou porque nenhum dos dois existe pela necessidade de sua natureza ou, enfim, porque são, ambos, indefinidamente superados pela potência das causas exteriores, está afirmando, simplesmente, que a pedra e o homem não concordam em coisa alguma. Pois, as coisas que concordam apenas em negação, ou seja, naquilo que elas não têm, não concordam, realmente, em coisa alguma.

Proposição 33. **À medida que são afligidos por afetos que são paixões, os homens podem discrepar em natureza e, igualmente, sob a mesma condição, um único e mesmo homem é volúvel e inconstante.**

Demonstração. A natureza ou essência dos afetos não pode ser explicada exclusivamente por meio de nossa essência ou natureza (pelas def. 1 e 2 da P. 3). Ela deve ser definida, em vez disso, pela potência, isto é (pela prop. 7 da P. 3), pela natureza das causas exteriores, considerada em comparação com a nossa. Disso resulta que há tantas espécies de afetos quantas são as espécies de objetos pelos quais somos afetados (veja-se a prop. 56 da P. 3); e que os homens são afetados de diferentes maneiras por um único e mesmo objeto (veja-se a prop. 51 da P. 3), e sob essas condições, discrepam em natureza; e, finalmente, que um único e mesmo homem (pela mesma prop. 51 da P. 3) é afetado de diferentes maneiras relativamente a um mesmo objeto e, sob tal condição, ele é volúvel, etc. C. Q. D.

Propositio XXXIV. **Quatenus homines affectibus, qui passiones sunt, conflictantur, possunt invicem esse contrarii.**

Demonstratio. Homo, ex. gr. Petrus, potest esse causa, ut Paulus contristetur, propterea quod aliquid habet simile rei, quam Paulus odit (per prop. 16 P. 3); vel propterea, quod Petrus solus re aliqua potitur, quam ipse Paulus etiam amat (vide prop. 32 P. 3 cum eiusdem schol.); vel ob alias causas (harum praecipuas vide in schol. prop. 55 P. 3). Atque adeo inde fiet (per aff. defin. 7) ut Paulus Petrum odio habeat, et consequenter facile fiet (per prop. 40 P. 3 cum eius schol.) ut Petrus Paulum contra odio habeat, atque adeo (per prop. 39 P. 3) ut invicem malum inferre conentur, hoc est (per prop. 30 huius) ut invicem sint contrarii. At affectus tristitiae semper passio est (per prop. 59 P. 3); ergo homines, quatenus conflictantur affectibus, qui passiones sunt, possunt invicem esse contrarii. Q.E.D.

Scholium. Dixi, quod Paulus odio Petrum habeat, quia imaginatur, id eundem possidere, quod ipse Paulus etiam amat. Unde prima fronte videtur sequi; quod hi duo ex eo; quod idem amant et consequenter ex eo; quod natura conveniunt, sibi invicem damno sint; atque adeo, si hoc verum est, falsae essent prop. 30 et 31 huius partis. Sed si rem aequa lance examinare velimus, haec omnia convenire omnino videbimus. Nam hi duo non sunt invicem molesti, quatenus natura conveniunt, hoc est quatenus uterque idem amat; sed quatenus ab invicem discrepant. Nam quatenus uterque idem amat, eo ipso utriusque amor fovetur (per prop. 31 P. 3), hoc est (per aff. defin. 6) eo ipso utriusque laetitia fovetur. Quare longe abest, ut quatenus idem amant et natura conveniunt, invicem molesti sint. Sed huius rei causa, ut dixi, nulla alia est quam quia natura discrepare supponuntur. Supponimus namque Petrum ideam habere rei amatae iam possessae, et Paulum contra ideam rei amatae amissae. Unde fit, ut hic tristitia, et ille contra laetitia afficiatur; atque eatenus invicem contrarii sint. Et ad hunc modum ostendere facile possumus reliquas odii causas ab hoc solo pendere, quod homines natura discrepant, et non ab eo, in quo conveniunt.

Propositio XXXV. **Quatenus homines ex ductu rationis vivunt, eatenus tantum natura semper necessario conveniunt.**

Demonstratio. Quatenus homines affectibus, qui passiones sunt, conflictantur, possunt esse natura diversi (per prop. 33 huius) et invicem contrarii

Proposição 34. **À medida que os homens são afligidos por afetos que são paixões podem ser reciprocamente contrários.**

Demonstração. Um homem, Pedro, por exemplo, pode ser causa de que Paulo se entristeça, quer porque tem algo de semelhante a uma coisa que Paulo odeia (pela prop. 16 da P. 3), quer porque apenas Pedro desfruta de uma coisa que o próprio Paulo também ama (vejam-se a prop. 32 da P. 3, juntamente com seu esc.), quer, ainda, por outras causas (confiram-se as principais no esc. da prop. 55 da P. 3). Disso resultará (pela def. 7 dos afetos), pois, que Paulo odeie Pedro e, como consequência, facilmente ocorrerá (pela prop. 40 da P. 3, juntamente com seu esc.) que Pedro tenha ódio de Paulo; e que, portanto (pela prop. 39 da P. 3), se esforcem por causar mal um ao outro, isto é (pela prop. 30), que sejam mutuamente contrários. Mas o afeto de tristeza é, sempre, uma paixão (pela prop. 59 da P. 3). Logo, os homens, à medida que são afligidos por afetos que são paixões podem ser reciprocamente contrários. C. Q. D.

Escólio. Disse que Paulo terá ódio de Pedro por imaginar que este último possui exatamente aquilo que o próprio Paulo também ama. Disso parece seguir-se, à primeira vista, que esses dois homens, por amarem a mesma coisa e, consequentemente, por concordarem em natureza, causarão mal um ao outro. E, portanto, se isso fosse verdade, seriam falsas as prop. 30 e 31. Mas se quisermos examinar a questão equilibradamente, veremos que tudo isso está em perfeita concordância. Com efeito, não é enquanto concordam em natureza, isto é, enquanto ambos amam a mesma coisa, que esses homens são reciprocamente nocivos, mas enquanto discrepam entre si. Pois, enquanto ambos amam a mesma coisa, o amor de cada um é, por isso mesmo, reforçado (pela prop. 31 da P. 3), isto é (pela def. 6 dos afetos), a alegria de cada um é, por isso mesmo, reforçada. Portanto, enquanto amam a mesma coisa e concordam em natureza, estão muito longe de serem mutuamente nocivos. A causa dessa conclusão, como disse, é que supomos que eles discrepam em natureza. Supomos, com efeito, que Pedro tem a ideia de uma coisa amada já possuída e que, Paulo, por sua vez, tem a ideia de uma coisa amada perdida. Disso resulta que o segundo é afetado de tristeza e o primeiro, por sua vez, de alegria e, sob tais condições, eles são reciprocamente contrários. Podemos, dessa maneira, facilmente mostrar que as outras causas de ódio dependem apenas daquilo que faz com que os homens discrepem em natureza e não daquilo em que concordam.

Proposição 35. **Apenas à medida que vivem sob a condução da razão, os homens concordam, sempre e necessariamente, em natureza.**

Demonstração. À medida que os homens são afligidos por afetos que são paixões, eles podem ser diferentes em natureza (pela prop. 33) e mutuamente

(per prop. praeced.). Sed eatenus homines tantum agere dicuntur, quatenus ex ductu rationis vivunt (per prop. 3 P. 3); atque adeo quicquid ex humana natura, quatenus ratione definitur, sequitur, id (per defin. 2 P. 3) per solam humanam naturam, tamquam per proximam suam causam, debet intelligi. Sed quia unusquisque ex suae naturae legibus id appetit, quod bonum, et id amovere conatur, quod malum esse iudicat (per prop. 19 huius); et cum praeterea id, quod ex dictamine rationis bonum aut malum esse iudicamus, necessario bonum aut malum sit (per prop. 41 P. 2), ergo homines quatenus ex ductu rationis vivunt, eatenus tantum ea necessario agunt, quae humanae naturae, et consequenter unicuique homini necessario bona sunt, hoc est (per coroll. prop. 31 huius) quae cum natura uniuscuiusque hominis conveniunt. Atque adeo homines etiam inter se, quatenus ex ductu rationis vivunt, necessario semper conveniunt. Q.E.D.

Corollarium I. Nihil singulare in rerum natura datur, quod homini sit utilius, quam homo qui ex ductu rationis vivit. Nam id homini utilissimum est, quod cum sua natura maxime convenit (per coroll. prop. 31 huius), hoc est (ut per se notum) homo. At homo ex legibus suae naturae absolute agit, quando ex ductu rationis vivit (per defin. 2 P. 3), et eatenus tantum cum natura alterius hominis necessario semper convenit (per prop. praeced.). Ergo homini nihil inter res singulares utilius datur quam homo etc. Q.E.D.

Corollarium II. Cum maxime unusquisque homo suum sibi utile quaerit, tum maxime homines sunt sibi invicem utiles. Nam quo magis unusquisque suum utile quaerit et se conservare conatur, eo magis virtute praeditus est (per prop. 20 huius), sive quod idem est (per defin. 8 huius), eo maiore potentia praeditus est ad agendum ex suae naturae legibus, hoc est (per prop. 3 P. 3) ad vivendum ex ductu rationis. At homines tum maxime natura conveniunt, cum ex ductu rationis vivunt (per prop. praeced.). Ergo (per praeced. coroll.) tum maxime homines erunt sibi invicem utiles, cum maxime unusquisque suum utile sibi quaerit. Q.E.D.

Scholium. Quae modo ostendimus, ipsa etiam experientia quotidie tot tamque luculentis testimoniis testatur, ut omnibus fere in ore sit, hominem homini Deum esse. Fit tamen raro, ut homines ex ductu rationis vivant; sed cum iis ita comparatum est, ut plerumque invidi atque invicem molesti sint. At nihilominus vitam solitariam vix transigere queunt, ita ut plerisque illa definitio, quod homo sit animal sociale,

contrários (pela prop. prec.). Diz-se, por outro lado, que os homens agem apenas à medida que vivem sob a condução da razão (pela prop. 3 da P. 3). Portanto, tudo o que se segue da natureza humana, enquanto definida pela razão, deve ser compreendido exclusivamente (pela def. 2 da P. 3) por meio da natureza humana, como causa próxima, que é, de tudo que dela se segue. Mas como cada um deseja, pelas leis de sua natureza, o que é bom e se esforça por afastar o que julga ser mau (pela prop. 19); e, como, além disso, aquilo que julgamos, segundo o ditame da razão, ser bom ou mau, é necessariamente bom ou mau (pela prop. 41 da P. 2); então, apenas à medida que vivem sob a condução da razão, os homens necessariamente fazem o que é necessariamente bom para a natureza humana e, consequentemente, para cada homem, isto é (pelo corol. da prop. 31), aquilo que concorda com a natureza de cada homem. Por isso, igualmente, à medida que vivem sob a condução da razão, os homens concordam, sempre e necessariamente, entre si. C. Q. D.

Corolário 1. Não há, na natureza das coisas, nenhuma coisa singular que seja mais útil ao homem do que um homem que vive sob a condução da razão. Com efeito, o que é de máxima utilidade para o homem é aquilo que concorda, ao máximo, com sua natureza (pelo corol. da prop. 31), isto é (como é, por si mesmo, sabido), o homem. Ora, o homem age inteiramente pelas leis de sua natureza quando vive sob a condução da razão (pela def. 2 da P. 3) e, apenas à medida que assim vive, concorda, sempre e necessariamente, com a natureza de outro homem (pela prop. prec.). Logo, não há, entre as coisas singulares, nada que seja mais útil ao homem do que um homem, etc. C. Q. D.

Corolário 2. É quando cada homem busca o que é de máxima utilidade para si, que são, todos, então, de máxima utilidade uns para com os outros. Com efeito, quanto mais cada um busca o que lhe é útil e se esforça por se conservar, tanto mais é dotado de virtude (pela prop. 20); ou, o que é equivalente (pela def. 8), de tanto mais potência está dotado para agir pelas leis de sua natureza, isto é (pela prop. 3 da P. 3), para viver sob a condução da razão. Ora, os homens concordam, ao máximo, em natureza, quando vivem sob a condução da razão (pela prop. prec.). Logo (pelo corol. prec.), os homens serão de máxima utilidade uns para com os outros quando cada um buscar o que lhe é de máxima utilidade. C. Q. D.

Escólio. O que acabamos de mostrar é confirmado, cotidianamente, pela própria experiência, com tantas e tão claras demonstrações, que está na boca de quase todo mundo o dito de que *o homem é um Deus para o homem*. Entretanto, é raro que os homens vivam sob a condução da razão. Em vez disso, o que ocorre é que eles são, em sua maioria, invejosos e mutuamente nocivos. Mas, apesar disso, dificilmente podem levar uma vida

valde arriserit; et revera res ita se habet, ut ex hominum communi societate multo plura commoda oriantur, quam damna. Rideant igitur, quantum velint, res humanas satyrici, easque detestentur theologi, et laudent, quantum possunt, melancholici vitam incultam et agrestem, hominesque contemnant et admirentur bruta; experientur tamen homines mutuo auxilio ea quibus indigent, multo facilius sibi parare, et non nisi iunctis viribus pericula, quae ubique imminent, vitare posse; ut iam taceam, quod multo praestabilius sit et cognitione nostra magis dignum, hominum quam brutorum facta contemplari. Sed de his alias prolixius.

Propositio XXXVI. **Summum bonum eorum, qui virtutem sectantur, omnibus commune est, eoque omnes aeque gaudere possunt.**

Demonstratio. Ex virtute agere est ex ductu rationis agere (per prop. 24 huius), et quicquid ex ratione conamur agere, est intelligere (per prop. 26 huius). Atque adeo (per prop. 28 huius) summum bonum eorum, qui virtutem sectantur, est Deum cognoscere, hoc est (per prop. 47 P. 2 et eiusdem schol.), bonum quod omnibus hominibus commune est, et ab omnibus hominibus, quatenus eiusdem sunt naturae, possideri aeque potest. Q.E.D.

Scholium. Si quis autem roget: quid si summum bonum eorum, qui virtutem sectantur, non esset omnibus commune? an non inde, ut supra (vide prop. 34 huius) sequeretur, quod homines, qui ex ductu rationis vivunt, hoc est (per prop. 35 huius) homines, quatenus natura conveniunt, essent invicem contrarii? Is hoc sibi responsum habeat, non ex accidenti, sed ex ipsa natura rationis oriri, ut hominis summum bonum omnibus sit commune, nimirum, quia ex ipsa humana essentia, quatenus ratione definitur, deducitur; et quia homo nec esse nec concipi posset, si potestatem non haberet gaudendi hoc summo bono. Pertinet namque (per prop. 47 P. 2) ad mentis humanae essentiam, adaequatam habere cognitionem aeternae et infinitae essentiae Dei.

Propositio XXXVII. **Bonum, quod unusquisque, qui sectatur virtutem, sibi appetit, reliquis hominibus etiam cupiet, et eo magis, quo maiorem Dei habuerit cognitionem.**

Demonstratio. Homines quatenus ex ductu rationis vivunt, sunt homini utilissimi (per coroll. 1 prop. 35 huius); atque adeo (per prop. 19 huius) ex ductu rationis conabimur necessario efficere, ut homines ex ductu rationis vivant. At bonum, quod unusquisque, qui ex rationis

solitária, de maneira que, em sua maior parte, apreciam muito a definição segundo a qual o homem é um animal social. E, de fato, a verdade é que, da sociedade comum dos homens advêm muitos mais vantagens do que desvantagens. Riam-se os satíricos, pois, das coisas humanas, o quanto queiram; execrem-nas os teólogos; enalteçam os melancólicos, o quanto possam, a vida inculta e agreste, condenando os homens e maravilhando-se com os animais. Nem por isso deixarão de experimentar que, por meio da ajuda mútua, os homens conseguem muito mais facilmente aquilo de que precisam, e que apenas pela união das suas forças podem evitar os perigos que os ameaçam por toda parte. Sem falar, por ora, que é mais importante e mais digno de nosso conhecimento observar os feitos dos homens que os dos animais. Mas disso trataremos mais detalhadamente em outro local.

Proposição 36. **O supremo bem dos que buscam a virtude é comum a todos e todos podem desfrutá-lo igualmente.**

Demonstração. Agir por virtude é agir sob a condução da razão (pela prop. 24), e todo nosso esforço por agir segundo a razão consiste em compreender (pela prop. 26). Por isso (pela prop. 28), o bem supremo dos que buscam a virtude consiste em conhecer a Deus, isto é (pela prop. 47 da P. 2 e seu esc.), um bem que é comum a todos os homens e que pode ser possuído igualmente por todos, à medida que são da mesma natureza. C. Q. D.

Escólio. Se, entretanto, alguém perguntar: e se o supremo bem dos que buscam a virtude não fosse comum a todos? Disso não se seguiria, tal como anteriormente se supôs (veja-se a prop. 34), que os homens que vivem sob a condução da razão, isto é (pela prop. 35), que os homens, à medida que concordam em natureza, seriam reciprocamente contrários? Que lhe seja respondido que não é por acidente que o bem supremo do homem é comum a todos, mas pela própria natureza da razão, pois isso se deduz, indubitavelmente, da própria essência humana, à medida que ela é definida pela razão. E porque o homem não poderia existir nem ser concebido se não tivesse o poder de desfrutar desse bem supremo. Pertence, pois (pela prop. 47 da P. 2), à essência da mente humana, ter um conhecimento adequado da essência eterna e infinita de Deus.

Proposição 37. **Todo aquele que busca a virtude desejará, também para os outros homens, um bem que apetece para si próprio, e isso tanto mais quanto maior conhecimento tiver de Deus.**

Demonstração. À medida que vivem sob a condução da razão, os homens são o que há de mais útil ao homem (pelo corol. 1 da prop. 35). Portanto (pela prop. 19), sob a condução da razão, nós, necessariamente, nos esforçaremos para que os homens vivam sob essa mesma condução. Ora, o bem que apetece para si próprio todo aquele que vive sob o ditame da

dictamine vivit, hoc est (per prop. 24 huius) qui virtutem sectatur, sibi appetit, est intelligere (per prop. 26 huius). Ergo bonum, quod unusquisque, qui virtutem sectatur, sibi appetit, reliquis hominibus etiam cupiet. Deinde cupiditas, quatenus ad mentem refertur, est ipsa mentis essentia (per aff. defin. 1); mentis autem essentia in cognitione consistit (per prop. 11 P. 2) quae Dei cognitionem involvit (per prop. 47 P. 2), et sine qua (per prop. 15 P. 1) nec esse nec concipi potest. Adeoque quo mentis essentia maiorem Dei cognitionem involvit, eo cupiditas, qua is, qui virtutem sectatur, bonum, quod sibi appetit, alteri cupit, etiam maior erit. Q.E.D.

Aliter. Bonum, quod homo sibi appetit et amat, constantius amabit, si viderit, alios idem amare (per prop. 31 P. 3). Atque adeo (per coroll. eiusdem prop.) conabitur, ut reliqui idem ament. Et quia hoc bonum (per prop. praeced.) omnibus commune est, eoque omnes gaudere possunt, conabitur ergo (per eandem rationem) ut omnes eodem gaudeant, et (per prop. 37 P. 3) eo magis, quo hoc bono magis fruetur. Q.E.D.

Scholium I. Qui ex solo affectu conatur, ut reliqui ament quod ipse amat, et ut reliqui ex suo ingenio vivant, solo impetu agit, et ideo odiosus est, praecipue iis, quibus alia placent, quique propterea etiam student et eodem impetu conantur, ut reliqui contra ex ipsorum ingenio vivant. Deinde quoniam summum, quod homines ex affectu appetunt, bonum saepe tale est, ut unus tantum eius possit esse compos, hinc fit, ut qui amant, mente sibi non constent, et dum laudes rei, quam amant, narrare gaudent, timeant credi. At qui reliquos conatur ratione ducere, non impetu, sed humaniter et benigne agit et sibi mente maxime constat. Porro quicquid cupimus et agimus, cuius causa sumus, quatenus Dei habemus ideam, sive quatenus Deum cognoscimus, ad religionem refero. Cupiditatem autem bene faciendi, quae eo ingeneratur, quod ex rationis ductu vivimus, pietatem voco. Cupiditatem deinde, qua homo, qui ex ductu rationis vivit, tenetur ut reliquos sibi amicitia iungat, honestatem voco, et id honestum, quod homines, qui ex ductu rationis vivunt, laudant, et id contra turpe, quod conciliandae amicitiae repugnat. Praeter haec civitatis etiam quaenam sint fundamenta ostendi. Differentia deinde inter veram virtutem et impotentiam facile ex supra dictis percipitur: nempe quod vera virtus nihil aliud sit, quam ex solo rationis ductu vivere; atque adeo impotentia in hoc solo consistit, quod homo a rebus, quae extra ipsum sunt, duci

razão, isto é (pela prop. 24), aquele que busca a virtude, é compreender (pela prop. 26). Logo, todo aquele que busca a virtude desejará, também para os outros homens, o bem que apetece para si próprio. Além disso, o desejo, enquanto está referido à mente, é a própria essência da mente (pela def. 1 dos afetos). Ora, a essência da mente consiste em um conhecimento (pela prop. 11 da P. 2) que envolve o conhecimento de Deus (pela prop. 47 da P. 2) e, sem o qual (pela prop. 15 da P. 1), ela não pode existir nem ser concebida. Portanto, quanto maior conhecimento de Deus a essência da mente envolver, tanto maior será também o grau com que aquele que busca a virtude desejará, para um outro, um bem que apetece para si próprio. C. Q. D.

Demonstração alternativa. O homem amará com mais constância o bem que ama e apetece para si próprio se vê que outros também o amam (pela prop. 31 da P. 3). Portanto (pelo corol. da mesma prop.), ele se esforçará para que outros também o amem. E como esse bem (pela prop. prec.) é comum a todos os homens e todos podem desfrutá-lo, ele se esforçará, então (pela mesma razão), para que todos dele desfrutem; e (pela prop. 37 da P. 3) tanto mais se esforçará quanto mais ele próprio desfruta desse bem. C. Q. D.

Escólio 1. Quem se esforça, apenas em função de um afeto, para que os outros amem o que ele próprio ama e para que vivam de acordo com a inclinação que lhe é própria, age apenas por impulso, e se torna, por isso, odioso, sobretudo para aqueles que gostam de outras coisas e que, portanto, por sua vez, se empenham e se esforçam, com igual impulso, para que os outros vivam de acordo com a inclinação que lhes é própria. Além disso, como o bem supremo que, por causa de um afeto, os homens desejam é, muitas vezes, algo do qual apenas um único homem pode desfrutar, ocorre que aqueles que amam não sejam coerentes consigo mesmos e que, ao mesmo tempo que se enchem de gáudio ao proclamar as glórias da coisa que amam, temem ser acreditados. Em troca, quem se esforça por conduzir os outros de acordo com a razão não age por impulso, mas humana e benignamente, e é inteiramente coerente consigo mesmo. De resto, remeto à religiosidade tudo quanto desejamos e fazemos e de que, enquanto temos a ideia de Deus, ou seja, enquanto conhecemos a Deus, somos a causa. Quanto ao desejo de fazer o bem, que surge por vivermos sob a condução da razão, chamo de piedade. Já o desejo que leva o homem que vive sob a condução da razão a unir-se aos outros pela amizade chamo de lealdade. E chamo de leal aquilo que os homens que vivem sob a condução da razão louvam, e de desleal aquilo que contraria o vínculo da amizade. Mostrei também, além disso, quais são os fundamentos da sociedade civil. Percebe-se facilmente, enfim, pelo que foi anteriormente dito, a diferença entre a verdadeira virtude e a impotência: a verdadeira virtude nada mais é do que

se patiatur et ab iis ad ea agendum determinetur, quae rerum externarum communis constitutio, non autem ea, quae ipsa ipsius natura in se sola considerata postulat. Atque haec illa sunt, quae in schol. prop. 18 huius partis demonstrare promisi, ex quibus apparet legem illam de non mactandis brutis magis vana superstitione et muliebri misericordia, quam sana ratione fundatam esse. Docet quidem ratio nostrum utile quaerendi necessitudinem cum hominibus iungere; sed non cum brutis aut rebus, quarum natura a natura humana est diversa, sed idem ius, quod illa in nos habent, nos in ea habere. Imo quia uniuscuiusque ius virtute seu potentia uniuscuiusque definitur, longe maius homines in bruta, quam haec in homines ius habent. Nec tamen nego bruta sentire, sed nego, quod propterea non liceat nostrae utilitati consulere et iisdem ad libitum uti; eademque tractare, prout nobis magis convenit; quandoquidem nobiscum natura non conveniunt et eorum affectus ab affectibus humanis sunt natura diversi (vide schol. prop. 57 P. 3). Superest, ut explicem, quid iustum, quid iniustum, quid peccatum et quid denique meritum sit. Sed de his vide sequens scholium.

Scholium II. In appendice partis primae explicare promisi, quid laus et vituperium, quid meritum et peccatum, quid iustum et iniustum sit. Laudem et vituperium quod attinet, in schol. prop. 29 P. 3 explicui; de reliquis autem hic iam erit dicendi locus. Sed prius pauca de statu hominis naturali et civili dicenda sunt.

Existit unusquisque summo naturae iure, et consequenter summo naturae iure unusquisque ea agit, quae ex suae naturae necessitate sequuntur; atque adeo summo naturae iure unusquisque iudicat, quid bonum, quid malum sit, suaeque utilitati ex suo ingenio consulit (vide prop. 19 et 20 huius), seseque vindicat (vide coroll. 2 prop. 40 P. 3), et id quod amat conservare, et id quod odio habet destruere conatur (vide prop. 28 P. 3). Quod si homines ex ductu rationis viverent, potiretur unusquisque (per coroll. 1 prop. 35 huius) hoc suo iure absque ullo alterius damno. Sed quia affectibus sunt obnoxii (per coroll. prop. 4 huius), qui potentiam seu virtutem humanam longe superant (per prop. 6 huius), ideo saepe diversi trahuntur (per prop. 33 huius) atque sibi invicem sunt contrarii (per prop. 34 huius), mutuo dum auxilio indigent (per schol. prop. 35 huius). Ut igitur homines concorditer vivere et sibi auxilio esse possint, necesse est, ut iure suo naturali cedant et se invicem securos reddant, se nihil acturos, quod possit in alterius damnum cedere. Qua autem ratione hoc fieri possit, ut scilicet homines, qui affectibus necessario sunt obnoxii (per coroll. prop. 4 huius) atque

viver exclusivamente sob a condução da razão, enquanto a impotência consiste em o homem se deixar conduzir apenas pelas coisas que estão fora dele e em ser determinado por elas a fazer aquilo que o arranjo ordinário das coisas exige e não aquilo que exige a sua própria natureza, considerada em si mesma. Foi o que prometi, no esc. da prop. 18, demonstrar. Por isso, é evidente que a lei que proíbe matar os animais funda-se mais numa vã superstição e numa misericórdia feminil do que na sã razão. O princípio pelo qual se deve buscar o que nos é útil ensina, indubitavelmente, a necessidade de nos unirmos aos homens e não aos animais ou às coisas, cuja natureza é diferente da natureza humana. Temos sobre eles o mesmo direito que eles têm sobre nós. Ou melhor, como o direito de cada um se define por sua virtude ou potência, os homens têm muito mais direito sobre os animais do que estes sobre os homens. Não nego, entretanto, que os animais sintam. Nego que não nos seja permitido, por causa disso, atender à nossa conveniência, utilizando-os como desejarmos e tratando-os da maneira que nos seja mais útil, pois eles não concordam, em natureza, conosco, e seus afetos são diferentes, em natureza, dos afetos humanos (veja-se o esc. da prop. 57 da P. 3). Resta explicar o que é o justo, o que é o injusto, o que é o pecado e, enfim, o que é o mérito. Sobre isso, veja-se o escólio seguinte.

Escólio 2. Prometi, no apêndice da primeira parte, explicar o que é a exultação e a afronta, o que é o mérito e o pecado, o que é o justo e o injusto. Quanto à exultação e à afronta, expliquei-os no esc. da prop. 29 da P. 3. É o momento, agora, de falar sobre os outros. É preciso, antes, entretanto, dizer algumas poucas palavras sobre o estado natural e o estado civil do homem. É pelo direito supremo da natureza que cada um existe e, consequentemente, é pelo direito supremo da natureza que cada um faz o que se segue da necessidade de sua própria natureza. Por isso, é pelo direito supremo da natureza que cada um julga o que é bom e o que é mau; o que, de acordo com a sua inclinação, lhe é útil (vejam-se as prop. 19 e 20); vinga-se (veja-se o corol. 2 da prop. 40 da P. 3); e se esforça por conservar o que ama e por destruir o que odeia (veja-se a prop. 28 da P. 3). Se os homens vivessem sob a condução da razão, cada um (pelo corol. 1 da prop. 35) desfrutaria desse seu direito sem qualquer prejuízo para os outros. Como, entretanto, estão submetidos a afetos (pelo corol. da prop. 4), os quais superam, em muito, a potência ou a virtude humana (pela prop. 6), eles são, muitas vezes, arrastados para diferentes direções (pela prop. 33) e são reciprocamente contrários (pela prop. 34), quando o que precisam é de ajuda mútua (pelo esc. da prop. 35). Para que os homens, portanto, vivam em concórdia e possam ajudar-se mutuamente, é preciso que façam concessões relativamente a seu direito natural e deem-se garantias recíprocas de que nada farão que possa redundar em prejuízo alheio. Por qual razão isso pode vir a acontecer – quer dizer, que os homens, que estão necessariamente submetidos aos afetos (pelo corol. da prop. 4) e são inconstantes e

inconstantes et varii (per prop. 33 huius), possint se invicem securos reddere et fidem invicem habere, patet ex prop. 7 huius partis et prop. 39 P. 3. Nempe quod nullus affectus coerceri potest, nisi affectu fortiore et contrario affectui coercendo, et quod unusquisque ab inferendo damno abstinet timore maioris damni. Hac igitur lege societas firmari poterit, si modo ipsa sibi vindicet ius, quod unusquisque habet, sese vindicandi et de bono et malo iudicandi; quaeque adeo potestatem habeat communem vivendi rationem praescribendi, legesque ferendi, easque non ratione, quae affectus coercere nequit (per schol. prop. 17 huius), sed minis firmandi. Haec autem societas legibus et potestate sese conservandi firmata civitas appellatur, et qui ipsius iure defenduntur cives. Ex quibus facile intelligimus, nihil in statu naturali dari, quod ex omnium consensu bonum aut malum sit, quandoquidem unusquisque, qui in statu est naturali, suae tantummodo utilitati consulit, et ex suo ingenio, et quatenus suae utilitatis tantum habet rationem, quid bonum quidve malum sit, decernit, et nemini nisi sibi soli obtemperare lege ulla tenetur; atque adeo in statu naturali peccatum concipi nequit. At quidem in statu civili, ubi et communi consensu decernitur, quid bonum quidve malum sit, et unusquisque civitati obtemperare tenetur. Est itaque peccatum nihil aliud, quam inobedientia, quae propterea solo civitatis iure punitur; et contra obedientia civi meritum ducitur, quia eo ipso dignus iudicatur, qui civitatis commodis gaudeat. Deinde in statu naturali nemo ex communi consensu alicuius rei est dominus, nec in natura aliquid datur, quod possit dici huius hominis esse et non illius; sed omnia omnium sunt, ac proinde in statu naturali nulla potest concipi voluntas unicuique suum tribuendi; aut alicui id, quod eius sit, eripiendi, hoc est, in statu naturali nihil fit, quod iustum aut iniustum possit dici; at quidem in statu civili, ubi ex communi consensu decernitur, quid huius quidve illius sit. Ex quibus apparet, iustum et iniustum, peccatum et meritum notiones esse extrinsecas, non autem attributa, quae mentis naturam explicent. Sed de his satis.

***Propositio XXXVIII.* Id quod corpus humanum ita disponit, ut pluribus modis possit affici, vel quod idem aptum reddit ad corpora externa pluribus modis afficiendum, homini est utile; et eo utilius, quo corpus ab eo aptius redditur, ut pluribus modis afficiatur, aliaque corpora afficiat; et contra id noxium est, quod corpus ad haec minus aptum reddit.**

volúveis (pela prop. 33), possam dar-se essas garantias recíprocas e terem uma confiança mútua – é evidente pela prop. 7 desta parte e pela prop. 39 da P. 3. Mais especificamente, é porque nenhum afeto pode ser refreado a não ser por um afeto mais forte e contrário ao afeto a ser refreado, e porque cada um se abstém de causar prejuízo a outro por medo de um prejuízo maior. É, pois, com base nessa lei que se poderá estabelecer uma sociedade, sob a condição de que esta avoque para si própria o direito que cada um tem de se vingar e de julgar sobre o bem e o mal. E que ela tenha, portanto, o poder de prescrever uma norma de vida comum e de elaborar leis, fazendo-as cumprir não pela razão, que não pode refrear os afetos (pelo esc.da prop. 17), mas por ameaças. Uma tal sociedade, baseada nas leis e no poder de se conservar, chama-se sociedade civil e aqueles que são protegidos pelos direitos dessa sociedade chamam-se cidadãos. Com isso, compreendemos facilmente que, no estado natural, não há nada que seja bom ou mau pelo consenso de todos, pois quem se encontra no estado natural preocupa-se apenas com o que lhe é de utilidade, considerada segundo a sua própria inclinação. E decide sobre o que é bom e o que é mau apenas por sua utilidade, não estando obrigado, por qualquer lei, a obedecer a ninguém mais senão a si próprio. Não se pode, por isso, no estado natural, conceber-se o pecado, mas pode-se, certamente, concebê-lo no estado civil, no qual o que é bom e o que é mau é decidido por consenso, e cada um está obrigado a obedecer à sociedade civil. O pecado não é, pois, senão uma desobediência, que é punida apenas por causa do direito da sociedade civil. E, inversamente, a obediência é creditada ao cidadão como mérito, pois, por causa dela, ele é julgado digno de desfrutar dos benefícios da sociedade civil. Além disso, ninguém, no estado natural, é dono de algo por consenso, nem há, na natureza, nada que se possa dizer que é deste homem e não daquele. Em vez disso, tudo é de todos, não se podendo, pois, conceber, no estado natural, nenhuma disposição para conceder a cada um o que é seu ou para despojá-lo do que lhe pertence, isto é, no estado natural, não há nada que se faça que se possa chamar de justo ou injusto. Isso é possível, entretanto, no estado civil, no qual se decide, por consenso, o que é deste ou daquele. Por essas razões é evidente que o justo e o injusto, o pecado e o mérito são noções extrínsecas e não atributos que expliquem a natureza da mente. Mas sobre isso já disse o suficiente.

Proposição 38. **É útil ao homem aquilo que dispõe o seu corpo a poder ser afetado de muitas maneiras, ou que o torna capaz de afetar de muitas maneiras os corpos exteriores; e é tanto mais útil quanto mais torna o corpo humano capaz de ser afetado e de afetar os outros corpos de muitas maneiras. E, inversamente, é nocivo aquilo que torna o corpo menos capaz disso.**

Demonstratio. Quo corpus ad haec aptius redditur, eo mens aptior ad percipiendum redditur (per prop. 14 P. 2); adeoque id, quod corpus hac ratione disponit aptumque ad haec reddit, est necessario bonum seu utile (per prop. 26 et 27 huius), et eo utilius, quo corpus ad haec aptius potest reddere; et contra (per eandem prop. 14 P. 2 inversam et prop. 26 et 27 huius) noxium, si corpus ad haec minus aptum reddat. Q.E.D.

Propositio XXXIX. **Quae efficiunt, ut motus et quietis ratio, quam corporis humani partes ad invicem habent, conservetur, bona sunt; et ea contra mala, quae efficiunt, ut corporis humani partes aliam ad invicem motus et quietis habeant rationem.**

Demonstratio. Corpus humanum indiget, ut conservetur, plurimis aliis corporibus (per postul. 4 P. 2). At id, quod formam humani corporis constituit, in hoc consistit, quod eius partes motus suos certa quadam ratione sibi invicem communicent (per defin. ante lemm. 4 quam vide post prop. 13 P. 2). Ergo quae efficiunt, ut motus et quietis ratio, quam corporis humani partes ad invicem habent, conservetur, eadem humani corporis formam conservant, et consequenter efficiunt (per postul. 3 et 6 P. 2) ut corpus humanum multis modis affici, et ut idem corpora externa multis modis afficere possit; adeoque (per prop. praeced.) bona sunt. Deinde quae efficiunt, ut corporis humani partes aliam motus et quietis rationem obtineant, eadem (per eandem defin. P. 2) efficiunt, ut corpus humanum aliam formam induat, hoc est (ut per se notum, et in fine praef. huius partis monuimus) ut corpus humanum destruatur, et consequenter ut omnino ineptum reddatur, ne possit pluribus modis affici, ac proinde (per prop. praeced.) mala sunt. Q.E.D.

Scholium. Quantum haec menti obesse vel prodesse possunt in P. 5 explicabitur. Sed hic notandum, quod corpus tum mortem obire intelligam, quando eius partes ita disponuntur, ut aliam motus et quietis rationem ad invicem obtineant. Nam negare non audeo corpus humanum retenta sanguinis circulatione et aliis, propter quae corpus vivere existimatur, posse nihilominus in aliam naturam a sua prorsus diversam mutari. Nam nulla ratio me cogit, ut statuam corpus non mori, nisi mutetur in cadaver; quin ipsa experientia aliud suadere videtur. Fit namque aliquando, ut homo tales patiatur mutationes, ut non facile eundem illum esse dixerim, ut de quodam hispano poeta narrare audivi, qui morbo correptus fuerat et quamvis ex eo convaluerit, mansit

Demonstração. Quanto mais o corpo se torna capaz disso, tanto mais a mente se torna capaz de perceber (pela prop. 14 da P. 2). Portanto, aquilo que assim dispõe o corpo e o torna capaz disso é necessariamente bom ou útil (pelas prop. 26 e 27), e tanto mais útil quanto mais pode tornar o corpo capaz disso; e, inversamente (pela mesma prop. 14 da P. 2, considerada inversamente, e pelas prop. 26 e 27 desta parte), é nocivo se torna o corpo menos capaz disso. C. Q. D.

Proposição 39. **É bom aquilo que faz com que se conserve a proporção entre movimento e repouso que as partes do corpo humano têm entre si; e, inversamente, é mau aquilo que faz com que as partes do corpo humano tenham, entre si, uma proporção diferente entre movimento e repouso.**

Demonstração. O corpo humano precisa, para se conservar, de muitos outros corpos (pelo post. 4 da P. 2). Ora, o que constitui a forma do corpo humano consiste em que as suas partes transmitem entre si os seus movimentos segundo uma proporção definida (pela def. que precede o lema 4, que pode ser conferida após a prop. 13 da P. 2). Logo, aquilo que faz com que se conserve a proporção entre movimento e repouso que as partes do corpo humano têm entre si conserva a forma desse corpo e faz, consequentemente, com que (pelos post. 3 e 6 da P. 2) ele possa ser afetado e que possa afetar os corpos exteriores de muitas maneiras e é, por isso (pela prop. prec.), bom. Por outro lado, aquilo que faz com que as partes do corpo humano adquiram, entre si, outra proporção entre movimento e repouso, também faz (pela mesma def. da P. 2) com que esse corpo assuma outra forma; isto é (como é, por si mesmo, sabido, e como observamos no final do prefácio desta parte), faz com que o corpo humano seja destruído e, consequentemente, que se torne inteiramente incapaz de poder ser afetado de muitas maneiras; e é, portanto (pela prop. prec.), mau. C. Q. D.

Escólio. O quanto essas coisas podem ser prejudiciais ou benéficas para a mente será explicado na P. 5. Aqui, deve-se observar, entretanto, que compreendo que a morte do corpo sobrevém quando suas partes se dispõem de uma maneira tal que adquirem, entre si, outra proporção entre movimento e repouso. Pois não ouso negar que o corpo humano, ainda que mantenha a circulação sanguínea e outras coisas, em função das quais se julga que ele ainda vive, pode, não obstante, ter sua natureza transformada em outra inteiramente diferente da sua. Com efeito, nenhuma razão me obriga a afirmar que o corpo não morre a não ser quando se transforma em cadáver. Na verdade, a própria experiência parece sugerir o contrário. Pois ocorre que um homem passa, às vezes, por transformações tais que não seria fácil dizer que ele é o mesmo. Tal como ouvi contarem de um poeta espanhol, que fora atingido por uma doença e que, embora dela tenha se curado, esqueceu-se, entretanto, de tal forma da sua vida passada que acreditava que não eram suas as comédias e tragédias que havia escrito; e, certamente,

tamen praeteritae suae vitae tam oblitus, ut fabulas et tragoedias, quas fecerat, suas non crediderit esse, et sane pro infante adulto haberi potuisset, si vernaculae etiam linguae fuisset oblitus. Et si hoc incredibile videtur, quid de infantibus dicemus, quorum naturam homo provectae aetatis a sua tam diversam esse credit, ut persuaderi non posset, se unquam infantem fuisse, nisi ex aliis de se coniecturam faceret? Sed ne superstitiosis materiam suppeditem movendi novas quaestiones, malo haec in medio relinquere.

Propositio XL. **Quae ad hominum communem societatem conducunt, sive quae efficiunt, ut homines concorditer vivant, utilia sunt, et illa contra mala, quae discordiam in civitatem inducunt.**

Demonstratio. Nam quae efficiunt ut homines concorditer vivant, simul efficiunt, ut ex ductu rationis vivant (per prop. 35 huius), atque adeo (per prop. 26 et 27 huius) bona sunt, et (per eandem rationem) illa contra mala sunt, quae discordias concitant. Q.E.D.

Propositio XLI. **Laetitia directe mala non est, sed bona; tristitia autem contra directe est mala.**

Demonstratio. Laetitia (per prop. 11 P. 3 cum eiusdem schol.) est affectus, quo corporis agendi potentia augetur vel iuvatur; tristitia autem contra est affectus, quo corporis agendi potentia minuitur vel coercetur; adeoque (per prop. 38 huius) laetitia directe bona est etc. Q.E.D.

Propositio XLII. **Hilaritas excessum habere nequit, sed semper bona est, et contra melancholia semper mala.**

Demonstratio. Hilaritas (vide eius defin. in schol. prop. 11 P. 3) est laetitia, quae, quatenus ad corpus refertur, in hoc consistit, quod corporis omnes partes pariter sint affectae, hoc est (per prop. 11 P. 3) quod corporis agendi potentia augetur vel iuvatur, ita ut omnes eius partes eandem ad invicem motus et quietis rationem obtineant; atque adeo (per prop. 39 huius) hilaritas semper est bona, nec excessum habere potest. At melancholia (cuius etiam defin. vide in schol. prop. 11 P. 3) est tristitia, quae quatenus ad corpus refertur, in hoc consistit, quod corporis agendi potentia absolute minuitur vel coercetur; adeoque (per prop. 38 huius) semper est mala. Q.E.D.

Propositio XLIII. **Titillatio excessum habere potest et mala esse; dolor autem eatenus potest esse bonus, quatenus titillatio seu laetitia est mala.**

QUARTA PARTE   A SERVIDÃO HUMANA OU A FORÇA DOS AFETOS

se tivesse esquecido também sua língua materna, se poderia julgá-lo uma criança adulta. E se isso parece incrível, o que diremos da transformação das crianças em adultos? Um homem de idade avançada acredita que a natureza das crianças é tão diferente da sua que não poderia ser convencido de que foi uma vez criança, se não chegasse a essa conclusão pelos outros. Para não dar, entretanto, aos supersticiosos, pretexto para que levantem novas questões, prefiro parar por aqui.

Proposição 40. **É útil aquilo que conduz à sociedade comum dos homens, ou seja, aquilo que faz com que os homens vivam em concórdia e, inversamente, é mau aquilo que traz discórdia à sociedade civil.**

Demonstração. Com efeito, aquilo que faz com os homem vivam em concórdia leva-os, ao mesmo tempo, a viverem sob a condução da razão (pela prop. 35) e, portanto (pelas prop. 26 e 27), é bom, e (pela mesma razão), inversamente, é mau aquilo que provoca discórdias. C. Q. D.

Proposição 41. **A alegria não é diretamente má, mas boa; a tristeza, em troca, é diretamente má.**

Demonstração. A alegria (pela prop. 11 da P. 3, juntamente com seu esc.) é um afeto pelo qual a potência de agir do corpo é aumentada ou estimulada. A tristeza, em troca, é um afeto pelo qual a potência de agir do corpo é diminuída ou refreada. Portanto (pela prop. 38), a alegria é diretamente boa, etc. C. Q. D.

Proposição 42. **O contentamento nunca é excessivo, mas sempre bom, enquanto, inversamente, a melancolia é sempre má.**

Demonstração. O contentamento (veja-se sua def. no esc. da prop. 11 da P. 3) é uma alegria que, enquanto está referida ao corpo, consiste em que todas as suas partes são igualmente afetadas, isto é (pela prop. 11 da P. 3), em que a potência de agir do corpo é aumentada ou estimulada de tal maneira que todas as suas partes adquirem, entre si, a mesma proporção entre movimento e repouso. Portanto (pela prop. 39), o contentamento é sempre bom e nunca é excessivo. A melancolia (cuja def. pode ser conferida no esc. da prop. 11 da P. 3), em troca, é uma tristeza que, enquanto referida ao corpo, consiste em que a potência de agir do corpo é inteiramente diminuída ou refreada. Portanto (pela prop. 38), é sempre má. C. Q. D.

Proposição 43. **A excitação pode ser excessiva e ser má; em troca, a dor – à medida que a excitação, ou seja, a alegria, for má – pode ser boa.**

Demonstratio. Titillatio est laetitia, quae, quatenus ad corpus refertur, in hoc consistit, quod una vel aliquot eius partes prae reliquis afficiuntur (vide eius defin. in schol. prop. 11 P. 3), cuius affectus potentia tanta esse potest, ut reliquas corporis actiones superet (per prop. 6 huius), eique pertinaciter adhaereat, atque adeo impediat, quominus corpus aptum sit, ut plurimis aliis modis afficiatur; adeoque (per prop. 38 huius) mala esse potest. Deinde dolor, qui contra tristitia est, in se solo consideratus non potest esse bonus (per prop. 41 huius). Verum quia eius vis et incrementum definitur potentia causae externae cum nostra comparata (per prop. 5 huius), possumus ergo huius affectus infinitos virium concipere gradus et modos (per prop. 3 huius); atque adeo eundem talem concipere, qui titillationem possit coercere, ut excessum non habeat, et eatenus (per primam partem prop. huius) efficere, ne corpus minus aptum reddatur, ac proinde eatenus erit bonus. Q.E.D.

Propositio XLIV. **Amor et cupiditas excessum habere possunt.**

Demonstratio. Amor est laetitia (per aff. defin. 6) concomitante idea causae externae. Titillatio igitur (per schol. prop. 11 P. 3) concomitante idea causae externae amor est; atque adeo amor (per prop. praeced.) excessum habere potest. Deinde cupiditas eo est maior, quo affectus, ex quo oritur, maior est (per prop. 37 P. 3). Quare ut affectus (per prop. 6 huius) reliquas hominis actiones superare potest, sic etiam cupiditas, quae ex eodem affectu oritur, reliquas cupiditates superare, ac proinde eundem excessum habere poterit, quem in praeced. prop. titillationem habere ostendimus. Q.E.D.

Scholium. Hilaritas, quam bonam esse dixi, concipitur facilius, quam observatur. Nam affectus, quibus quotidie conflictamur, referuntur plerumque ad aliquam corporis partem, quae prae reliquis afficitur, ac proinde affectus ut plurimum excessum habent, et mentem in sola unius obiecti contemplatione ita detinent, ut de aliis cogitare nequeat; et quamvis homines pluribus affectibus obnoxii sint, atque adeo rari reperiantur, qui semper uno eodemque affectu conflictentur, non desunt tamen, quibus unus idemque affectus pertinaciter adhaereat. Videmus enim homines aliquando ab uno obiecto ita affici, ut, quamvis praesens non sit, ipsum tamen coram habere credant, quod quando homini non dormienti accidit, eundem delirare dicimus vel insanire; nec minus insanire creduntur, qui amore ardent, quique noctes atque dies solam amasiam vel meretricem somniant, quia risum movere solent. At cum avarus de nulla alia re, quam de lucro vel de nummis

Demonstração. A excitação é uma alegria que, enquanto referida ao corpo, consiste em que uma parte – ou algumas de suas partes – é mais afetada do que as outras (veja-se sua def. no esc. da prop. 11 da P. 3); e a potência desse afeto pode ser tanta que supera as outras ações do corpo (pela prop. 6); e que esse afeto permaneça obstinadamente fixo a ele, impedindo, assim, que o corpo seja capaz de ser afetado de muitas outras maneiras. A excitação pode, portanto (pela prop. 38), ser má. Quanto à dor, que é, contrariamente, uma tristeza, considerada por si só, não pode ser boa (pela prop. 41). Mas como sua força e expansão são definidas pela potência da causa exterior, considerada em comparação com a nossa (pela prop. 5), podemos, então, conceber infinitos graus e modos das forças desse afeto (pela prop. 3). Podemos conceber, pois, uma dor tal que possa refrear a excitação para que essa não seja excessiva e fazer, dessa maneira (pela primeira parte desta proposição), com que o corpo não se torne menos capaz. Ela será, portanto, dessa maneira, boa. C. Q. D.

Proposição 44. **O amor e o desejo podem ser excessivos.**

Demonstração. O amor é uma alegria (pela def. 6 dos afetos), acompanhada da ideia de uma causa exterior. Logo (pelo esc. da prop. 11 da P. 3), a excitação, acompanhada da ideia de uma causa exterior, é um amor. O amor pode, portanto (pela prop. prec.), ser excessivo. Por sua vez, o desejo é tanto maior quanto maior é o afeto do qual ele surge (pela prop. 37 da P. 3). Por isso, assim como um afeto (pela prop. 6) pode superar as outras ações do homem, também o desejo que surge desse afeto pode superar os outros desejos e, por isso, poderá ser tão excessivo quanto a excitação de que tratamos na proposição precedente. C. Q. D.

Escólio. É mais fácil conceber o contentamento, que eu disse ser bom, do que observá-lo. Com efeito, os afetos pelos quais somos cotidianamente afligidos estão referidos, em geral, a uma parte do corpo que é mais afetada que as outras e, por isso, esses afetos são, em geral, excessivos, e ocupam a mente de tal maneira na consideração de um único objeto que ela não pode pensar em outros. E embora os homens estejam submetidos a muitos afetos, sendo, por isso, raro encontrar-se alguém que seja afligido, sempre, por um único e mesmo afeto, não faltam, entretanto, aqueles que permanecem obstinadamente fixados em um único e mesmo afeto. Vemos, pois, algumas vezes, homens afetados de tal maneira por um único objeto que, embora este não esteja presente, acreditam, entretanto, tê-lo diante de si. E quando isso acontece com um homem em estado de vigília, dizemos que ele delira ou que está louco. E não são considerados menos loucos, pois costumam provocar o riso, aqueles que ardem de amor e sonham, noite e dia, apenas com a amante ou a meretriz. Não se julga, em troca, que o avarento e o ambicioso, embora um não pense senão no lucro ou no dinheiro e o

cogitet, et ambitiosus de gloria etc., hi non creduntur delirare, quia molesti solent esse et odio digni aestimantur. Sed revera avaritia, ambitio, libido etc. delirii species sunt, quamvis inter morbos non numerentur.

Propositio XLV. **Odium nunquam potest esse bonum.**

Demonstratio. Hominem quem odimus destruere conamur (per prop. 39 P. 3) hoc est (per prop. 37 huius) aliquid conamur quod malum est. Ergo etc. Q.E.D.

Scholium I. Nota me hic et in seqq. per odium illud tantum intelligere quod est erga homines.

Corollarium I. Invidia, irrisio, contemptus, ira, vindicta et reliqui affectus, qui ad odium referuntur vel ex eodem oriuntur, mali sunt, quod etiam ex prop. 39 P. 3 et prop. 37 huius patet.

Corollarium II. Quicquid ex eo, quod odio affecti sumus, appetimus, turpe et in civitate iniustum est. Quod etiam patet ex prop. 39 P. 3, et ex defin. turpis et iniusti, quas vide in schol. prop. 37 huius.

Scholium II. Inter irrisionem (quam in coroll. 1 malam esse dixi) et risum magnam agnosco differentiam. Nam risus, ut et iocus, mera est laetitia; adeoque modo excessum non habeat, per se bonus est (per prop. 41 huius). Nihil profecto nisi torva et tristis superstitio delectari prohibet. Nam qui magis decet famem et sitim extinguere, quam melancholiam expellere? Mea haec est ratio et sic animum induxi meum. Nullum numen, nec alius nisi invidus, mea impotentia et incommodo delectatur, nec nobis lacrimas, singultus, metum et alia huiusmodi, quae animi impotentis sunt signa, virtuti ducit; sed contra, quo maiore laetitia afficimur, eo ad maiorem perfectionem transimus, hoc est, eo nos magis de natura divina participare necesse est. Rebus itaque uti et iis, quantum fieri potest, delectari (non quidem ad nauseam usque, nam hoc delectari non est) viri est sapientis. Viri, inquam, sapientis est moderato et suavi cibo et potu se reficere et recreare, ut et odoribus, plantarum virentium amoenitate, ornatu, musica, ludis exercitatoriis, theatris et aliis huiusmodi, quibus unusquisque absque ullo alterius damno uti potest. Corpus namque humanum ex plurimis diversae naturae partibus componitur, quae continuo novo alimento indigent et vario, ut totum corpus ad omnia, quae ex ipsius natura sequi possunt, aeque aptum sit, et consequenter ut mens etiam aeque apta sit ad plura simul intelligendum. Hoc itaque vivendi institutum et cum nostris

outro, na glória, etc., delirem, pois costumam ser importunos e são considerados dignos de ódio. Mas, na verdade, a avareza, a ambição e a luxúria são espécies de delírio, ainda que não sejam contadas entre as doenças.

Proposição 45. **O ódio nunca pode ser bom.**

Demonstração. Nós nos esforçamos por destruir o homem que odiamos (pela prop. 39 da P. 3), isto é (pela prop. 37), nos esforçamos por fazer algo que é mau. Logo, etc. C. Q. D.

Escólio 1. Observe-se que, aqui e no que se segue, compreendo por ódio apenas o ódio para com os homens.

Corolário 1. A inveja, o escárnio, o desprezo, a ira, a vingança e os outros afetos que estão relacionados ao ódio ou dele surgem, são maus, o que é igualmente evidente pela prop. 39 da P. 3 e pela prop. 37.

Corolário 2. Tudo aquilo que apetecemos por estarmos afetados de ódio é desleal e, no âmbito da sociedade civil, injusto. O que é igualmente evidente pela prop. 39 da P. 3 e pelas def. de desleal e de injusto, que podem ser conferidas no esc. da prop. 37.

Escólio 2. Faço, entre o escárnio (que eu disse, no corol. 1, ser mau) e o riso, uma grande diferença. Com efeito, o riso, tal como a brincadeira, é pura alegria e, portanto, desde que não seja excessivo, é, por si, bom (pela prop. 41). Nada, certamente, a não ser uma superstição sombria e triste, proíbe que nos alegremos. Por quê, com efeito, seria melhor matar a fome e a sede do que expulsar a melancolia? Este é o meu princípio e assim me orientei. Nenhuma potestade, nem ninguém mais, a não ser um invejoso, pode comprazer-se com minha impotência e minha desgraça ou atribuir à virtude nossas lágrimas, nossos soluços, nosso medo, e coisas do gênero, que são sinais de um ânimo impotente. Pelo contrário, quanto maior é a alegria de que somos afetados, tanto maior é a perfeição a que passamos, isto é, tanto mais necessariamente participamos da natureza divina. Assim, servir-se das coisas, e com elas deleitar-se o quanto possível (não, certamente, à exaustão, pois isso não é deleitar-se), é próprio do homem sábio. O que quero dizer é que é próprio do homem sábio recompor-se e reanimar-se moderadamente com bebidas e refeições agradáveis, assim como todos podem se servir, sem nenhum prejuízo alheio, dos perfumes, do atrativo das plantas verdejantes, das roupas, da música, dos jogos esportivos, do teatro, e coisas do gênero. Pois o corpo humano é composto de muitas partes, de natureza diferente, que precisam, continuamente, de novo e variado reforço, para que o corpo inteiro seja, uniformemente, capaz de tudo o que possa se seguir de sua natureza e, como consequência, para que a mente também seja, uniformemente, capaz de compreender, simultaneamente, muitas coisas. Esta norma de vida está, assim, perfeitamente de acordo tanto com

principiis et cum communi praxi optime convenit; quare si quae alia, haec vivendi ratio optima est et omnibus modis commendanda, nec opus est de his clarius, neque prolixius agere.

Propositio XLVI. **Qui ex ductu rationis vivit, quantum potest, conatur alterius in ipsum odium, iram, contemptum etc. amore contra sive generositate compensare.**

Demonstratio. Omnes odii affectus mali sunt (per coroll. 1 praeced. prop.); adeoque qui ex ductu rationis vivit, quantum potest conabitur efficere, ne odii affectibus conflictetur (per prop. 19 huius), et consequenter (per prop. 37 huius) conabitur, ne etiam alius eosdem patiatur affectus. At odium odio reciproco augetur et amore contra extingui potest (per prop. 43 P. 3), ita ut odium in amorem transeat (per prop. 44 P. 3). Ergo qui ex ductu rationis vivit, alterius odium etc. amore contra compensare conabitur, hoc est, generositate (cuius defin. vide in schol. prop. 59 P. 3). Q.E.D.

Scholium. Qui iniurias reciproco odio vindicare vult, misere profecto vivit. At qui contra studet odium amore expugnare, ille sane laetus et secure pugnat; aeque facile pluribus hominibus ac uni resistit, et fortunae auxilio quam minime indiget. Quos vero vincit, ii laeti cedunt, non quidem ex defectu sed ex incremento virium. Quae omnia adeo clare ex solis amoris et intellectus definitionibus sequuntur, ut opus non sit eadem sigillatim demonstrare.

Propositio XLVII. **Spei et metus affectus non possunt esse per se boni.**

Demonstratio. Spei et metus affectus sine tristitia non dantur. Nam metus est (per aff. defin. 13) tristitia, et spes (vide explicationem aff. defin. 12 et 13) non datur sine metu. Ac proinde (per prop. 41 huius) hi affectus non possunt esse per se boni, sed tantum quatenus laetitiae excessum coercere possunt (per prop. 43 huius) Q.E.D.

Scholium. Huc accedit, quod hi affectus cognitionis defectum et mentis impotentiam indicant; et hac de causa etiam securitas, desperatio, gaudium et conscientiae morsus animi impotentis sunt signa. Nam quamvis securitas et gaudium affectus sint laetitiae, tristitiam tamen eosdem praecessisse supponunt, nempe spem et metum. Quo itaque magis ex ductu rationis vivere conamur, eo magis spe minus pendere et metu nosmet liberare, et fortunae, quantum possumus, imperare conamur, nostrasque actiones certo rationis consilio dirigere.

nossos princípios, quanto com a prática comum. Por isso, este modo de vida, se é que existem outros, é o melhor e deve ser recomendado por todos os meios, não havendo necessidade de tratar disso mais clara e detalhadamente.

Proposição 46. **Quem vive sob a condução da razão se esforça, tanto quanto pode, por retribuir com amor ou generosidade, o ódio, a ira, o desprezo, etc. de um outro para com ele.**

Demonstração. Todos os afetos de ódio são maus (pelo corol. 1 da prop. prec.). Por isso, quem vive sob a condução da razão, se esforçará, tanto quanto pode, por fazer com que não seja afligido por afetos de ódio (pela prop. 19) e, consequentemente (pela prop. 37), se esforçará para que um outro não padeça desses afetos. Mas o ódio é aumentado pelo ódio recíproco e, contrariamente, pode ser eliminado pelo amor (pela prop. 43 da P. 3), de tal maneira que o ódio se converta em amor (pela prop. 44 da P. 3). Logo, quem vive sob a condução da razão, se esforçará por retribuir, com amor ou generosidade (cuja def. pode ser conferida no esc. da prop. 59 da P. 3), o ódio de um outro, etc. C. Q. D.

Escólio. Quem quer vingar as ofensas por um ódio recíproco, vive, na verdade, infeliz. Quem, contrariamente, procura vencer o ódio pelo amor, combate, certamente, com alegria e segurança; defende-se facilmente tanto de um quanto de muitos homens; e não precisa, de modo algum, ser socorrido pela sorte. Por sua vez, aqueles a quem vence, rendem-se felizes, não, certamente, por carência, mas por acúmulo de forças. Todas essas conclusões se seguem tão claramente apenas das definições de amor e de intelecto que não é preciso demonstrá-las uma por uma.

Proposição 47. **Os afetos da esperança e do medo não podem ser, por si mesmos, bons.**

Demonstração. Os afetos da esperança e do medo não existem sem a tristeza. Com efeito, o medo é (pela def. 13 dos afetos) uma tristeza, e a esperança (veja-se a explicação das def. 12 e 13 dos afetos) não existe sem o medo. Por isso (pela prop. 41), esses afetos não podem ser, por si mesmos, bons, mas apenas à medida que podem refrear o excesso de alegria (pela prop. 43). C. Q. D.

Escólio. A isso se acrescenta que esses afetos indicam uma carência de conhecimento e uma impotência da mente. E por essa causa, também a segurança, o desespero, o gáudio e a decepção são sinais de um ânimo impotente. Com efeito, embora a segurança e o gáudio sejam afetos de alegria, pressupõem, entretanto, que a tristeza os precedeu, quer dizer, a esperança e o medo. Assim, quanto mais nos esforçamos por viver sob a condução da razão, tanto mais nos esforçamos por depender menos da esperança e por nos livrar do medo; por dominar, o quanto pudermos, o acaso; e por dirigir nossas ações de acordo com o conselho seguro da razão.

Propositio XLVIII. **Affectus existimationis et despectus semper mali sunt.**

Demonstratio. Hi enim affectus (per aff. defin. 21 et 22) rationi repugnant; adeoque (per prop. 26 et 27 huius) mali sunt. Q.E.D.

Propositio XLIX. **Existimatio facile hominem, qui existimatur, superbum reddit.**

Demonstratio. Si videmus, aliquem de nobis plus iusto prae amore sentire, facile gloriabimur (per schol. prop. 41 P. 3) sive laetitia afficiemur (per aff. defin. 30), et id boni, quod de nobis praedicari audimus, facile credemus (per prop. 25 P. 3). Atque adeo de nobis prae amore nostri plus iusto sentiemus, hoc est (per aff. defin. 28) facile superbiemus. Q.E.D.

Propositio L. **Commiseratio in homine, qui ex ductu rationis vivit, per se mala et inutilis est.**

Demonstratio. Commiseratio enim (per aff. defin. 18) tristitia est, ac proinde (per prop. 41 huius) per se mala. Bonum autem, quod ex ea sequitur, quod scilicet hominem cuius nos miseret, a miseria liberare conamur (per coroll. 3 prop. 27 P. 3), ex solo rationis dictamine facere cupimus (per prop. 37 huius), nec nisi ex solo rationis dictamine aliquid, quod certo scimus bonum esse, agere possumus (per prop. 27 huius). Atque adeo commiseratio in homine, qui ex ductu rationis vivit, per se mala est et inutilis. Q.E.D.

Corollarium. Hinc sequitur, quod homo qui ex dictamine rationis vivit, conatur, quantum potest, efficere ne commiseratione tangatur.

Scholium. Qui recte novit, omnia ex naturae divinae necessitate sequi et secundum aeternas naturae leges et regulas fieri, is sane nihil reperiet, quod odio, risu aut contemptu dignum sit, nec cuiusquam miserebitur; sed quantum humana fert virtus, conabitur bene agere, ut aiunt, et laetari. Huc accedit, quod is, qui commiserationis affectu facile tangitur et alterius miseria vel lacrimis movetur, saepe aliquid agit, cuius postea ipsum poenitet; tam quia ex affectu nihil agimus, quod certo scimus bonum esse, quam quia facile falsis lacrimis decipimur. Atque hic expresse loquor de homine, qui ex ductu rationis vivit. Nam qui nec ratione, nec commiseratione movetur, ut aliis auxilio sit, is recte inhumanus appellatur; nam (per prop. 27 P. 3) homini dissimilis esse videtur.

Proposição 48. **Os afetos da consideração e da desconsideração são sempre maus.**

Demonstração. Com efeito, esses afetos (pelas def. 21 e 22 dos afetos) contrariam a razão. São, portanto (pelas prop. 26 e 27), maus. C. Q. D.

Proposição 49. **A consideração torna facilmente soberbo o homem que é considerado.**

Demonstração. Se vemos que alguém tem, de nós, por amor, uma opinião acima da justa, facilmente nos gloriaremos (pelo esc. da prop. 41 da P. 3), ou seja, seremos afetados de alegria (pela def. 30 dos afetos). E facilmente acreditaremos (pela prop. 25 da P. 3) naquilo que de bom ouvirmos dizer de nós. Por isso, teremos de nós, por amor próprio, uma opinião acima da justa, isto é (pela def. 28 dos afetos), facilmente seremos tomados pela soberba. C. Q. D.

Proposição 50. **A comiseração, no homem que vive sob a condução da razão é, em si, má e inútil.**

Demonstração. A comiseração, com efeito (pela def. 18 dos afetos), é uma tristeza e, portanto (pela prop. 41), é, em si, má. Quanto ao bem que dela se segue, a saber, que nos esforçamos por livrar da infelicidade um homem que nos causa comiseração (pelo corol. 3 da prop. 27 da P. 3), desejamos fazê-lo apenas pelo ditame da razão (pela prop. 37), e apenas pelo ditame da razão podemos fazer algo que sabemos, com certeza, ser bom (pela prop. 27). Assim, a comiseração, no homem que vive sob a condução da razão, é, por si mesma, má e inútil. C. Q. D.

Corolário. Disso se segue que o homem que vive pelo ditame da razão se esforça, tanto quanto pode, por não ser tocado pela comiseração.

Escólio. Quem compreendeu corretamente que tudo se segue da necessidade da natureza divina e se faz segundo as leis e regras eternas da natureza, não encontrará, certamente, nada que seja digno de ódio, de riso ou de desprezo, nem sentirá comiseração por ninguém, mas se esforçará, tanto quanto permita a virtude humana, por fazer, como comumente se diz, o bem, e por se alegrar. Além disso, quem é facilmente tocado pelo afeto da comiseração e se comove com a infelicidade ou as lágrimas alheias, faz, muitas vezes, algo de que, depois, se arrepende, tanto porque, pelo afeto, nada fazemos que saibamos, com certeza, ser bom, quanto porque somos facilmente enganados por falsas lágrimas. Falo, aqui, expressamente, do homem que vive sob a condução da razão. Com efeito, quem não é levado nem pela razão, nem pela comiseração, a ajudar os outros, é, apropriadamente, chamado de inumano, pois (pela prop. 27 da P. 3) parece não ter semelhança com o homem.

Propositio LI. **Favor rationi non repugnat, sed cum eadem convenire et ab eadem oriri potest.**

Demonstratio. Est enim favor amor erga illum, qui alteri benefecit (per aff. defin. 19). Atque adeo ad mentem referri potest, quatenus haec agere dicitur (per prop. 59 P. 3), hoc est (per prop. 3 P. 3) quatenus intelligit; ac proinde cum ratione convenit etc. Q.E.D.

Aliter. Qui ex ductu rationis vivit, bonum, quod sibi appetit, alteri etiam cupit (per prop. 37 huius). Quare ex eo, quod ipse aliquem videt alteri benefacere, ipsius benefaciendi conatus iuvatur, hoc est (per schol. prop. 11 P. 3) laetabitur, idque (ex hypothesi) concomitante idea illius, qui alteri benefecit; ac proinde (per aff. defin. 19) ei favet. Q.E.D.

Scholium. Indignatio, prout ipsa a nobis definitur (vide aff. defin. 20), est necessario mala (per prop. 45 huius). Sed notandum, quod quando summa potestas desiderio, quo tenetur, tutandae pacis, civem punit qui, alteri iniuriam fecit, eandem civi indignari non dico, quia non odio percita ad perdendum civem, sed pietate mota eundem punit.

Propositio LII. **Acquiescentia in se ipso ex ratione oriri potest, et ea sola acquiescentia, quae ex ratione oritur, summa est quae potest dari.**

Demonstratio. Acquiescentia in se ipso est laetitia orta ex eo, quod homo se ipsum suamque agendi potentiam contemplatur (per aff. defin. 25). At vera hominis agendi potentia seu virtus est ipsa ratio (per prop. 3 P. 3), quam homo clare et distincte contemplatur (per prop. 40 et 43 P. 2). Ergo acquiescentia in se ipso ex ratione oritur. Deinde nihil homo, dum se ipsum contemplatur, clare et distincte sive adaequate percipit, nisi ea quae ex ipsius agendi potentia sequuntur (per defin. 2 P. 3), hoc est (per prop. 3 P. 3), quae ex ipsius intelligendi potentia sequuntur. Adeoque ex sola hac contemplatione summa, quae dari potest, acquiescentia oritur. Q.E.D.

Scholium. Est revera acquiescentia in se ipso summum, quod sperare possumus. Nam (ut prop. 25 huius ostendimus) nemo suum esse alicuius finis causa conservare conatur; et quia haec acquiescentia magis magisque fovetur et corroboratur laudibus (per coroll. prop. 53 P. 3), et contra (per coroll. 1 prop. 55 P. 3) vituperio magis magisque turbatur, ideo gloria maxime ducimur et vitam cum probro vix ferre possumus.

Proposição 51. **O reconhecimento não se opõe à razão; em vez disso, concorda com ela e pode dela surgir.**

Demonstração. O reconhecimento, com efeito, é o amor para com aquele que fez bem a um outro (pela def. 19 dos afetos). Pode, portanto, estar referido à mente, enquanto se diz que esta age (pela prop. 59 da P. 3), isto é (pela prop. 3 da P. 3), enquanto compreende. E, por isso, concorda com a razão, etc. C. Q. D.

Demonstração alternativa. Quem vive sob a condução da razão deseja, também para um outro, o bem que apetece para si próprio (pela prop. 37). Por isso, por ver alguém fazer o bem a um outro, seu próprio esforço por fazer o bem é estimulado, isto é (pelo esc. da prop. 11 da P. 3), ele terá uma alegria, a qual (por hipótese) vem acompanhada da ideia daquele que fez bem a um outro e, por isso (pela def. 19 dos afetos), lhe é reconhecido. C. Q. D.

Escólio. A indignação, tal como a definimos (veja-se a def. 20 dos afetos), é necessariamente má (pela prop. 45). Mas deve-se observar que quando o poder supremo, no propósito de manter a paz, pune o cidadão que cometeu uma injúria contra outro, não digo que se indigna com ele, porque não é por ódio que prejudica o cidadão: pune-o movido pela piedade.

Proposição 52. **A satisfação consigo mesmo pode surgir da razão; e só a satisfação que surge da razão é a maior que pode existir.**

Demonstração. A satisfação consigo mesmo é uma alegria que surge porque o homem considera a si próprio e a sua potência de agir (pela def. 25 dos afetos). Ora, a verdadeira potência de agir do homem, ou seja, a sua virtude, é a própria razão (pela prop. 3 da P. 3), a qual o homem considera clara e distintamente (pelas prop. 40 e 43 da P. 2). Logo, a satisfação consigo mesmo surge da razão. Além disso, o homem, enquanto considera a si próprio, não percebe clara e distintamente – ou seja, adequadamente – senão aquilo que se segue de sua própria potência de agir (pela def. 2 da P. 3), isto é (pela prop. 3 da P. 3), aquilo que se segue de sua própria potência de compreender. Portanto, é só dessa consideração que surge a maior satisfação que pode existir. C. Q. D.

Escólio. A satisfação consigo mesmo é, na realidade, a maior coisa que podemos esperar. Com efeito (como demonstramos na prop. 25), ninguém se esforça por conservar seu ser em função de algum fim. E essa satisfação é, cada vez mais, reforçada e consolidada pelas exultações (pelo corol. da prop. 53 da P. 3) e, de maneira inversa (pelo corol. 1 da prop. 55 da P. 3), é, cada vez mais, perturbada pela afronta. É por isso que somos guiados, sobretudo, pela glória e podemos, ainda que com dificuldades, suportar uma vida de opróbrio.

Propositio LIII. **Humilitas virtus non est, sive ex ratione non oritur.**

Demonstratio. Humilitas est tristitia, quae ex eo oritur, quod homo suam impotentiam contemplatur (per aff. defin. 26). Quatenus autem homo se ipsum vera ratione cognoscit, eatenus suam essentiam intelligere supponitur, hoc est (per prop. 7 P. 3) suam potentiam. Quare si homo, dum se ipsum contemplatur, aliquam suam impotentiam percipit, id non ex eo est, quod se intelligit, sed (ut prop. 55 P. 3 ostendimus) ex eo, quod ipsius agendi potentia coercetur. Quod si supponamus, hominem suam impotentiam concipere ex eo, quod aliquid se potentius intelligit, cuius cognitione suam agendi potentiam determinat, tum nihil aliud concipimus, quam quod homo se ipsum distincte intelligit sive (per prop. 26 huius), quod ipsius agendi potentia iuvatur. Quare humilitas seu tristitia, quae ex eo oritur, quod homo suam impotentiam contemplatur, non ex vera contemplatione seu ratione oritur, nec virtus, sed passio est. Q.E.D.

Propositio LIV. **Poenitentia virtus non est, sive ex ratione non oritur, sed is, quem facti poenitet, bis miser seu impotens est.**

Demonstratio. Huius prima pars demonstratur ut praeced. prop. Secunda autem ex sola huius affectus definitione (vide aff. defin. 27) patet. Nam primo prava cupiditate, dein tristitia vinci se patitur.

Scholium. Quia homines raro ex dictamine rationis vivunt, ideo hi duo affectus, nempe humilitas et poenitentia, et praeter hos spes et metus plus utilitatis, quam damni afferunt, atque adeo quandoquidem peccandum est, in istam partem potius peccandum. Nam si homines animo impotentes aeque omnes superbirent, nullius rei ipsos puderet, nec ipsi quicquam metuerent, qui vinculis coniungi constringique possent? Terret vulgus, nisi metuat. Quare non mirum, quod prophetae qui non paucorum, sed communi utilitati consuluerunt, tantopere humilitatem, poenitentiam et reverentiam commendaverint. Et revera qui hisce affectibus sunt obnoxii, multo facilius, quam alii duci possunt, ut tandem ex ductu rationis vivant, hoc est ut liberi sint et beatorum vita fruantur.

Propositio LV. **Maxima superbia vel abiectio est maxima sui ignorantia.**

Demonstratio. Patet ex aff. defin. 28 et 29.

Proposição 53. **A humildade não é uma virtude, ou seja, não surge da razão.**

Demonstração. A humildade é uma tristeza que surge porque o homem toma em consideração sua impotência (pela def. 26 dos afetos). Ora, à medida que o homem conhece a si mesmo pela verdadeira razão, supõe-se que compreende sua essência, isto é (pela prop. 7 da P. 3), sua potência. Por isso, se o homem, à medida que toma em consideração a si próprio, percebe, em si, alguma impotência, não é porque se compreende, mas (como demonstramos na prop. 55 da P. 3), porque sua potência de agir é refreada. Pois, se supomos que o homem concebe sua impotência porque compreende alguma coisa mais potente que ele, delimitando, por esse conhecimento, sua própria potência de agir, então não estamos senão concebendo que o homem compreende a si próprio distintamente, ou seja (pela prop. 26), que sua potência de agir é estimulada. Por isso, a humildade, ou seja, a tristeza que surge porque o homem toma em consideração sua impotência, não surge de uma consideração verdadeira, ou seja, da razão, e não é uma virtude, mas uma paixão. C. Q. D.

Proposição 54. **O arrependimento não é uma virtude, ou seja, não surge da razão; em vez disso, aquele que se arrepende do que fez é duplamente infeliz ou impotente.**

Demonstração. A primeira parte desta proposição demonstra-se tal como se fez na precedente. A segunda, por sua vez, é evidente pela exclusiva definição deste afeto (veja-se a def. 27 dos afetos). Com efeito, quem dele padece deixa-se vencer, primeiramente, por um desejo mau e, depois, pela tristeza.

Escólio. Como os homens raramente vivem sob o ditame da razão, esses dois afetos, quer dizer, a humildade e o arrependimento, assim como a esperança e o medo, trazem mais vantagens que desvantagens. Portanto, se pecar for inevitável, é preferível que se peque por esse lado. Com efeito, se os homens de ânimo impotente fossem, todos, igualmente soberbos, se não se envergonhassem de nada, nem tivessem medo de coisa alguma, como poderiam ser unidos e estreitados por quaisquer vínculos? O vulgo, se não tem medo, é algo a ser temido. Não é de admirar, por isso, que os profetas, que visavam não a utilidade de uns poucos, mas a utilidade comum, tenham recomendado tanto a humildade, o arrependimento e a reverência. Na verdade, os que estão tomados desses afetos podem ser muito mais facilmente conduzidos que os demais a viver, finalmente, sob a condução da razão, isto é, a serem livres e a desfrutarem de uma vida de beatitude.

Proposição 55. **A soberba máxima ou o rebaixamento máximo constituem o máximo desconhecimento de si mesmo.**

Demonstração. Isto é evidente, pelas def. 28 e 29 dos afetos.

Propositio LVI. **Maxima superbia vel abiectio maximam animi impotentiam indicat.**

Demonstratio. Primum virtutis fundamentum est suum esse conservare (per coroll. prop. 22 huius) idque ex ductu rationis (per prop. 24 huius). Qui igitur se ipsum ignorat, omnium virtutum fundamentum, et consequenter omnes virtutes ignorat. Deinde ex virtute agere nihil aliud est, quam ex ductu rationis agere (per prop. 24 huius), et qui ex ductu rationis agit, scire necessario debet se ex ductu rationis agere (per prop. 43 P. 2). Qui itaque se ipsum, et consequenter (ut iam iam ostendimus) omnes virtutes maxime ignorat, is minime ex virtute agit, hoc est (ut ex defin. 8 huius patet) maxime animo est impotens; atque adeo (per prop. praeced.) maxima superbia vel abiectio maximam animi impotentiam indicat. Q.E.D.

Corollarium. Hinc clare sequitur, superbos et abiectos maxime affectibus esse obnoxios.

Scholium. Abiectio tamen facilius corrigi potest, quam superbia, quandoquidem haec laetitiae, illa autem tristitiae est affectus; atque adeo (per prop. 18 huius) haec illa fortior est.

Propositio LVII. **Superbus parasitorum seu adulatorum praesentiam amat, generosorum autem odit.**

Demonstratio. Superbia est laetitia orta ex eo, quod homo de se plus iusto sentit (per aff. defin. 28 et 6), quam opinionem homo superbus, quantum potest, fovere conabitur (vide schol. prop. 13 P. 3). Adeoque superbi parasitorum vel adulatorum (horum definitiones omisi, quia nimis noti sunt) praesentiam amabunt, et generosorum, qui de ipsis, ut par est, sentiunt, fugient. Q.E.D.

Scholium. Nimis longum foret, hic omnia superbiae mala enumerare, quandoquidem omnibus affectibus obnoxii sunt superbi, sed nullis minus, quam affectibus amoris et misericordiae. Sed hic minime tacendum est, quod ille etiam superbus vocetur, qui de reliquis minus iusto sentit, atque adeo hoc sensu superbia definienda est, quod sit laetitia orta ex falsa opinione, quod homo se supra reliquos esse putat. Et abiectio huic superbiae contraria definienda esset tristitia orta ex falsa opinione, quod homo se infra reliquos esse credit. At hoc posito facile concipimus, superbum necessario esse invidum (vide schol. prop. 55 P. 3) et eos maxime odio habere, qui maxime ob virtutes laudantur, nec facile eorum odium amore aut beneficio vinci (vide schol. prop.

Proposição 56. **A soberba máxima ou o rebaixamento máximo indicam a máxima impotência de ânimo.**

Demonstração. O primeiro fundamento da virtude consiste em conservar o seu ser (pelo corol. da prop. 22), e isso sob a condução da razão (pela prop. 24). Quem, portanto, desconhece a si mesmo, desconhece o fundamento de todas as virtudes e desconhece, por isso, todas as virtudes. Por outro lado, agir segundo a virtude nada mais é do que agir sob a condução da razão (pela prop. 24), e quem assim age deve necessariamente saber que age sob a condução da razão (pela prop. 43 da P. 2). Quem, pois, desconhece maximamente a si mesmo e, como consequência (como já demonstramos), desconhece maximamente todas as virtudes, age minimamente segundo a virtude, isto é (como é evidente, pela def. 8), é maximamente impotente de ânimo. Portanto (pela prop. prec.), a soberba máxima ou o rebaixamento máximo indicam a máxima impotência de ânimo. C. Q. D.

Corolário. Disso se segue, claramente, que os que estão submetidos à soberba ou ao rebaixamento estão maximamente submetidos aos afetos.

Escólio. O rebaixamento pode, entretanto, ser mais facilmente corrigido que a soberba, pois esta é um afeto de alegria, enquanto aquele é um afeto de tristeza. Portanto (pela prop. 18), a soberba é mais forte.

Proposição 57. **O soberbo ama a presença dos parasitas ou dos aduladores, enquanto odeia a dos nobres.**

Demonstração. A soberba é uma alegria que surge porque o homem tem, de si, uma opinião acima da justa (pelas def. 28 e 6 dos afetos), a qual o homem soberbo se esforçará, o quanto pode, por reforçar (veja-se o esc. da prop. 13 da P. 3). Por isso, os soberbos amarão a presença dos parasitas ou dos aduladores (cujas definições omiti, porque são bastante conhecidos) e fugirão da presença dos nobres, que têm, deles, a opinião exata. C. Q. D.

Escólio. Seria demasiadamente longo enumerar, aqui, todos os males da soberba, pois os soberbos estão submetidos a todos os afetos, embora não haja nenhum outro a que estejam menos submetidos do que aos afetos do amor e da misericórdia. Não devemos, entretanto, deixar de dizer que também se chama soberbo aquele que tem, dos demais, uma opinião abaixo da justa; e, por isso, neste sentido, a soberba deve ser definida como uma alegria que surge de uma opinião falsa, pela qual o homem se julga superior aos demais. E o rebaixamento, no lado oposto desse tipo de soberba, deve ser definido como uma tristeza que surge de uma opinião falsa, pela qual o homem se acredita inferior aos demais. Ora, posto isso, facilmente concebemos que o soberbo é necessariamente invejoso (veja-se o esc. da prop. 55 da P. 3) e que odeia, sobretudo, os que mais são louvados por suas virtudes; que o ódio do soberbo não pode ser facilmente vencido pelo amor

41 P. 3), et eorum tantummodo praesentia delectari, qui animo eius impotenti morem gerunt et ex stulto insanum faciunt.

Abiectio quamvis superbiae sit contraria, est tamen abiectus superbo proximus. Nam quandoquidem eius tristitia ex eo oritur, quod suam impotentiam ex aliorum potentia seu virtute iudicat, levabitur ergo eius tristitia, hoc est, laetabitur si eius imaginatio in alienis vitiis contemplandis occupetur, unde illud proverbium natum: *Solamen miseris socios habuisse malorum*; et contra eo magis contristabitur, quo se magis infra reliquos esse crediderit. Unde fit, ut nulli magis ad invidiam sint proni, quam abiecti, et ut isti maxime hominum facta observare conentur ad carpendum magis, quam ad eadem corrigendum, et ut tandem solam abiectionem laudent eaque glorientur, sed ita, ut tamen abiecti videantur. Atque haec ex hoc affectu tam necessario sequuntur, quam ex natura trianguli, quod eius tres anguli aequales sint duobus rectis; et iam dixi me hos et similes affectus malos vocare, quatenus ad solam humanam utilitatem attendo. Sed naturae leges communem naturae ordinem, cuius homo pars est, respiciunt; quod hic in transitu monere volui, ne quis putaret me hic hominum vitia et absurda facta narrare, non autem rerum naturam et proprietates demonstrare voluisse. Nam, ut in praef. P. 3 dixi, humanos affectus eorumque proprietates perinde considero, ac reliqua naturalia. Et sane humani affectus, si non humanam, naturae saltem potentiam et artificium non minus indicant, quam multa alia, quae admiramur quorumque contemplatione delectamur. Sed pergo de affectibus ea notare, quae hominibus utilitatem adferunt, vel quae iisdem damnum inferunt.

Propositio LVIII. **Gloria rationi non repugnat, sed ab ea oriri potest.**

Demonstratio. Patet ex aff. defin. 30 et ex defin. honesti, quam vide in schol. 1 prop. 37 huius.

Scholium. Vana quae dicitur gloria est acquiescentia in se ipso, quae sola vulgi opinione fovetur, eaque cessante cessat ipsa acquiescentia, hoc est (per schol. prop. 52 huius) summum bonum, quod unusquisque amat. Unde fit, ut qui vulgi opinione gloriatur, quotidiana cura anxius nitatur, faciat, experiatur, ut famam conservet. Est namque vulgus varius et inconstans, atque adeo, nisi conservetur fama, cito abolescit; imo quia omnes vulgi captare applausus cupiunt, facile unusquisque alterius famam reprimit, ex quo, quandoquidem de summo,

ou pelo bem que se lhe faz (veja-se o esc. da prop. 41 da P. 3); e que ele só se compraz com a presença daqueles que são condescendentes com seu ânimo impotente e que, de tolo, convertem-no em louco.

Embora o rebaixamento seja oposto à soberba, aquele que se rebaixa está, entretanto, próximo do soberbo. Com efeito, como sua tristeza surge porque julga sua impotência pela potência ou virtude dos outros, essa tristeza será atenuada, isto é, ele se alegrará, se mantiver sua imaginação ocupada em tomar em consideração os vícios alheios, de onde surgiu o provérbio: *Desgraça comum, consolo de cada um*. E, contrariamente, aquele que se rebaixa tanto mais se entristecerá, quanto mais julgar que é inferior aos demais. Daí que ninguém está mais propenso à inveja que aqueles que se rebaixam; e que estes se esforçam, sobretudo, por observar as ações dos homens mais para criticá-las do que para corrigi-las; e que, enfim, louvam exclusivamente o rebaixamento e dele se gloriam, mas de maneira tal que pareçam, entretanto, rebaixados. E tudo isso se segue, necessariamente, desse afeto, tanto quanto da natureza do triângulo se segue que a soma dos seus três ângulos é igual a dois ângulos retos. Já disse que chamo maus a esses afetos e seus similares, enquanto tenho em vista apenas a utilidade humana. Mas as leis da natureza dizem respeito à ordem comum da natureza, da qual o homem é uma das partes. Quis, aqui, de passagem, assinalar isso, para que ninguém julgasse que pretendi expor os vícios e os atos absurdos dos homens, em vez de demonstrar a natureza e as propriedades das coisas. Com efeito, como disse no pref. da P. 3, considero os afetos humanos e suas propriedades da mesma maneira que as demais coisas naturais. E certamente os afetos humanos, se é que não indicam a potência e a engenhosidade humana, indicam, no mínimo, a potência e a engenhosidade da natureza, não menos que muitas outras coisas que nos causam admiração e em cuja contemplação nos deleitamos. Quanto aos afetos, continuarei a enfatizar, entretanto, aquilo que é útil ou prejudicial aos homens.

Proposição 58. A glória não contraria a razão; em vez disso, pode dela surgir.

Demonstração. Isso é evidente, pela def. 30 dos afetos e pela def. de leal, que pode ser conferida no esc. 1 da prop. 37.

Escólio. Aquilo que se chama de glória vã é uma satisfação consigo mesmo que é reforçada exclusivamente pela opinião do vulgo e, cessando esta, cessa a satisfação, isto é (pelo esc. da prop. 52), o máximo que cada um ama. Daí que aquele que se gloria com a opinião do vulgo, trabalha, age, se esforça, ansiosamente e com preocupação cotidiana, para sustentar sua fama. O vulgo é, com efeito, volúvel e inconstante e, por isso, se a fama não é sustentada, logo se desvanece. Ainda mais: como todos desejam conquistar os aplausos do vulgo, um desfaz a fama do outro. Como cada um

quod aestimatur, bono certatur, ingens libido oritur se invicem quocumque modo opprimendi, et qui tandem victor evadit, gloriatur magis, quod alteri obfuit, quam quod sibi profuit. Est igitur haec gloria seu acquiescentia revera vana, quia nulla est.

Quae de pudore notanda sunt, colliguntur facile ex iis, quae de misericordia et poenitentia diximus. Hoc tantum addo, quod ut commiseratio, sic etiam pudor, quamvis non sit virtus, bonus tamen est, quatenus indicat, homini, qui pudore suffunditur, cupiditatem inesse honeste vivendi, sicut dolor, qui eatenus bonus dicitur, quatenus indicat, partem laesam nondum esse putrefactam. Quare quamvis homo, quem facti alicuius pudet, revera sit tristis, est tamen perfectior impudenti, qui nullam habet honeste vivendi cupiditatem.

Atque haec sunt, quae de affectibus laetitiae et tristitiae notare susceperam. Ad cupiditates quod attinet, hae sane bonae aut malae sunt, quatenus ex bonis aut malis affectibus oriuntur. Sed omnes revera, quatenus ex affectibus, qui passiones sunt, in nobis ingenerantur, caecae sunt (ut facile colligitur ex iis, quae in schol. prop. 44 huius diximus), nec ullius usus essent, si homines facile duci possent, ut ex solo rationis dictamine viverent, ut iam paucis ostendam.

Propositio LIX. **Ad omnes actiones, ad quas ex affectu, qui passio est, determinamur, possumus absque eo a ratione determinari.**

Demonstratio. Ex ratione agere nihil aliud est (per prop. 3 et defin. 2 P. 3) quam ea agere, quae ex necessitate nostrae naturae in se sola consideratae sequuntur. At tristitia eatenus mala est, quatenus hanc agendi potentiam minuit vel coercet (per prop. 41 huius). Ergo ex hoc affectu ad nullam actionem possumus determinari, quam non possemus agere, si ratione duceremur. Praeterea laetitia eatenus mala est, quatenus impedit, quominus homo ad agendum sit aptus (per prop. 41 et 43 huius) atque adeo eatenus etiam ad nullam actionem determinari possumus, quam non possemus agere, si ratione duceremur. Denique quatenus laetitia bona est, eatenus cum ratione convenit (consistit enim in eo, quod hominis agendi potentia augetur vel iuvatur), nec passio est nisi quatenus hominis agendi potentia non eo usque augetur, ut se suasque actiones adaequate concipiat (per prop. 3 P. 3 cum eius schol.). Quare si homo laetitia affectus ad tantam perfectionem duceretur, ut se suasque actiones adaequate conciperet, ad easdem

concorre pelo que se julga o bem supremo, surge um enorme desejo de um desclassificar o outro de qualquer maneira. E quem, por fim, sai vencedor, se gloria mais por ter causado uma desvantagem a um outro do que por ter obtido uma vantagem para si. Esta glória ou esta satisfação é, portanto, realmente vã, pois não é nada.

O que importa observar sobre a vergonha deduz-se facilmente do que dissemos sobre a misericórdia e o arrependimento. Acrescento apenas que, como a comiseração, assim também a vergonha, embora não seja uma virtude, é, entretanto, boa, à medida que indica que o homem que se ruboriza por vergonha está imbuído de um desejo de viver lealmente, tal como a dor, que se diz boa à medida que indica que a parte lesada não está, ainda, corrompida. Por isso, embora o homem que sente vergonha de algo que fez esteja, realmente, triste, ele é, entretanto, mais perfeito que o desavergonhado, que não tem qualquer desejo de viver lealmente. Era isso o que eu tinha me proposto observar sobre os afetos da alegria e da tristeza. Quanto aos desejos, eles são, certamente, bons ou maus, conforme surjam, respectivamente, de afetos bons ou maus. Mas, na realidade, à medida que se produzem, em nós, por afetos que são paixões, são, todos eles, cegos (como pode facilmente se deduzir do que dissemos no esc. da prop. 44), e não teriam nenhuma utilidade se os homens pudessem ser facilmente levados a viver apenas segundo o ditame da razão, como mostrarei, agora, de maneira breve.

Proposição 59. **A todas as ações às quais somos determinados, em virtude de um afeto que é uma paixão, podemos ser determinados, sem esse afeto, pela razão.**

Demonstração. Agir segundo a razão não é senão (pela prop. 3 e pela def. 2 da P. 3) fazer aquilo que se segue da necessidade de nossa natureza, considerada em si só. Por outro lado, a tristeza é má à medida que diminui ou refreia essa potência de agir (pela prop. 41). Não podemos, portanto, ser determinados, em função desse afeto, a qualquer ação que, conduzidos pela razão, não pudéssemos realizar. Além disso, a alegria só é má à medida que impede que o homem seja capaz de agir (pelas prop. 41 e 43) e, enquanto tal, portanto, tampouco poderíamos ser determinados a qualquer ação que, conduzidos pela razão, não pudéssemos realizar. Por fim, à medida que a alegria é boa, ela concorda com a razão (pois a alegria consiste em que a potência do homem é aumentada ou estimulada), e não é uma paixão senão à medida que a potência de agir do homem não é suficientemente aumentada para que ele conceba adequadamente a si próprio e as suas ações (pela prop. 3 da P. 3, juntamente com seu esc.). Por isso, se um homem afetado de alegria fosse levado a uma perfeição tamanha que concebesse

actiones, ad quas iam ex affectibus, qui passiones sunt, determinatur, aptus, imo aptior esset. At omnes affectus ad laetitiam, tristitiam vel cupiditatem referuntur (vide explicationem aff. defin. 4), et cupiditas (per aff. defin. 1) nihil aliud est, quam ipse agendi conatus. Ergo ad omnes actiones, ad quas ex affectu, qui passio est, determinamur, possumus absque eo sola ratione duci. Q.E.D.

Aliter. Actio quaecumque eatenus dicitur mala, quatenus ex eo oritur, quod odio aut aliquo malo affectu affecti sumus (vide coroll. 1 prop. 45 huius). At nulla actio in se sola considerata bona aut mala est (ut in praef. huius ostendimus) sed una eademque actio iam bona, iam mala est. Ergo ad eandem actionem, quae iam mala est, sive quae ex aliquo malo affectu oritur, ratione duci possumus (per prop. 19 huius). Q.E.D.

Scholium. Explicantur haec clarius exemplo. Nempe verberandi actio quatenus physice consideratur, et ad hoc tantum attendimus, quod homo brachium tollit, manum claudit totumque brachium vi deorsum movet, virtus est, quae ex corporis humani fabrica concipitur. Si itaque homo ira vel odio commotus determinatur ad claudendam manum vel brachium movendum, id, ut in parte secunda ostendimus, fit quia una eademque actio potest iungi quibuscumque rerum imaginibus; atque adeo tam ex iis imaginibus rerum, quas confuse, quam quas clare et distincte concipimus, ad unam eandemque actionem determinari possumus. Apparet itaque, quod omnis cupiditas, quae ex affectu, qui passio est, oritur, nullius esset usus, si homines ratione duci possent. Videamus iam, cur cupiditas quae ex affectu, qui passio est, oritur, caeca a nobis appellatur.

Propositio LX. **Cupiditas, quae oritur ex laetitia vel tristitia, quae ad unam vel ad aliquot, non autem ad omnes corporis partes refertur, rationem utilitatis totius hominis non habet.**

Demonstratio. Ponatur ex. gr. corporis pars A vi alicuius causae externae ita corroborari, ut reliquis praevaleat (per prop. 6 huius); haec pars vires suas amittere propterea non conabitur, ut reliquae corporis partes suo fungantur officio. Deberet enim vim seu potentiam habere vires suas amittendi; quod (per prop. 6 P. 3) est absurdum. Conabitur itaque illa pars, et consequenter (per prop. 7 et 12 P. 3) mens etiam illum statum conservare; adeoque cupiditas, quae ex tali affectu laetitiae oritur, rationem totius non habet. Quod si contra

adequadamente a si próprio e as suas ações, ele seria capaz, e até mesmo mais capaz, dessas mesmas ações às quais é, agora, determinado por afetos que são paixões. Ora, todos os afetos estão relacionados à alegria, à tristeza ou ao desejo (veja-se a explic. da def. 4 dos afetos), e o desejo (pela def. 1 dos afetos) não é senão o próprio esforço por agir. Logo, a todas as ações às quais somos determinados, em função de um afeto que é uma paixão, podemos ser conduzidos, sem esse afeto, exclusivamente pela razão. C. Q. D.

Demonstração alternativa. Diz-se que uma ação é má apenas à medida que surge por sermos afetados de ódio ou de algum outro afeto mau (veja-se o corol. 1 da prop. 45). Ora, nenhuma ação, considerada em si só, é boa ou má (como demonstramos no pref.). Em vez disso, uma só e mesma ação é ora boa, ora má. Logo, podemos ser conduzidos pela razão (pela prop. 19) a essa mesma ação que é, no momento, má, ou seja, que surge de um afeto mau. C. Q. D.

Escólio. Explica-se isso mais claramente com um exemplo. A ação de golpear, enquanto fisicamente considerada, e se nos limitamos a observar que o homem levanta o braço, cerra o punho e move, com força, todo o braço para baixo, é uma virtude que se concebe por causa da estrutura do corpo humano. Agora, se um homem, levado pela ira ou pelo ódio, é determinado a cerrar o punho ou a mover o braço, isso ocorre, como mostramos na segunda parte, porque uma só e mesma ação pode estar associada às mais diversas imagens de coisas. Podemos, assim, ser determinados a uma só e mesma ação, tanto por causa de imagens de coisas que concebemos confusamente, quanto por imagens de coisas que concebemos clara e distintamente. É, pois, evidente que, se os homens pudessem ser conduzidos pela razão, todo desejo que surge de um afeto que é uma paixão seria ineficaz. Vejamos, agora, por que dizemos que é cego o desejo que surge de um afeto que é uma paixão.

Proposição 60. **O desejo que surge de uma alegria ou de uma tristeza que está relacionada a uma só parte do corpo, ou a várias, mas não a todas, não leva em consideração a utilidade do homem como um todo.**

Demonstração. Suponhamos, por exemplo, que a parte *A* do corpo é reforçada pela força de uma causa exterior, de tal maneira que prevaleça sobre as demais (pela prop. 6). Esta parte não se esforçará, por causa disso, por perder suas forças para que as demais partes do corpo cumpram sua tarefa. Pois, para isso, deveria ter a força ou a potência de perder as suas forças, o que (pela prop. 6 da P. 3) é absurdo. Assim, esta parte do corpo e, consequentemente (pelas prop. 7 e 12 da P. 3), também a mente, se esforçará por conservar aquele estado. Por isso, o desejo que surge de um tal afeto de alegria não leva o todo em consideração. Se, contrariamente,

supponatur pars A coerceri, ut reliquae praevaleant, eodem modo demonstratur, quod nec cupiditas, quae ex tristitia oritur, rationem totius habeat. Q.E.D.

Scholium. Cum itaque laetitia plerumque (per schol. prop. 44 huius) ad unam corporis partem referatur, cupimus ergo plerumque nostrum esse conservare nulla habita ratione integrae nostrae valetudinis. Ad quod accedit, quod cupiditates quibus maxime tenemur (per coroll. prop. 9 huius), temporis tantum praesentis, non autem futuri habent rationem.

Propositio LXI. **Cupiditas, quae ex ratione oritur, excessum habere nequit.**

Demonstratio. Cupiditas (per aff. defin. 1) absolute considerata est ipsa hominis essentia, quatenus quocumque modo determinata concipitur ad aliquid agendum. Adeoque cupiditas, quae ex ratione oritur, hoc est (per prop. 3 P. 3) quae in nobis ingeneratur, quatenus agimus, est ipsa hominis essentia seu natura, quatenus determinata concipitur ad agendum ea, quae per solam hominis essentiam adaequate concipiuntur (per defin. 2 P. 3). Si itaque haec cupiditas excessum habere posset, posset ergo humana natura in se sola considerata se ipsam excedere, sive plus posset, quam potest, quod manifesta est contradictio. Ac proinde haec cupiditas excessum habere nequit. Q.E.D.

Propositio LXII. **Quatenus mens ex rationis dictamine res concipit, aeque afficitur, sive idea sit rei futurae vel praeteritae, sive praesentis.**

Demonstratio. Quicquid mens ducente ratione concipit, id omne sub eadem aeternitatis seu necessitatis specie concipit (per coroll. 2 prop. 44 P. 2), eademque certitudine afficitur (per prop. 43 P. 2 et eius schol.). Quare sive idea sit rei futurae vel praeteritae, sive praesentis, mens eadem necessitate rem concipit, eademque certitudine afficitur, et sive idea sit rei futurae vel praeteritae, sive praesentis, erit nihilominus aeque vera (per prop. 41 P. 2), hoc est (per defin. 4 P. 2) habebit nihilominus semper easdem ideae adaequatae proprietates. Atque adeo quatenus mens ex rationis dictamine res concipit, eodem modo afficitur, sive idea sit rei futurae vel praeteritae, sive praesentis. Q.E.D.

Scholium. Si nos de rerum duratione adaequatam cognitionem habere, earumque existendi tempora ratione determinare possemus, eodem

supomos que a parte *A* é refreada de tal maneira que as demais prevaleçam sobre ela, demonstra-se, do mesmo modo, que tampouco o desejo que surge de uma tristeza leva o todo em consideração. C. Q. D.

Escólio. Como, pois, a alegria está relacionada, em geral (pelo esc. da prop. 44), a uma só parte do corpo, desejamos, em geral, conservar o nosso ser sem qualquer consideração por nossa saúde como um todo. A isso se acrescenta que os desejos de que mais estamos tomados (pelo corol. da prop. 9) levam em consideração apenas o tempo presente e não o futuro.

Proposição 61. **O desejo que surge da razão não pode ser excessivo.**

Demonstração. O desejo (pela def. 1 dos afetos), absolutamente considerado, é a própria essência do homem, à medida que esta é concebida como determinada, de qualquer modo, a agir de alguma maneira. Por isso, o desejo que surge da razão, isto é (pela prop. 3 da P. 3), o desejo que se gera em nós enquanto agimos, é a própria essência ou natureza do homem, à medida que é concebida como determinada a fazer aquilo que se concebe adequadamente, em virtude apenas da essência do homem (pela def. 2 da P. 3). Portanto, se esse desejo pudesse ser excessivo, então a natureza humana, considerada em si só, poderia exceder a si própria, ou seja, poderia mais do que pode, o que é uma evidente contradição. Por isso, esse desejo não pode ser excessivo. C. Q. D.

Proposição 62. **À medida que a mente concebe as coisas segundo o ditame da razão, ela é igualmente afetada, quer se trate da ideia de uma coisa futura ou passada, quer se trate da ideia de uma coisa presente.**

Demonstração. Tudo o que a mente concebe sob a condução da razão, concebe-o sob a mesma perspectiva da eternidade ou da necessidade (pelo corol. 2 da prop. 44 da P. 2), e é afetada pela mesma certeza (pela prop. 43 da P. 2 e seu esc.). Por isso, quer se trate da ideia de uma coisa futura ou passada, quer da ideia de uma coisa presente, a mente a concebe sob a mesma necessidade, e é afetada pela mesma certeza. E quer se trate da ideia de uma coisa futura ou passada, quer de uma coisa presente, a ideia será, em qualquer caso, igualmente verdadeira (pela prop. 41 da P. 2), isto é (pela def. 4 da P. 2), terá, sempre, em qualquer caso, as mesmas propriedades da ideia adequada. Portanto, à medida que a mente concebe as coisas segundo o ditame da razão, ela é afetada da mesma maneira, quer se trate da ideia de uma coisa futura ou passada, quer de uma coisa presente. C. Q. D.

Escólio. Se pudéssemos ter um conhecimento adequado da duração das coisas e determinar, pela razão, o seu tempo de existência, consideraríamos

affectu res futuras ac praesentes contemplaremur, et bonum, quod mens ut futurum conciperet, perinde ac praesens appeteret, et consequenter bonum praesens minus pro maiore bono futuro necessario negligeret, et quod in praesenti bonum esset, sed causa futuri alicuius mali, minime appeteret, ut mox demonstrabimus. Sed nos de duratione rerum (per prop. 31 P. 2) non nisi admodum inadaequatam cognitionem habere possumus, et rerum existendi tempora (per schol. prop. 44 P. 2) sola imaginatione determinamus, quae non aeque afficitur imagine rei praesentis ac futurae. Unde fit, ut vera boni et mali cognitio, quam habemus, non nisi abstracta sive universalis sit, et iudicium, quod de rerum ordine et causarum nexu facimus, ut determinare possimus, quid nobis in praesenti bonum aut malum sit, sit potius imaginarium, quam reale. Atque adeo mirum non est, si cupiditas, quae ex boni et mali cognitione, quatenus haec futurum prospicit, oritur, facilius rerum cupiditate, quae in praesentia suaves sunt, coerceri potest, de quo vide prop. 16 huius partis.

Propositio LXIII. **Qui metu ducitur et bonum, ut malum vitet, agit, is ratione non ducitur.**

Demonstratio. Omnes affectus, qui ad mentem, quatenus agit, hoc est (per prop. 3 P. 3), qui ad rationem referuntur, nulli alii sunt, quam affectus laetitiae et cupiditatis (per prop. 59 P. 3). Atque adeo (per aff. defin. 13) qui metu ducitur et bonum timore mali agit, is ratione non ducitur. Q.E.D.

Scholium. Superstitiosi, qui vitia exprobrare magis, quam virtutes docere norunt et qui homines non ratione ducere, sed metu ita continere student, ut malum potius fugiant, quam virtutes ament, nil aliud intendunt, quam ut reliqui aeque ac ipsi fiant miseri; et ideo non mirum, si plerumque molesti et odiosi sint hominibus.

Corollarium. Cupiditate, quae ex ratione oritur, bonum directe sequimur et malum indirecte fugimus.

Demonstratio. Nam cupiditas, quae ex ratione oritur, ex solo laetitiae affectu, quae passio non est, oriri potest (per prop. 59 P. 3), hoc est, ex laetitia, quae excessum habere nequit (per prop. 61 huius), non autem ex tristitia. Ac proinde haec cupiditas (per prop. 8 huius) ex cognitione boni, non autem mali oritur atque adeo ex ductu rationis bonum directe appetimus, et eatenus tantum malum fugimus. Q.E.D.

as coisas futuras com o mesmo afeto com que consideramos as presentes, e a mente apeteceria como se fosse presente um bem que ela concebe como futuro. E, em consequência, necessariamente rejeitaria um bem presente menor, em favor de um bem futuro maior, e pouco apeteceria aquilo que, no presente, fosse bom, mas que fosse causa de um mal futuro, como logo demonstraremos. Não podemos ter, entretanto, da duração das coisas (pela prop. 31 da P. 2), senão um conhecimento extremamente inadequado, e (pelo esc. da prop. 44 da P. 2) determinamos o tempo de existência das coisas exclusivamente pela imaginação, a qual não é afetada pela imagem de uma coisa futura da mesma maneira que pela imagem de uma coisa presente. Daí que o conhecimento verdadeiro que temos do bem e do mal só pode ser abstrato e universal; e que o juízo que fazemos sobre a ordem das coisas e a conexão das causas, para podermos determinar o que é, no presente, bom ou mau para nós, é mais imaginário do que real. Por isso, não é de admirar que o desejo que surge do conhecimento do bem e do mal, no que se refere ao futuro, possa ser muito facilmente refreado pelo desejo das coisas que são, presentemente, agradáveis. Veja-se, sobre isso, a prop. 16.

Proposição 63. **Quem se deixa levar pelo medo e faz o bem para evitar o mal não se conduz pela razão.**

Demonstração. Todos os afetos que estão referidos à mente, à medida que ela age, isto é (pela prop. 3 da P. 3), que estão referidos à razão, só podem ser afetos de alegria e de desejo (pela prop. 59 da P. 3). Por isso (pela def. 13 dos afetos), quem se deixa levar pelo medo e faz o bem por temor do mal não se conduz pela razão. C. Q. D.

Escólio. Os supersticiosos, que, mais do que ensinar as virtudes, aprenderam a censurar os vícios, e que se aplicam a conduzir os homens não segundo a razão, mas a contê-los pelo medo, de maneira que, mais do que amar as virtudes, fujam do mal, não pretendem senão tornar os demais tão infelizes quanto eles próprios. Por isso, não é de admirar que sejam, em geral, importunos e odiosos para os homens.

Corolário. Pelo desejo que surge da razão buscamos diretamente o bem e evitamos indiretamente o mal.

Demonstração. Com efeito, o desejo que surge da razão só pode surgir (pela prop. 59 da P. 3) de um afeto de alegria que não é uma paixão, isto é, de uma alegria que não pode ser excessiva (pela prop. 61), mas não da tristeza. Portanto, esse desejo (pela prop. 8) surge do conhecimento do bem e não do conhecimento do mal. Por isso, quando conduzidos pela razão, apetecemos diretamente o bem, e apenas enquanto tal fugimos do mal. C. Q. D.

Scholium. Explicatur hoc corollarium exemplo aegri et sani. Comedit aeger id, quod aversatur, timore mortis; sanus autem cibo gaudet et vita sic melius fruitur, quam si mortem timeret, eamque directe vitare cuperet. Sic iudex qui non odio aut ira etc., sed solo amore salutis publicae reum mortis damnat, sola ratione ducitur.

Propositio LXIV. **Cognitio mali cognitio est inadaequata.**

Demonstratio. Cognitio mali (per prop. 8 huius) est ipsa tristitia, quatenus eiusdem sumus conscii. Tristitia autem est transitio ad minorem perfectionem (per aff. defin. 3) quae propterea per ipsam hominis essentiam intelligi nequit (per prop. 6 et 7 P. 3). Ac proinde (per defin. 2 P. 3) passio est, quae (per prop. 3 P. 3) ab ideis inadaequatis pendet, et consequenter (per prop. 29 P. 2) eius cognitio, nempe mali cognitio, est inadaequata. Q.E.D.

Corollarium. Hinc sequitur, quod si mens humana non nisi adaequatas haberet ideas, nullam mali formaret notionem.

Propositio LXV. **De duobus bonis maius et de duobus malis minus ex rationis ductu sequemur.**

Demonstratio. Bonum quod impedit, quominus maiore bono fruamur, est revera malum; malum enim et bonum (ut in praef. huius partis ostendimus) de rebus dicitur, quatenus easdem ad invicem comparamus, et (per eandem rationem) malum minus revera bonum est. Quare (per coroll. prop. 63 huius) ex rationis ductu bonum tantum maius et malum minus appetemus seu sequemur. Q.E.D.

Corollarium. Malum minus pro maiore bono ex rationis ductu sequemur, et bonum minus, quod causa est maioris mali, negligemus. Nam malum quod hic dicitur minus, revera bonum est, et bonum contra malum; quare (per coroll. prop. 63 huius) illud appetemus, et hoc negligemus. Q.E.D.

Propositio LXVI. **Bonum maius futurum prae minore praesenti, et malum praesens, quod causa est futura alicuius mali, ex rationis ductu appetemus.**

Demonstratio. Si mens rei futurae adaequatam posset habere cognitionem, eodem affectu erga rem futuram ac erga praesentem afficeretur (per prop. 62 huius). Quare quatenus ad ipsam rationem attendimus, ut in hac propositione nos facere supponimus, res eadem

Escólio. Pode-se explicar este corolário com o exemplo do doente e do sadio. O doente come, por temor da morte, aquilo que lhe repugna, enquanto o sadio deleita-se com a comida e desfruta, assim, melhor da vida do que se temesse a morte e desejasse evitá-la diretamente. Da mesma maneira, um juiz que condena à morte um réu não por ódio ou por ira, etc., mas apenas por amor do bem público, conduz-se exclusivamente pela razão.

Proposição 64. O conhecimento do mal é um conhecimento inadequado.

Demonstração. O conhecimento do mal (pela prop. 8) é a própria tristeza, à medida que temos consciência dela. A tristeza, entretanto, é uma passagem para uma perfeição menor (pela def. 3 dos afetos) e, por isso, não pode ser compreendida pela própria essência do homem (pelas prop. 6 e 7 da P. 3). Ela é, portanto (pela def. 2 da P. 3), uma paixão, a qual (pela prop. 3 da P. 3) depende de ideias inadequadas e, como consequência (pela prop. 29 da P. 2), o seu conhecimento, quer dizer, o conhecimento do mal, é inadequado. C. Q. D.

Corolário. Disso se segue que se a mente humana não tivesse senão ideias adequadas não formaria nenhuma noção do mal.

Proposição 65. Conduzidos pela razão, buscaremos, entre dois bens, o maior e, entre dois males, o menor.

Demonstração. Um bem que impede que desfrutemos de um bem maior é, na realidade, um mal. Com efeito, o mal e o bem (como demonstramos no pref.) dizem-se das coisas à medida que as comparamos entre si; e (pela mesma razão), um mal menor é, na realidade, um bem. Por isso (pelo corol. da prop. 63), conduzidos pela razão, apeteceremos ou buscaremos tão-somente o bem maior e o mal menor. C. Q. D.

Corolário. Conduzidos pela razão, buscaremos, em função de um bem maior, um mal menor, e rejeitaremos um bem menor que seja causa de um mal maior. Pois, neste caso, o mal que se diz menor é, na realidade, um bem e, contrariamente, o bem que se diz menor é, na realidade, um mal. Por isso (pelo corol. da prop. 63), apeteceremos aquele mal e rejeitaremos este bem. C. Q. D.

Proposição 66. Conduzidos pela razão, apeteceremos um bem maior futuro, de preferência a um bem menor presente; e um mal menor presente, de preferência a um mal maior futuro.

Demonstração. Se a mente pudesse ter um conhecimento adequado de uma coisa futura, seria afetada, relativamente à coisa futura, com o mesmo afeto com que é afetada relativamente à coisa presente (pela prop. 62). Por isso, à medida que consideramos a razão em si mesma, tal como, por

est, sive maius bonum vel malum futurum, sive praesens supponatur. Ac proinde (per prop. 65 huius) bonum futurum maius prae minore praesenti etc. appetemus. Q.E.D.

Corollarium. Malum praesens minus, quod est causa maioris futuri boni, ex rationis ductu appetemus, et bonum praesens minus, quod causa est maioris futuri mali, negligemus. Hoc coroll. se habet ad praeced. prop. ut coroll. prop. 65 ad ipsam prop. 65.

Scholium. Si igitur haec cum iis conferantur, quae in hac parte usque ad prop. 18 de affectuum viribus ostendimus, facile videbimus, quid homo, qui solo affectu seu opinione, homini, qui ratione ducitur, intersit. Ille enim, velit nolit, ea quae maxime ignorat, agit; hic autem nemini nisi sibi morem gerit, et ea tantum agit, quae in vita prima esse novit, quaeque propterea maxime cupit; et ideo illum servum, hunc autem liberum voco, de cuius ingenio et vivendi ratione pauca adhuc notare libet.

Propositio LXVII. **Homo liber de nulla re minus, quam de morte cogitat, et eius sapientia non mortis, sed vitae meditatio est.**

Demonstratio. Homo liber, hoc est, qui ex solo rationis dictamine vivit, mortis metu non ducitur (per prop. 63 huius), sed bonum directe cupit (per coroll. eiusdem prop.), hoc est (per prop. 24 huius) agere, vivere, suum esse conservare ex fundamento proprium utile quaerendi. Atque adeo nihil minus, quam de morte cogitat, sed eius sapientia vitae est meditatio. Q.E.D.

Propositio LXVIII. **Si homines liberi nascerentur, nullum boni et mali formarent conceptum, quamdiu liberi essent.**

Demonstratio. Illum liberum esse dixi, qui sola ducitur ratione. Qui itaque liber nascitur et liber manet, non nisi adaequatas ideas habet, ac proinde mali conceptum habet nullum (per coroll. prop. 64 huius), et consequenter (nam bonum et malum correlata sunt) neque boni. Q.E.D.

Scholium. Huius propositionis hypothesin falsam esse, nec posse concipi, nisi quatenus ad solam naturam humanam, seu potius ad Deum attendimus, non quatenus infinitus, sed quatenus tantummodo causa est, cur homo existat, patet ex prop. 4 huius partis. Atque hoc et alia, quae iam demonstravimus, videntur a Mose significari in illa primi

hipótese, fazemos nesta proposição, a situação é a mesma, quer se suponha o bem maior (ou o mal maior) como futuro, quer como presente. Por isso (pela prop. 65), conduzidos pela razão, apeteceremos um bem maior futuro, de preferência a um bem menor presente, etc. C. Q. D.

Corolário. Conduzidos pela razão, apeteceremos um mal menor presente que seja causa de um bem maior futuro, e rejeitaremos um bem menor presente que seja causa de um mal maior futuro. Este corol. está para a prop. prec. como o corol. da prop. 65 está para a prop. correspondente.

Escólio. Se, portanto, confrontamos isso com o que demonstramos nesta parte, até a prop. 18, sobre a força dos afetos, facilmente veremos em que se diferencia o homem que se conduz apenas pelo afeto, ou pela opinião, do homem que se conduz pela razão. Com efeito, o primeiro, queira ou não, faz coisas que ignora inteiramente, enquanto o segundo não obedece a ninguém mais que a si próprio e só faz aquelas coisas que sabe serem importantes na vida e que, por isso, deseja ao máximo. Chamo, pois, ao primeiro, servo, e ao segundo, homem livre. Gostaria de fazer ainda umas poucas observações sobre as inclinações e a maneira de viver desse último.

Proposição 67. **Não há nada em que o homem livre pense menos que na morte, e sua sabedoria não consiste na meditação da morte, mas da vida.**

Demonstração. O homem livre, isto é, aquele que vive exclusivamente segundo o ditame da razão, não se conduz pelo medo da morte (pela prop. 63); em vez disso, deseja diretamente o bem (pelo corol. da mesma prop.), isto é (pela prop. 24), deseja agir, viver, conservar seu ser com base na busca da própria utilidade. Por isso, não há nada em que pense menos que na morte; sua sabedoria consiste, em vez disso, na meditação da vida. C. Q. D.

Proposição 68. **Se os homens nascessem livres, não formariam, enquanto fossem livres, qualquer conceito do bem e do mal.**

Demonstração. Disse que é livre quem se conduz exclusivamente pela razão. Assim, quem nasce livre e permanece livre não tem senão ideias adequadas. E, por isso, não tem qualquer conceito do mal (pelo corol. da prop. 64) e tampouco, consequentemente (pois, o bem e o mal são correlatos), do bem. C. Q. D.

Escólio. É evidente, pela prop. 4, que a hipótese desta proposição é falsa, e não pode ser concebida senão enquanto consideramos exclusivamente a natureza humana, ou melhor, Deus, não enquanto ele é infinito, mas apenas enquanto é a causa pela qual o homem existe. Parece ter sido isso, bem como outras coisas que já demonstramos, que quis dizer Moisés na conhecida história do primeiro homem. Nela, efetivamente, não se concebe

hominis historia. In ea enim nulla alia Dei potentia concipitur, quam illa, qua hominem creavit, hoc est, potentia, qua hominis solummodo utilitati consuluit, atque eatenus narratur, quod Deus homini libero prohibuerit, ne de arbore cognitionis boni et mali comederet, et quod, simulac de ea comederet, statim mortem metueret potius, quam vivere cuperet. Deinde, quod inventa ab homine uxore, quae cum sua natura prorsus conveniebat, cognovit nihil posse in natura dari, quod ipsi posset illa esse utilius; sed quod, postquam bruta sibi similia esse credidit, statim eorum affectus imitari inceperit (vide prop. 27 P. 3) et libertatem suam amittere, quam patriarchae postea recuperaverunt, ducti spiritu Christi, hoc est, Dei idea, a qua sola pendet, ut homo liber sit, et ut bonum quod sibi cupit, reliquis hominibus cupiat, ut supra (per prop. 37 huius) demonstravimus.

Propositio LXIX. **Hominis liberi virtus aeque magna cernitur in declinandis, quam in superandis periculis.**

Demonstratio. Affectus coerceri nec tolli potest, nisi affectu contrario et fortiore affectu coercendo (per prop. 7 huius). At caeca audacia et metus affectus sunt, qui aeque magni possunt concipi (per prop. 5 et 3 huius). Ergo aeque magna animi virtus seu fortitudo (huius defin. vide in schol. prop. 59 P. 3) requiritur ad audaciam, quam ad metum coercendum, hoc est (per aff. defin. 40 et 41) homo liber eadem animi virtute pericula declinat, qua eadem superare tentat. Q.E.D.

Corollarium. Homini igitur libero aeque magnae animositati fuga in tempore, ac pugna ducitur; sive homo liber eadem animositate seu animi praesentia, qua certamen, fugam eligit.

Scholium. Quid animositas sit, vel quid per ipsam intelligam, in schol. prop. 59 P. 3 explicui. Per periculum autem id omne intelligo, quod potest esse causa alicuius mali, nempe tristitiae, odii, discordiae etc.

Propositio LXX. **Homo liber qui inter ignaros vivit, eorum, quantum potest, beneficia declinare studet.**

Demonstratio. Unusquisque ex suo ingenio iudicat, quid bonum sit (vide schol. prop. 39 P. 3). Ignarus igitur, qui in aliquem beneficium contulit, id ex suo ingenio aestimabit, et si minoris ab eo, cui datum est, aestimari videt, contristabitur (per prop. 42 P. 3). At homo liber reliquos homines amicitia sibi iungere (per prop. 37 huius), nec paria hominibus beneficia ex eorum affectu referre, sed se et reliquos libero

QUARTA PARTE   A SERVIDÃO HUMANA OU A FORÇA DOS AFETOS

nenhuma outra potência de Deus senão aquela pela qual ele criou o homem, isto é, a potência pela qual levou em conta exclusivamente a utilidade do homem. E, nesse sentido, Moisés conta que Deus proibiu que o homem livre comesse o fruto da árvore do conhecimento do bem e do mal e, que, tão logo o comesse, mais do que desejar viver, seria tomado pelo medo da morte. Conta, ainda, que, tendo o homem encontrado a mulher, a qual combinava perfeitamente com a sua natureza, viu que não podia existir nada, na natureza, que lhe pudesse ser mais útil que ela. Entretanto, por passar a acreditar que os animais lhe eram semelhantes, imediatamente começou a imitar os seus afetos (veja-se a prop. 27 da P. 3) e a perder a sua liberdade, a qual foi, mais tarde, resgatada pelos patriarcas, guiados pelo espírito de Cristo, isto é, pela ideia de Deus, a única da qual depende de que o homem seja livre e que deseje para os outros homens o bem que deseja para si, como anteriormente (pela prop. 37) demonstramos.

Proposição 69. **A virtude com a qual o homem livre evita os perigos revela-se tão grande quanto a virtude com a qual ele os enfrenta.**

Demonstração. Um afeto não pode ser refreado nem anulado senão por um afeto contrário e mais forte que o afeto a ser refreado (pela prop. 7). Ora, a audácia cega e o medo são afetos que podem ser concebidos como igualmente fortes (pelas prop. 5 e 3). Logo, requer-se, para refrear a audácia, uma virtude de ânimo ou uma fortaleza (veja-se sua def. no esc. da prop. 59 da P. 3) tão grande quanto a requerida para refrear o medo, isto é (pelas def. 40 e 41 dos afetos), o homem livre evita os perigos com a mesma virtude de ânimo com que tenta enfrentá-los. C. Q. D.

Corolário. No homem livre, portanto, a firmeza em fugir a tempo é tão grande quanto a que o leva à luta; ou seja, o homem livre escolhe a fuga com a mesma firmeza ou com a mesma coragem com que escolhe o combate.

Escólio. Expliquei, no esc. da prop. 59 da P. 3, o que é a firmeza ou o que compreendo por isso. Por perigo, por sua vez, compreendo tudo o que pode ser causa de algum mal, quer dizer, causa de tristeza, de ódio, de discórdia, etc.

Proposição 70. **O homem livre que vive entre ignorantes procura, tanto quanto pode, evitar os seus favores.**

Demonstração. Cada um julga o que é bom, de acordo com sua própria maneira de viver (veja-se o esc. da prop. 39 da P. 3). Portanto, o ignorante que fez um favor a alguém valorizará esse favor à sua maneira, e se vê que o favor é menos valorizado por aquele a quem foi concedido, ficará triste (pela prop. 42 da P. 3). Ora, o homem livre procura unir-se aos outros homens pela amizade (pela prop. 37), e não pela retribuição de favores que eles, segundo seu afeto, julgam equivalentes, e tenta, em vez disso, conduzir

rationis iudicio ducere et ea tantum agere studet, quae ipse prima esse novit. Ergo homo liber, ne ignaris odio sit, et ne eorum appetitui, sed soli rationi obsequatur, eorum beneficia, quantum potest, declinare conabitur. Q.E.D.

Scholium. Dico *quantum potest.* Nam quamvis homines ignari sint, sunt tamen homines, qui in necessitatibus humanum auxilium, quo nullum praestabilius est, adferre queunt. Atque adeo saepe fit, ut necesse sit ab iisdem beneficium accipere, et consequenter iisdem contra ex eorum ingenio congratulari. Ad quod accedit, quod etiam in declinandis beneficiis cautio esse debet, ne videamur eosdem contemnere, vel prae avaritia remunerationem timere, atque ita, dum eorum odium fugimus, eo ipso in eorum offensionem incurramus. Quare in declinandis beneficiis ratio utilis et honesti habenda est.

Propositio LXXI. **Soli homines liberi erga invicem gratissimi sunt.**

Demonstratio. Soli homines liberi sibi invicem utilissimi sunt et maxima amicitiae necessitudine invicem iunguntur (per prop. 35 huius et eius coroll. 1), parique amoris studio sibi invicem benefacere conantur (per prop. 37 huius). Adeoque (per aff. defin. 34) soli homines liberi erga se invicem gratissimi sunt. Q.E.D.

Scholium. Gratia, quam homines, qui caeca cupiditate ducuntur, invicem habent, mercatura seu aucupium potius, quam gratia plerumque est. Porro ingratitudo affectus non est. Est tamen ingratitudo turpis, quia plerumque hominem nimio odio, ira vel superbia vel avaritia etc. affectum esse indicat. Nam qui prae stultitia dona compensare nescit, ingratus non est, et multo minus ille, qui donis non movetur meretricis, ut ipsius libidini inserviat, nec furis, ut ipsius furta celet, vel alterius similis. Nam hic contra animum habere constantem ostendit, qui scilicet se nullis donis ad suam vel communem perniciem patitur corrumpi.

Propositio LXXII. **Homo liber nunquam dolo malo, sed semper cum fide agit.**

Demonstratio. Si liber homo quicquam dolo malo, quatenus liber est, ageret, id ex dictamine rationis ageret (nam eatenus tantum liber a nobis appellatur); atque adeo dolo malo agere virtus esset (per prop. 24 huius), et consequenter (per eandem prop.) unicuique ad suum esse conservandum consultius esset, dolo malo agere, hoc est (ut per

a si próprio e aos demais pelo livre juízo da razão e a fazer apenas aquilo que sabe ser primordial. Logo, o homem livre, para não ser odiado pelos ignorantes, e para não curvar-se aos seus apetites, mas obedecer apenas à razão, se esforçará, tanto quanto puder, por evitar os seus favores. C. Q. D.

Escólio. Digo *tanto quanto puder*. Pois, embora se trate de homens ignorantes, são, de qualquer maneira, homens, os quais podem, em situações de necessidade, prestar uma ajuda humana, que é a melhor de todas. Por isso, ocorre, muitas vezes, que se torna necessário aceitar algum de seus favores e, como consequência, agradecer-lhes à sua maneira. Além disso, deve-se ter cautela até mesmo quando se evita os favores, para não parecer que os desdenhamos ou que, por avareza, temermos pagar-lhes com favor igual, de maneira que, para evitar que nos odeiem, acabamos, por isso mesmo, por causar-lhes uma ofensa. Portanto, ao evitar os favores, deve-se levar em conta tanto o que é útil quanto o que é leal.

Proposição 71. **Só os homens livres são muito gratos uns para com os outros.**

Demonstração. Só os homens livres são muito úteis uns para com os outros e se unem entre si pelo mais estreito laço de amizade (pela prop. 35 e seu corol. 1), e se esforçam com a mesma intensidade de amor por fazerem bem uns aos outros (pela prop. 37). Por isso (pela def. 34 dos afetos), só os homens livres são muito gratos uns para com os outros. C. Q. D.

Escólio. O agradecimento que mostram, entre si, os que se conduzem pelo desejo cego é, geralmente, mais um negócio ou um oportunismo do que um agradecimento. Além disso, embora seja vil, pois, em geral, indica que o homem está extremamente afetado de ódio, ira, ou de soberba, ou de avareza, etc., a ingratidão não é um afeto. Com efeito, aquele que, por insanidade, não sabe retribuir os favores não é um ingrato; muito menos aquele que não é levado, pelos favores de uma meretriz, a se colocar a serviço de sua luxúria; ou, pelos favores de um ladrão, a ocultar seus furtos; ou pelos favores de outros indivíduos do mesmo tipo. Pelo contrário, mostra ter um ânimo constante aquele que não se deixa corromper, para sua própria perdição ou para a perdição comum, por qualquer favor.

Proposição 72. **O homem livre jamais age com dolo, mas sempre de boa fé.**

Demonstração. Se o homem livre, enquanto livre, fizesse algo com dolo, ele o faria segundo o ditame da razão (pois é apenas enquanto tal que nós o chamamos livre). E, assim, agir com dolo seria uma virtude (pela prop. 24) e, consequentemente (pela mesma prop.), cada um procederia melhor, para conservar seu ser, se agisse com dolo, isto é (como é, por si mesmo,

se notum) hominibus consultius esset verbis solummodo convenire, re autem invicem esse contrarios; quod (per coroll. prop. 31 huius) est absurdum. Ergo homo liber etc. Q.E.D.

Scholium. Si iam quaeratur, quid si homo se perfidia a praesenti mortis periculo posset liberare, an non ratio suum esse conservandi omnino suadet ut perfidus sit? Respondebitur eodem modo, quod si ratio id suadeat, suadet ergo id omnibus hominibus, atque adeo ratio omnino suadet hominibus, ne nisi dolo malo paciscantur, vires coniungere et iura habere communia, hoc est, ne revera iura habeant communia, quod est absurdum.

Propositio LXXIII. **Homo, qui ratione ducitur, magis in civitate, ubi ex communi decreto vivit, quam in solitudine, ubi sibi soli obtemperat, liber est.**

Demonstratio. Homo, qui ratione ducitur, non ducitur metu ad obtemperandum (per prop. 63 huius), sed quatenus suum esse ex rationis dictamine conservare conatur, hoc est (per schol. prop. 66 huius) quatenus libere vivere conatur, communis vitae et utilitatis rationem tenere (per prop. 37 huius), et consequenter (ut in schol. 2 prop. 37 huius ostendimus) ex communi civitatis decreto vivere cupit. Cupit ergo homo, qui ratione ducitur, ut liberius vivat, communia civitatis iura tenere. Q.E.D.

Scholium. Haec et similia, quae de vera hominis libertate ostendimus, ad fortitudinem, hoc est (per schol. prop. 59 P. 3) ad animositatem et generositatem referuntur. Nec operae pretium duco, omnes fortitudinis proprietates hic separatim demonstrare, et multo minus, quod vir fortis neminem odio habeat, nemini irascatur, invideat, indignetur, neminem despiciat minimeque superbiat. Nam haec et omnia, quae ad veram vitam et religionem spectant, facile ex prop. 37 et 46 huius partis convincuntur; nempe quod odium amore contra vincendum sit, et quod unusquisque, qui ratione ducitur, bonum quod sibi appetit, reliquis etiam ut sit, cupiat. Ad quod accedit id, quod in schol. prop. 50 huius partis et aliis in locis notavimus, quod scilicet vir fortis hoc apprime consideret, nempe quod omnia ex necessitate divinae naturae sequantur, ac proinde quicquid molestum et malum esse cogitat et quicquid praeterea impium, horrendum, iniustum et turpe videtur, ex eo oritur, quod res ipsas perturbate, mutilate et confuse concipit; et hac de causa apprime conatur res, ut in se sunt, concipere et verae cognitionis impedimenta amovere, ut sunt odium, ira, invidia,

sabido), os homens procederiam melhor se concordassem apenas verbalmente, embora, na realidade, estivessem em discordância, o que (pelo corol. da prop. 31) é absurdo. Logo, o homem livre, etc. C. Q. D.

Escólio. Agora, se alguém perguntasse: – Se um homem pudesse livrar-se, pela perfídia, de um perigo iminente de morte, não aconselharia a razão, sob qualquer condição, que, para conservar seu ser, ele fosse pérfido? A isso se responderá: – Se a razão assim aconselhasse, ela aconselharia o mesmo a todos e, portanto, aconselharia, sob qualquer condição, a todos os homens a não pactuarem, a fim de unir suas forças e ter direitos comuns, senão por meio do dolo, isto é, a não ter, na realidade, direitos comuns, o que é absurdo.

Proposição 73. **O homem que se conduz pela razão é mais livre na sociedade civil, onde vive de acordo com as leis comuns, do que na solidão, onde obedece apenas a si mesmo.**

Demonstração. O homem que se conduz pela razão não é levado a obedecer pelo medo (pela prop. 63). Em vez disso, à medida que se esforça por conservar o seu ser segundo o ditame da razão, isto é (pelo esc. da prop. 66), que se esforça por viver livremente, deseja manter o princípio da vida e da utilidade comuns (pela prop. 37) e, consequentemente (como demonstramos no esc. 2 da prop. 37), deseja viver de acordo com as leis comuns da sociedade civil. Logo, o homem que se conduz pela razão deseja, a fim de viver mais livremente, observar os direitos comuns da sociedade civil. C. Q. D.

Escólio. Essas e coisas similares, que, sobre a verdadeira liberdade do homem, demonstramos, referem-se à fortaleza, isto é (pelo esc. da prop. 59 da P. 3), à firmeza e à generosidade. Não acredito que valha a pena demonstrar, aqui, em separado, todas as propriedades da fortaleza e, muito menos, demonstrar que um homem forte não tem ódio, raiva ou inveja de ninguém, assim como não se mostra irado, desdenhoso ou arrogante para com ninguém. Na verdade, isso e tudo o que diz respeito à verdadeira vida e à verdadeira religiosidade deduzem-se facilmente das prop. 37 e 46. Mais especificamente: que o ódio deve ser combatido pelo amor, e que todo aquele que se conduz pela razão deseja, também para os demais, o bem que apetece para si próprio. A isso se acrescenta o que observamos no esc. da prop. 50 e em outras passagens, ou seja, que o homem forte considera, antes de mais nada, que todas as coisas se seguem da necessidade da natureza divina. E, por isso, quando pensa que tudo é danoso e mau e tudo lhe parece ser incivil, horrendo, injusto e desleal, considera que isso ocorre porque concebe as coisas de uma maneira perturbada, mutilada e confusa. E, por esse motivo, ele se esforça, antes de tudo, por conceber as coisas tal como elas são em si mesmas e afastar os obstáculos que se colocam ao verdadeiro conhecimento, tais como o ódio, a ira, a inveja, o escárnio, a

irrisio, superbia et reliqua huiusmodi, quae in praecedentibus notavimus; atque adeo, quantum potest, conatur, uti diximus, bene agere et laetari. Quousque autem humana virtus ad haec consequenda se extendat et quid possit, in sequenti parte demonstrabo.

APPENDIX

Quae in hac parte de recta vivendi ratione tradidi, non sunt ita disposita, ut uno aspectu videri possint, sed disperse a me demonstrata sunt, prout scilicet unum ex alio facilius deducere potuerim. Eadem igitur hic recolligere et ad summa capita redigere proposui.

Cap. I. Omnes nostri conatus seu cupiditates ex necessitate nostrae naturae ita sequuntur, ut vel per ipsam solam tamquam per proximam suam causam possint intelligi vel quatenus naturae sumus pars, quae per se absque aliis individuis non potest adaequate concipi.

Cap. II. Cupiditates, quae ex nostra natura ita sequuntur, ut per ipsam solam possit intelligi, sunt illae quae ad mentem referuntur, quatenus haec ideis adaequatis constare concipitur; reliquae vero cupiditates ad mentem non referuntur, nisi quatenus res inadaequate concipit, et quarum vis et incrementum non humana, sed rerum, quae extra nos sunt, potentia definiri debet. Et ideo illae recte actiones, hae autem passiones vocantur. Illae namque nostram potentiam semper indicant, et hae contra nostram impotentiam et mutilatam cognitionem.

Cap. III. Nostrae actiones, hoc est, cupiditates illae, quae hominis potentia seu ratione definiuntur, semper bonae sunt; reliquae autem tam bonae, quam malae possunt esse.

Cap. IV. In vita itaque apprime utile est, intellectum seu rationem, quantum possumus, perficere, et in hoc uno summa hominis felicitas seu beatitudo consistit; quippe beatitudo nihil aliud est, quam ipsa animi acquiescentia, quae ex Dei intuitiva cognitione oritur. At intellectum perficere nihil etiam aliud, est quam Deum Deique attributa et actiones, quae ex ipsius naturae necessitate consequuntur, intelligere. Quare hominis, qui ratione ducitur, finis ultimus, hoc est, summa cupiditas, qua reliquas omnes moderari studet, est illa, qua fertur ad se resque omnes, quae sub ipsius intelligentiam cadere possunt, adaequate concipiendum.

soberba e outras coisas do gênero, tal como observamos anteriormente. Por isso, esforça-se, tanto quanto pode, como dissemos, por agir bem e por se alegrar. Até onde vai, entretanto, a virtude humana, para conseguir isso, e o que ela pode, é o que demonstrarei na parte seguinte.

APÊNDICE

As coisas que expus, nesta parte, sobre a norma reta de viver, não foram organizadas de maneira que possam ser apreendidas por uma visão de conjunto. Em vez disso, demonstrei-as aqui e ali, segundo uma ordem que me permitisse mais facilmente deduzir umas coisas das outras. Propus-me, portanto, reuni-las, aqui, e resumi-las em seus capítulos principais.

Capítulo 1. Todos os nossos esforços e todos os nossos desejos seguem-se da necessidade de nossa natureza de maneira tal que podem ser compreendidos ou exclusivamente por meio dela, enquanto causa daquelas forças e daqueles desejos, ou enquanto somos uma parte da natureza, a qual não pode ser concebida adequadamente por si só, sem os outros indivíduos.

Capítulo 2. Os desejos que se seguem de nossa natureza, de maneira tal que podem ser compreendidos exclusivamente por meio dela, são os que estão relacionados à mente, à medida que esta é concebida como consistindo de ideias adequadas. Quanto aos outros desejos não estão relacionados à mente senão à medida que esta concebe inadequadamente as coisas. A força e a expansão desses desejos devem ser definidas não pela potência humana, mas pela potência das coisas que estão fora de nós. Por isso, os primeiros desejos são, apropriadamente, chamados de ações, enquanto os segundos são chamados de paixões; pois os primeiros indicam, sempre, a nossa potência, enquanto os segundos indicam, ao contrário, a nossa impotência e um conhecimento mutilado.

Capítulo 3. As nossas ações – isto é, aqueles desejos que são definidos pela potência do homem, ou seja, pela razão – são sempre boas, enquanto as outras tanto podem ser boas como más.

Capítulo 4. Assim, na vida, é útil, sobretudo, aperfeiçoar, tanto quanto pudermos, o intelecto ou a razão, e nisso, exclusivamente, consiste a suprema felicidade ou beatitude do homem. Pois, a beatitude não é senão a própria satisfação do ânimo que provém do conhecimento intuitivo de Deus. E, da mesma maneira, aperfeiçoar o intelecto não é senão compreender a Deus, os seus atributos e as ações que se seguem da necessidade de sua natureza. Por isso, o fim último do homem que se conduz pela razão, isto é, o seu desejo supremo, por meio do qual procura regular todos os outros, é aquele que o leva a conceber, adequadamente, a si mesmo e a todas as coisas que podem ser abrangidas sob seu intelecto.

Capítulo 5. Não há, portanto, nenhuma vida racional sem inteligência. E

Cap. V. Nulla igitur vita rationalis est sine intelligentia, et res eatenus tantum bonae sunt, quatenus hominem iuvant, ut mentis vita fruatur, quae intelligentia definitur. Quae autem contra impediunt, quominus homo rationem perficere et rationali vita frui possit, eas solummodo malas esse dicimus.

Cap. VI. Sed quia omnia illa, quorum homo efficiens est causa, necessario bona sunt, nihil ergo mali homini evenire potest, nisi a causis externis; nempe quatenus pars est totius naturae, cuius legibus humana natura obtemperare, et cui infinitis modis pene sese accommodare cogitur.

Cap. VII. Nec fieri potest, ut homo non sit naturae pars, et communem eius ordinem non sequatur; sed si inter talia individua versetur, quae cum ipsius hominis natura conveniunt, eo ipso hominis agendi potentia iuvabitur et fovebitur. At si contra inter talia sit, quae cum ipsius natura minime conveniunt, vix absque magna ipsius mutatione iisdem sese accommodare poterit.

Cap. VIII. Quicquid in rerum natura datur, quod iudicamus malum esse, sive posse impedire, quominus existere et vita rationali frui queamus, id a nobis removere ea via, quae securior videtur, licet; et quicquid contra datur quod iudicamus bonum sive utile esse ad nostrum esse conservandum, et vita rationali fruendum, id ad nostrum usum capere et eo quocumque modo uti nobis licet. Et absolute id unicuique summo naturae iure facere licet, quod ad ipsius utilitatem conferre iudicat.

Cap. IX. Nihil magis cum natura alicuius rei convenire potest, quam reliqua eiusdem speciei individua; adeoque (per cap. 7) nihil homini ad suum esse conservandum et vita rationali fruendum utilius datur, quam homo, qui ratione ducitur. Deinde quia inter res singulares nihil novimus, quod homine, qui ratione ducitur, sit praestantius, nulla ergo re magis potest unusquisque ostendere, quantum arte et ingenio valeat, quam in hominibus ita educandis, ut tandem ex proprio rationis imperio vivant.

Cap. X. Quatenus homines invidia aut aliquo odii affectu in se invicem feruntur, eatenus invicem contrarii sunt, et consequenter eo magis timendi, quo plus possunt, quam reliqua naturae individua.

Cap. XI. Animi tamen non armis, sed amore et generositate vincuntur.

Cap. XII. Hominibus apprime utile est, consuetudines iungere, seseque iis vinculis astringere, quibus aptius de se omnibus unum efficiant, et absolute ea agere, quae firmandis amicitiis inserviunt.

as coisas são boas à medida que ajudam o homem a desfrutar da vida da mente, que é definida pela inteligência. Dizemos, em troca, que são más apenas aquelas coisas que impedem que o homem possa aperfeiçoar a sua razão e desfrutar de uma vida racional.

Capítulo 6. Como, entretanto, todas aquelas coisas das quais o homem é causa eficiente são necessariamente boas, nada de mau pode sobrevir a ele que não se deva a causas exteriores; quer dizer, enquanto o homem é uma parte da totalidade da natureza, a cujas leis a natureza humana é obrigada a obedecer, e à qual deve ajustar-se quase que de infinitas maneiras.

Capítulo 7. E é impossível que o homem não seja uma parte da natureza e que não siga a ordem comum desta. Se, entretanto, vive entre indivíduos tais que combinam com a sua natureza, a sua potência de agir será, por isso mesmo, estimulada e reforçada. Se, contrariamente, vive entre indivíduos tais que em nada combinam com a sua natureza, dificilmente poderá ajustar-se a eles sem uma grande mudança em si mesmo.

Capítulo 8. É lícito que afastemos de nós, pelo meio que nos pareça mais seguro, tudo aquilo que existe na natureza das coisas e que julgamos ser mau, ou seja, que julgamos poder impedir que existamos e que desfrutemos de uma vida racional. E, contrariamente, é lícito tomar para nosso uso e utilizar de qualquer maneira tudo aquilo que existe e que julgamos ser bom, ou seja, que julgamos ser útil para conservar nosso ser e para desfrutar de uma vida racional. E, mais geralmente, é lícito que cada um, em virtude do supremo direito da natureza, faça o que julga ser-lhe útil.

Capítulo 9. Nada pode combinar melhor com a natureza de uma coisa do que os outros indivíduos da mesma espécie. Por isso (pelo cap. 7), nada existe que seja mais útil ao homem, para conservar o seu ser e desfrutar de uma vida racional, do que o homem que se conduz pela razão. Além disso, como não conhecemos nada, entre as coisas singulares, que seja superior ao homem que se conduz pela razão, em nada pode, cada um, mostrar melhor quanto valem seu engenho e arte do que em educar os homens para que vivam, ao final, sob a autoridade própria da razão.

Capítulo 10. Na mesma e exata proporção em que os homens são movidos, uns contra os outros, pela inveja ou por algum outro afeto de ódio, eles são reciprocamente contrários e, como consequência, tanto mais temíveis, por terem mais poder que os outros indivíduos da natureza.

Capítulo 11. Não é pelas armas, entretanto, que se pacificam os ânimos, mas pelo amor e pela generosidade.

Capítulo 12. É útil aos homens, acima de tudo, formarem associações e se ligarem por vínculos mais capazes de fazer de todos um só e, mais geralmente, é-lhes útil fazer tudo aquilo que contribui para consolidar as amizades.

Cap. XIII. Sed ad haec ars et vigilantia requiritur. Sunt enim homines varii (nam rari sunt, qui ex rationis praescripto vivunt), et tamen plerumque invidi et magis ad vindictam, quam ad misericordiam proclives. Unumquemque igitur ex ipsius ingenio ferre et sese continere, ne eorum affectus imitetur, singularis animi potentiae opus est. At qui contra homines carpere et vitia potius exprobrare, quam virtutes docere et hominum animos non firmare, sed frangere norunt, ii et sibi et reliquis molesti sunt. Unde multi prae nimia scilicet animi impatientia falsoque religionis studio inter bruta potius, quam inter homines vivere maluerunt; ut pueri vel adolescentes, qui parentum iurgia aequo animo ferre nequeunt, militatum confugiunt et incommoda belli et imperium tyrannidis prae domesticis commodis et paternis admonitionibus eligunt, et quidvis oneris sibi imponi patiuntur, dummodo parentes ulciscantur.

Cap. XIV. Quamvis igitur homines omnia plerumque ex sua libidine moderentur, ex eorum tamen communi societate multo plura commoda, quam damna sequuntur. Quare satius est eorum iniurias aequo animo ferre et studium iis adhibere, quae concordiae et amicitiae conciliandae inserviunt.

Cap. XV. Quae concordiam gignunt sunt illa, quae ad iustitiam, aequitatem et honestatem referuntur. Nam homines praeter id, quod iniustum et iniquum est, etiam aegre ferunt, quod turpe habetur, sive quod aliquis receptos civitatis mores aspernatur. Amori autem conciliando illa apprime necessaria sunt, quae ad religionem et pietatem spectant. De quibus vide schol. 1 et 2 prop. 37 et schol. prop. 46 et schol. prop. 73 P. 4.

Cap. XVI. Solet praeterea concordia ex metu plerumque gigni; sed sine fide. Adde, quod metus ex animi impotentia oritur et propterea ad rationis usum non pertinet, ut nec commiseratio, quamvis pietatis speciem prae se ferre videatur.

Cap. XVII. Vincuntur praeterea homines etiam largitate, praecipue ii, qui non habent unde comparare possint illa, quae ad vitam sustentandam necessaria sunt. Attamen unicuique indigenti auxilium ferre, vires et utilitatem viri privati longe superat. Divitiae namque viri privati longe impares sunt ad id suppeditandum. Unius praeterea viri facultas limitatior est, quam ut omnes sibi possit amicitia iungere; quare pauperum cura integrae societati incumbit et ad communem tantum utilitatem spectat.

QUARTA PARTE A SERVIDÃO HUMANA OU A FORÇA DOS AFETOS

Capítulo 13. Mas, para isso, exige-se arte e vigilância. Com efeito, embora sejam volúveis (pois são raros os que vivem segundo os preceitos da razão), os homens são, entretanto, na maior parte das vezes, invejosos e mais inclinados à vingança que à misericórdia. É necessária, portanto, uma potência de ânimo singular para aceitar cada um segundo sua respectiva maneira de ser e para evitar imitar os seus afetos. Aqueles que, contrariamente, aprenderam a criticar os homens e a reprovar-lhes os vícios, em vez de ensinar-lhes as virtudes, e a enfraquecer-lhes os ânimos, em vez de fortalecê-los, são danosos para si mesmos e para os outros. Daí que muitos, por causa de uma intolerância excessiva e de um falso zelo religioso, tenham preferido viver entre os animais, em vez de viver entre os homens, tal como ocorre com as crianças e os adolescentes, que não conseguem suportar com equanimidade as reprimendas de seus pais e se refugiam no serviço militar, preferindo os desconfortos da guerra e um comando tirânico aos confortos domésticos e às admoestações paternas, e aceitando que se lhes imponha qualquer fardo, desde que se vinguem dos pais.

Capítulo 14. Embora, portanto, os homens se governem em tudo, na maior parte das vezes, pela licenciosidade, de sua sociedade comum se seguem muito mais vantagens do que desvantagens. Por isso, é preferível tolerar com equanimidade as suas ofensas e dedicar-se com empenho àquilo que está a serviço do vínculo da concórdia e da amizade.

Capítulo 15. As coisas que geram a concórdia são aquelas que se relacionam à justiça, à equidade e à lealdade. Pois, além do que é injusto e iníquo, os homens também suportam mal o que é tido como vil, ou seja, que alguém desrespeite os costumes aceitos na sociedade civil. Por outro lado, para o vínculo do amor são necessárias, sobretudo, aquelas coisas que concernem à religiosidade e à piedade. Vejam-se, sobre isso, os esc. 1 e 2 da prop. 37, o esc. da prop. 46 e o esc. da prop. 73.

Capítulo 16. Além disso, é comum que a concórdia seja gerada também pelo medo, mas, neste caso, trata-se de uma concórdia à qual falta a confiança. Acrescente-se que o medo provém da impotência de ânimo; e não diz respeito, por isso, ao uso da razão, o que ocorre também com a comiseração, mesmo que se apresente como piedade.

Capítulo 17. Além disso, os homens também se deixam levar pela prodigalidade, sobretudo aqueles que não têm de onde retirar o necessário para o sustento da vida. Entretanto, prestar ajuda a cada indigente é algo que supera, em muito, os poderes e os recursos de um simples indivíduo. Pois as suas riquezas estão muito aquém do que seria necessário para isso. Além disso, a capacidade de um homem sozinho é demasiadamente limitada para que ele possa unir-se pela amizade a todos os homens. Por isso, o cuidado dos pobres é uma incumbência da sociedade como um todo e tem em vista a utilidade comum.

Cap. XVIII. In beneficiis accipiendis et gratia referenda alia prorsus debet esse cura, de qua vide schol. prop. 70 et schol. prop. 71 P. 4.

Cap. XIX. Amor praeterea meretricius, hoc est generandi libido, quae ex forma oritur, et absolute omnis amor, qui aliam causam praeter animi libertatem agnoscit, facile in odium transit, nisi, quod peius est, species delirii sit, atque tum magis discordia, quam concordia fovetur. Vide schol. prop. 31 P. 3.

Cap. XX. Ad matrimonium quod attinet, certum est, ipsum cum ratione convenire, si cupiditas miscendi corpora non ex sola forma, sed etiam ex amore liberos procreandi et sapienter educandi, ingeneretur; et praeterea, si utriusque, viri scilicet et feminae, amor non solam formam, sed animi praecipue libertatem pro causa habeat.

Cap. XXI. Gignit praeterea adulatio concordiam, sed foedo servitutis crimine vel perfidia; nulli quippe magis adulatione capiuntur, quam superbi, qui primi esse volunt, nec sunt.

Cap. XXII. Abiectioni falsa pietatis et religionis species inest. Et quamvis abiectio superbiae sit contraria, est tamen abiectus superbo proximus. Vide schol. prop. 57 P. 4.

Cap. XXIII. Confert praeterea concordiae pudor in iis tantum, quae celari non possunt. Deinde, quia ipse pudor species est tristitiae, ad rationis usum non spectat.

Cap. XXIV. Ceteri tristitiae erga homines affectus directe iustitiae, aequitati, honestati, pietati et religioni opponuntur, et quamvis indignatio aequitatis speciem prae se ferre videatur, ibi tamen sine lege vivitur ubi unicuique de factis alterius iudicium ferre, et suum vel alterius ius vindicare licet.

Cap. XXV. Modestia, hoc est, cupiditas hominibus placendi, quae ex ratione determinatur, ad pietatem (ut in schol. 1 prop. 37 P. 4 diximus) refertur. Sed si ex affectu oriatur, ambitio est sive cupiditas, qua homines falsa pietatis imagine plerumque discordias et seditiones concitant. Nam qui reliquos consilio aut re iuvare cupit, ut simul summo fruantur bono, is apprime studebit, eorum sibi amorem conciliare; non autem eos in admirationem traducere, ut disciplina ex ipso habeat vocabulum, nec ullas absolute invidiae causas dare. In communibus deinde colloquiis cavebit hominum vitia referre, et de humana impotentia non nisi parce loqui curabit; at largiter de humana virtute seu potentia, et qua via possit perfici, ut sic homines non ex metu aut aversione, sed

Capítulo 18. Quanto a aceitar favores e a demonstrar agradecimento, deve-se ter uma preocupação inteiramente diferente; vejam-se, a esse respeito, o esc. da prop. 70 e o esc. da prop. 71.

Capítulo 19. Por outro lado, o amor lascivo, isto é, o desejo de gerar que tem origem na aparência física e, mais geralmente, todo amor que admite outra causa além da liberdade do ânimo, converte-se, facilmente, em ódio, exceto quando, o que é pior, torna-se uma espécie de delírio, em cujo caso, mais do que a concórdia, é a discórdia que é reforçada. Veja-se o esc. da prop. 31 da P. 3.

Capítulo 20. Quanto ao matrimônio, é certo que está em acordo com a razão se o desejo de unir os corpos não é produzido apenas pela aparência física, mas também pelo amor de procriar filhos e de educá-los sabiamente; e, além disso, se o amor de ambos, quer dizer, do homem e da mulher, não tem por causa apenas a aparência física, mas principalmente a liberdade do ânimo.

Capítulo 21. A adulação também gera a concórdia, mas mediante o feio vício da servidão ou mediante a perfídia; com efeito, ninguém é mais suscetível à adulação que os soberbos, que querem ser os primeiros, mas não o são.

Capítulo 22. O rebaixamento reveste-se da falsa aparência da piedade e da religiosidade. E, embora o rebaixamento seja o oposto da soberba, aquele que se rebaixa está, entretanto, próximo do soberbo. Veja-se o esc. da prop. 57.

Capítulo 23. A vergonha também contribui para a concórdia, mas apenas naquelas coisas que não podem ser ocultadas. Além disso, como a vergonha é uma espécie de tristeza, não diz respeito ao uso da razão.

Capítulo 24. Os outros afetos de tristeza dirigidos aos homens opõem-se diretamente à justiça, à equidade, à lealdade, à piedade e à religiosidade; e, embora a indignação pareça uma espécie de equidade, ali, entretanto, onde é permitido a cada um julgar as ações dos outros e administrar o próprio direito ou o dos outros, vive-se sem nenhuma lei.

Capítulo 25. A modéstia, isto é, o desejo de agradar aos homens, quando é determinado pela razão, está referido à piedade (como dissemos no esc. 1 da prop. 37). Se provém, entretanto, de um afeto, trata-se de ambição, ou seja, de um desejo, pelo qual os homens, sob uma falsa aparência de piedade, incitam, na maioria das vezes, discórdias e sedições. Pois quem deseja ajudar os outros, por palavras ou por atos, para que, juntos, desfrutem do supremo bem, buscará, sobretudo, ganhar-lhes o amor, e não, em vez disso, provocar-lhes a admiração, a fim de que uma doutrina leve a marca do seu próprio nome, nem lhes dará, em geral, qualquer motivo de inveja. Além disso, evitará, nas conversas sociais, mencionar os vícios humanos e cuidará para não falar senão reservadamente sobre a impotência humana. Em troca, falará longamente sobre a virtude ou a potência humana e sobre o meio pelo qual ela pode ser aperfeiçoada, a fim de que os homens se esforcem, assim,

solo laetitiae affectu, moti ex rationis praescripto, quantum in se est, conentur vivere.

Cap. XXVI. Praeter homines nihil singulare in natura novimus, cuius mente gaudere et quod nobis amicitia aut aliquo consuetudinis genere iungere possumus; adeoque quicquid in rerum natura extra homines datur, id nostrae utilitatis ratio conservare non postulat, sed pro eius vario usu conservare, destruere, vel quocumque modo ad nostrum usum adaptare nos docet.

Cap. XXVII. Utilitas, quam ex rebus, quae extra nos sunt, capimus, est praeter experientiam et cognitionem, quam acquirimus ex eo, quod easdem observamus et ex his formis in alias mutamus, praecipua corporis conservatio; et hac ratione res illae imprimis utiles sunt, quae corpus ita alere et nutrire possunt, ut eius omnes partes officio suo recte fungi queant. Nam quo corpus aptius est, ut pluribus modis possit affici et corpora externa pluribus modis afficere, eo mens ad cogitandum est aptior (vide prop. 38 et 39 P. 4). At huius notae perpauca in natura esse videntur. Quare ad corpus, ut requiritur, nutriendum necesse est multis naturae diversae alimentis uti. Quippe humanum corpus ex plurimis diversae naturae partibus componitur, quae continuo alimento indigent et vario, ut totum corpus ad omnia, quae ex ipsius natura sequi possunt, aeque aptum sit, et consequenter ut mens etiam aeque apta sit ad plura concipiendum.

Cap. XXVIII. Ad haec autem comparandum vix uniuscuiusque vires sufficerent nisi homines operas mutuas traderent. Verum omnium rerum compendium pecunia attulit. Unde factum, ut eius imago mentem vulgi maxime occupare soleat; quia vix ullam laetitiae speciem imaginari possunt, nisi concomitante nummorum idea tamquam causa.

Cap. XXIX. Sed hoc vitium eorum tantum est, qui non ex indigentia, nec propter necessitates nummos quaerunt, sed quia lucri artes didicerunt, quibus se magnifice efferunt. Ceterum corpus ex consuetudine pascunt; sed parce, quia tantum de suis bonis se perdere credunt, quantum sui corporis conservationi impendunt. At qui verum nummorum usum norunt et divitiarum modum ex sola indigentia moderantur, paucis contenti vivunt.

Cap. XXX. Cum igitur res illae sint bonae, quae corporis partes iuvant, ut suo officio fungantur, et laetitia in eo consistat, quod hominis

o quanto puderem, por viver segundo os preceitos da razão, movidos não pelo medo ou pela aversão, mas apenas pelo afeto da alegria.

Capítulo 26. Além dos homens, não conhecemos, na natureza, nenhuma coisa singular cuja mente possa nos encher de gáudio e à qual possamos nos unir pela amizade ou por algum outro tipo de vínculo. Por isso, com respeito a tudo aquilo que existe na natureza das coisas, afora o homem, o princípio de atender à nossa utilidade não exige que nós o conservemos. Este princípio nos ensina, em vez disso, que, conforme as suas diferentes utilizações, nós conservemos, destruamos ou adaptemos as coisas, de qualquer maneira, às nossas conveniências.

Capítulo 27. A utilidade que extraímos das coisas que nos são exteriores, além da experiência e do conhecimento que adquirimos por observá-las, por mudá-las e por transformá-las, consiste, principalmente, na conservação do corpo. E, por essa razão, são úteis, particularmente, aquelas coisas que podem alimentar e nutrir o corpo de maneira tal que todas as suas partes possam fazer corretamente o seu trabalho. Pois quanto mais o corpo é capaz, de variadas maneiras, de ser afetado pelos corpos exteriores e de afetá-los, tanto mais a mente é capaz de pensar (vejam-se as prop. 38 e 39). Parece, entretanto, que há muito poucas coisas desse tipo na natureza. Por isso, para nutrir o corpo como se deve, é necessário utilizar muitos alimentos, de naturezas variadas. Pois o corpo humano é composto de muitas partes, de variadas naturezas, que precisam, continuamente, de uma alimentação variada, para que o corpo inteiro seja uniformemente capaz de fazer todas as coisas que podem se seguir de sua natureza e, como consequência, para que a mente também seja uniformemente capaz de conceber muitas coisas.

Capítulo 28. Entretanto, para obter essas coisas, dificilmente bastariam as forças de cada um, se os homens não prestassem serviços uns aos outros. O fato é que todas as coisas acabaram por se resumir ao dinheiro. Daí que sua imagem costuma ocupar inteiramente a mente do vulgo, pois dificilmente podem imaginar alguma outra espécie de alegria que não seja a que vem acompanhada da ideia de dinheiro como sua causa.

Capítulo 29. Esse vício, entretanto, só pode ser atribuído àqueles que buscam o dinheiro não porque este lhes falte ou para suprir as suas necessidades, mas porque aprenderam a arte do lucro, da qual muito se vangloriam. De resto, eles alimentam o corpo segundo o costume, mas com avareza, porque acreditam que seus bens se esvaem na mesma proporção do gasto feito na conservação de seu corpo. Em troca, aqueles que aprenderam a verdadeira utilidade do dinheiro e regulam a proporção de suas divisas exclusivamente por suas próprias necessidades vivem felizes com pouco.

Capítulo 30. Como são boas, portanto, as coisas que ajudam as partes do corpo a fazer o seu trabalho, e como a alegria consiste em que a potência

potentia, quatenus mente et corpore constat, iuvatur vel augetur, sunt ergo illa omnia, quae laetitiam afferunt, bona. Attamen quoniam contra non eum in finem res agunt, ut nos laetitia afficiant, nec earum agendi potentia ex nostra utilitate temperatur, et denique quoniam laetitia plerumque ad unam corporis partem potissimum refertur, habent ergo plerumque laetitiae affectus (nisi ratio et vigilantia adsit), et consequenter cupiditates, etiam quae ex iisdem generantur, excessum. Ad quod accedit, quod ex affectu id primum habeamus, quod in praesentia suave est, nec futura aequali animi affectu aestimare possumus. Vide schol. prop. 44 et schol. prop. 60 P. 4.

Cap. XXXI. At superstitio id contra videtur statuere bonum esse, quod tristitiam, et id contra malum, quod laetitiam affert. Sed, ut iam diximus (vide schol. prop. 45 P. 4), nemo, nisi invidus, mea impotentia et incommodo delectatur. Nam quo maiore laetitia afficimur, eo ad maiorem perfectionem transimus, et consequenter eo magis de natura divina participamus; nec laetitia unquam mala esse potest, quam nostrae utilitatis vera ratio moderatur. At qui contra metu ducitur et bonum, ut malum vitet, agit, is ratione non ducitur.

Cap. XXXII. Sed humana potentia admodum limitata est et a potentia causarum externarum infinite superatur; atque adeo potestatem absolutam non habemus, res, quae extra nos sunt, ad nostrum usum aptandi. Attamen ea quae nobis eveniunt contra id, quod nostrae utilitatis ratio postulat, aequo animo feremus, si conscii simus nos functos nostro officio fuisse, et potentiam, quam habemus, non potuisse se eo usque extendere, ut eadem vitare possemus, nosque partem totius naturae esse, cuius ordinem sequimur. Quod si clare et distincte intelligamus, pars illa nostri, quae intelligentia definitur, hoc est, pars melior nostri, in eo plane acquiescet et in ea acquiescentia perseverare conabitur. Nam quatenus intelligimus, nihil appetere nisi id quod necessarium est, nec absolute, nisi in veris acquiescere possumus; adeoque quatenus haec recte intelligimus, eatenus conatus melioris partis nostri cum ordine totius naturae convenit.

do homem, enquanto ele é composto de mente e corpo, é estimulada ou aumentada, são boas, então, todas as coisas que trazem alegria. Entretanto, como, por outro lado, as coisas não agem com o fim de nos afetar de alegria, nem a sua potência de agir é regulada pela nossa utilidade e como, enfim, a alegria está relacionada, fundamentalmente, na maioria das vezes, a uma única parte do corpo, a consequência é que os afetos de alegria (a não ser que intervenham a razão e a vigilância) e também os desejos que eles produzem são, na maioria das vezes, excessivos. A isso se acrescenta que, por causa do afeto, consideramos como mais importante aquilo que é, no momento presente, agradável, e que não podemos julgar as coisas futuras com o mesmo afeto do ânimo. Vejam-se o esc. da prop. 44 e o esc. da prop. 60.

Capítulo 31. A superstição, pelo contrário, parece proclamar que é bom o que traz tristeza e mau o que traz alegria. Entretanto, como já dissemos (veja-se o esc. da prop. 45), ninguém, a não ser um invejoso, pode se deleitar com a minha impotência e a minha desgraça. Pois quanto maior é a alegria que nos afeta, tanto maior é a perfeição a que passamos e, consequentemente, tanto mais participamos da natureza divina. E jamais pode ser má a alegria que é regulada pelo verdadeiro princípio de atender à nossa utilidade. Em troca, aquele que se deixa levar pelo medo, e faz o bem para evitar o mal, não se conduz pela razão.

Capítulo 32. A potência humana é, entretanto, bastante limitada, sendo infinitamente superada pela potência das causas exteriores. Por isso, não temos o poder absoluto de adaptar as coisas exteriores ao nosso uso. Contudo, suportaremos com equanimidade os acontecimentos contrários ao que postula o princípio de atender à nossa utilidade, se tivermos consciência de que fizemos nosso trabalho; de que a nossa potência não foi suficiente para poder evitá-las; e de que somos uma parte da natureza inteira, cuja ordem seguimos. Se compreendemos isso clara e distintamente, aquela parte de nós mesmos que é definida pela inteligência, isto é, a nossa melhor parte, se satisfará plenamente com isso e se esforçará por perseverar nessa satisfação. Pois, à medida que compreendemos, não podemos desejar senão aquilo que é necessário, nem nos satisfazer, absolutamente, senão com o verdadeiro. Por isso, à medida que compreendemos isso corretamente, o esforço da melhor parte de nós mesmos está em acordo com a ordem da natureza inteira.

PARS QUINTA
DE POTENTIA INTELLECTUS SEU DE LIBERTATE HUMANA

QUINTA PARTE
A POTÊNCIA DO INTELECTO OU A LIBERDADE HUMANA

PRAEFATIO

Transeo tandem ad alteram ethices partem, quae est de modo sive via, quae ad libertatem ducit. In hac ergo de potentia rationis agam ostendens, quid ipsa ratio in affectus possit, et deinde, quid mentis libertas seu beatitudo sit; ex quibus videbimus, quantum sapiens potior sit ignaro. Quomodo autem et qua via debeat intellectus perfici, et qua deinde arte corpus sit curandum; ut possit suo officio recte fungi, huc non pertinet; hoc enim ad medicinam, illud autem ad logicam spectat. Hic igitur, ut dixi, de sola mentis seu rationis potentia agam, et ante omnia, quantum et quale imperium in affectus habeat ad eosdem coercendum et moderandum, ostendam. Nam nos in ipsos imperium absolutum non habere, iam supra demonstravimus. Stoici tamen putarunt, eosdem a nostra voluntate absolute pendere, nosque iis absolute imperare posse. Attamen ab experientia reclamante, non vero ex suis principiis coacti sunt fateri, usum et studium non parvum requiri ad eosdem coercendum et moderandum. Quod quidam exemplo duorum canum (si recte memini), unius scilicet domestici, alterius venatici, conatus est ostendere; nempe quia usu efficere tandem potuit ut domesticus venari, venaticus contra a leporibus sectandis abstinere assuesceret. Huic opinioni non parum favet Cartesius. Nam statuit animam seu mentem unitam praecipue esse cuidam parti cerebri, glandulae scilicet pineali dictae, cuius ope mens motus omnes, qui in corpore excitantur, et obiecta externa sentit, quamque mens eo solo, quod vult, varie movere potest. Hanc glandulam in medio cerebri ita suspensam esse statuit, ut minimo spirituum animalium motu possit moveri. Deinde statuit, quod haec glans tot variis modis in medio cerebro suspendatur, quot variis modis spiritus animales in eandem impingunt, et quod praeterea tot varia vestigia in eadem imprimantur, quot varia obiecta externa ipsos spiritus animales versus eandem propellunt; unde fit, ut

PREFÁCIO

Passo, por fim, à outra parte da ética, que trata da maneira, ou seja, do caminho que conduz à liberdade. Nesta parte, tratarei, pois, da potência da razão, mostrando qual é o seu poder sobre os afetos e, depois, o que é a liberdade ou a beatitude da mente. Veremos, assim, o quanto o sábio é mais potente que o ignorante. De que maneira e por qual via, entretanto, deve-se aperfeiçoar o intelecto e por qual arte deve-se cuidar do corpo para que faça corretamente seu trabalho são assuntos que não cabem aqui. Pois o último diz respeito à medicina e o primeiro, à lógica. Aqui tratarei, portanto, como disse, apenas da potência da mente, ou da razão, e mostrarei, sobretudo, qual é o grau e a espécie de domínio que ela tem para refrear e regular os afetos. Que não temos, com efeito, um domínio absoluto sobre os afetos foi o que demonstramos anteriormente. Os estóicos, entretanto, acreditavam que os afetos dependem exclusivamente de nossa vontade e que podemos dominá-los inteiramente. Contudo, viram-se obrigados, na verdade, não por causa de seus princípios, mas diante das evidências da experiência, a admitir que não são pequenos o exercício e o esforço necessários para refrear e regular os afetos, conclusão que um deles tentou demonstrar (se bem me recordo), pelo exemplo de dois cães: um, doméstico; de caça, o outro. O resultado foi que, pelo exercício, ele acabou conseguindo que o cão doméstico se acostumasse a caçar e que o de caça, em troca, deixasse de perseguir as lebres. Não é pequena a predileção de Descartes por essa opinião. Com efeito, ele afirma que a alma, ou a mente, está unida, principalmente, a uma certa parte do cérebro, mais especificamente, à chamada glândula pineal, por meio da qual a mente sente todos os movimentos que se produzem no corpo, bem como os objetos exteriores. A mente, por sua vez, pode movê-la de várias maneiras, bastando querê-lo. Ele sustenta que essa glândula está suspensa no meio do cérebro, de tal maneira que pode ser movida pelo mínimo movimento dos espíritos animais. Afirma, ainda, que ela fica suspensa no meio do cérebro, de maneiras tão diferentes quanto são diferentes as maneiras pelas quais os espíritos animais se chocam contra ela. E que, além disso, nela se imprimem traços tão diferentes quanto são diferentes os objetos exteriores

si glans postea ab animae voluntate illam diversimode movente hoc aut illo modo suspendatur, quo semel fuit suspensa a spiritibus hoc aut illo modo agitatis, tum ipsa glans ipsos spiritus animales eodem modo propellet et determinabit, ac antea a simili glandulae suspensione repulsi fuerant. Praeterea statuit, unamquamque mentis voluntatem natura esse unitam certo cuidam glandis motui. Ex. gr. si quis voluntatem habet obiectum remotum intuendi, haec voluntas efficiet, ut pupilla dilatetur; sed si de sola dilatanda pupilla cogitet, nihil proderit eius rei habere voluntatem, quia natura non iunxit motum glandis, qui inservit impellendis spiritibus versus nervum opticum modo conveniente dilatandae vel contrahendae pupillae, cum voluntate eandem dilatandi vel contrahendi; sed demum cum voluntate intuendi obiecta remota vel proxima. Denique statuit, quod, etsi unusquisque motus huius glandulae videatur connexus esse per naturam singulis ex nostris cogitationibus ab initio nostrae vitae, aliis tamen per habitum possunt iungi, quod probare conatur art. 50 p. 1 de *Pass. Anim.* Ex his concludit, nullam esse tam imbecillem animam quae non possit, cum bene dirigitur, acquirere potestatem absolutam in suas passiones. Nam hae, ut ab eo definiuntur, sunt *perceptiones aut sensus aut commotiones animae, quae ad eam speciatim referuntur*, quaeque nota bene *producuntur, conservantur et corroborantur per aliquem motum spirituum* (vide art. 27 p. 1 *Pass. Anim.*). At quandoquidem cuilibet voluntati possumus iungere motum quemcumque glandis, et consequenter spirituum, et determinatio voluntatis a sola nostra potestate pendet, si igitur nostram voluntatem certis et firmis iudiciis, secundum quae nostrae vitae actiones dirigere volumus, determinemus et motus passionum, quas habere volumus, hisce iudiciis iungamus, imperium acquiremus absolutum in nostras passiones. Haec est clarissimi huius viri sententia (quantum ex ipsius verbis coniicio), quam ego vix credidissem a tanto viro prolatam esse, si minus acuta fuisset. Profecto mirari satis non possum, quod vir philosophus, qui firmiter statuerat, nihil deducere nisi ex principiis per se notis, et nihil affirmare nisi quod clare et distincte perciperet, et qui toties scholasticos reprehenderat, quod per occultas qualitates res obscuras voluerint explicare, hypothesin sumat omni occulta qualitate occultiorem. Quid, quaeso, per mentis et corporis unionem intelligit? Quem, inquam, clarum et distinctum conceptum habet cogitationis arctissime unitae cuidam quantitatis portiunculae? Vellem sane, ut hanc unionem per proximam suam causam explicuisset. Sed ille mentem a corpore adeo distinctam conceperat,

que impelem esses espíritos animais contra ela. Daí que, se, posteriormente, a glândula pineal que é movida, pela vontade da alma, de diferentes maneiras, fica suspensa de maneira idêntica àquela pela qual já foi, uma vez, suspensa pelo mesmo movimento dos espíritos, então a própria glândula impelirá e determinará os espíritos animais, da mesma maneira com que eles tinham sido, antes, impelidos por uma suspensão análoga da mesma. Sustenta, ainda, que cada vontade da mente está ligada, pela natureza, a um movimento preciso dessa glândula. Por exemplo, se alguém tem vontade de dirigir o olhar para um objeto distante, esta vontade fará com que a pupila se dilate; mas se pensa apenas na dilatação da pupila, essa vontade de nada lhe adiantará, porque a natureza não ligou o movimento da glândula – que serve para impelir os espíritos em direção ao nervo ótico, de maneira a dilatar ou contrair a pupila – à vontade de dilatá-la ou contraí-la, mas apenas à vontade de dirigir o olhar para os objetos distantes ou próximos. Ele afirma, finalmente, que, embora cada movimento dessa glândula pareça ter sido ligado, pela natureza, desde o começo de nossa vida, a cada um dos nossos pensamentos, eles podem, entretanto, unir-se, pelo hábito, a outros, afirmação que Descartes esforça-se por provar no art. 50 da P. 1 de *Paixões da alma*. Conclui, daí, que nenhuma alma é tão débil que não possa, se bem dirigida, adquirir um poder absoluto sobre as suas paixões. Com efeito, essas paixões, tal como ele as define, são *percepções, ou sentimentos, ou emoções da alma, que a ela se referem de uma maneira particular*, e que, observe-se, *são produzidas, conservadas e reforçadas por algum movimento dos espíritos* (veja-se art. 27 da P. 1 de *Paixões da alma*). Como, entretanto, a uma vontade qualquer podemos ligar um movimento qualquer da glândula e, consequentemente, dos espíritos, e como a determinação da vontade depende exclusivamente de nosso poder, então, se determinamos a nossa vontade por meio de juízos seguros e firmes, pelos quais queremos dirigir as ações de nossa vida, e se ligamos os movimentos das paixões que queremos ter a esses juízos, adquirimos um domínio absoluto sobre as nossas paixões. Essa é (tanto quanto posso deduzir de suas próprias palavras), a opinião desse ilustríssimo homem, opinião que, se não fosse tão forte, dificilmente eu acreditaria ter partido de homem tão ilustre. Tratando-se de um filósofo que havia firmemente se proposto nada deduzir que não fosse de princípios evidentes por si mesmos; e nada afirmar senão aquilo que percebesse clara e distintamente; e que tantas vezes censurara os escolásticos por terem querido explicar coisas obscuras por meio de qualidades ocultas; não posso, certamente, surpreender-me o bastante de que um tal filósofo admita uma hipótese mais oculta que todas as qualidades ocultas. Que compreende ele, afinal, por união da mente e do corpo? Que conceito claro e distinto, pergunto, tem ele de um pensamento estreitamente unido a uma certa partícula de quantidade? Gostaria muito que ele tivesse explicado essa união por sua causa próxima. Ele havia, entretanto, concebido a mente de maneira tão distinta do corpo que

ut nec huius unionis, nec ipsius mentis ullam singularem causam assignare potuerit, sed necesse ipsi fuerit, ad causam totius universi, hoc est, ad Deum recurrere. Deinde pervelim scire: quot motus gradus potest glandulae isti pineali mens tribuere, et quanta cum vi eandem suspensam tenere potest? Nam nescio an haec glans tardius vel celerius a mente circumagatur, quam a spiritibus animalibus, et an motus passionum, quos firmis iudiciis arcte iunximus, non possint ab iisdem iterum a causis corporeis disiungi; ex quo sequeretur, ut, quamvis mens firmiter proposuerit contra pericula ire, atque huic decreto motus audaciae iunxerit, viso tamen periculo glans ita suspendatur, ut mens non nisi de fuga possit cogitare. Et sane cum nulla detur ratio voluntatis ad motum, nulla etiam datur comparatio inter mentis et corporis potentiam seu vires; et consequenter huius vires nequaquam viribus illius determinari possunt. His adde, quod nec haec glans ita in medio cerebro sita reperiatur, ut tam facile totque modis circumagi possit, et quod non omnes nervi ad cavitates usque cerebri protendantur. Denique omnia, quae de voluntate eiusque libertate asserit, omitto, quandoquidem haec falsa esse satis superque ostenderim. Igitur quia mentis potentia, ut supra ostendi, sola intelligentia definitur, affectuum remedia, quae omnes experiri quidem, sed non accurate observare, nec distincte videre credo, sola mentis cognitione determinabimus, et ex eadem illa omnia, quae ad ipsius beatitudinem spectant, deducemus.

AXIOMATA

I. Si in eodem subiecto duae contrariae actiones excitentur, debebit necessario vel in utraque, vel in una sola mutatio fieri, donec desinant contrariae esse.

II. Effectus potentia definitur potentia ipsius causae, quatenus eius essentia per ipsius causae essentiam explicatur vel definitur.

Patet hoc axioma ex prop. 7 P. 3.

PROPOSITIONES

Propositio I. **Prout cogitationes rerumque ideae ordinantur et concatenantur in mente, ita corporis affectiones seu**

não pôde atribuir nenhuma causa singular nem a essa união, nem à própria mente, razão pela qual precisou recorrer à causa do universo inteiro, isto é, a Deus. Gostaria muito de saber, ainda, qual quantidade de movimento pode a mente transmitir a essa glândula pineal e com que força pode mantê-la suspensa? Pois não sei se essa glândula é revolvida mais lentamente ou mais rapidamente pela mente do que pelos espíritos animais, nem se os movimentos das paixões, que nós vinculamos estreitamente a juízos firmes, não podem voltar a se desvincular desses juízos por causas corpóreas. Disso se seguiria que, embora a mente tivesse firmemente decidido ir contra os perigos, e tivesse juntado a essa decisão um movimento de audácia, à vista do perigo, entretanto, a glândula estaria suspensa de maneira tal que a mente não poderia pensar senão na fuga. E como, certamente, não há qualquer relação entre a vontade e o movimento, tampouco existe qualquer comparação entre a potência ou a força da mente e a do corpo. E, consequentemente, as forças do corpo nunca podem ser determinadas pelas forças da mente. Acrescente-se a isso que essa glândula tampouco está situada no meio do cérebro, de maneira tal que possa ser revolvida tão facilmente, nem de tantas maneiras, e que nem todos os nervos se prolongam até a cavidade do cérebro. Por último, omito tudo o que Descartes afirma sobre a vontade e a sua liberdade, pois demonstrei sobejamente que isso é falso. Como, portanto, a potência da mente, tal como antes mostrei, é definida exclusivamente pela inteligência, nós determinaremos os remédios contra os afetos – que todos, com certeza, conhecem por experiência, mas que, creio, nem observam cuidadosamente, nem veem distintamente – pelo conhecimento exclusivo da mente, e desse conhecimento deduziremos tudo o que diz respeito à sua beatitude.

AXIOMAS

1. Se, em um mesmo sujeito, são suscitadas duas ações contrárias, deverá, necessariamente, dar-se uma mudança, em ambas, ou em apenas uma delas, até que deixem de ser contrárias.

2. A potência de um efeito é definida pela potência de sua causa, à medida que sua essência é explicada ou definida pela essência de sua causa.

Este ax. é evidente pela prop. 7 da P. 3.

PROPOSIÇÕES

Proposição 1. **É exatamente da mesma maneira que se ordenam e se concatenam os pensamentos e as ideias das coisas na mente que**

rerum imagines ad amussim ordinantur et concatenantur in corpore.

Demonstratio. Ordo et connexio idearum idem est (per prop. 7 P. 2) ac ordo et connexio rerum, et vice versa ordo et connexio rerum idem est (per coroll. prop. 6 et 7 P. 2) ac ordo et connexio idearum. Quare sicuti ordo et connexio idearum in mente fit secundum ordinem et concatenationem affectionum corporis (per prop. 18 P. 2), sic vice versa (per prop. 2 P. 3) ordo et connexio affectionum corporis fit, prout cogitationes rerumque ideae ordinantur et concatenantur in mente. Q.E.D.

Propositio II. **Si animi commotionem seu affectum a causae externae cogitatione amoveamus et aliis iungamus cogitationibus, tum amor seu odium erga causam externam, ut et animi fluctuationes, quae ex his affectibus oriuntur, destruentur.**

Demonstratio. Id enim, quod formam amoris vel odii constituit, est laetitia vel tristitia concomitante idea causae externae (per aff. defin. 6 et 7). Hac igitur sublata amoris vel odii forma simul tollitur; adeoque hi affectus, et qui ex his oriuntur, destruuntur. Q.E.D.

Propositio III. **Affectus, qui passio est, desinit esse passio, simulatque eius claram et distinctam formamus ideam.**

Demonstratio. Affectus, qui passio est, idea est confusa (per gener. aff. defin.). Si itaque ipsius affectus claram et distinctam formemus ideam, haec idea ab ipso affectu, quatenus ad solam mentem refertur, non nisi ratione distinguetur (per prop. 21 P. 2 cum eiusdem schol.); adeoque (per prop. 3 P. 3) affectus desinet esse passio. Q.E.D.

Corollarium. Affectus igitur eo magis in nostra potestate est et mens ab eo minus patitur, quo nobis est notior.

Propositio IV. **Nulla est corporis affectio, cuius aliquem clarum et distinctum non possumus formare conceptum.**

Demonstratio. Quae omnibus communia sunt, non possunt concipi nisi adaequate (per prop. 38 P. 2). Adeoque (per prop. 12 et lemm. 2 quod habetur post schol. prop. 13 P. 2) nulla est corporis affectio, cuius aliquem clarum et distinctum non possumus formare conceptum. Q.E.D.

também se ordenam e se concatenam as afecções do corpo, ou seja, as imagens das coisas no corpo.

Demonstração. A ordem e a conexão das ideias é o mesmo (pela prop. 7 da P. 2) que a ordem e a conexão das coisas e, inversamente, a ordem e a conexão das coisas é o mesmo (pelos corol. das prop. 6 e 7 da P. 2) que a ordem e a conexão das ideias. Por isso, tal como a ordem e a conexão das ideias se faz, na mente, segundo a ordem e a concatenação das afecções do corpo (pela prop. 18 da P. 2), assim, também, inversamente (pela prop. 2 da P. 3), a ordem e a conexão das afecções do corpo se faz da mesma maneira que se ordenam e se concatenam os pensamentos e as ideias das coisas na mente. C. Q. D.

Proposição 2. **Se separamos uma emoção do ânimo, ou seja, um afeto, do pensamento de uma causa exterior, e a ligamos a outros pensamentos, então o amor ou o ódio para com a causa exterior, bem como as flutuações de ânimo, que provêm desses afetos, serão destruídos.**

Demonstração. Com efeito, o que constitui a forma do amor ou do ódio é uma alegria ou uma tristeza, acompanhada da ideia de uma causa exterior (pelas def. 6 e 7 dos afetos). Suprimida, pois, esta última, suprime-se, ao mesmo tempo, a forma do amor ou do ódio. E, portanto, esses afetos e os que deles provêm são destruídos. C. Q. D.

Proposição 3. **Um afeto que é uma paixão deixa de ser uma paixão assim que formamos dele uma ideia clara e distinta.**

Demonstração. Um afeto que é uma paixão é uma ideia confusa (pela def. geral dos afetos). Se, pois, formamos uma ideia clara e distinta desse afeto, não haverá entre essa ideia e o próprio afeto, enquanto referido exclusivamente à mente, senão uma distinção de razão (pela prop. 21 da P. 2, juntamente com seu esc.). O afeto deixará, portanto (pela prop. 3 da P. 3), de ser uma paixão. C. Q. D.

Corolário. Portanto, um afeto está tanto mais sob nosso poder, e a mente padece tanto menos, por sua causa, quanto mais nós o conhecemos.

Proposição 4. **Não há nenhuma afecção do corpo da qual não possamos formar algum conceito claro e distinto.**

Demonstração. O que é comum a todas as coisas não pode ser concebido senão adequadamente (pela prop. 38 da P. 2). Por isso (pela prop. 12 e pelo lema 2, que se encontra após o esc. da prop. 13 da P. 2), não há nenhuma afecção do corpo da qual não possamos formar um conceito claro e distinto. C. Q. D.

Corollarium. Hinc sequitur, nullum esse affectum, cuius non possumus aliquem clarum et distinctum formare conceptum. Est namque affectus corporis affectionis idea (per gener. aff. defin.), quae propterea (per prop. praeced.) aliquem clarum et distinctum involvere debet conceptum.

Scholium. Quandoquidem nihil datur, ex quo aliquis effectus non sequatur (per prop. 36 P. 1), et quicquid ex idea, quae in nobis est adaequata, sequitur, id omne clare et distincte intelligimus (per prop. 40 P. 2); hinc sequitur, unumquemque potestatem habere, se suosque affectus, si non absolute, ex parte saltem clare et distincte intelligendi, et consequenter efficiendi, ut ab iisdem minus patiatur. Huic igitur rei praecipue danda est opera, ut unumquemque affectum, quantum fieri potest, clare et distincte cognoscamus, ut sic mens ex affectu ad illa cogitandum determinetur, quae clare et distincte percipit, et in quibus plane acquiescit; atque adeo ut ipse affectus a cogitatione causae externae separetur et veris iungatur cogitationibus. Ex quo fiet, ut non tantum amor, odium etc. destruantur (per prop. 2 huius), sed ut etiam appetitus seu cupiditates, quae ex tali affectu oriri solent, excessum habere nequeant (per prop. 61 P. 4). Nam apprime notandum est, unum eundemque esse appetitum, per quem homo tam agere quam pati dicitur. Ex. gr. cum natura humana ita comparatum esse ostendimus, ut unusquisque appetat, ut reliqui ex ipsius ingenio vivant (vide schol. prop. 31 P. 3); qui quidem appetitus in homine, qui ratione non ducitur, passio est, quae ambitio vocatur, nec multum a superbia discrepat; et contra in homine, qui ex rationis dictamine vivit, actio seu virtus est, quae pietas appellatur (vide schol. 1 prop. 37 P. 4 et 2 demonstr. eiusdem prop.). Et hoc modo omnes appetitus seu cupiditates eatenus tantum passiones sunt, quatenus ex ideis inadaequatis oriuntur; atque eaedem virtuti accensentur, quando ab ideis adaequatis excitantur vel generantur. Nam omnes cupiditates, quibus ad aliquid agendum determinamur, tam oriri possunt ab adaequatis, quam ab inadaequatis ideis (vide prop. 59 P. 4). Atque hoc (ut eo, unde digressus sum, revertar) affectuum remedio, quod scilicet in eorum vera cognitione consistit, nullum praestantius aliud, quod a nostra potestate pendeat, excogitari potest, quandoquidem nulla alia mentis potentia datur, quam cogitandi et adaequatas ideas formandi, ut supra (per prop. 3 P. 3) ostendimus.

Corolário. Disso se segue que não há nenhum afeto do qual não possamos formar um conceito claro e distinto. Com efeito, um afeto é a ideia de uma afecção do corpo (pela def. geral dos afetos), a qual, por isso (pela prop. prec.), deve envolver um conceito claro e distinto.

Escólio. Como não há nada de que não se siga algum efeito (pela prop. 36 da P. 1), e como compreendemos clara e distintamente (pela prop. 40 da P. 2) tudo o que se segue de uma ideia que é, em nós, adequada, segue-se que cada um tem o poder, se não absoluto, ao menos parcial, de compreender a si mesmo e de compreender os seus afetos, clara e distintamente e, consequentemente, de fazer com que padeça menos por sua causa. Devemos, pois, nos dedicar, sobretudo, à tarefa de conhecer, tanto quanto possível, clara e distintamente, cada afeto, para que a mente seja, assim, determinada, em virtude do afeto, a pensar aquelas coisas que percebe clara e distintamente e nas quais encontra a máxima satisfação. E para que, enfim, o próprio afeto se desvincule do pensamento da causa exterior e se vincule a pensamentos verdadeiros. Isso fará não apenas com que o amor, o ódio, etc., sejam destruídos (pela prop. 2), mas também com que os apetites ou os desejos que costumam provir desses afetos não possam ser excessivos (pela prop. 61 da P. 4). Pois deve-se observar, sobretudo, que é em função de um só e mesmo apetite que se diz que o homem age ou que ele padece. Por exemplo, demonstramos que a natureza humana está constituída de tal maneira que cada um deseja que os outros vivam segundo a inclinação que lhe é própria (veja-se o escol. da prop. 31 da P. 3). E que esse apetite, num homem que não se conduz pela razão, é uma paixão que se chama ambição, a qual não difere muito da soberba; e que, em troca, num homem que vive segundo o ditame da razão, é uma ação ou uma virtude que se chama piedade (vejam-se o esc. 1 da prop. 37 da P. 4 e a dem. 2 da mesma prop.). E, desta maneira, todos os apetites ou desejos são paixões apenas à medida que provêm de ideias inadequadas, enquanto os mesmos desejos são considerados virtudes quando são suscitados ou gerados por ideias adequadas. Com efeito, todos os desejos que nos determinam a fazer algo podem provir tanto de ideias adequadas quanto de ideias inadequadas (veja-se a prop. 59 da P. 4). E, por isso (voltando ao ponto em que estávamos antes dessa digressão), não se pode imaginar nenhum outro remédio que dependa de nosso poder que seja melhor para os afetos do que aquele que consiste no verdadeiro conhecimento deles, pois não existe nenhuma outra potência da mente que não seja a de pensar e de formar ideias adequadas, tal como, anteriormente (pela prop. 3 da P. 3), demonstramos.

Propositio V. **Affectus erga rem, quam simpliciter et non ut necessariam neque ut possibilem, neque ut contingentem imaginamur, ceteris paribus omnium est maximus.**

Demonstratio. Affectus erga rem, quam liberam esse imaginamur, maior est, quam erga necessariam (per prop. 49 P. 3), et consequenter adhuc maior, quam erga illam, quam ut possibilem vel contingentem imaginamur (per prop. 11 P. 4). At rem aliquam ut liberam imaginari nihil aliud esse potest, quam quod rem simpliciter imaginamur, dum causas, a quibus ipsa ad agendum determinata fuit, ignoramus (per illa quae in schol. prop. 35 P. 2 ostendimus). Ergo affectus erga rem, quam simpliciter imaginamur, ceteris paribus maior est, quam erga necessariam, possibilem vel contingentem, et consequenter maximus. Q.E.D.

Propositio VI. **Quatenus mens res omnes ut necessarias intelligit, eatenus maiorem in affectus potentiam habet, seu minus ab iisdem patitur.**

Demonstratio. Mens res omnes necessarias esse intelligit (per prop. 29 P. 1), et infinito causarum nexu determinari ad existendum et operandum (per prop. 28 P. 1). Adeoque (per prop. praeced.) eatenus efficit, ut ab affectibus, qui ex iis oriuntur, minus patiatur et (per prop. 48 P. 3) minus erga ipsas afficiatur. Q.E.D.

Scholium. Quo haec cognitio, quod scilicet res necessariae sint, magis circa res singulares, quas distinctius et magis vivide imaginamur, versatur, eo haec mentis in affectus potentia maior est, quod ipsa etiam experientia testatur. Videmus enim tristitiam boni alicuius, quod periit, mitigari simulac homo, qui id perdidit, considerat bonum illud servari nulla ratione potuisse. Sic etiam videmus, quod nemo miseretur infantis, propterea quod nescit loqui, ambulare, ratiocinari, et quod denique tot annos quasi sui inscius vivat. At si plerique adulti, et unus aut alter infans nascerentur, tum unumquemque misereret infantum, quia tum ipsam infantiam non ut rem naturalem et necessariam, sed ut naturae vitium seu peccatum consideraret. Et ad hunc modum plura alia notare possemus.

Propositio VII. **Affectus, qui ex ratione oriuntur vel excitantur, si ratio temporis habeatur, potentiores sunt iis, qui ad res singulares referuntur, quas ut absentes contemplamur.**

Quinta parte   A potência do intelecto ou a liberdade humana

Proposição 5. O afeto para com uma coisa que imaginamos simplesmente, e não como necessária, possível ou contingente, é, em igualdade de circunstâncias, o maior de todos.

Demonstração. O afeto para com uma coisa que nós imaginamos ser livre é maior que o afeto para com uma coisa que imaginamos como necessária (pela prop. 49 da P. 3) e, consequentemente, é ainda maior do que o afeto para com uma coisa que imaginamos como possível ou como contingente (pela prop. 11 da P. 4). Ora, imaginarmos uma coisa como livre não pode ser outra coisa do que imaginá-la simplesmente, enquanto ignoramos as causas pelas quais ela foi determinada a agir (pelo que demonstramos no esc. da prop. 35 da P. 2). Logo, o afeto para com uma coisa que imaginamos simplesmente é, em igualdade de circunstâncias, maior do que o afeto para com uma coisa necessária, possível ou contingente; e, consequentemente, é o afeto maior de todos. C. Q. D.

Proposição 6. À medida que a mente compreende as coisas como necessárias, ela tem um maior poder sobre os seus afetos, ou seja, deles padece menos.

Demonstração. A mente compreende que todas as coisas são necessárias (pela prop. 29 da P. 1), e que são determinadas a existir e a operar em virtude de uma concatenação infinita de causas (pela prop. 28 da P. 1). Portanto (pela prop. prec.), à medida que compreende isso, a mente padece menos dos afetos que provêm dessas coisas e (pela prop. 48 da P. 3) é menos afetada por elas. C. Q. D.

Escólio. Quanto mais esse conhecimento, quer dizer, de que as coisas são necessárias, diz respeito a coisas singulares que imaginamos mais distinta e vividamente, tanto maior é esse poder da mente sobre os afetos, como mostra, aliás, a própria experiência. Com efeito, vemos que a tristeza advinda da perda de um bem diminui assim que o homem que o perdeu dá-se conta de que não havia nenhum meio de poder conservá-lo. Vemos, igualmente, que ninguém sente pena de uma criança por ela não saber falar, andar, raciocinar e, por viver, enfim, tantos anos como que inconsciente de si mesma. Se, por outro lado, os homens, em sua maioria, nascessem já adultos e apenas alguns nascessem crianças, então todos sentiriam pena das crianças, pois, nesse caso, a infância seria considerada não como algo natural e necessário, mas como um defeito ou uma falta da natureza. Poderíamos, ainda, fazer muitas outras observações desse tipo.

Proposição 7. Desde que se tome o tempo em consideração, os afetos que provêm da razão ou que ela suscita são mais potentes do que aqueles que estão referidos a coisas singulares que consideramos como ausentes.

Demonstratio. Rem aliquam ut absentem non contemplamur ex affectu, quo eandem imaginamur, sed ex eo, quod corpus alio afficitur affectu, qui eiusdem rei existentiam secludit (per prop. 17 P. 2). Quare affectus, qui ad rem, quam ut absentem contemplamur, refertur, eius naturae non est, ut reliquas hominis actiones et potentiam superet (de quibus vide prop. 6 P. 4), sed contra eius naturae est, ut ab iis affectionibus, quae existentiam externae eius causae secludunt, coerceri aliquo modo possit (per prop. 9 P. 4). At affectus, qui ex ratione oritur, refertur necessario ad communes rerum proprietates (vide rationis definitionem in schol. 2 prop. 40 P. 2), quas semper ut praesentes contemplamur (nam nihil dari potest, quod earum praesentem existentiam secludat), et quas semper eodem modo imaginamur (per prop. 38 P. 2). Quare talis affectus idem semper manet, et consequenter (per axiom. 1 huius) affectus, qui eidem sunt contrarii, quique a suis causis externis non foventur, eidem magis magisque sese accommodare debebunt, donec non amplius sint contrarii, et eatenus affectus, qui ex ratione oritur, est potentior. Q.E.D.

Propositio VIII. **Quo affectus aliquis a pluribus causis simul concurrentibus excitatur, eo maior est.**

Demonstratio. Plures causae simul plus possunt, quam si pauciores essent (per prop. 7 P. 3). Adeoque (per prop. 5 P. 4) quo affectus aliquis a pluribus causis simul excitatur, eo fortior est. Q.E.D.

Scholium. Haec propositio patet etiam ex axiom. 2 huius partis.

Propositio IX. **Affectus, qui ad plures et diversas causas refertur, quas mens cum ipso affectu simul contemplatur, minus noxius est, et minus per ipsum patimur, et erga unamquamque causam minus afficimur, quam alius aeque magnus affectus, qui ad unam solam vel pauciores causas refertur.**

Demonstratio. Affectus eatenus tantum malus seu noxius est, quatenus mens ab eo impeditur, quominus possit cogitare (per propositiones 26 et 27 P. 4). Adeoque ille affectus, a quo mens ad plura simul obiecta contemplandum determinatur, minus noxius est, quam alius aeque magnus affectus, qui mentem in sola unius aut pauciorum obiectorum contemplatione ita detinet, ut de aliis cogitare nequeat; quod erat primum. Deinde quia mentis essentia, hoc est (per prop. 7 P. 3) potentia, in sola cogitatione consistit (per prop. 11 P. 2); ergo mens

Demonstração. Não consideramos uma coisa como ausente em função do afeto pelo qual a imaginamos, mas porque o corpo é afetado de outro afeto que exclui a existência dessa coisa (pela prop. 17 da P. 2). Por isso, o afeto que está referido a uma coisa que consideramos como ausente não é de natureza tal que supere as outras ações do homem e a sua potência (veja-se, a esse respeito, a prop. 6 da P. 4), mas, pelo contrário, é de natureza tal que pode ser, de algum modo, refreado por aquelas afecções que excluem a existência de sua causa exterior (pela prop. 9 da P. 4). Em troca, o afeto que provém da razão está necessariamente referido às propriedades comuns das coisas (veja-se a definição de razão no esc. 2 da prop. 40 da P. 2), as quais consideramos sempre como presentes (pois nada pode haver que exclua sua existência presente), e que imaginamos sempre da mesma maneira (pela prop. 38 da P. 2). Por isso, esse afeto permanece sempre o mesmo e, consequentemente (pelo ax. 1), os afetos que lhe são contrários, e que não são reforçados por suas respectivas causas exteriores, deverão, cada vez mais, ajustar-se a ele, até que não lhe sejam mais contrários. Nessas circunstâncias, o afeto que provém da razão é mais potente. C. Q. D.

Proposição 8. Quanto maior o número de causas que contribuem, simultaneamente, para suscitá-lo, tanto maior é o afeto.

Demonstração. Muitas causas simultâneas podem mais do que um número menor delas (pela prop. 7 da P. 3). Por isso (pela prop. 5 da P. 4), quanto maior é o número de causas simultâneas a suscitá-lo, tanto mais forte é o afeto. C. Q. D.

Escólio. Esta proposição é evidente também pelo ax. 2.

Proposição 9. Se um afeto está referido a muitas e diferentes causas, as quais a mente considera ao mesmo tempo que o próprio afeto, ele é menos nocivo, padecemos menos em virtude dele e somos menos afetados por cada uma de suas causas, comparativamente a um outro afeto, tão forte quanto o primeiro, mas que está referido a uma única causa ou a um número menor de causas.

Demonstração. Um afeto é mau ou nocivo apenas à medida que impede a mente de poder pensar (pelas prop. 26 e 27 da P. 4). Por isso, o afeto que determina a mente a considerar muitos objetos ao mesmo tempo é menos nocivo do que outro afeto, tão forte quanto o primeiro, que ocupa a mente na contemplação de um só ou de poucos objetos, de tal maneira que ela não possa pensar em outros. Este era o primeiro ponto. Além disso, como a essência da mente, isto é (pela prop. 7 da P. 3), a sua potência, consiste

per affectum, a quo ad plura simul contemplandum determinatur, minus patitur, quam per aeque magnum affectum, qui mentem in sola unius aut pauciorum obiectorum contemplatione occupatam tenet; quod erat secundum. Denique hic affectus (per prop. 48 P. 3) quatenus ad plures causas externas refertur, est etiam erga unamquamque minor. Q.E.D.

Propositio X. **Quamdiu affectibus, qui nostrae naturae sunt contrarii, non conflictamur, tamdiu potestatem habemus ordinandi et concatenandi corporis affectiones secundum ordinem ad intellectum.**

Demonstratio. Affectus, qui nostrae naturae sunt contrarii, hoc est (per prop. 30 P. 4) qui mali sunt, eatenus mali sunt, quatenus impediunt, quominus mens intelligat (per prop. 27 P. 4). Quamdiu igitur affectibus, qui nostrae naturae contrarii sunt, non conflictamur, tamdiu mentis potentia, qua res intelligere conatur (per prop. 26 P. 4) non impeditur. Atque adeo tamdiu potestatem habet claras et distinctas ideas formandi et alias ex aliis deducendi (vide schol. 2 prop. 40 et schol. prop. 47 P. 2); et consequenter (per prop. 1 huius) tamdiu potestatem habemus ordinandi et concatenandi affectiones corporis secundum ordinem ad intellectum. Q.E.D.

Scholium. Hac potestate recte ordinandi et concatenandi corporis affectiones efficere possumus, ut non facile malis affectibus afficiamur. Nam (per prop. 7 huius) maior vis requiritur ad affectus secundum ordinem ad intellectum ordinatos et concatenatos coercendum, quam incertos et vagos. Optimum igitur, quod efficere possumus, quamdiu nostrorum affectuum perfectam cognitionem non habemus, est rectam vivendi rationem seu certa vitae dogmata concipere, eaque memoriae mandare, et rebus particularibus in vita frequenter obviis continuo applicare, ut sic nostra imaginatio late iisdem afficiatur, et nobis in promptu sint semper. Ex. gr. inter vitae dogmata posuimus (vide prop. 46 P. 4 cum eiusdem schol.), odium amore seu generositate vincendum, non autem reciproco odio compensandum. Ut autem hoc rationis praescriptum semper in promptu habeamus, ubi usus erit, cogitandae et saepe meditandae sunt communes hominum iniuriae, et quomodo et qua via generositate optime propulsentur. Sic enim imaginem iniuriae imaginationi huius dogmatis iungemus, et nobis (per prop. 18 P. 2) in promptu semper erit, ubi nobis iniuria afferetur. Quod si

exclusivamente no pensamento (pela prop. 11 da P. 2), a mente padece menos em virtude de um afeto que a determina a considerar muitas coisas ao mesmo tempo do que em virtude de um afeto, igualmente forte, mas que a mantém ocupada na consideração de um só ou de poucos objetos. Este era o segundo ponto. Por último, o afeto em questão (pela prop. 48 da P. 3), à medida que está referido a muitas causas exteriores, é igualmente menos forte relativamente a cada uma delas, separadamente. C. Q. D.

Proposição 10. **Durante o tempo em que não estamos tomados por afetos que são contrários à nossa natureza, nós temos o poder de ordenar e concatenar as afecções do corpo segundo a ordem própria do intelecto.**

Demonstração. Os afetos que são contrários à nossa natureza, isto é (pela prop. 30 da P. 4), que são maus, são maus à medida que impedem a mente de compreender (pela prop. 27 da P. 4). Portanto, durante o tempo em que não estamos tomados por afetos que são contrários à nossa natureza, a potência da mente, pela qual ela se esforça por compreender as coisas (pela prop. 26 da P. 4), não está impedida. E, por isso, durante esse tempo, ela tem o poder de formar ideias claras e distintas e de deduzir umas das outras (vejam-se o esc. 2 da prop. 40 e o esc. da prop. 47 da P. 2). Consequentemente (pela prop. 1), durante esse tempo, nós temos o poder de ordenar e de concatenar as afecções do corpo segundo a ordem própria do intelecto. C. Q. D.

Escólio. Por meio desse poder de ordenar e concatenar corretamente as afecções do corpo, podemos fazer com que não sejamos facilmente afetados por maus afetos. Com efeito (pela prop. 7), requer-se, para refrear os afetos ordenados e concatenados segundo a ordem própria do intelecto, uma força maior do que a requerida para refrear os afetos imprecisos e erráticos. Portanto, o melhor que podemos fazer, enquanto não temos um conhecimento perfeito de nossos afetos, é conceber um princípio correto de viver, ou seja, regras seguras de vida, confiá-las à memória, e aplicá-las continuamente aos casos particulares que, com frequência, se apresentam na vida, para que nossa imaginação seja, assim, profundamente afetada por elas, de maneira que estejam sempre à nossa disposição. Por exemplo, estabelecemos, entre as regras de vida (vejam-se a prop. 46 da P. 4, juntamente com seu esc.), que o ódio deve ser combatido com o amor ou com a generosidade, em vez de ser retribuído com um ódio recíproco. Entretanto, para que esse preceito da razão esteja sempre à nossa disposição quando dele precisarmos, deve-se pensar e refletir sobre as ofensas costumeiras dos homens, bem como sobre a maneira e a via pelas quais elas podem ser mais efetivamente rebatidas por meio da generosidade. Ligaremos, assim, a imagem da ofensa à imaginação dessa regra, e ela estará sempre à nossa

Pars quinta   De potentia intellectus seu de libertate humana

etiam in promptu habuerimus rationem nostri veri utilis ac etiam boni, quod ex mutua amicitia et communi societate sequitur, et praeterea quod ex recta vivendi ratione summa animi cquiescentia oriatur (per prop. 52 P. 4), et quod homines, ut reliqua, ex naturae necessitate agant; tum iniuria sive odium, quod ex eadem oriri solet, minimam imaginationis partem occupabit et facile superabitur; vel si ira, quae ex maximis iniuriis oriri solet, non adeo facile superetur, superabitur tamen, quamvis non sine animi fluctuatione longe minore temporis spatio, quam si haec non ita praemeditata habuissemus, ut patet ex prop. 6, 7 et 8 huius partis. De animositate ad metum deponendum eodem modo cogitandum est; enumeranda scilicet sunt et saepe imaginanda communia vitae pericula, et quomodo animi praesentia et fortitudine optime vitari et superari possunt. Sed notandum, quod nobis in ordinandis nostris cogitationibus et imaginibus semper attendendum est (per coroll. prop. 63 P. 4 et prop. 59 P. 3) ad illa, quae in unaquaque re bona sunt, ut sic semper ex laetitiae affectu ad agendum determinemur. Ex. gr. si quis videt, se nimis gloriam sectari, de eius recto usu cogitet, et in quem finem sectanda sit, et quibus mediis acquiri possit; sed non de ipsius abusu et vanitate et hominum inconstantia vel aliis huiusmodi, de quibus nemo nisi ex animi aegritudine cogitat. Talibus enim cogitationibus maxime ambitiosi se maxime afflictant, quando de assequendo honore, quem ambiunt, desperant; et dum iram evomunt, sapientes videri volunt. Quare certum est, eos gloriae maxime esse cupidos, qui de ipsius abusu et mundi vanitate maxime clamant. Nec hoc ambitiosis proprium, sed omnibus commune est, quibus fortuna est adversa, et qui animo impotentes sunt. Nam pauper etiam avarus de abusu pecuniae et divitum vitiis non cessat loqui; quo nihil aliud efficit, quam se afflictare et aliis ostendere, se non tantum paupertatem suam, sed etiam aliorum divitias iniquo animo ferre. Sic etiam qui male ab amasia excepti sunt, nihil aliud cogitant, quam de mulierum inconstantia et fallaci animo et reliquis earundem decantatis vitiis, quae omnia statim oblivioni tradunt, simulac ab amasia iterum recipiuntur. Qui itaque suos affectus et appetitus ex solo libertatis amore moderari studet, is, quantum potest, nitetur, virtutes earumque causas noscere, et animum gaudio, quod ex earum vera cognitione oritur, implere; at minime hominum vitia contemplari, hominesque obtrectare et falsa libertatis specie gaudere. Atque haec qui diligenter observabit (neque enim difficilia sunt) et exercebit, nae ille brevi temporis spatio actiones suas ex rationis imperio plerumque dirigere poterit.

disposição (pela prop. 18 da P. 2) quando nos infligirem uma tal ofensa. Pois, se também tivermos à disposição o princípio de nossa verdadeira utilidade, assim como a do bem que se segue da amizade mútua e da sociedade comum; e se considerarmos, além disso, que a suprema satisfação do ânimo provém do princípio correto de viver (pela prop. 52 da P. 4); e que os homens agem, como as outras coisas, em virtude da necessidade da natureza; então a ofensa – ou seja, o ódio que costuma dela provir – ocupará uma parte mínima da imaginação e será facilmente superada. Por outro lado, se a ira, que costuma provir das ofensas mais graves, não é, por esse motivo, facilmente superada, será, entretanto, também superada, embora não sem flutuações de ânimo, em um intervalo de tempo muito menor do que se não tivéssemos, previamente, assim refletido sobre essas coisas, como é evidente pelas prop. 6, 7 e 8. Do mesmo modo, para acabar com o medo é preciso pensar com firmeza, quer dizer, é preciso enumerar e imaginar, com frequência, os perigos da vida e a melhor maneira de evitá-los e superá-los por meio da coragem e da fortaleza. Deve-se observar, entretanto, que ao ordenar nossos pensamentos e imaginações, devemos levar sempre em consideração (pelo corol. da prop. 63 da P. 4 e pela prop. 59 da P. 3) aquilo que cada coisa tem de bom, para que sejamos, assim, sempre determinados a agir segundo o afeto da alegria. Por exemplo, se alguém percebe que busca excessivamente a glória, deve pensar na sua correta utilização, com que fim ela deve ser buscada e por quais meios pode ser adquirida; e não no seu mau uso, na sua vacuidade e na inconstância dos homens, ou em coisas desse tipo, nas quais ninguém pensa a não ser que tenha um ânimo doentio. Com efeito, esses pensamentos são os que mais afligem os mais ambiciosos, quando perdem a esperança de conseguir a honra que ambicionam. Esses, ao mesmo tempo que vomitam a sua ira, querem passar por sábios. Pois é certo que os que mais desejam a glória são os que mais bradam contra o seu mau uso e a vacuidade do mundo. E isso não é exclusividade dos ambiciosos, mas comum a todos aqueles para os quais a sorte é adversa e que têm o ânimo impotente. Com efeito, o pobre que, além disso, é também avaro, não para de falar do abuso do dinheiro e dos defeitos dos ricos, não conseguindo, com isso, senão afligir-se e mostrar aos outros que suporta sem equanimidade não apenas sua pobreza, mas também a riqueza alheia. Da mesma maneira, também os que foram mal acolhidos por sua amante não pensam senão na inconstância, na perfídia e nos outros proclamados defeitos das mulheres, todos os quais são imediatamente esquecidos tão logo são de novo acolhidos pela amante. Assim, quem tenta regular seus afetos e apetites exclusivamente por amor à liberdade, se esforçará, tanto quanto puder, por conhecer as virtudes e as suas causas, e por encher o ânimo do gáudio que nasce do verdadeiro conhecimento delas e não, absolutamente, por considerar os defeitos dos homens, nem por humilhá-los, nem por se alegrar com uma falsa aparência de liberdade. Quem observar com cuidado essas coisas (na verdade, elas não são difíceis) e praticá-las poderá, em pouco tempo, dirigir a maioria de suas ações sob o comando da razão.

Propositio XI. **Quo imago aliqua ad plures res refertur, eo frequentior est seu saepius viget, et mentem magis occupat.**

Demonstratio. Quo enim imago seu affectus ad plures res refertur, eo plures dantur causae, a quibus excitari et foveri potest, quas omnes mens (per hypothesin) ex ipso affectu simul contemplatur. Atque adeo affectus eo frequentior est seu saepius viget, et (per prop. 8 huius) mentem magis occupat. Q.E.D.

Propositio XII. **Rerum imagines facilius imaginibus, quae ad res referuntur, quas clare et distincte intelligimus, iunguntur, quam aliis.**

Demonstratio. Res, quas clare et distincte intelligimus, vel rerum communes proprietates sunt, vel quae ex iis deducuntur (vide rationis definitionem in schol. 2 prop. 40 P. 2), et consequenter saepius (per prop. praeced.) in nobis excitantur. Adeoque facilius fieri potest, ut res alias simul cum his, quam cum aliis contemplemur, et consequenter (per prop. 18 P. 2) ut facilius cum his, quam cum aliis iungantur. Q.E.D.

Propositio XIII. **Quo imago aliqua pluribus aliis iuncta est, eo saepius viget.**

Demonstratio. Nam quo imago aliqua pluribus aliis iuncta est, eo (per prop. 18 P. 2) plures causae dantur, a quibus excitari potest. Q.E.D.

Propositio XIV. **Mens efficere potest, ut omnes corporis affectiones seu rerum imagines ad Dei ideam referantur.**

Demonstratio. Nulla est corporis affectio, cuius aliquem clarum et distinctum non possit mens formare conceptum (per prop. 4 huius). Adeoque efficere potest (per prop. 15 P. 1), ut omnes ad Dei ideam referuntur. Q.E.D.

Propositio XV. **Qui se suosque affectus clare et distincte intelligit, Deum amat, et eo magis, quo se suosque affectus magis intelligit.**

Demonstratio. Qui se suosque affectus clare et distincte intelligit, laetatur (per prop. 53 P. 3), idque concomitante idea Dei (per prop. praeced.). Atque adeo (per aff. defin. 6) Deum amat, et (per

QUINTA PARTE   A POTÊNCIA DO INTELECTO OU A LIBERDADE HUMANA

Proposição 11. **Quanto maior é o número de coisas a que uma imagem está referida, tanto mais ela é frequente, ou seja, tanto mais vezes ela torna-se vívida, e tanto mais ocupa a mente.**

Demonstração. Com efeito, quanto maior é o número de coisas a que uma imagem ou um afeto está referido, tanto maior é o número de causas pelas quais ela pode ser estimulada e reforçada, causas que a mente (por hipótese) considera, todas, conjuntamente, em virtude do próprio afeto. Portanto, esse afeto é tanto mais frequente, ou seja, tanto mais vezes ele se torna vívido, e (pela prop. 8) tanto mais ocupa a mente. C. Q. D.

Proposição 12. **As imagens das coisas vinculam-se mais facilmente àquelas imagens que estão referidas às coisas que compreendemos clara e distintamente do que a outras.**

Demonstração. As coisas que compreendemos clara e distintamente são ou propriedades comuns das coisas ou propriedades que se deduzem das comuns (veja-se a def. de razão no esc. 2 da prop. 40 da P. 2) e, como consequência, elas são mais frequentemente (pela prop. prec.) suscitadas em nós. Por isso, pode mais facilmente ocorrer que consideremos diferentes coisas junto com essas do que junto com outras e, como consequência (pela prop. 18 da P. 2), as coisas vinculam-se mais facilmente àquelas que compreendemos clara e distintamente do que a outras. C. Q. D.

Proposição 13. **Quanto maior é o número de outras imagens a que uma imagem está vinculada, tanto mais frequentemente ela se torna vívida.**

Demonstração. Com efeito, quanto maior é o número de outras imagens a que uma imagem está vinculada, tanto maior (pela prop. 18 da P. 2) é o número de causas pelas quais ela pode ser suscitada. C. Q. D.

Proposição 14. **A mente pode fazer com que todas as afecções do corpo, ou seja, as imagens das coisas, estejam referidas à ideia de Deus.**

Demonstração. Não há nenhuma afecção do corpo da qual a mente não possa formar algum conceito claro e distinto (pela prop. 4). Por isso, a mente pode fazer (pela prop. 15 da P. 1) com que todas elas estejam referidas à ideia de Deus. C. Q. D.

Proposição 15. **Quem compreende a si próprio e os seus afetos, clara e distintamente, ama a Deus; e tanto mais quanto mais compreende a si próprio e os seus afetos.**

Demonstração. Quem compreende clara e distintamente a si próprio e os seus afetos, alegra-se (pela prop. 53 da P. 3), com uma alegria que vem acompanhada da ideia de Deus (pela prop. prec.). Portanto (pela def. 6 dos

eandem rationem) eo magis, quo se suosque affectus magis intelligit. Q.E.D.

Propositio XVI. **Hic erga Deum amor mentem maxime occupare debet.**

Demonstratio. Est enim hic amor iunctus omnibus corporis affectionibus (per prop. 14 huius), quibus omnibus fovetur (per prop. 15 huius). Atque adeo (per prop. 11 huius) mentem maxime occupare debet. Q.E.D.

Propositio XVII. **Deus expers est passionum, nec ullo laetitiae aut tristitiae affectu afficitur.**

Demonstratio. Ideae omnes, quatenus ad Deum referuntur, verae sunt (per prop. 32 P. 2), hoc est (per defin. 4 P. 2) adaequatae; atque adeo (per gener. aff. defin.) Deus expers est passionum. Deinde Deus neque ad maiorem neque ad minorem perfectionem transire potest (per coroll. 2 prop. 20 P. 1); adeoque (per aff. defin. 2 et 3) nullo laetitiae neque tristitiae affectu afficitur. Q.E.D.

Corollarium. Deus proprie loquendo neminem amat, neque odio habet. Nam Deus (per prop. praeced.) nullo laetitiae neque tristitiae affectu afficitur, et consequenter (per aff. defin. 6 et 7) neminem etiam amat, neque odio habet.

Propositio XVIII. **Nemo potest Deum odio habere.**

Demonstratio. Idea Dei, quae in nobis est, est adaequata et perfecta (per prop. 46 et 47 P. 2). Adeoque quatenus Deum contemplamur, eatenus agimus (per prop. 3 P. 3), et consequenter (per prop. 59 P. 3) nulla potest dari tristitia concomitante idea Dei, hoc est (per aff. defin. 7) nemo Deum odio habere potest. Q.E.D.

Corollarium. Amor erga Deum in odium verti nequit.

Scholium. At obiici potest, quod dum Deum omnium rerum causam intelligimus, eo ipso Deum tristitiae causam consideramus. Sed ad hoc respondeo, quod quatenus tristitiae causas intelligimus, eatenus (per prop. 3 huius) ipsa desinit esse passio, hoc est (per prop. 59 P. 3) eatenus desinit esse tristitia; atque adeo quatenus Deum tristitiae causam esse intelligimus, eatenus laetamur.

Propositio XIX. **Qui Deum amat, conari non potest, ut Deus ipsum contra amet.**

afetos), ama a Deus, e (pela mesma razão) tanto mais ama quanto mais compreende a si próprio e os seus afetos. C. Q. D.

Proposição 16. **Este amor para com Deus deve ocupar a mente ao máximo.**

Demonstração. Com efeito, esse amor está ligado a todas as afecções do corpo (pela prop. 14), e é por elas reforçado (pela prop. 15). Portanto (pela prop. 11), deve ocupar a mente ao máximo. C. Q. D.

Proposição 17. **Deus está livre de paixões e não é afetado de qualquer afeto de alegria ou de tristeza.**

Demonstração. Todas as ideias, enquanto estão referidas a Deus, são verdadeiras (pela prop. 32 da P. 2), isto é (pela def. 4 da P. 2), são adequadas. Portanto (pela def. geral dos afetos), Deus está isento de paixões. Além disso, Deus não pode passar a uma perfeição maior nem a uma perfeição menor (pelo corol. 2 da prop. 20 da P. 1). Logo (pelas def. 2 e 3 dos afetos), ele não é afetado de qualquer afeto de alegria ou de tristeza. C. Q. D.

Corolário. Deus, propriamente falando, não ama nem odeia ninguém. Com efeito, Deus (pela prop. prec.) não é afetado de qualquer afeto de alegria ou de tristeza e, consequentemente (pelas def. 6 e 7 dos afetos), também não ama nem odeia ninguém.

Proposição 18. **Ninguém pode odiar a Deus.**

Demonstração. A ideia de Deus que existe em nós é adequada e perfeita (pelas prop. 46 e 47 da P. 2). Por isso, à medida que consideramos Deus, nós agimos (pela prop. 3 da P. 3); e, consequentemente (pela prop. 59 da P. 3), não pode haver nenhuma tristeza que acompanhe a ideia de Deus, isto é (pela def. 7 dos afetos), ninguém pode odiar a Deus. C. Q. D.

Corolário. O amor para com Deus não pode transformar-se em ódio.

Escólio. Pode-se objetar, entretanto, que, por compreendermos Deus como causa de todas as coisas, nós o consideramos, justamente por isso, como causa de tristeza. A isso respondo, em troca, que à medida que (pela prop. 3) compreendemos as causas da tristeza, esta deixa de ser uma paixão, isto é (pela prop. 59 da P. 3), deixa de ser tristeza. Por isso, à medida que compreendemos Deus como causa da tristeza, nós nos alegramos.

Proposição 19. **Quem ama a Deus não pode esforçar-se para que Deus, por sua vez, o ame.**

Demonstratio. Si homo id conaretur, cuperet ergo (per coroll. prop. 17 huius) ut Deus, quem amat, non esset Deus, et consequenter (per prop. 19 P. 3) contristari cuperet; quod (per prop. 28 P. 3) est absurdum. Ergo qui Deum amat etc. Q.E.D.

Propositio XX. **Hic erga Deum amor neque invidiae neque zelotypiae affectu inquinari potest; sed eo magis fovetur, quo plures homines eodem amoris vinculo cum Deo iunctos imaginamur.**

Demonstratio. Hic erga Deum amor summum bonum est, quod ex dictamine rationis appetere possumus (per prop. 28 P. 4), et omnibus hominibus commune est (per prop. 36 P. 4), et omnes ut eodem gaudeant, cupimus (per prop. 37 P. 4). Atque adeo (per aff. defin. 23) invidiae affectu maculari nequit, neque etiam (per prop. 18 huius et definitionem zelotypiae, quam vide in schol. prop. 35 P. 3) zelotypiae affectu; sed contra (per prop. 31 P. 3) eo magis foveri debet, quo plures homines eodem gaudere imaginamur. Q.E.D.

Scholium. Possumus hoc eodem modo ostendere, nullum dari affectum, qui huic amori directe sit contrarius, a quo hic ipse amor possit destrui: atque adeo concludere possumus, hunc erga Deum amorem omnium affectuum est constantissimum, nec quatenus ad corpus refertur, posse destrui, nisi cum ipso corpore. Cuius autem naturae sit, quatenus ad solam mentem refertur, postea videbimus. Atque his omnia affectuum remedia, sive id, omne quod mens in se sola considerata adversus affectus potest, comprehendi. Ex quibus apparet, mentis in affectus potentiam consistere: 1. in ipsa affectuum cognitione (vide schol. prop. 4 huius). 2. In eo, quod affectus a cogitatione causae externae, quam confuse imaginamur, separat (vide prop. 2 cum eodem schol. prop. 4 huius). 3. In tempore, quo affectiones, quae ad res quas intelligimus referuntur, illas superant, quae ad res referuntur, quas confuse seu mutilate concipimus (vide prop. 7 huius). 4. In multitudine causarum, a quibus affectiones, quae ad rerum communes proprietates vel ad Deum referuntur, foventur (vide prop. 9 et 11 huius). 5. Denique in ordine, quo mens suos affectus ordinare et invicem concatenare potest (vide schol. prop. 10 et insuper prop. 12, 13 et 14 huius). Sed ut haec mentis in affectus potentia melius intelligatur, venit apprime notandum, quod affectus a nobis magni appellantur, quando unius hominis affectum cum affectu alterius comparamus, et unum

Demonstração. Se o homem se esforçasse por isso, então desejaria (pelo corol. da prop. 17) que Deus, a quem ele ama, não fosse Deus e, consequentemente (pela prop. 19 da P. 3), desejaria entristecer-se, o que (pela prop. 28 da P. 3), é absurdo. Logo, quem ama a Deus, etc. C. Q. D.

Proposição 20. **Esse amor para com Deus não pode ser maculado nem pelo afeto da inveja, nem pelo afeto do ciúme; em vez disso, é tanto mais reforçado quanto maior é o número de homens que imaginamos estar unidos a Deus pelo mesmo vínculo de amor.**

Demonstração. Esse amor para com Deus é o supremo bem que, segundo o ditame da razão, podemos desejar (pela prop. 28 da P. 4); ele é comum a todos os homens (pela prop. 36 da P. 4); e desejamos que todos dele desfrutem (pela prop. 37 da P. 4). Portanto (pela def. 23 dos afetos), ele não pode ser maculado pelo afeto da inveja, nem tampouco (pela prop. 18, e pela def. de ciúme, que pode ser conferida no esc. da prop. 35 da P. 3) pelo afeto do ciúme. Pelo contrário (pela prop. 31 da P. 3), ele deve ser tanto mais reforçado quanto maior é o número de homens que nós imaginamos que dele desfrutam. C. Q. D.

Escólio. Podemos, da mesma maneira, demonstrar que não há qualquer afeto que seja diretamente contrário a esse amor, e pelo qual ele possa ser destruído. Podemos, portanto, concluir que o amor para com Deus é o mais constante de todos os afetos e que, enquanto está referido ao corpo, não pode ser destruído senão juntamente com o próprio corpo. Veremos, posteriormente, entretanto, qual é a sua natureza, enquanto refere-se exclusivamente à mente. Reuni, até aqui, todos os remédios para os afetos, ou seja, tudo aquilo que a mente, considerada em si só, pode contra os afetos; o que torna claro que o poder da mente sobre os afetos consiste: 1. No próprio conhecimento dos afetos (veja-se o esc. da prop. 4). 2. Em que a mente faz uma separação entre os afetos e o pensamento de uma causa exterior que nós imaginamos confusamente (vejam-se a prop. 2, juntamente com o mesmo esc. da prop. 4). 3. No tempo, graças ao qual as afecções que se referem às coisas que compreendemos superam aquelas que se referem às coisas que concebemos confusa ou mutiladamente (veja-se a prop. 7). 4. Na multiplicidade de causas que reforçam aqueles afetos que se referem às propriedades comuns das coisas ou a Deus (vejam-se as prop. 9 e 11). 5. Na ordem, enfim, com a qual a mente pode ordenar e concatenar os seus afetos entre si (vejam-se o esc. da prop. 10 e também as prop. 12, 13 e 14). Mas para que se compreenda melhor esse poder da mente sobre os afetos, convém, observar, sobretudo, que dizemos que os afetos são fortes quando comparamos o afeto de um homem com o afeto de outro e vemos que um é mais tomado do que o outro pelo mesmo afeto; ou quando comparamos

magis, quam alium eodem affectu conflictari videmus; vel quando unius eiusdemque hominis affectus ad invicem comparamus, eundemque uno affectu magis, quam alio affici sive moveri comperimus. Nam (per prop. 5 P. 4) vis cuiuscumque affectus definitur potentia causae externae cum nostra comparata. At mentis potentia sola cognitione definitur; impotentia autem seu passio a sola cognitionis privatione, hoc est, ab eo, per quod ideae dicuntur inadaequatae, aestimatur. Ex quo sequitur, mentem illam maxime pati, cuius maximam partem ideae inadaequatae constituunt, ita ut magis per id, quod patitur, quam per id quod agit, dignoscatur; et illam contra maxime agere, cuius maximam partem ideae adaequatae constituunt, ita ut, quamvis huic tot inadaequatae ideae, quam illi insint, magis tamen per illas, quae humanae virtuti tribuuntur, quam per has, quae humanam impotentiam arguunt, dignoscatur. Deinde notandum, animi aegritudines et infortunia potissimum originem trahere ex nimio amore erga rem, quae multis variationibus est obnoxia, et cuius nunquam compotes esse possumus. Nam nemo de re ulla, nisi quam amat, sollicitus anxiusve est, neque iniuriae, suspiciones, inimicitiae etc. oriuntur, nisi ex amore erga res, quarum nemo potest revera esse compos. Ex his itaque facile concipimus, quid clara et distincta cognitio, et praecipue tertium illud cognitionis genus (de quo vide schol. prop. 47 P. 2), cuius fundamentum est ipsa Dei cognitio, in affectus potest, quos nempe, quatenus passiones sunt, si non absolute tollit (vide prop. 3 cum schol. prop. 4 huius), saltem efficit, ut minimam mentis partem constituant (vide prop. 14 huius). Deinde amorem gignit erga rem immutabilem et aeternam (vide prop. 15 huius), et cuius revera sumus compotes (vide prop. 45 P. 2), et qui propterea nullis vitiis, quae in communi amore insunt, inquinari, sed semper maior ac maior esse potest (per prop. 15 huius), et mentis maximam partem occupare (per prop. 16 huius) lateque afficere. Atque his omnia, quae praesentem hanc vitam spectant, absolvi. Nam quod in huius scholii principio dixi, me his paucis omnia affectuum remedia amplexum esse, facile poterit unusquisque videre qui ad haec quae in hoc scholio diximus, et simul ad mentis eiusque affectuum definitiones, et denique ad prop. 1 et 3 P. 3 attenderit. Tempus igitur iam est, ut ad illa transeam quae ad mentis durationem sine relatione ad corpus pertinent.

Propositio XXI. **Mens nihil imaginari potest, neque rerum praeteritarum recordari, nisi durante corpore.**

entre si os afetos de um só e mesmo homem e verificamos que ele é mais afetado ou mais movido por um afeto do que por outro. Com efeito (pela prop. 5 da P. 4), a força de um afeto é definida pela potência, considerada em comparação com a nossa, da sua causa exterior. A potência da mente é definida, entretanto, exclusivamente pelo conhecimento, enquanto sua impotência ou paixão é medida exclusivamente pela privação de conhecimento, isto é, por aquilo em função do qual as ideias são ditas inadequadas. Segue-se disso que padece ao máximo aquela mente cuja maior parte está constituída por ideias inadequadas, de maneira tal que ela é reconhecida mais por padecer do que por agir. E, inversamente, age ao máximo aquela mente cuja maior parte está constituída por ideias adequadas, de tal maneira que, ainda que haja nesta tantas ideias inadequadas quanto naquela outra, ela é, entretanto, reconhecida mais por aquelas ideias que se atribuem à virtude humana do que por aquelas que revelam a impotência humana. Deve-se observar, ainda, que as enfermidades do ânimo e os infortúnios provêm, sobretudo, do amor excessivo por uma coisa que está sujeita a muitas variações e da qual nunca podemos dispor. Com efeito, ninguém está preocupado ou ansioso por alguma coisa que não ama; e as ofensas, as suspeitas, as inimizades, etc. não provêm senão do amor pelas coisas das quais ninguém pode realmente dispor. Concebemos, assim, facilmente, o que pode o conhecimento claro e distinto contra os afetos e, sobretudo, aquele terceiro gênero de conhecimento (veja-se, a respeito, o esc. da prop. 47 da P. 2), cujo fundamento é o próprio conhecimento de Deus; quer dizer, esse conhecimento, se não os suprime inteiramente, à medida que são paixões (vejam-se a prop. 3 e o esc. da prop. 4), faz, pelo menos, com que constituam a menor parte da mente (veja-se a prop. 14). Além disso, esse conhecimento gera um amor por uma coisa imutável e eterna (veja-se a prop. 15), e da qual podemos realmente dispor (veja-se a prop. 45 da P. 2), amor que, por isso, não pode ser maculado por nenhum dos defeitos que existem no amor comum e que, em vez disso, pode ser cada vez maior (pela prop. 15), ocupar a maior parte da mente (pela prop. 16) e afetá-la profundamente. Cheguei, assim, ao fim de tudo aquilo que se refere à vida presente. Com efeito, o que eu disse, no início deste escólio, isto é, que nessas breves proposições havia reunido todos os remédios para os afetos, é algo que pode ser verificado por qualquer um que preste atenção ao que aqui dissemos e também às definições da mente e de seus afetos e, por último, às prop. 1 e 3 da P. 3. É, pois, agora, o momento de passar àquilo que se refere à duração da mente, considerada sem relação com o corpo.

Proposição 21. **A mente não pode imaginar nada, nem se recordar das coisas passadas, senão enquanto dura o corpo.**

Demonstratio. Mens actualem sui corporis existentiam non exprimit, neque etiam corporis affectiones ut actuales concipit, nisi durante corpore (per coroll. prop. 8 P. 2), et consequenter (per prop. 26 P. 2) nullum corpus ut actu existens concipit, nisi durante suo corpore. Ac proinde nihil imaginari (vide imaginationis definitionem in schol. prop. 17 P. 2), neque rerum praeteritarum recordari potest, nisi durante corpore (vide definitionem memoriae in schol. prop. 18 P. 2). Q.E.D.

Propositio XXII. **In Deo tamen datur necessario idea, quae huius et illius corporis humani essentiam sub aeternitatis specie exprimit.**

Demonstratio. Deus non tantum est causa huius et illius corporis humani existentiae, sed etiam essentiae (per prop. 25 P. 1), quae propterea per ipsam Dei essentiam necessario debet concipi (per axiom. 4 P. 1), idque aeterna quadam necessitate (per prop. 16 P. 1), qui quidem conceptus necessario in Deo dari debet (per prop. 3 P. 2). Q.E.D.

Propositio XXIII. **Mens humana non potest cum corpore absolute destrui, sed eius aliquid remanet quod aeternum est.**

Demonstratio. In Deo datur necessario conceptus seu idea, quae corporis humani essentiam exprimit (per prop. praeced.), quae propterea aliquid necessario est, quod ad essentiam mentis humanae pertinet (per prop. 13 P. 2). Sed menti humanae nullam durationem, quae tempore definiri potest, tribuimus, nisi quatenus corporis actualem existentiam, quae per durationem explicatur et tempore definiri potest, exprimit, hoc est (per coroll. prop. 8 P. 2) ipsi durationem non tribuimus nisi durante corpore. Cum tamen aliquid nihilominus sit id, quod aeterna quadam necessitate per ipsam Dei essentiam concipitur (per prop. praeced.), erit necessario hoc aliquid, quod ad mentis essentiam pertinet, aeternum. Q.E.D.

Scholium. Est, uti diximus, haec idea, quae corporis essentiam sub specie aeternitatis exprimit, certus cogitandi modus, qui ad mentis essentiam pertinet, quique necessario aeternus est. Nec tamen fieri potest, ut recordemur nos ante corpus exstitisse, quandoquidem nec in corpore ulla eius vestigia dari, nec aeternitas tempore definiri, nec ullam ad tempus relationem habere potest. At nihilominus sentimus experimurque, nos aeternos esse. Nam mens non minus res illas sentit,

Demonstração. A mente não exprime a existência atual do seu corpo, nem tampouco concebe como atuais as afecções do corpo, senão enquanto dura o corpo (pelo corol. da prop. 8 da P. 2) e, consequentemente (pela prop. 26 da P. 2), não concebe nenhum corpo como existente em ato senão enquanto dura seu próprio corpo. Logo, não pode imaginar nada (veja-se a def. de imaginação no esc. da prop. 17 da P. 2), nem se recordar das coisas passadas, senão enquanto dura o corpo (veja-se a def. de memória no esc. da prop. 18 da P. 2). C. Q. D.

Proposição 22. **Em Deus, necessariamente existe, entretanto, uma ideia que exprime a essência deste ou daquele corpo humano sob a perspectiva da eternidade.**

Demonstração. Deus é causa não apenas da existência deste ou daquele corpo humano, mas também da sua essência (pela prop. 25 da P. 1), a qual deve, por isso, ser necessariamente concebida, em virtude de uma certa necessidade eterna (pela prop. 16 da P. 1), por meio da própria essência de Deus (pelo ax. 4 da P. 1). Este conceito [da essência deste ou daquele corpo humano] deve, portanto, necessariamente existir em Deus (pela prop. 3 da P. 2). C. Q. D.

Proposição 23. **A mente humana não pode ser inteiramente destruída juntamente com o corpo: dela permanece algo, que é eterno.**

Demonstração. Em Deus, existe necessariamente um conceito ou uma ideia que exprime a essência do corpo humano (pela prop. prec.), ideia que é, por isso, algo que pertence à essência da mente humana (pela prop. 13 da P. 2). Nós não atribuímos, porém, à mente humana nenhuma duração, a qual pode ser definida pelo tempo, senão enquanto ela exprime a existência atual do corpo, a qual é explicada pela duração e pode ser definida pelo tempo, isto é (pelo corol. da prop. 8 da P. 2), nós não atribuímos à mente nenhuma duração senão enquanto dura o corpo. Como, entretanto, aquilo que é concebido, por uma certa necessidade eterna, por meio da própria essência de Deus, é, não obstante, algo (pela prop. prec.), esse algo, que pertence à essência da mente, será necessariamente eterno. C. Q. D.

Escólio. Essa ideia que exprime a essência do corpo sob a perspectiva da eternidade é, como dissemos, um modo definido do pensar, que pertence à essência da mente e que é necessariamente eterno. Não é possível, entretanto, que nos recordemos de ter existido antes do corpo, uma vez que não pode haver, nele, nenhum vestígio dessa existência, e que a eternidade não pode ser definida pelo tempo, nem ter, com este, qualquer relação. Apesar disso, sentimos e experimentamos que somos eternos. Com efeito, a mente não sente menos aquelas coisas que ela concebe pela compreensão do que as que ela tem na memória. Pois, os olhos da mente, com os quais ela vê e

quas intelligendo concipit, quam quas in memoria habet. Mentis enim oculi, quibus res videt observatque, sunt ipsae demonstrationes. Quamvis itaque non recordemur nos ante corpus exstitisse, sentimus tamen mentem nostram, quatenus corporis essentiam sub aeternitatis specie involvit, aeternam esse, et hanc eius existentiam tempore definiri sive per durationem explicari non posse. Mens igitur nostra eatenus tantum potest dici durare, eiusque existentia certo tempore definiri potest, quatenus actualem corporis existentiam involvit, et eatenus tantum potentiam habet rerum existentiam tempore determinandi, easque sub duratione concipiendi.

Propositio XXIV. **Quo magis res singulares intelligimus, eo magis Deum intelligimus.**

Demonstratio. Patet ex coroll. prop. 25 P. 1.

Propositio XXV. **Summus mentis conatus summaque virtus est res intelligere tertio cognitionis genere.**

Demonstratio. Tertium cognitionis genus procedit ab adaequata idea quorundam Dei attributorum ad adaequatam cognitionem essentiae rerum (vide huius definitionem in schol. 2 prop. 40 P. 2), et quo magis hoc modo res intelligimus, eo magis (per prop. praeced.) Deum intelligimus. Ac proinde (per prop. 28 P. 4) summa mentis virtus, hoc est (per defin. 8 P. 4) mentis potentia seu natura, sive (per prop. 7 P. 3) summus conatus est res intelligere tertio cognitionis genere. Q.E.D.

Propositio XXVI. **Quo mens aptior est ad res tertio cognitionis genere intelligendum, eo magis cupit res eodem hoc cognitionis genere intelligere.**

Demonstratio. Patet. Nam quatenus concipimus mentem aptam esse ad res hoc cognitionis genere intelligendum eatenus, eandem determinatam concipimus ad res eodem cognitionis genere intelligendum, et consequenter (per aff. defin. 1) quo mens ad hoc aptior est, eo magis hoc cupit. Q.E.D.

Propositio XXVII. **Ex hoc tertio cognitionis genere summa, quae dari potest, mentis acquiescentia, oritur.**

Demonstratio. Summa mentis virtus est Deum cognoscere (per prop. 28 P. 4), sive res tertio cognitionis genere intelligere (per prop. 25 huius); quae quidem virtus eo maior est, quo mens hoc cognitionis

observa as coisas, são as próprias demonstrações. Assim, embora não nos recordemos de ter existido antes do corpo, sentimos, entretanto, que a nossa mente, enquanto envolve a essência do corpo sob a perspectiva da eternidade, é eterna, e que esta existência da nossa mente não pode ser definida pelo tempo, ou seja, não pode ser explicada pela duração. Portanto, pode-se dizer que a nossa mente dura e que a sua existência pode ser definida por um tempo preciso apenas à medida que envolve a existência atual do corpo; e, apenas sob essa condição, ela tem o poder de determinar a existência das coisas pelo tempo e de concebê-las segundo a duração.

Proposição 24. **Quanto mais compreendemos as coisas singulares, tanto mais compreendemos a Deus.**

Demonstração. É evidente pelo corol. da prop. 25 da P. 1.

Proposição 25. **O esforço supremo da mente e sua virtude suprema consistem em compreender as coisas por meio do terceiro gênero de conhecimento.**

Demonstração. O terceiro gênero de conhecimento procede da ideia adequada de certos atributos de Deus para o conhecimento adequado da essência das coisas (veja-se sua def. no esc. 2 da prop. 40 da P. 2). E quanto mais compreendemos as coisas dessa maneira, tanto mais (pela prop. prec.) compreendemos a Deus. E, por isso (pela prop. 28 da P. 4), a virtude suprema da mente, isto é (pela def. 8 da P. 4), sua potência ou natureza, ou seja (pela prop. 7 da P. 3), seu esforço supremo consiste em compreender as coisas por meio do terceiro gênero de conhecimento. C. Q. D.

Proposição 26. **Quanto mais a mente é capaz de compreender as coisas por meio do terceiro gênero de conhecimento, tanto mais deseja compreendê-las por meio desse mesmo gênero.**

Demonstração. É evidente. Com efeito, à medida que concebemos que a mente é capaz de compreender as coisas por meio desse gênero de conhecimento, nós concebemos que ela é determinada a compreender as coisas por meio desse mesmo gênero e, consequentemente (pela def. 1 dos afetos), quanto mais a mente é capaz disso, tanto mais ela o deseja. C. Q. D.

Proposição 27. **Desse terceiro gênero de conhecimento provém a maior satisfação da mente que pode existir.**

Demonstração. A virtude suprema da mente consiste em conhecer a Deus (pela prop. 28 da P. 4), ou seja, em compreender as coisas por meio do terceiro gênero de conhecimento (pela prop. 25), virtude que é tanto maior quanto mais a mente conhece as coisas por meio desse mesmo gênero (pela prop. 24). Por isso, quem conhece as coisas por meio desse gênero de

genere magis res cognoscit (per prop. 24 huius). Adeoque qui res hoc cognitionis genere cognoscit, is ad summam humanam perfectionem transit, et consequenter (per aff. defin. 2) summa laetitia afficitur, idque (per prop. 43 P. 2) concomitante idea sui suaeque virtutis; ac proinde (per aff. defin. 25) ex hoc cognitionis genere summa, quae dari potest, oritur acquiescentia. Q.E.D.

Propositio XXVIII. **Conatus seu cupiditas cognoscendi res tertio cognitionis genere oriri non potest ex primo, at quidem ex secundo cognitionis genere.**

Demonstratio. Haec propositio per se patet. Nam quicquid clare et distincte intelligimus, id vel per se vel per aliud, quod per se concipitur, intelligimus; hoc est, ideae, quae in nobis clarae et distinctae sunt, sive quae ad tertium cognitionis genus referuntur (vide schol. 2 prop. 40 P. 2), non possunt sequi ex ideis mutilatis et confusis, quae (per idem schol.) ad primum cognitionis genus referuntur, sed ex ideis adaequatis, sive (per idem schol.) ex secundo et tertio cognitionis genere. Ac proinde (per aff. defin. 1) cupiditas cognoscendi res tertio cognitionis genere non potest oriri ex primo, at quidem ex secundo. Q.E.D.

Propositio XXIX. **Quicquid mens sub specie aeternitatis intelligit, id ex eo non intelligit, quod corporis praesentem actualem existentiam concipit; sed ex eo, quod corporis essentiam concipit sub specie aeternitatis.**

Demonstratio. Quatenus mens praesentem sui corporis existentiam concipit, eatenus durationem concipit, quae tempore determinari potest, et eatenus tantum potentiam habet concipiendi res cum relatione ad tempus (per prop. 21 huius et prop. 26 P. 2). At aeternitas per durationem explicari nequit (per defin. 8 P. 1 et ipsius explic.). Ergo mens eatenus potestatem non habet concipiendi res sub specie aeternitatis; sed quia de natura rationis est, res sub specie aeternitatis concipere (per coroll. 2 prop. 44 P. 2), et ad mentis naturam etiam pertinet, corporis essentiam sub specie aeternitatis concipere (per prop. 23 huius), et praeter haec duo nihil aliud ad mentis essentiam pertinet (per prop. 13 P. 2), ergo haec potentia concipiendi res sub specie aeternitatis ad mentem non pertinet, nisi quatenus corporis essentiam sub specie aeternitatis concipit. Q.E.D.

conhecimento passa à suprema perfeição humana e, consequentemente (pela def. 2 dos afetos), é afetado da suprema alegria, a qual (pela prop. 43 da P. 2) vem acompanhada da ideia de si mesmo e de sua própria virtude. Logo (pela def. 25 dos afetos), desse terceiro gênero de conhecimento provém a maior satisfação que pode existir. C. Q. D.

Proposição 28. **O esforço ou o desejo por conhecer as coisas por meio deste terceiro gênero de conhecimento não pode provir do primeiro, mas, sim, do segundo gênero de conhecimento.**

Demonstração. Esta proposição é evidente por si mesma. Pois tudo o que compreendemos clara e distintamente, nós compreendemos ou por si mesmo ou por meio de outra coisa que é concebida por si mesma. Isto é, ideias que são, em nós, claras e distintas, ou seja, que estão referidas ao terceiro gênero de conhecimento (veja-se o esc. 2 da prop. 40 da P. 2), não podem se seguir de ideias mutiladas e confusas, as quais (pelo mesmo esc.) estão referidas ao primeiro gênero de conhecimento, mas de ideias adequadas, ou seja (pelo mesmo esc.), do segundo e do terceiro gêneros de conhecimento. Portanto (pela def. 1 dos afetos), o desejo de conhecer as coisas por meio do terceiro gênero de conhecimento não pode provir do primeiro, mas, sim, do segundo gênero de conhecimento. C. Q. D.

Proposição 29. **Tudo o que a mente compreende sob a perspectiva da eternidade não o compreende por conceber a existência atual e presente do corpo, mas por conceber a essência do corpo sob a perspectiva da eternidade.**

Demonstração. À medida que a mente concebe a existência presente do seu corpo, ela concebe a duração, que pode ser determinada pelo tempo, e apenas sob essa condição tem o poder de conceber as coisas em relação com o tempo (pela prop. 21 desta Parte e pela prop. 26 da P. 2). A eternidade não pode, entretanto, ser explicada pela duração (pela def. 8 da P. 1 e sua explicação). Logo, a mente, sob aquela condição, não tem o poder de conceber as coisas sob a perspectiva da eternidade; mas, como é da natureza da razão conceber as coisas sob a perspectiva da eternidade (pelo corol. 2 da prop. 44 da P. 2); como, igualmente, pertence à natureza da mente conceber a essência do corpo sob a perspectiva da eternidade (pela prop. 23); e como, além dessas duas coisas, nada mais pertence à essência da mente (pela prop. 13 da P. 2); então, esse poder de conceber as coisas sob a perspectiva da eternidade não pertence à mente senão à medida que ela concebe a essência do corpo sob a perspectiva da eternidade. C. Q. D.

Scholium. Res duobus modis a nobis ut actuales concipiuntur, vel quatenus easdem cum relatione ad certum tempus et locum existere, vel quatenus ipsas in Deo contineri et ex naturae divinae necessitate consequi concipimus. Quae autem hoc secundo modo ut verae seu reales concipiuntur, eas sub aeternitatis specie concipimus, et earum ideae aeternam et infinitam Dei essentiam involvunt, ut prop. 45 P. 2 ostendimus, cuius etiam schol. vide.

Propositio XXX. **Mens nostra quatenus se et corpus sub aeternitatis specie cognoscit, eatenus Dei cognitionem necessario habet, scitque se in Deo esse et per Deum concipi.**

Demonstratio. Aeternitas est ipsa Dei essentia, quatenus haec necessariam involvit existentiam (per defin. 8 P. 1). Res igitur sub specie aeternitatis concipere est res concipere, quatenus per Dei essentiam ut entia realia concipiuntur, sive quatenus per Dei essentiam involvunt existentiam. Adeoque mens nostra quatenus se et corpus sub specie aeternitatis concipit, eatenus Dei cognitionem necessario habet, scitque etc. Q.E.D.

Propositio XXXI. **Tertium cognitionis genus pendet a mente, tamquam a formali causa, quatenus mens ipsa aeterna est.**

Demonstratio. Mens nihil sub aeternitatis specie concipit, nisi quatenus sui corporis essentiam sub aeternitatis specie concipit (per prop. 29 huius), hoc est (per prop. 21 et 23 huius) nisi quatenus aeterna est. Adeoque (per prop. praeced.) quatenus aeterna est, Dei habet cognitionem, quae quidem cognitio est necessario adaequata (per prop. 46 P. 2); ac proinde mens quatenus aeterna est, ad illa omnia cognoscendum est apta, quae ex data hac Dei cognitione consequi possunt (per prop. 40 P. 2), hoc est, ad res tertio cognitionis genere cognoscendum (vide huius definitionem in schol. 2 prop. 40 P. 2), cuius propterea mens (per defin. 1 P. 3) quatenus aeterna est, causa est adaequata seu formalis. Q.E.D.

Scholium. Quo igitur unusquisque hoc cognitionis genere plus pollet, eo melius sui et Dei conscius est, hoc est, eo est perfectior et beatior, quod adhuc clarius ex seqq. patebit. Sed hic notandum, quod, tametsi iam certi sumus, mentem aeternam esse, quatenus res sub aeternitatis specie concipit, nos tamen, ut ea, quae ostendere volumus, facilius explicentur et melius intelligantur, ipsam, tamquam iam inciperet esse, et res sub aeternitatis specie intelligere iam inciperet, considerabimus, ut hucusque fecimus; quod nobis absque ullo erroris periculo facere

Escólio. Concebemos as coisas como atuais de duas maneiras: ou enquanto existem em relação com um tempo e um local determinados, ou enquanto estão contidas em Deus e se seguem da necessidade da natureza divina. Ora, as que são concebidas como verdadeiras ou reais dessa segunda maneira nós as concebemos sob a perspectiva da eternidade, e as suas ideias envolvem a essência eterna e infinita de Deus, como demonstramos na prop. 45 da P. 2, e cujo esc. deve-se, igualmente, conferir.

Proposição 30. **A nossa mente, à medida que concebe a si mesma e o seu corpo sob a perspectiva da eternidade, tem, necessariamente, o conhecimento de Deus, e sabe que existe em Deus e que é concebida por Deus.**

Demonstração. A eternidade é a própria essência de Deus, enquanto esta envolve a existência necessária (pela def. 8 da P. 1). Conceber, portanto, as coisas sob a perspectiva da eternidade é concebê-las à medida que são concebidas, por meio da essência de Deus, como entes reais, ou seja, à medida que, por meio da essência de Deus, envolvem a existência. Por isso, a nossa mente, à medida que concebe a si mesma e o seu corpo sob a perspectiva da eternidade, tem, necessariamente, o conhecimento de Deus, e sabe, etc. C. Q. D.

Proposição 31. **O terceiro gênero de conhecimento tem a mente, à medida que a própria mente é eterna, como sua causa formal.**

Demonstração. A mente não concebe nada sob a perspectiva da eternidade senão à medida que concebe a essência de seu corpo sob a perspectiva da eternidade (pela prop. 29), isto é (pelas prop. 21 e 23), senão à medida que é eterna. Por isso (pela prop. prec.), à medida que é eterna, a mente tem o conhecimento de Deus, o qual é, com certeza, necessariamente adequado (pela prop. 46 da P. 2). E, portanto, à medida que é eterna, a mente é capaz de conhecer tudo aquilo que pode se seguir desse dado conhecimento de Deus (pela prop. 40 da P. 2), ou seja, é capaz de conhecer as coisas por meio do terceiro gênero de conhecimento (veja-se a sua def. no esc. 2 da prop. 40 da P. 2), do qual a mente, à medida que é eterna, é, portanto (pela def. 1 da P. 3), a causa adequada ou formal. C. Q. D.

Escólio. Portanto, quanto mais cada um se torna forte nesse gênero de conhecimento, tanto mais está consciente de si próprio e de Deus, isto é, tanto mais é perfeito e feliz; o que se verá ainda mais claramente nas proposições seguintes. Deve-se, entretanto, observar, aqui, que embora estejamos seguros de que a mente é eterna, enquanto ela concebe as coisas sob a perspectiva da eternidade, nós, contudo, a fim de explicar mais facilmente e de melhor fazer compreender o que queremos demonstrar, vamos considerá-la, como fizemos até aqui, como se ela tivesse começado agora a

licet, modo nobis cautio sit nihil concludere, nisi ex perspicuis praemissis.

Propositio XXXII. **Quicquid intelligimus tertio cognitionis genere, eo delectamur, et quidem concomitante idea Dei tamquam causa.**

Demonstratio. Ex hoc cognitionis genere summa, quae dari potest, mentis acquiescentia (per prop. 27 huius), hoc est (per aff. defin. 25) laetitia oritur, eaque concomitante idea sui, et consequenter (per prop. 30 huius) concomitante etiam idea Dei tamquam causa. Q.E.D.

Corollarium. Ex tertio cognitionis genere oritur necessario amor Dei intellectualis. Nam ex hoc cognitionis genere oritur (per prop. praeced.) laetitia concomitante idea Dei tamquam causa, hoc est (per aff. defin. 6) amor Dei, non quatenus ipsum ut praesentem imaginamur (per prop. 29 huius), sed quatenus Deum aeternum esse intelligimus, et hoc est, quod amorem Dei intellectualem voco.

Propositio XXXIII. **Amor Dei intellectualis, qui ex tertio cognitionis genere oritur, est aeternus.**

Demonstratio. Tertium enim cognitionis genus (per prop. 31 huius et axiom. 3 P. 1) est aeternum; adeoque (per idem axiom. P. 1) amor, qui ex eodem oritur, est etiam necessario aeternus. Q.E.D.

Scholium. Quamvis hic erga Deum amor principium non habuerit (per prop. praec.), habet tamen omnes amoris perfectiones, perinde ac si ortus fuisset, sicut in coroll. prop. praeced. finximus. Nec ulla hic est differentia, nisi quod mens easdem has perfectiones, quas eidem iam accedere finximus, aeternas habuerit, idque concomitante idea Dei tamquam causa aeterna. Quod si laetitia in transitione ad maiorem perfectionem consistit, beatitudo sane in eo consistere debet, quod mens ipsa perfectione sit praedita.

Propositio XXXIV. **Mens non nisi durante corpore obnoxia est affectibus, qui ad passiones referuntur.**

Demonstratio. Imaginatio est idea, qua mens rem aliquam ut praesentem contemplatur (vide eius definitionem in schol. prop. 17 P. 2), quae tamen magis corporis humani praesentem constitutionem, quam rei externae naturam indicat (per coroll. 2 prop. 16 P. 2). Est igitur affectus (per gener. aff. defin.) imaginatio, quatenus corporis prae-

QUINTA PARTE   A POTÊNCIA DO INTELECTO OU A LIBERDADE HUMANA

existir e a compreender as coisas sob a perspectiva da eternidade; o que nos é permitido fazer, sem qualquer risco de erro, desde que tenhamos a cautela de nada concluir que não seja de premissas muito claras.

Proposição 32. **Nós nos deleitamos com tudo que compreendemos por meio do terceiro gênero de conhecimento, com uma alegria que vem, certamente, acompanhada da ideia de Deus como sua causa.**

Demonstração. Desse gênero de conhecimento nasce a maior satisfação da mente que pode existir (pela prop. 27), isto é (pela def. 25 dos afetos), a maior alegria possível, a qual vem acompanhada da ideia de si mesmo e, consequentemente (pela prop. 30), também da ideia de Deus como sua causa. C. Q. D.

Corolário. Do terceiro gênero de conhecimento nasce, necessariamente, o amor intelectual de Deus. Pois desse gênero de conhecimento nasce (pela prop. prec.) uma alegria que vem acompanhada da ideia de Deus como sua causa, isto é (pela def. 6 dos afetos), o amor de Deus, não enquanto o imaginamos como presente (pela prop. 29), mas enquanto compreendemos que Deus é eterno. É isso que chamo de amor intelectual de Deus.

Proposição 33. **O amor intelectual de Deus, que nasce do terceiro gênero de conhecimento, é eterno.**

Demonstração. Com efeito, o terceiro gênero de conhecimento (pela prop. 31 desta Parte e pelo ax. 3 da P. 1) é eterno. Por isso (pelo mesmo ax. da P. 1), o amor que nasce desse gênero de conhecimento também é, necessariamente, eterno. C. Q. D.

Escólio. Embora esse amor para com Deus não tenha tido um princípio (pela presente prop.), tem, entretanto, todas as perfeições do amor, como se ele tivesse tido um nascimento, tal como simulamos no corol. da prop. precedente. E não há, aqui, nenhuma diferença, a não ser a de que a mente teve, desde toda a eternidade, essas mesmas perfeições que simulamos lhe terem sobrevindo agora, e as teve acompanhadas da ideia de Deus como causa eterna. E se a alegria consiste na passagem para uma perfeição maior, a beatitude deve, certamente, consistir, então, em que a mente está dotada da própria perfeição.

Proposição 34. **A mente não está submetida aos afetos que estão referidos às paixões senão enquanto dura o corpo.**

Demonstração. Uma imaginação é uma ideia por meio da qual a mente considera uma coisa como presente (veja-se a sua def. no esc. da prop. 17 da P.2); ideia que, entretanto, indica mais o estado presente do corpo humano do que a natureza da coisa exterior (pelo corol. da prop. 16 da P. 2). Um

sentem constitutionem indicat; atque adeo (per prop. 21 huius) mens non nisi durante corpore obnoxia est affectibus, qui ad passiones referuntur. Q.E.D.

Corollarium. Hinc sequitur nullum amorem praeter amorem intellectualem esse aeternum.

Scholium. Si ad hominum communem opinionem attendamus, videbimus, eos suae mentis aeternitatis esse quidem conscios, sed ipsos eandem cum duratione confundere, eamque imaginationi seu memoriae tribuere, quam post mortem remanere credunt.

***Propositio XXXV.* Deus se ipsum amore intellectuali infinito amat.**

Demonstratio. Deus est absolute infinitus (per defin. 6 P. 1), hoc est (per defin. 6 P. 2) Dei natura gaudet infinita perfectione, idque (per prop. 3 P. 2) concomitante idea sui, hoc est (per prop. 11 et defin. 1 P. 1) idea suae causae, et hoc est, quod in coroll. prop. 32 huius amorem intellectualem esse diximus.

***Propositio XXXVI.* Mentis amor intellectualis erga Deum est ipse Dei amor, quo Deus se ipsum amat, non quatenus infinitus est, sed quatenus per essentiam humanae mentis sub specie aeternitatis consideratam explicari potest, hoc est, mentis erga Deum amor intellectualis pars est infiniti amoris, quo Deus se ipsum amat.**

Demonstratio. Hic mentis amor ad mentis actiones referri debet (per coroll. prop. 32 huius et per prop. 3 P. 3), qui proinde actio est, qua mens se ipsam contemplatur concomitante idea Dei tamquam causa (per prop. 32 huius et eius coroll.), hoc est (per coroll. prop. 25 P. 1 et coroll. prop. 11 P. 2) actio, qua Deus, quatenus per mentem humanam explicari potest, seipsum contemplatur concomitante idea sui. Atque adeo (per prop. praeced.) hic mentis amor pars est infiniti amoris, quo Deus seipsum amat. Q.E.D.

Corollarium. Hinc sequitur, quod Deus, quatenus seipsum amat, homines amat, et consequenter quod amor Dei erga homines et mentis erga Deum amor intellectualis unum et idem sit.

Scholium. Ex his clare intelligimus, qua in re nostra salus seu beatitudo seu libertas consistit, nempe in constanti et aeterno erga Deum amore, sive in amore Dei erga homines. Atque hic amor, seu beatitudo in sacris codicibus gloria appellatur; nec immerito. Nam sive hic amor ad Deum referatur sive ad mentem, recte animi acquiescentia, quae revera a gloria (per aff. defin. 25 et 30) non distinguitur, appellari

afeto é, portanto (pela def. geral dos afetos), à medida que indica o estado presente do corpo, uma imaginação. Por isso (pela prop. 21), a mente não está submetida aos afetos que estão referidos às paixões senão enquanto dura o corpo. C. Q. D.

Corolário. Disso se segue que nenhum amor, além do amor intelectual, é eterno.

Escólio. Se prestamos atenção à opinião comum dos homens, veremos que estão, na realidade, conscientes da eternidade de sua mente, mas que eles a confundem com a duração e a imputam à imaginação ou à memória, as quais eles acreditam que subsistem após a morte.

Proposição 35. **Deus ama a si mesmo com um amor intelectual infinito.**

Demonstração. Deus é absolutamente infinito (pela def. 6 da P. 1), isto é (pela def. 6 da P. 2), a natureza de Deus goza de uma perfeição infinita, e isso (pela prop. 3 da P. 2) vem acompanhado da ideia de si mesmo, isto é (pela prop. 11 e pela def. 1 da P. 1), da ideia de sua causa. E foi isso que, no corol. da prop. 32, dissemos ser o amor intelectual de Deus.

Proposição 36. **O amor intelectual da mente para com Deus é o próprio amor de Deus, com o qual ele ama a si mesmo, não enquanto é infinito, mas enquanto pode ser explicado por meio da essência da mente humana, considerada sob a perspectiva da eternidade; isto é, o amor intelectual da mente para com Deus é uma parte do amor infinito com que Deus ama a si mesmo.**

Demonstração. Esse amor da mente deve estar referido às ações da mente (pelo corol. da prop. 32 desta Parte e pela prop. 3 da P. 3). É, portanto, uma ação por meio da qual a mente considera a si própria e que vem acompanhada da ideia de Deus como causa (pela prop. 32 e seu corol.), isto é (pelo corol. da prop. 25 da P. 1 e pelo corol. da prop. 11 da P. 2), é uma ação por meio da qual Deus, enquanto pode ser explicado pela mente humana, considera a si próprio e que vem acompanhada da ideia de si. Logo (pela prop. prec.), esse amor da mente é uma parte do amor infinito com que Deus ama a si mesmo. C. Q. D.

Corolário. Disso se segue que Deus, à medida que ama a si mesmo, ama os homens e, consequentemente, que o amor de Deus para com os homens e o amor intelectual da mente para com Deus são uma só e mesma coisa.

Escólio. Por tudo isso, compreendemos claramente em que consiste nossa salvação, beatitude ou liberdade: no amor constante e eterno para com Deus, ou seja, no amor de Deus para com os homens. Não sem razão, esse amor – ou essa beatitude – é chamado, nos livros sagrados, de glória. Pois,

potest. Nam quatenus ad Deum refertur, est (per prop. 35 huius) laetitia (liceat hoc adhuc vocabulo uti) concomitante idea sui, ut et quatenus ad mentem refertur (per prop. 27 huius). Deinde quia nostrae mentis essentia in sola cognitione consistit, cuius principium et fundamentum Deus est (per prop. 15 P. 1 et schol. prop. 47 P. 2), hinc perspicuum nobis fit, quomodo et qua ratione mens nostra secundum essentiam et existentiam ex natura divina sequatur et continuo a Deo pendeat; quod hic notare operae pretium duxi, ut hoc exemplo ostenderem, quantum rerum singularium cognitio, quam intuitivam sive tertii generis appellavi (vide schol. 2 prop. 40 P. 2), polleat, potiorque sit cognitione universali, quam secundi generis esse dixi. Nam quamvis in prima parte generaliter ostenderim, omnia (et consequenter mentem etiam humanam) a Deo secundum essentiam et existentiam pendere, illa tamen demonstratio tametsi legitima sit et extra dubitationis aleam posita, non ita tamen mentem nostram afficit, quam quando id ipsum ex ipsa essentia rei cuiuscumque singularis, quam a Deo pendere dicimus, concluditur.

Propositio XXXVII. **Nihil in natura datur, quod huic amori intellectuali sit contrarium, sive quod ipsum possit tollere.**

Demonstratio. Hic intellectualis amor ex mentis natura necessario sequitur, quatenus ipsa ut aeterna veritas per Dei naturam consideratur (per prop. 33 et 29 huius). Si quid ergo daretur, quod huic amori esset contrarium, id contrarium esset vero, et consequenter id, quod hunc amorem posset tollere, efficeret, ut id, quod verum est, falsum esset; quod (ut per se notum) est absurdum. Ergo nihil in natura datur etc. Q.E.D.

Scholium. Partis quartae axioma res singulares respicit, quatenus cum relatione ad certum tempus et locum considerantur, de quo neminem dubitare credo.

Propositio XXXVIII. **Quo plures res secundo et tertio cognitionis genere mens intelligit, eo minus ipsa ab affectibus, qui mali sunt, patitur et mortem minus timet.**

Demonstratio. Mentis essentia in ognitione consistit (per prop. 11 P. 2); quo igitur mens plures res cognoscit secundo et tertio cognitionis genere, eo maior eius pars remanet (per prop. 23 et 29 huius), et consequenter (per prop. praeced.) eo maior eius pars non tangitur ab affectibus,

quer esteja referido a Deus, quer esteja referido à mente, esse amor pode ser corretamente chamado de satisfação do ânimo, a qual não se distingue, na realidade, da glória (pelas def. 25 e 30 dos afetos). Com efeito, enquanto está referido a Deus, trata-se (pela prop. 35) de uma alegria (que nos seja ainda permitido utilizar esta palavra), a qual vem acompanhada da ideia de si mesmo, tal como ocorre enquanto está referido à mente (pela prop. 27). Além disso, como a essência de nossa mente consiste exclusivamente naquele conhecimento cujo princípio e fundamento é Deus (pela prop. 15 da P. 1 e pelo esc. da prop. 47 da P. 2), torna-se claro para nós de que maneira e sob qual condição a nossa mente se segue, tanto no que toca à essência quanto no que toca à existência, da natureza divina, e depende continuamente de Deus. Pensei que valia pena fazer, aqui, essa observação, para mostrar, com esse exemplo, o quão forte é o conhecimento das coisas singulares que chamei de intuitivo ou de terceiro gênero (veja-se o esc. 2 da prop. 40 da P. 2), e o quanto ele é superior ao conhecimento universal, que eu disse ser do segundo gênero. Pois, embora, na primeira parte, tivesse demonstrado, de uma maneira geral, que tudo (e, consequentemente, também a mente humana) depende de Deus, tanto no que toca à essência, quanto no que toca à existência, aquela demonstração, ainda que legítima e sem risco de dúvida, não afeta, entretanto, a nossa mente da mesma maneira que a demonstração que deduz exatamente o mesmo da própria essência de uma coisa singular que dizemos depender de Deus.

Proposição 37. **Nada existe na natureza que seja contrário a este amor intelectual, ou seja, que possa suprimi-lo.**

Demonstração. Este amor intelectual segue-se, necessariamente, da natureza da mente, enquanto, por meio da natureza de Deus, ela própria é considerada como uma verdade eterna (pelas prop. 33 e 29). Se existisse, pois, algo que fosse contrário a este amor, seria algo contrário ao verdadeiro; e, consequentemente, esse algo que seria capaz de suprimir este amor faria com que o que é verdadeiro fosse falso, o que (como é, por si mesmo, sabido) é absurdo. Logo, nada existe na natureza, etc. C. Q. D.

Escólio. O ax. da P. 4 diz respeito às coisas singulares, enquanto consideradas em relação a um tempo e a um local determinados. Acredito que ninguém duvide disso.

Proposição 38. **Quanto mais coisas a mente compreende por meio do segundo e do terceiro gêneros de conhecimento, tanto menos ela padece dos afetos que são maus, e tanto menos teme a morte.**

Demonstração. A essência da mente consiste no conhecimento (pela prop. 11 da P. 2). Portanto, quanto mais coisas a mente conhece por meio do

qui nostrae naturae sunt contrarii, hoc est (per prop. 30 P. 4) qui mali sunt. Quo itaque mens plures res secundo et tertio cognitionis genere intelligit, eo maior eius pars illaesa manet, et consequenter minus ab affectibus patitur etc. Q.E.D.

Scholium. Hinc intelligimus id quod in schol. prop. 39 P. 4 attigi et quod in hac parte explicare promisi; nempe quod mors eo minus est noxia, quo mentis clara et distincta cognitio maior est, et consequenter quo mens magis Deum amat. Deinde quia (per prop. 27 huius) ex tertio cognitionis genere summa, quae dari potest, oritur acquiescentia, hinc sequitur mentem humanam posse eius naturae esse, ut id, quod eius cum corpore perire ostendimus (vide prop. 21 huius), in respectu ad id, quod ipsius remanet, nullius sit momenti. Sed de his mox prolixius.

Propositio XXXIX. **Qui corpus ad plurima aptum habet, is mentem habet, cuius maxima pars est aeterna.**

Demonstratio. Qui corpus ad plurima agendum aptum habet, is minime affectibus, qui mali sunt, conflictatur (per prop. 38 P. 4), hoc est (per prop. 30 P. 4) affectibus qui naturae nostrae sunt contrarii. Atque adeo (per prop. 10 huius) potestatem habet ordinandi et concatenandi corporis affectiones secundum ordinem ad intellectum, et consequenter efficiendi (per prop. 14 huius) ut omnes corporis affectiones ad Dei ideam referantur, ex quo fiet (per prop. 15 huius) ut erga Deum afficiatur amore, qui (per prop. 16 huius) mentis maximam partem occupare sive constituere debet; ac proinde (per prop. 33 huius) mentem habet, cuius maxima pars est aeterna. Q.E.D.

Scholium. Quia corpora humana ad plurima apta sunt, non dubium est, quin eius naturae possint esse, ut ad mentes referantur, quae magnam sui et Dei habeant cognitionem, et quarum maxima seu praecipua pars est aeterna, atque adeo ut mortem vix timeant. Sed ut haec clarius intelligantur, animadvertendum hic est, quod nos in continua vivimus variatione, et prout in melius sive in peius mutamur, eo felices aut infelices dicimur. Qui enim ex infante vel puero in cadaver transiit, infelix dicitur, et contra id felicitati tribuitur, quod totum vitae spatium mente sana in corpore sano percurrere potuerimus. Et revera qui corpus habet, ut infans vel puer, ad paucissima aptum et maxime pendens a causis externis, mentem habet, quae in se sola considerata nihil fere sui, nec Dei, nec rerum sit conscia; et contra, qui corpus

segundo e do terceiro gêneros de conhecimento, tanto maior é a parte dela que permanece (pelas prop. 23 e 29) e, como consequência (pela prop. prec.), tanto maior é a parte dela que não é atingida pelos afetos que são contrários à nossa natureza, isto é (pela prop. 30 da P. 4), pelos afetos que são maus. Assim, quanto mais coisas a mente compreende por meio do segundo e do terceiro gêneros de conhecimento, tanto maior é a parte dela que permanece ilesa e, consequentemente, tanto menos ela padece dos afetos, etc. C. Q. D.

Escólio. Compreendemos, assim, o que mencionei de passagem no esc. da prop. 39 da P. 4, e que prometi explicar nesta parte. Mais especificamente: que a morte é tanto menos nociva quanto maior é o conhecimento claro e distinto que a mente possui e, consequentemente, quanto mais a mente ama a Deus. Por outro lado, como (pela prop. 27), do terceiro gênero de conhecimento provém a maior satisfação que pode existir, segue-se que a mente humana pode ser de uma natureza tal que a sua parte que perece juntamente com o corpo, conforme indicamos (veja-se a prop. 21), não tenha nenhuma importância, em comparação com a parte que permanece. Sobre isso, entretanto, logo daremos mais detalhes.

Proposição 39. **Quem tem um corpo capaz de muitas coisas tem uma mente cuja maior parte é eterna.**

Demonstração. Quem tem um corpo capaz de fazer muitas coisas é menos tomado pelos afetos que são maus (pela prop. 38 da P. 4), isto é (pela prop. 30 da P. 4), pelos afetos que são contrários à nossa natureza. Por isso (pela prop. 10), ele tem o poder de ordenar e concatenar as afecções do corpo segundo a ordem própria do intelecto e, consequentemente, de fazer com que (pela prop. 14) todas as afecções do corpo refiram-se à ideia de Deus; o que fará com que (pela prop. 15) ele seja afetado de um amor para com Deus que (pela prop. 16) deve ocupar, ou seja, constituir, a maior parte da mente. E tem, portanto (pela prop. 33), uma mente cuja maior parte é eterna. C. Q. D.

Escólio. Como os corpos humanos são capazes de muitas coisas, não há dúvida de que podem ser de uma natureza tal que estejam referidos a mentes que tenham um grande conhecimento de si mesmas e de Deus, e cuja maior parte, ou seja, cuja parte principal, é eterna, e que, por isso, dificilmente temem a morte. Entretanto, para que se compreenda isso mais claramente, deve-se, aqui, observar que nós vivemos numa variação contínua e que, conforme mudamos para melhor ou para pior, dizemos que somos, respectivamente, felizes ou infelizes. Assim, diz-se que é infeliz quem morre quando ainda é bebê ou criança. Contrariamente, considera-se uma felicidade podermos percorrer, com uma mente sã num corpo são, toda a trajetória da vida. E, de fato, aquele que, tal como um bebê ou uma criança, tem um corpo capaz de pouquíssimas coisas e é extremamente dependente

habet ad plurima aptum, mentem habet, quae in se sola considerata multum sui et Dei et rerum sit conscia. In hac vita igitur apprime conamur, ut corpus infantiae in aliud, quantum eius natura patitur eique conducit, mutetur, quod ad plurima aptum sit, quodque ad mentem referatur, quae sui et Dei et rerum plurimum sit conscia; atque ita ut id omne, quod ad ipsius memoriam vel imaginationem refertur, in respectu ad intellectum vix alicuius sit momenti, ut in schol. prop. praeced. iam dixi.

Propositio XL. **Quo unaquaeque res plus perfectionis habet, eo magis agit et minus patitur, et contra quo magis agit, eo perfectior est.**

Demonstratio. Quo unaquaeque res perfectior est, eo plus habet realitatis (per defin. 6 P. 2), et consequenter (per prop. 3 P. 3 cum eius schol.) eo magis agit et minus patitur; quae quidem demonstratio inverso ordine eodem modo procedit; ex quo sequitur, ut res contra eo sit perfectior, quo magis agit. Q.E.D.

Corollarium. Hinc sequitur, partem mentis, quae remanet, quantacumque ea sit, perfectiorem esse reliqua. Nam pars mentis aeterna (per prop. 23 et 29 huius) est intellectus, per quem solum nos agere dicimur (per prop. 3 P. 3); illa autem, quam perire ostendimus, est ipsa imaginatio (per prop. 21 huius), per quam solam dicimur pati (per prop. 3 P. 3 et gener. aff. defin.). Atque adeo (per prop. praeced.) illa, quantacumque ea sit, hac est perfectior. Q.E.D.

Scholium. Haec sunt, quae de mente, quatenus sine relatione ad corporis existentiam consideratur, ostendere constitueram. Ex quibus et simul ex prop. 21 P. 1 et aliis apparet, quod mens nostra, quatenus intelligit, aeternus cogitandi modus sit, qui alio cogitandi modo determinatur, et hic iterum ab alio, et sic in infinitum; ita ut omnes simul Dei aeternum et infinitum intellectum constituant.

Propositio XLI. **Quamvis nesciremus, mentem nostram aeternam esse, pietatem tamen et religionem et absolute omnia, quae ad animositatem et generositatem referri ostendimus in quarta parte, prima haberemus.**

Demonstratio. Primum et unicum virtutis seu recte vivendi rationis fundamentum (per coroll. prop. 22 et per prop. 24 P. 4) est suum utile

das causas exteriores, tem uma mente que, considerada em si mesma, quase não possui consciência de si, nem de Deus, nem das coisas. Em troca, aquele que tem um corpo capaz de muitas coisas, tem uma mente que, considerada em si mesma, possui uma grande consciência de si, de Deus e das coisas. Assim, esforçamo-nos, nesta vida, sobretudo, para que o corpo de nossa infância se transforme, tanto quanto o permite a sua natureza e tanto quanto lhe seja conveniente, em um outro corpo, que seja capaz de muitas coisas e que esteja referido a uma mente que tenha extrema consciência de si mesma, de Deus e das coisas; de tal maneira que tudo aquilo que esteja referido à sua memória ou à sua imaginação não tenha, em comparação com o seu intelecto, quase nenhuma importância, como já disse no esc. da prop. precedente.

Proposição 40. **Quanto mais uma coisa tem perfeição, tanto mais age e tanto menos padece e, inversamente, quanto mais age, tanto mais ela é perfeita.**

Demonstração. Quanto mais uma coisa é perfeita, tanto mais realidade ela tem (pela def. 6 da P. 2) e, consequentemente (pela prop. 3 da P. 3, juntamente com seu esc.), tanto mais age e menos padece. Na ordem inversa, a demonstração se faz da mesma maneira, do que se segue que uma coisa é tanto mais perfeita quanto mais ela age. C. Q. D.

Corolário. Disso se segue que a parte da mente que permanece, qualquer que seja sua magnitude, é mais perfeita que a outra. Com efeito, a parte eterna da mente (pelas prop. 23 e 29) é o intelecto, por meio do qual, exclusivamente, dizemos que agimos (pela prop. 3 da P. 3). Em troca, aquela parte que demonstramos perecer é a própria imaginação (pela prop. 21), por meio da qual, exclusivamente, dizemos que padecemos (pela prop. 3 da P. 3 e pela def. geral dos afetos). Por isso (pela prop. prec.), a primeira, qualquer que seja sua magnitude, é mais perfeita que a segunda. C. Q. D.

Escólio. Foi isso que me propus demonstrar sobre a mente, enquanto considerada sem relação com a existência do corpo. Por essas demonstrações, e também pela prop. 21 da P. 1, bem como por outras proposições, fica evidente que a nossa mente, à medida que compreende, é um modo eterno do pensar, que é determinado por um outro modo do pensar, e este ainda por um outro e, assim, até o infinito, de maneira que todos eles, juntos, constituem o intelecto eterno e infinito de Deus.

Proposição 41. **Ainda que ignorássemos que a nossa mente é eterna, consideraríamos, entretanto, como primordiais a piedade, a religiosidade e, em geral, tudo o que está referido à firmeza e à generosidade, tal como demonstramos na Parte 4.**

quaerere. Ad illa autem determinandum, quae ratio utilia esse dictat, nullam rationem habuimus mentis aeternitatis, quam demum in hac quinta parte novimus. Quamvis igitur tum temporis ignoraverimus, mentem esse aeternam, illa tamen, quae ad animositatem et generositatem referri ostendimus, prima habuimus. Atque adeo quamvis etiam nunc hoc ipsum ignoraremus, eadem tamen praescripta prima haberemus. Q.E.D.

Scholium. Communis vulgi persuasio alia videtur esse. Nam plerique videntur credere, se eatenus liberos esse, quatenus libidini parere licet, et eatenus de suo iure cedere, quatenus ex legis divinae praescripto vivere tenentur. Pietatem igitur et religionem et absolute omnia, quae ad animi fortitudinem referuntur, onera esse credunt, quae post mortem deponere, et pretium servitutis, nempe pietatis et religionis, accipere sperant. Nec hac spe sola, sed etiam et praecipue metu, ne diris scilicet suppliciis post mortem puniantur, inducuntur, ut ex legis divinae praescripto, quantum eorum fert tenuitas et impotens animus, vivant; et nisi haec spes et metus hominibus inessent, at contra si crederent, mentes cum corpore interire, nec restare miseris pietatis onere confectis, vivere longius, ad ingenium redirent, et ex libidine omnia moderari et fortunae potius, quam sibi parere vellent. Quae mihi non minus absurda videntur, quam si quis propterea, quod non credit se posse bonis alimentis corpus in aeternum nutrire, venenis potius et letiferis se exsaturare vellet; vel quia videt mentem non esse aeternam seu immortalem, ideo amens mavult esse et sine ratione vivere; quae adeo absurda sunt, ut vix recenseri mereantur.

***Propositio XLII*. Beatitudo non est virtutis praemium, sed ipsa virtus; nec eadem gaudemus, quia libidines coercemus; sed contra quia eadem gaudemus, ideo libidines coercere possumus.**

Demonstratio. Beatitudo in amore erga Deum consistit (per prop. 36 huius et eius schol.), qui quidem amor ex tertio cognitionis genere oritur (per coroll. prop. 32 huius). Atque adeo hic amor (per prop. 59 et 3 P. 3) ad mentem, quatenus agit, referri debet, ac proinde (per defin. 8 P. 4) ipsa virtus est; quod erat primum. Deinde quo mens hoc amore divino seu beatitudine magis gaudet, eo plus intelligit (per prop. 32 huius), hoc est (per coroll. prop. 3 huius) eo maiorem in affectus habet potentiam, et (per prop. 38 huius) eo minus ab affectibus, qui mali sunt,

Demonstração. O primeiro e único fundamento da virtude ou do princípio correto de viver (pelo corol. da prop. 22 e pela prop. 24 da P. 4) consiste em buscar aquilo que é útil para si. Para determinar, entretanto, o que a razão ensina ser útil não levamos em conta a eternidade da mente, a qual ficamos conhecendo apenas nesta P. 5. Embora ignorássemos, naquele momento, que a mente é eterna, consideramos, entretanto, como primordial aquilo que está referido à firmeza e à generosidade. Por isso, mesmo que também agora ignorássemos isso, consideraríamos, entretanto, como primordiais aqueles mesmos preceitos da razão. C. Q. D.

Escólio. Parece ser outra a convicção comum do vulgo. Com efeito, são muitos os homens que parecem acreditar que são livres apenas à medida que lhes é permitido entregarem-se à licenciosidade e que renunciam a seus direitos se são obrigados a viver conforme os preceitos da lei divina. Acreditam, assim, que a piedade e a religiosidade e, em geral, tudo que está referido à firmeza do ânimo, são fardos de que eles esperam livrar-se depois da morte, para, então, receber o preço da sua servidão, ou seja, da piedade e da religiosidade. E não é apenas por essa esperança, mas também, e sobretudo, pelo medo de serem punidos, depois da morte, por cruéis suplícios, que eles são levados a viver, tanto quanto o permitem sua fraqueza e seu ânimo impotente, conforme os preceitos da lei divina. Se os homens não tivessem essa esperança e esse medo, e acreditassem, em vez disso, que as mentes morrem juntamente com o corpo, e que não está destinada, aos infelizes esgotados pelo fardo da piedade, uma outra vida, além desta, eles voltariam à sua maneira de viver, preferindo entregar-se à licenciosidade e obedecer ao acaso e não a si mesmos. Isso não me parece menos absurdo do que, se alguém, por não acreditar que possa nutrir, sempre, o seu corpo com bons alimentos, preferisse saciar-se de venenos e substâncias letais; ou se, por ver que a mente não é eterna ou imortal, preferisse, por isso, ser demente e viver sem razão, coisas que, de tão absurdas, quase não merecem ser mencionadas.

Proposição 42. A beatitude não é o prêmio da virtude, mas a própria virtude; e não a desfrutamos porque refreamos os apetites lúbricos, mas, em vez disso, podemos refrear os apetites lúbricos porque a desfrutamos.

Demonstração. A beatitude consiste no amor para com Deus (pela prop. 36, juntamente com seu esc.), o qual provém, certamente, do terceiro gênero de conhecimento (pelo corol. da prop. 32). Por isso, esse amor (pelas prop. 59 e 3 da P. 3) deve estar referido à mente, à medida que esta age, e, portanto (pela def. 8 da P. 4), ele é a própria virtude. Este era o primeiro ponto. Por outro lado, quanto mais a mente desfruta desse amor divino ou dessa beatitude, tanto mais ela compreende (pela prop. 32), isto é (pelo

patitur. Atque adeo ex eo, quod mens hoc amore divino seu beatitudine gaudet, potestatem habet libidines coercendi; et quia humana potentia ad coercendos affectus in solo intellectu consistit, ergo nemo beatitudine gaudet, quia affectus coercuit, sed contra potestas libidines coercendi ex ipsa beatitudine oritur. Q.E.D.

Scholium. His omnia, quae de mentis in affectus potentia, quaeque de mentis libertate ostendere volueram, absolvi. Ex quibus apparet, quantum sapiens polleat, potiorque sit ignaro, qui sola libidine agitur. Ignarus enim, praeterquam quod a causis externis multis modis agitatur, nec unquam vera animi acquiescentia potitur, vivit praeterea sui et Dei et rerum quasi inscius, et simulac pati desinit, simul etiam esse desinit. Cum contra sapiens, quatenus ut talis consideratur, vix animo movetur, sed sui et Dei et rerum aeterna quadam necessitate conscius, nunquam esse desinit, sed semper vera animi acquiescentia potitur. Si iam via, quam ad haec ducere ostendi, perardua videatur, inveniri tamen potest. Et sane arduum debet esse, quod adeo raro reperitur. Qui enim posset fieri, si salus in promptu esset et sine magno labore reperiri posset, ut ab omnibus fere negligeretur? Sed omnia praeclara tam difficilia, quam rara sunt.

corol. da prop. 3), tanto maior é o seu poder sobre os afetos e (pela prop. 38) tanto menos ela padece dos afetos que são maus. Assim, porque a mente desfruta desse amor divino ou dessa beatitude, ela tem o poder de refrear os apetites lúbricos. E como a potência humana para refrear os afetos consiste exclusivamente no intelecto, ninguém desfruta, pois, dessa beatitude porque refreou os seus afetos, mas, em vez disso, o poder de refrear os apetites lúbricos é que provém da própria beatitude. C. Q. D.

Escólio. Dou por concluído, com isso, tudo o que eu queria demonstrar a respeito do poder da mente sobre os afetos e sobre a liberdade da mente. Torna-se, com isso, evidente o quanto vale o sábio e o quanto ele é superior ao ignorante, que se deixa levar apenas pelo apetite lúbrico. Pois o ignorante, além de ser agitado, de muitas maneiras, pelas causas exteriores, e de nunca gozar da verdadeira satisfação do ânimo, vive, ainda, quase inconsciente de si mesmo, de Deus e das coisas, e tão logo deixa de padecer, deixa também de ser. Por outro lado, o sábio, enquanto considerado como tal, dificilmente tem o ânimo perturbado. Em vez disso, consciente de si mesmo, de Deus e das coisas, em virtude de uma certa necessidade eterna, nunca deixa de ser, mas desfruta, sempre, da verdadeira satisfação do ânimo. Se o caminho, conforme já demonstrei, que conduz a isso parece muito árduo, ele pode, entretanto, ser encontrado. E deve ser certamente árduo aquilo que tão raramente se encontra. Pois se a salvação estivesse à disposição e pudesse ser encontrada sem maior esforço, como explicar que ela seja negligenciada por quase todos? Mas tudo o que é precioso é tão difícil como raro.

A TRADUÇÃO

Guiei-me, na presente tradução, pelo princípio de oferecer um texto que, sem renunciar à fidelidade ao estilo do original latino, nem à nomenclatura conceitual da filosofia ocidental do século XVII e da filosofia de Spinoza, permitisse, entretanto, uma leitura mais próxima do português brasileiro contemporâneo. O texto latino que aparece na versão bilíngue não tem qualquer pretensão crítica, sendo oferecido apenas como recurso aos que quiserem, segundo seu gosto e entendimento, retificar a tradução aqui apresentada. No que se segue, explicito, minimamente, algumas das dificuldades principais da tradução. Agradeço a leitura atenta e as sugestões de estilo de minha amiga Sandra Mara Corazza.

I. Sobre alguns termos

actio vs. passio – Ação e paixão formam, na *Ética*, uma oposição fundamental, conforme a explicação da definição 3 da P. 3. Esses termos têm, pois, um sentido técnico, muito mais geral que o sentido corrente em português. É esse sentido que, evidentemente, deve ser retido.

afetado por vs. afetado de – As traduções correntes não fazem a distinção que fiz entre "afetado por" e "afetado de". "Afetado por" aponta para a causa do afeto, enquanto "afetado de" aponta para o efeito, isto é, para o afeto mesmo. Por exemplo, na demonstração da prop. 14 da P. 3, Spinoza escreve: "*Si corpus humanum a duobus corporibus simul affectum semel fuit* [...]", que traduzi: "Se o corpo humano foi simultaneamente afetado, uma vez, por dois corpos [...]". Neste caso, os "dois corpos" são a causa do afeto, o que assinalo pela preposição "por". Na mesma passagem, Spinoza escreve: "*Ergo si corpus et consequenter mens [...] duobus affectibus semel affecta fuit* [...]", que traduzi: "Logo, se o corpo foi, uma vez, simultaneamente afetado de dois afetos, e, portanto, também a mente [...]". Aqui, os "dois afetos" são o resultado da operação de "afetar" e funcionam, portanto, como qualificativos ou predicativos, o que assinalo pela preposição "de".

A tradução

agire vs. patire – É o par de verbos correspondente ao par "ação" vs. "paixão". Os dois verbos devem ser entendidos correlativamente, conforme a definição 2 da P. 3. Embora "padecer" seja a tradução natural de "patire", ela não retém, em português, o sentido latino, coincidente com o dado por Spinoza na definição referida. No contexto da definição, a leitura de "padecer", nesse sentido, não apresenta problema algum. O problema aparece quando o verbo é utilizado em outros contextos, pois, nesse caso, pela distância, a leitura pode evocar o sentido atual, corrente, em português. Retive, apesar desse risco, o termo "padecer", devendo-se ter em mente, sempre, o sentido dado pela definição 3 da P. 3. Finalmente, "agir" significa, às vezes, simplesmente "fazer" ou "fazer algo", independentemente do sentido técnico dado por Spinoza no interior do par "agir/padecer".

agire, operare, producere – Além do sentido que assume no par "agire" vs. "patire", o verbo "agire" adquire uma outra conotação (embora não totalmente alheia à primeira), na constelação formada por "agire", "operare" e "producere". Nesse caso, a ênfase está no aspecto produtivo, isto é, na indicação de que está em jogo uma causa eficiente da qual se segue algum efeito. É nesse sentido que esses verbos devem ser lidos. No caso de "operare", não me parece muito elegante a tradução óbvia por "operar". Retive-a, entretanto, em nome da precisão técnica e da consistência. A solução, contudo, apresenta algumas dificuldades. Na prop. 27 da P. 2, por exemplo, Spinoza escreve "*Res, quae a Deo ad aliquid operandum determinata est, se ipsam indeterminatam reddere non potest*". Literalmente, "*aliquid operandum*" seria "operar algo", construção e sentido inexistentes em português. Uma tradução "elegante", fora desse contexto técnico, seria simplesmente "fazer algo", mas se perderia o paralelismo com as ocorrências posteriores de "operar". Optei, neste caso, por uma tradução que, embora não inteiramente satisfatória, fizesse alguma conciliação entre as duas exigências (sentido/consistência e elegância): "operar de alguma maneira". Leia-se, mentalmente, como "fazer algo", no sentido de causa eficiente, isto é, de uma causa que produz algum efeito.

ambitio – Afeto definido por Spinoza tanto como desejo de agradar (esc. da prop. 29 da P. 3), quanto como desejo de ser agradado (esc. da prop. 31 da P. 3 e def. 44 dos afetos), sentidos que não correspondem ao sentido português corrente de "ambição". Para complicar mais as coisas, em outras passagens, Spinoza utiliza *ambitio* no sentido pelo qual o compreendemos comumente em português. Nos dois primeiros sentidos ("desejo de agradar" e "desejo de ser agradado"), *ambitio* está ligado a um dos sentidos latinos originais, ou seja, o do circuito que faziam, pela cidade, em busca de eleitores, os políticos da antiga Roma que disputavam uma magistratura. Na impossibilidade de encontrar uma palavra, em português, que

abrangesse sentidos tão diversos, optei por "ambição", devendo-se levar em conta, na leitura, os sentidos técnicos que Spinoza lhe atribui.

beatitudo, beatus – Apesar de suas conotações religiosas, optei por traduzir por "beatitude", que pode ser lido, mesmo no português contemporâneo, como "estado de felicidade", o que corresponde ao sentido atribuído por Spinoza. Quanto ao adjetivo, traduzi por "feliz", pois, nesse caso, a conotação religiosa de "beato" seria inevitável. O próprio Spinoza, aliás, utiliza "beatitude" e "felicidade" como sinônimos (cap. 4 da P. 4).

certus – Termo usado por Spinoza no sentido de "definido", "preciso", "determinado", "específico". Traduzi, em geral, por "definido". Em alguns casos (poucos), por "preciso". Não traduzi, como pareceria mais natural, por "certo", porque, nesta acepção, é pouco comum em português (o dicionário Houaiss nem sequer a registra). Além disso, em muitas passagens, o adjetivo qualifica, em muitos casos, o substantivo "maneira". E "maneira certa" poderia ser facilmente lido como "maneira correta", sentido inteiramente estranho ao original.

pietas – Na primeira edição da versão bilíngue, eu havia traduzido "pietas" por "civilidade", e não por "piedade", para evitar a possível confusão com as acepções restritas (religiosidade, compaixão), que a palavra tem no português contemporâneo. Dei-me conta, posteriormente, de que apenas troquei uma acepção restritiva por outra, com a desvantagem de ter introduzido uma palavra distante da original, sem falar no pecado de ter confundido tradução com interpretação. Nesta, e nas edições futuras, "pietas" é traduzida por "piedade", entendida, evidentemente, como Spinoza a define no esc. 1 da prop. 37 da P. 4 ("desejo de fazer o bem, que surge por vivermos sob a condução da razão"). No latim, "pietas" tinha uma abrangência maior do que a nosssa "piedade", como adverte o poeta T. S. Eliot, ao comentar o significado da palavra em Virgílio: "[a palavra *pietas*] implica uma atitude com relação ao indivíduo, à família, à região e ao destino imperial de Roma. [...] É uma atitude para com todas essas coisas e que, por conseguinte, implica uma unidade e uma ordem entre elas: é, na verdade, uma atitude para com a vida" ("Virgílio e o mundo cristão". In: *De poesia e poetas*. São Paulo: Brasiliense, 1988, p. 171. Trad.: Ivan Junqueira).

II. TABELA DOS AFETOS

LATIM-PORTUGUÊS

Abjectio – rebaixamento
Acquiescentia in se ipso – satisfação consigo mesmo
Admiratio – admiração

Ambitio – ambição
Amor – amor
Animi praesentia – coragem
Animositas – firmeza

A TRADUÇÃO

Audacia – audácia
Avaritia – avareza
Aversio – aversão
Benevolentia – benevolência
Castitas – castidade
Clementia – clemência
Commiseratio – comiseração
Conscientiae morsus – decepção
Consternatio – pavor
Contemptus – desprezo
Crudelitas – crueldade
Cupiditas – desejo
Dedignatio – desdém
Desiderium – saudade
Despectus – desconsideração
Desperatio – desespero
Devotio – adoração
Dolor – dor
Ebrietas – embriaguez
Existimatio – consideração
Fastidium – fastio
Favor – reconhecimento
Fortitudo – fortaleza
Gaudium – gáudio
Generositas – generosidade
Gloria – glória
Gratia – agradecimento
Gratitudo – gratidão
Hilaritas – contentamento
Honestas – lealdade
Horror – horror
Humanitas – humanidade
Humilitas – humildade
Impudentia – impudência
Indignatio – indignação

Ingratitudo – ingratidão
Invidia – inveja
Ira – ira
Irrisio – escárnio
Laetitia – alegria
Laus – exultação
Libido – luxúria
Livor – palidez
Luxuria – gula
Melancholia – melancolia
Metus – medo
Misericordia – misericórdia
Modestia – modéstia
Odium – ódio
Philautia – amor-próprio
Pietas – piedade
Poenitentia – arrependimento
Propensio – atração
Pudor – vergonha
Pusillanimitas – covardia
Risus – riso
Saevitia – sevícia
Securitas – segurança
Singultus – soluço
Sobrietas – sobriedade
Spes – esperança
Superbia – soberba
Taedium – tédio
Temperantia – temperança
Timor – temor
Titillatio – excitação
Tremor – tremor
Tristitia – tristeza
Turpitudo – deslealdade
Veneratio – veneração
Verecundia – pudor

Vindicta – vingança
Vituperium – afronta

Voluntas – vontade
Zelotypia – ciúme

Português-latim

Admiração – admiratio
Adoração – devotio
Afronta – vituperium
Agradecimento – gratia
Alegria – laetitia
Ambição – ambitio
Amor – amor
Amor-próprio – philautia
Arrependimento – poenitentia
Atração – propensio
Audácia – audacia
Avareza – avaritia
Aversão – aversio
Benevolência – benevolentia
Castidade – castitas
Ciúme – zelotypia
Piedade - pietas
Clemência – clementia
Comiseração – commiseratio
Consideração – existimatio
Contentamento – hilaritas
Coragem – animi praesentia
Covardia – pusillanimitas
Crueldade – crudelitas
Decepção – conscientiae morsus
Desconsideração – despectus
Desdém – dedignatio
Desejo – cupiditas
Desespero – desperatio

Deslealdade – turpitudo
Desprezo – contemptus
Dor – dolor
Embriaguez – ebrietas
Escárnio – irrisio
Esperança – spes
Excitação – titillatio
Exultação – laus
Fastio – fastidium
Firmeza – animositas
Fortaleza – fortitudo
Gáudio – gaudium
Generosidade – generositas
Glória – gloria
Gratidão – gratitudo
Gula – luxuria
Horror – horror
Humanidade – humanitas
Humildade – humilitas
Impudência – impudentia
Indignação – indignatio
Ingratidão – ingratitudo
Inveja – invidia
Ira – ira
Lealdade – honestas
Luxúria – libido
Medo – metus
Melancolia – melancholia
Misericórdia – misericordia

A TRADUÇÃO

Modéstia – modestia
Ódio – odium
Palidez – livor
Pavor – consternatio
Pudor – verecundia
Rebaixamento – abjectio
Reconhecimento – favor
Riso – risus
Satisfação consigo mesmo – acquiescentia in se ipso
Saudade – desiderium
Segurança – securitas
Sevícia – saevitia

Soberba – superbia
Sobriedade – sobrietas
Soluço – singultus
Tédio – taedium
Temor – timor
Temperança – temperantia
Tremor – tremor
Tristeza – tristitia
Veneração – veneratio
Vergonha – pudor
Vingança – vindicta
Vontade – voluntas

III. INCONSISTÊNCIAS

Indico, aqui, como foram resolvidas algumas das inconsistências.

1. P. 3, prop. 16. Gebhardt grafa causa *afficiens*, no enunciado, enquanto na dem. é *causa efficiens*. Decidi-me por *efficiens*.

2. P. 3, prop. 30, escólio. Na edição Gebhardt, a definição de glória remete a causa "exterior". Pelo sentido, deve ser "interior".

3. P. 3, prop. 51, escólio, nota. Na ed. Gebhardt, a nota de Spinoza faz referência ao esc. da prop. 13 da P. 2. Pelo sentido, deve ser prop. 17.

4. P. 4, prop. 31, demonstração. Na terceira oração, o parênteses posterior a "então", remete, no original, ao ax. 3 da P. 4, que não existe. Entre as várias propostas de correção, optei pela solução de Atilano Dominguez (*Ética*, Madri, Editorial Trotta, p. 202, nota).

5. P. 5, prop. 4, escólio. Após o período que começa com "Por exemplo", a edição Gebhardt registra "corol. da prop. 31 da P. 3". Parece mais razoável pensar que seja "escol." em vez de "corol.". Foi a solução adotada.

6. P. 5, prop. 33, escólio, primeiro parênteses. O texto latino faz menção à proposição precedente, ou seja, à prop. 32, mas o sentido indica que se trata da própria prop. 33. Fiz a devida modificação na tradução, sem, entretanto, alterar o texto latino.

IV. Notas

1. A explicação que Spinoza dá sobre o círculo no escol. da prop. 8 da P. 2 é bastante confusa. Na quarta oração do escol., Spinoza, escreve: "No círculo está contida, portanto, uma infinidade de retângulos iguais entre si". Trata-se, na verdade, de uma imprecisão, pois a igualdade está limitada a cada par de retângulo assim definido. Acrescentei, por isso, entre colchetes, a expressão "pares". Finalmente, observe-se que a igualdade referida é a das *áreas* dos retângulos em questão. A propriedade referida por Spinoza corresponde, na verdade, ao teorema 35 do Livro 3 dos *Elementos* de Euclides ("Se, em um círculo, duas retas se intersectam, o retângulo compreendido pelos segmentos de uma é igual ao retângulo compreendido pelos segmentos da outra"). Contrariamente ao que sugere o desenho, o teorema vale para pares de retas que se intersectam sob qualquer ângulo e não apenas sob um ângulo reto.

2. Os versos referidos no corol. da prop. 31 da P. 3 correspondem aos versos 4 e 5 da Elegia XIX do Livro II de *Amores*, de Ovídio, os quais têm a ordem trocada por Spinoza: "*ferreus est, siquis, quod sinit alter, amat / speremus pariter, pariter metuamus amantes*". O poeta está censurando um marido por não desejar suficientemente sua esposa, o que a torna, na opinião do poeta, também pouco desejável para ele, o amante.

3. A citação de Cícero na P. 3, def. 44 dos afetos, é de *Pro Archia*, 11, 26.

4. O poeta referido no escólio da prop. 17 da P. 4 é Ovídio, *Metamorfoses*, VII, 20-21. A referência bíblica, na mesma passagem, é de *Eclesiastes* 1:18.

V. Recursos

Foram-me especialmente úteis os seguintes recursos:

1. Outras traduções

a. Espanhol
Atilano Dominguez. Trotta: Madri, 2005.
Vidal Peña. Madri: Orbis, 1980.

b. Francês:

Bernard Pautrat. Paris: Seuil, 1999.

Charles Appuhn. Paris: GF Flammarion, 1965.

Robert Misrhai. Paris: PUF, 1993.

Roland Caillois. Paris: Gallimard, 1954.

c. Inglês:

Edwin Curley. Londres: Penguin, 1996.

W. H. White e A. H. Stirling. Ware: Wordsworth, 2001.

Samuel Shirley. Indianopolis/Cambridge: Hackett, 1992.

G. H. R. Parkinson. Oxford: Oxford University Press, 2000.

d. Italiano:

Sossio Giametta. Turim: Bollati Boringhieri, 1992.

e. Português:

Joaquim de Carvalho, Joaquim Ferreira Gomes e António Simões. Lisboa: Relógio D'Água, 1992.

2. COMENTÁRIOS QUE INCLUEM A TRADUÇÃO DE EXTENSOS TRECHOS DA *ÉTICA*

Pierre Macherey. *Introduction à l'Étique de Spinoza*. Paris: Presses Universitaires de France. 5 volumes.

Martial Guéroult. *Spinoza*. 2 volumes (I. *Dieu*; II. *L'âme*). Paris: Aubier-Montagne, 1968/1974.

3. EDIÇÕES LATINAS DA *ÉTICA* E TRADUÇÕES EM CD-ROM:

Baruch Spinoza. *Ethica*. In *Spinoza Opera*. Heidelberg: Carl Winters, v. II, p. 45-308. Edição de Carl Gebhardt (publicada originalmente em 1925 e reimpressa em 1972).

Baruch Spinoza. *Opera omnia*. Biblia (Edizione elettroniche per la filosofia).

Lire l'Éthique. Edições Phronésis. (Contém a edição latina de Gebhardt; as traduções francesas de Boulainvilliers, Guérinot e Saisset; e a tradução inglesa de Elwes).

4. Locais da Internet com material sobre a *Ética*

"Gilles Louise": www.glouise.club.fr
"Spinoza et nous": www.spinozaetnous.org
"Foglio spinoziano": www.fogliospinoziano.it
"Rudolf Meijer": www.home.tiscali.be/rwmeijer/spinoza/
"A Dedication to Spinoza's Insights": www.yesselman.com
"Hyper-Spinoza": www.hyperspinoza.caute.lautre.net/

5. Dicionários

F. R. dos Santos Saraiva. *Dicionário latino-português*. Belo Horizonte: Garnier, 2000. 11ª ed.

Oxford Latin Dictionary. Oxford: Clarendon Press, 1968.

Collatinus. Dicionário morfológico latim-francês. www.collatinus.org

Corretor Ortográfico de Latim para Microsoft Word. www.drouizig.org/Galleg/Divers/divers-CorrecteurOrthogra.html

Este livro foi composto com tipografia Times New Roman e impresso em papel Off-White 70 g/m² na Formato Artes Gráficas.